高质量就业的
动态评价与协同治理

Dynamic Evaluation & Collaborative Governance of
High Quality Employment

李光红◎著

中国经济出版社
CHINA ECONOMIC PUBLISHING HOUSE
·北 京·

图书在版编目(CIP)数据

高质量就业的动态评价与协同治理/李光红著.--北京:中国经济出版社,2020.12

ISBN 978-7-5136-6233-8

Ⅰ.①高… Ⅱ.①李… Ⅲ.①就业-研究-中国 Ⅳ.①D669.2

中国版本图书馆 CIP 数据核字(2020)第 264273 号

责任编辑　崔姜薇
责任印制　马小宾
封面设计　任燕飞装帧设计工作室

出版发行　中国经济出版社
印 刷 者　北京九州迅驰传媒文化有限公司
经 销 者　各地新华书店
开　　本　710mm×1000mm　1/16
印　　张　20.75
字　　数　346 千字
版　　次　2020 年 12 月第 1 版
印　　次　2020 年 12 月第 1 次
定　　价　88.00 元
广告经营许可证　京西工商广字第 8179 号

中国经济出版社 **网址** www.economyph.com **社址** 北京市东城区安定门外大街 58 号 **邮编** 100011
本版图书如存在印装质量问题,请与本社销售中心联系调换(联系电话:010-57512564)

PREFACE

前言

党的十九大报告指出，“就业是最大的民生”“要坚持就业优先战略和积极就业政策，实现更高质量和更充分就业”。当前，我国经济已由高速增长阶段转向高质量发展阶段，正处在转变发展方式、优化经济结构、转换增长动力的攻关期，实现高质量就业是我国经济由高速增长阶段转向高质量发展阶段的迫切需要，是经济持续发展和人民生活水平不断提高的内在要求，是有效推动经济结构调整、实现生产方式现代化、跨越中等收入陷阱的关键途径，也是解决当前就业总量问题和结构性矛盾的重要抓手。长期以来，学界与实务界对就业问题的重视主要聚焦于就业数量及就业促进上，对高质量就业问题的系统性、专题性、前瞻性探讨不足。如何对高质量就业动态评价与追踪预警？如何实现高质量就业的协同治理？这是本书尝试回答的主要问题。本书旨在基于管理学、劳动经济学、社会学、统计学、系统科学等学科理论、方法与技术，聚焦就业质量的内涵演变、影响因素、评价预警、现实状况、提升路径与协同治理等系列问题，开展专题实证研究，为推动高质量就业研究深入开展以及促进我国高质量就业进一步发展提供参考与政策建议。

本书研究目的如下：首先，阐明产业转型升级与高质量就业的作用机理，在此基础上构建产业转型升级背景下就业质量动态评价及追踪预警的研究框架，为就业质量有效测度奠定基础。其次，厘清就业质量的内涵演变，甄别影响就业质量的主要因素，构建就业质量评价指标体系，并以毕业3~5年的大学本科毕业生为样本进行实证检验，探讨大学毕业生总体和分群体就业质量状况，建立就业质量追踪预警体系。再次，以A省为例，通过大规模抽样调查，建立劳动力就业状况数据库，深入探讨劳动力就业质量提升中普遍面临的问题。最后，基于协同治理理论，综合运用规范分析、系统分析等方法，提出我国高质量就业的协同治理路径和相关策略。

本书围绕着高质量就业这一核心议题与上述具体目标，主要分四大部分、九章内容展开研究，具体框架与各章研究内容概述如下。

第一章，高质量就业研究脉络与理论基础。近年来，国内外学界在继续对就业总量问题进行研究的同时，逐渐认识到就业质量是更为重要的就业课题，是就业中更为根本性的关键问题。高质量就业意味着充分的就业机会、公平的就业环境、良好的就业能力、合理的就业结构、和谐的劳动关系等。经济持续发展和人民生活水平不断提高的关键之一就在于实现充分就业与高质量就业。因此，我们不能单纯地通过对就业数量的关注来解决就业问题，应该转向对就业数量和就业质量的同时关注，从而创造更多的高质量的就业。现有关于就业的研究文献，更多的是从产业结构、就业弹性、劳动力供给和需求等角度出发，针对的是如何降低失业率和扩大就业数量，对高质量就业问题的研究较为匮乏，更缺乏对高质量就业的专题系统研究。从理论层面看，现有对高质量就业问题的相关研究缺乏整合性的理论基础与多维理论的视域融合。本章在全面梳理高质量就业研究现状的同时，剖析了高质量就业研究的相关理论基础，着重介绍了所涉及的人力资本理论、社会资本理论、劳动关系相关理论与协同治理理论等。

第二章，产业转型升级与高质量就业的作用机理。高质量就业与国家经济产业发展以及社会稳定密切相关。我国产业转型升级经历了若干发展阶段，不同阶段的相关标准都与当时的政策、经济发展情况相适应。伴随着我国经济的发展及新旧动能转换，产业转型升级呈现新的特征。本书综合运用多学科相关理论，依据产业转型升级带来的就业需求与结构的变化，分析了我国产业转型升级各个阶段的划分以及面临的问题，对产业转型升级发展趋势进行了深入探究，并将其与高质量就业联系起来，阐释了两者之间的作用机理：一方面劳动力的数量、质量与结构对产业结构转型升级具有重要的影响，另一方面产业结构转型升级又可以持续扩大就业、提高劳动者素质和优化就业结构，产业转型升级与高质量就业作为经济发展过程中的两个系统，相互影响、协调和促进，形成耦合关系。

第三章，就业质量评价指标体系构建。对就业质量进行客观评价，是解决劳动力与用人单位之间“就业鸿沟”的前提和基础。本书在文献归纳和问卷调查的基础上，选用质性研究的方法——扎根理论，在产业转型升级背景下，通过对 100 份深度访谈的资料的逐次编码和对比，借助 Nvivo11

质性分析软件，以“就业质量评价指标体系”为主线，以客观岗位特征和主观评价指标为主指标范畴，以工作特征、薪酬福利、社会保障、劳动关系、职业发展、就业满意度为副指标范畴，构建了包含2个一级观测指标、6个二级观测指标、23个三级观测指标的就业质量评价指标体系。在此基础上，将网络分析法（ANP）及SD超级决策软件应用于复杂决策问题中，赋予各指标以权重，使评价指标体系由理论层面深入到实践操作层面。

第四章，大学生群体就业质量实证评价。选取大学毕业生群体为实证研究对象，在所构建的就业质量评价指标体系基础上，整合多种系统分析评价方法，建立集成DEMATEL-ANP-Matter Element模型，评价大学毕业生群体就业质量。研究采取分层抽样与随机抽样的方式，选取东部、西部、中部地区12个省份的2153名本科毕业生作为实证样本。在对主要人口统计学变量进行统计的基础上，从总体就业质量指数和异质性群体就业质量两个层面，实证分析我国大学生就业质量现状。总体来看，我国大学生整体就业质量指数为62.8，处于一般水平；男性大学生的就业质量略高于女性大学生；具有城市户籍的大学毕业生的就业质量显著高于农村户籍大学毕业生；具有党员身份的大学毕业生就业质量高于非党员身份的大学毕业生；东部、西部、中部地区的大学生就业质量不均衡，东部最高，中部次之，西部最低；从行业来看，新兴产业的大学生就业质量最高，传统制造业次之，服务业最低。

第五章，大学生群体就业质量追踪预警。根据大学生就业质量的评价指标体系，集成DEMATEL-ISM-ANP预警指标辨识方法，得出大学生就业质量的11个预警指标，即劳动报酬、职业福利、人岗匹配度、工作自由度、兴趣相符程度、职业安全、晋升机会、职业稳定程度、工作压力、职业归属感和员工决策参与度。在此基础之上，划分四个预警等级（Ⅰ级代表就业质量情况处于正常波动范围内；Ⅱ级代表就业质量一般，需要改善；Ⅲ级代表就业质量较差，需要引起重视；Ⅳ级代表就业质量很差，急需改变），设定预警信号，采用BP神经网络对大学生就业质量整体情况进行实证预警，并对比分析不同性别、户籍、行业以及地区的大学毕业生的就业质量的预警状况。整体来看，我国大学毕业生群体的就业质量的预警等级为Ⅰ级，但其评价数值并不高，接近临界值，员工决策参与度、晋升机会等7个就业预警指标为Ⅱ级。不同性别、不同籍贯、不同产业、不同区域的大学毕业生的预警等级也存在明显差异。

第六章，城镇劳动力就业状况调查研究。为全面把握当前城镇劳动力就业状况，深入探讨劳动力就业质量提升普遍面临的问题，本书运用多阶段抽样方法，在A省开展了大规模抽样调查，建立劳动力就业状况数据库。抽样调查主要对A省城乡劳动力资源基本状况以及性别结构、年龄结构、文化结构、技能结构、就业分布、就业渠道、工资收入、合同签订、就业(失业)登记、社会保险缴纳等情况进行数据采集，开展描述性统计分析。调查发现，城镇劳动参与率总体水平为64.07%，女性、年龄较大者及文化程度较低者劳动参与率偏低；接受过职业技能培训、创业培训的劳动力比例偏低，接受过职业技能培训的比例为20.5%，接受过创业培训的比例仅为2.2%；城镇人口养老保险参保率与医疗保险参保率较高，而失业保险参保率、城镇人口生育保险参保率、城镇人口工伤保险参保率相对较低，等等。

第七章，农村外出务工劳动力就业状况调查研究。本次抽样调查对农村外出务工劳动力就业状况开展了描述性统计分析。本章主要对外出务工人员的性别分布、地区分布、职业分布、行业分布、外出务工选择及其原因、劳动合同签订、工资水平、社会保险、职业福利、劳动权益保护等具体问题进行了详细的实证研究。研究发现，当前农村剩余劳动力转移就业趋势减缓，本地就业趋势明显；外出务工人员目前的工作单位或开展经营活动的行业分布日趋多元化；外出务工人员的权益保障问题依然突出，签订劳动合同的比例偏低，收入水平相对较低，参加失业保险与工伤保险的比例还有待提高，务工前接受过专门的职业技能培训的比例偏低，因此，需要进一步加大对外出务工人员的各项公共服务供给，尤其是职业技能培训和创业培训服务。

第八章，高质量就业协同治理路径设计。在实证结论的基础上，运用协同理论，基于利益平衡视角，构建多维主体高质量就业协同治理实现路径。首先，分析协同治理主体的职能。协同治理的主体包括政府、市场、社会，强调多元主体协同治理过程中“多元主体”的协同，在高质量就业多维协同治理过程中发挥各自不同的职能。其次，分析协同治理机制。重点研究基于平衡各利益相关者的利益关系，应对各种复杂性和不确定性，降低机会主义行为的概率，进而分析协同治理过程中的导向机制、联动机制和激励机制。其中政府的政策导向机制具有统领地位。最后，提出协同治理路径与对策措施。结合我国当前产业转型升级背景下就业新特点，并考虑未来发展趋势，提出协同治理路径，包括协同规范路径、协同培养路径、协同保障路径、协同激励路径等。

第九章，高质量就业协同治理策略。基于高质量就业协同治理路径设计，制定“以政府为主导，教育机构培养为前提，用人单位为核心，劳动者个体为主体”的协同治理策略：一是政府规制的有效供给。落实就业政策，规范就业行为；完善就业保障，激发就业动力；加强就业培训，提高就业技能；培育创业环境，推动创业孵化；加大教育投入，提升育人水平；建设信息平台，增加就业机会。二是教育机构人才供给侧改革的推进。深化教学课程改革，适应市场专业需求；探寻校企合作模式，创新人才培养机制；完善就业指导体系，转变择业就业观念；建立跟踪信息档案，追踪就业动态。三是用人单位人才需求侧结构性调整的实施。调整产业结构，扩大就业规模；优化人才配置，完善竞争机制；优化就业环境，平衡就业生态；完善薪酬福利，和谐劳动关系；优化用人观念，转变用人机制。四是劳动者个体就业生态的重塑。调整就业心态，转变求职观念；积累就业能力，实现人岗匹配；客观评价自身，规划职业生涯；洞悉就业形势，提升职业技能。

本书对高质量就业问题的系统探讨具有重要的学术与现实价值。

学术价值方面：①本书基于多学科理论与方法，围绕高质量就业的动态评价与协同治理问题，开展了系统性、专题性、前瞻性实证研究，在一定程度上弥补了高质量就业研究的碎片化缺憾，有助于推动高质量就业研究的深入开展。②本书厘清了就业质量的内涵演变，阐明产业转型升级与就业质量的作用机理，在此基础上形成了产业转型升级背景下就业质量评价及追踪预警研究的研究框架，并以毕业3~5年的大学本科毕业生为样本进行实证检验，探讨大学毕业生就业质量状况，建立了就业质量追踪预警体系，丰富了就业质量评价、测度与预警方面的研究。③本书对A省开展了大规模随机抽样调查，建立劳动力就业状况数据库，全面系统地对城乡劳动力就业状况以及性别结构、年龄结构、文化结构、技能结构、就业分布、就业渠道、工资收入、合同签订、就业(失业)登记、社会保险缴纳等与就业质量相关情况进行了描述性统计分析，为深入探讨劳动力就业状况及就业质量提升普遍面临的问题，提供了大量丰富的一手资料。

现实价值方面：①本书对大学毕业生这一重要群体的就业质量评价模型、现实状况以及追踪预警机制的专题研究，可为政府设计就业质量提升路径提供参考依据和模式借鉴，有助于推动高校人才培养机制改革，促进高校毕业生就业质量提升，并为高等院校、教育行政机构相关决策提供参考。②基于大规模抽样调查对劳动力就业质量状况所进行的实证分析，以及促进高质量就业所提出的相关政策建议，为人力资源与劳动保障部门以及相关就业部门全面了解大学生就业质量状况，制定就业促进政策提供了现实参考。③基于协同治理理论，主要从政府规制设计的优化、高校人才供给侧改革的推进、用人单位人才需求侧结构性调整的实施，以及就业生态的重塑四个层面出发，将政府就业政策保障、高等院校高效育人保障、用人单位人才需求保障以及就业有效联系起来，提出了就业质量提升的协同治理路径以及相关对策，对于政府部门设计高质量就业协同治理路径与相关政策具有重要的参考价值。

CONTENTS

目 录

图目录

表目录

第一部分

产业转型升级与高质量就业

第一章　高质量就业研究脉络与理论基础

当前，我国经济正处在发展方式转变、经济结构优化、增长动力转换的关键时期，正由高速增长向高质量发展转变。产业类型由劳动密集型向资本密集型和知识密集型转换，产业转型升级已上升到国家战略高度。产业转型升级必然引起劳动力结构和就业结构出现一系列变化，对劳动力市场产生深刻的影响。在产业转型升级背景下，劳动力市场的不均衡日益凸显，“就业难”与“用工荒”并存，一方面有很多失业人员，特别是大量的大学毕业生无法找到满意的工作；另一方面则是企业很难找到与企业发展需要相匹配的高质量人才。就业区域性结构矛盾与就业群体能力结构矛盾日益加剧，就业质量不高及高等教育对产业转型升级人才需求主动适应能力不强的现状堪忧①。

第一节　高质量就业面临的挑战与问题

一、经济下行与新科技革命双重背景下就业压力日趋增大

我国是一个人口大国，一直面临着较大的就业压力，在经济结构转型升级的关键期，结构性就业矛盾更加凸显。党的十九大报告指出，“就业是最大的民生”。就业是经济发展最基本的支撑，实现更高质量和更充分就业，是经济迈向高质量发展的重要体现，也是民生的基础保障。就业是稳定之基，就业稳，收入就稳，消费就稳，经济基本面才能稳，社会稳定才有坚实的基础，在“稳就业、稳金融、稳外贸、稳外资、稳投资、稳预期”工作中，中央把“稳

① 曾湘泉，李晓曼．破解结构矛盾推动就业质量提升［J］．中国高等教育，2013（Z2）：22-24，25.

就业”置于“六稳”之首。2019年政府工作报告中，就业优先政策被首次置于宏观政策层面，与财政政策、货币政策并列为宏观调控三大政策，就业不仅是优先目标，而且已成为安国之策，是宏观调控的基本手段，实现了宏观目标与调控政策的统一，就业重要性被提升到了前所未有的高度。

当前我国经济正从“工业经济”向“数字经济”转型，由高速增长阶段转向高质量发展阶段，经济下行背景下我国就业压力增大。新科技革命的快速进步与数字经济的迅猛崛起所产生的创造性破坏效应，不可避免地导致了传统行业与产业中的结构性失业问题，使就业极化现象日益凸显，深刻影响着就业的数量与质量。对我国当前和今后一个时期的就业形势，政府工作报告定位于“就业总量压力不减、结构性矛盾凸显，新的影响因素还在增加”。2018年城镇新增就业1 361万人、调查失业率稳定在5%左右的较低水平，城镇登记失业率3.8%，为10年来的新低，实现了比较充分就业。但从国际大环境来看，中美贸易摩擦增加了经济下行的压力；人口老龄化问题日趋严重，“人口红利”渐渐消失；大学毕业生人数逐年大幅增加，大学生就业形势也日益严峻（见图1-1）；就业区域性结构矛盾与就业群体能力结构矛盾日益加剧，“招工难”与“就业难”并存；80后、90后农民工对就业有更高的要求；人力资本质量偏低且主动适应能力不强，加上人工智能的冲击，为大量低质量劳动者带来失业风险的冲击。多种因素叠加在一起，增大了就业压力，需要政府从宏观政策层面给予更多的调整。

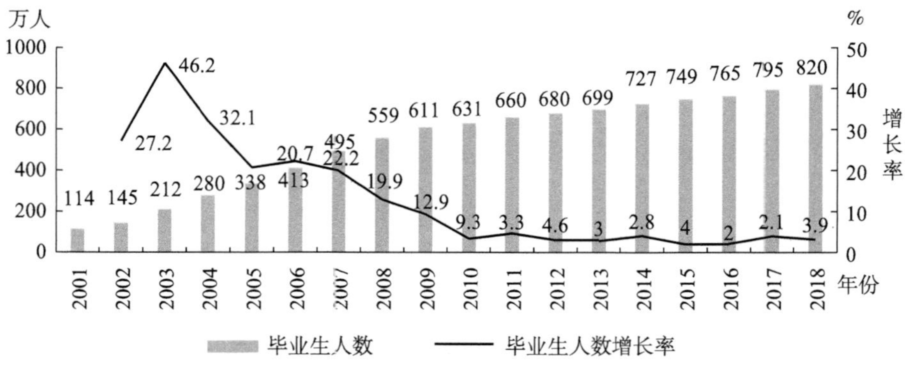

图1-1　2001—2018年全国高校毕业生人数统计及增长率

当前以移动互联网、人工智能、大数据、云计算、物联网、生命科学等为代表的新一轮科技革命以及数字经济的迅猛发展，不断革新传统产业，催生新产业、新技术、新业态，深刻塑造着我国劳动力就业市场，改变着就业结构形态。科技的快速进步与数字经济的迅猛崛起所产生的创造性破坏效应，不可避免地导致了传统行业与产业中的结构性失业问题，使就业极化现象日益凸显，深刻影响着就业的数量与质量。人工智能技术推动了自动化的快速发展，使“机器换人”的速度和广度日益加深，系统性社会风险急剧增加。新科技革命彻底变革了传统福特主义的经济组织方式，经济生产要素组织特点由传统的劳动密集型、资本密集型、稳定性、大规模标准化、科层制为特征的福特主义组织方式，向知识技能为本、学习创新型、流动性、多元化、灵活性、网络化、人性化等后福特主义组织方式转变。在边际重要性上，经济效率的核心竞争力越来越取决于具有高度适应性能力、学习创新精神，受过良好教育的知识技能型的劳动力。新科技革命对劳动就业的数量与质量产生了深刻的影响。

二、高质量就业面临的突出挑战

党的十九大报告提出“要坚持就业优先战略和积极就业政策，实现更高质量和更充分就业”“提供全方位公共就业服务，促进高校毕业生等青年群体、农民工多渠道就业创业”等新任务、新要求，体现了以人民为中心的发展思想，反映了广大劳动者的心声。经济持续发展和人民生活水平不断提高的关键在于实现充分就业与高质量就业，劳动力的充分就业与高质量就业是宏观经济政策的重要目标。高质量就业和辛勤劳动提高收入，是人民实现美好生活的主要途径。作为就业活动重要组成部分的就业质量，其好坏对就业数量有直接的影响。此外，就业质量的代际遗传容易引发贫困问题，不利于社会的稳定。现有研究更多是从产业结构、就业弹性、劳动力供给和需求等角度针对如何降低失业率和扩大就业数量，这些研究都忽略了对就业质量的研究。不能单纯地通过对就业数量的关注来解决就业问题，应该转向对就业数量和就业质量的关注，从而创造更多的高质量的就业。随着经济全球化的深入，失业率上升和就业质量的下降也成为困扰世界各国的难题。面对越来越严峻的就业形势，各国政府的焦点也从对宏观就业的总体扩张转为对就业质量全面的提升上来。高质量就业，不仅是经济转向高质量发展阶段的内在要求之一，也是破解当前我国就业结构性矛盾和就业总量问题的重要渠道①。当前，

① 莫荣．提高就业质量增加人民收入[EB/OL]．(2018-03-10)[2020-05-15]．http：//www.xinhuanet.com//politics/2018lh/2018-03/10/c_1122516850.htm.

我国正处在经济结构调整、新旧动能转换、产业结构转型的关键时期，产业结构正在由劳动密集型和资本密集型向知识技术密集型转变，高消耗、低附加值的产业逐步萎缩，低能耗、高附加值的新型产业快速崛起，高质量发展必然创造出大量的高质量就业岗位，急需大量的富有创新能力的高素质人才，由低质量就业向高质量就业转变。高质量就业可有效推动经济结构调整，实现生产方式现代化，促进现代经济体系的形成，带来全社会劳动生产率的提高。

当前我国实现高质量就业面临以下严峻挑战：一是我国就业持续保持高压态势，尤其是高校毕业生就业持续保持增长趋势，就业总量不减，加之科技的发展，可能导致就业岗位的减少。二是传统就业服务虽然在解决就业数量问题等方面卓有成效，但服务理念、服务手段等仍相对落后，缺少解决就业质量问题的经验，也缺乏大幅提高劳动者素质的有效做法。三是就业歧视现象在一定范围内仍然存在，阻碍了劳动力和人才的流动，创新创业中最活跃因素——人的潜力没有得到最大限度的发挥。四是高质量就业还未能实现全体劳动者收入的同步性提升，在促进经济结构调整、生产方式现代化等方面的作用发挥不够。五是劳资矛盾日益凸显，和谐劳动关系的构建以及劳动者合法权益的保护成为就业质量综合治理中亟待解决的突出问题。六是我国高校毕业生的知识结构、技能水平与创新能力还远不能适应新产业的迫切需求，与当前的产业升级结构存在着明显的不匹配现象，难以满足高质量就业的迫切需求，我国高等教育人才培养体系面临着突出的挑战。不合理的专业设置、传统的人才培养模式以及僵化的教育体制使得“一些新兴发展行业所需人才不能得到有效满足，一些专业人才明显过剩……造成用人单位找不到满意的人才，而高校毕业生找不到满意的工作这种两难局面”。产业结构的变动通常源于经济的内部，其对人才的需求往往更加的灵活，而人才培养机制往往是被动地适应社会发展的需要，导致新进入劳动力市场的高校毕业生无法满足社会的需要，这是因为高校毕业生储备的知识并不能随社会的需要迅速作出调整，造成高校毕业生的失业，人才资源的浪费①。我国产业转型升级不断向广度与深度拓展，对我国高等教育人才培养机制与体制变革提出了严峻的挑战，对高校毕业生就业的负面影响日趋加剧。萨缪尔森(1967)在他的著

① 马云泽，吴昊坤．产业结构调整、高等教育改革与大学生就业[J]．河南师范大学学报(哲学社会科学版)，2011(2)：116-119.

作《经济学》中指出，只要经济持续增长，就业就会自发地持续增长。① 然而，经济持续增长带动良好就业的规律在我国没有很好地体现，造成这一现象的主要原因之一是产业结构与就业结构的不均衡，特别是高校毕业生就业结构的不均衡。② 我国经济的转型发展、产业结构的优化升级所需要的人力资本和高层次的智力对我国的人才培养体系，尤其是高等教育人才培养体系提出了更高的要求，高等教育人才培养体系面临着突出的挑战。

三、高质量就业的分析框架

本书针对上述挑战，围绕着高质量就业，专题探讨如下紧密相连的系列问题。

第一，产业转型升级与就业质量作用机理的阐述和分析。具体而言，在阐明就业质量概念内涵的基础上，通过文献研究和实地调查统计，推演产业转型升级背景下就业质量演变规律，在此基础上形成产业转型升级背景下就业质量评价及追踪预警研究的研究框架，为接下来的就业质量有效评价与测度奠定基础。

第二，就业质量的有效评价与测度问题。具体而言，就业质量影响因素如何变化？就业质量评价指标体系如何构建？就业质量如何评价？产业差异、地区差异、性别差异对就业质量有何影响？这些问题亟待深度的学理研究跟进。

第三，针对大学毕业生这一重要群体，运用所建构的就业质量评价指标体系，开展就业质量评价的实证研究，探讨大学毕业生就业质量评价模型与现实状况。

第四，在上述研究的基础上，为有效对大学生的就业质量进行预警，集成决策试验和评价实验室、解释结构模型与网络层次分析法三种方法，构建集成 DEMATEL-ISM-ANP 的指标辨识方法，获得大学生就业质量的关键预警指标，建立大学生就业质量追踪预警体系。

第五，基于 A 省劳动力就业失业状况大规模抽样调查数据库，对 A 省劳动力就业质量状况进行实证分析，并以 A 省为例，深入探讨劳动就业质量提

① Samuelson P. Marxian economics as economics[J]. American economic review, 1967, 57(2): 616-623.

② 耿献辉，刘志民. 产业关联与高校毕业生就业效应分析[J]. 教育与经济，2011(4): 45-51.

升普遍面临的主要问题。

第六，在上述理论与经验研究的基础上，深入开展高质量就业视角下就业质量提升路径与对策研究。主要包括如下子问题：如何提高从业人员对就业岗位的贡献度及就业满意度？如何构建顺应高质量就业发展趋势的和谐劳动关系？如何创新支撑经济高质量发展的劳动力市场协同治理的体制机制？

本书从产业转型升级背景下就业质量现实问题出发，综合运用人力资本理论、劳动过程理论、劳动市场分割理论等探求就业演变趋势，甄别就业质量的影响因素，构建就业质量评价指标体系，并以毕业 3~5 年的大学本科毕业生为样本进行实证检验，探讨大学毕业生总体和分群体就业质量状况。以此为基础，运用物元分析法构建集成 DEMATEL-ISM-ANP 的指标辨识方法，遴选大学生就业质量的关键预警指标，建立大学生就业质量追踪预警体系。以 A 省为例，通过大规模抽样调查，建立劳动力就业失业状况数据库，深入探讨劳动力就业质量提升普遍面临的主要问题。最后，基于协同治理理论，综合运用规范分析、系统分析等方法，提出我国高质量就业的协同治理路径和相关对策。

第二节　高质量就业研究脉络

一、就业相关研究主题

学界一直高度重视就业相关问题的研究，相关文献十分丰富。为整体考察当前国内学界对就业相关问题研究的基本现状，本书首先在 CNKI 中检索就业研究文献，运用 Citespace 文献计量工具对就业研究的总体图景进行主题分析，以期整体把握当前国内学界对就业相关研究的总体图景。本书先在 CNKI 中以关键词“就业”进行文献检索，文献来源选择 CSSCI，并通过 CNKI 自带的计量可视化分析工具识别该领域研究的时空分布，包括主要的研究作者、期刊类别、研究的重点力量和机构，如图 1-2 至图 1-3 所示。

国内就业研究力量集中，以中国人民大学蔡昉、北京大学岳昌君、北京师范大学赖德胜、中共广东省委党校陈利峰、中国人民大学杨伟国及原国家计划委员会杨宜勇为重点研究力量。在期刊分布方面，就业研究的分布相对杂乱无章，结合管理学和经济学的重要期刊，本书最终将选择的 CSSCI 来源期刊作为文献聚类。选取的管理类期刊包括《管理世界》《中国软科学》《科学学研究》《科学学与科学技术管理》《管理评论》《中国行政管理》《经济管理》《科技进步与对策》《软科学》《经济体制改革》《社会保障研究》；经济类期刊包括《经济研究》《中国工业经济》《世界经济》《财经研究》《数量经济技术经济研究》《经济学家》《南开经济研究》《国际贸易问题》《经济科学》《经济评论》《经济理论与经济管理》《改革》《经济学动态》《经济纵横》《山西财经大学学报》。

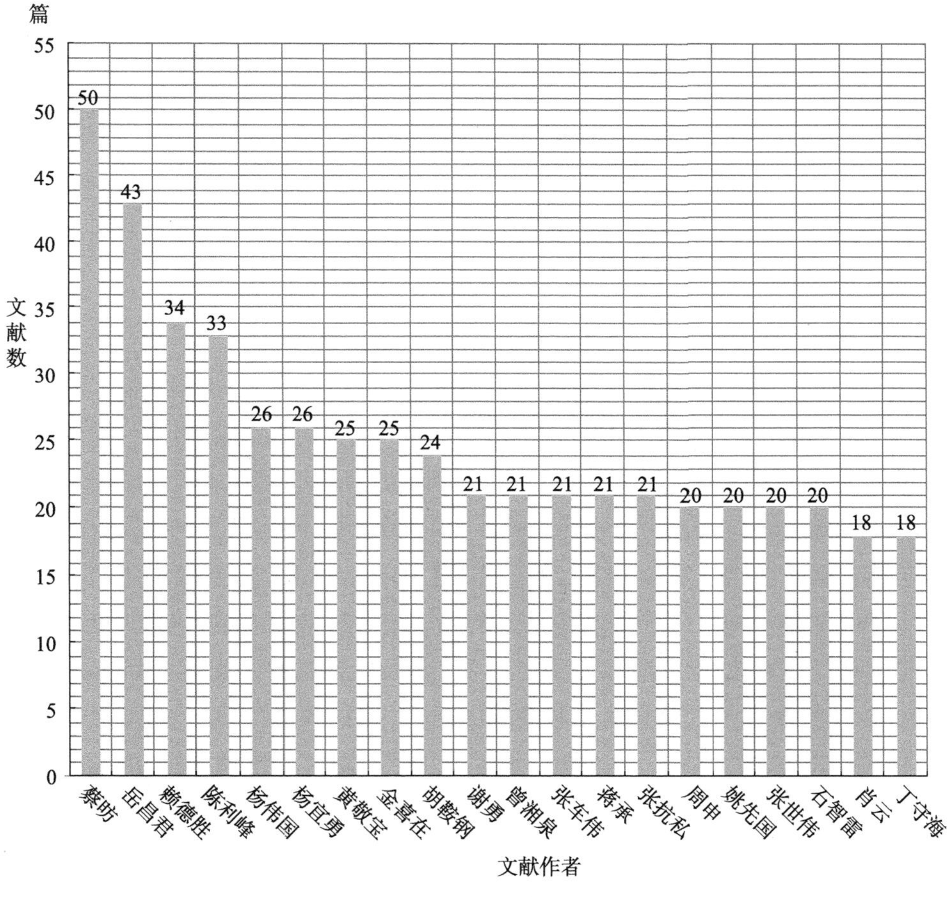

图 1-2　国内就业研究发文数量前 20 位的作者

对这 26 种期刊关于就业的文献再次进行检索，并对数据进行筛选清洗，删除“征稿”“通知”类等无关内容，最终得到 2509 篇文献。本书使用 Citespace 文献计量工具对这些文献进行可视化分析，呈现出国内就业研究聚焦的主题分布，如图 1-3 所示。

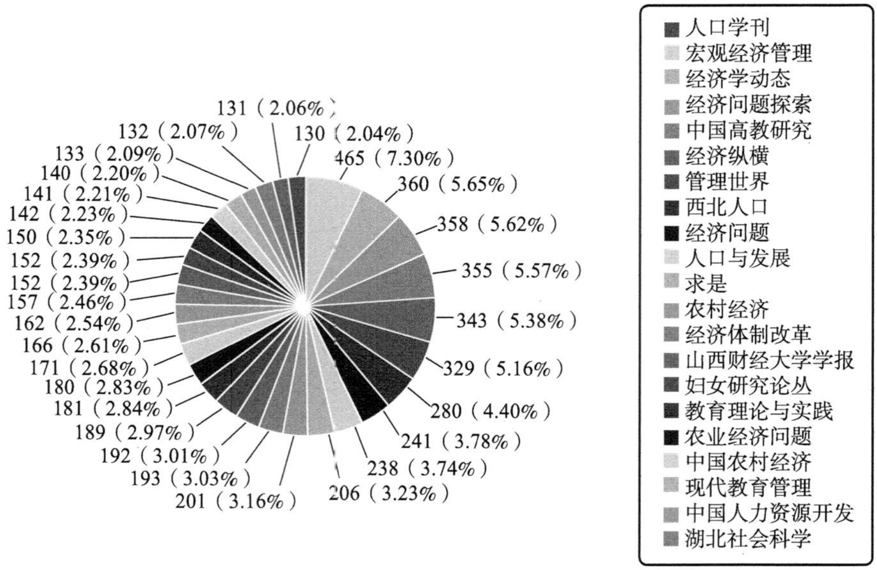

图 1-3　国内就业研究期刊分布

资料来源：中国知网。

CiteSpace 是一款多元、分时、动态的用来分析和可视共引网络的 Java 应用程序，能够显示一个知识域或学科在某个特定时期的发展趋势与动向。通过关键词共现聚类分析能展示一个领域的研究热点和前沿，识别该领域的研究主题，聚类结果如表 1-1 所示。模块(Modularity)和轮廓(Silhouette)两个指数是衡量聚类图谱优良的两个指数。模块(Modularity)是网络模块化的评价指标。Q>0.3 表示网络的社团结构是显著的。表 1-1 中的轮廓(Silhouette)值是衡量网络同质性的衡量指标。越接近 1，其同质性越高，轮廓(Silhouette)为 0.7，聚类结果信度较高。为显示效果的集中，图中隐藏了较小的聚类，共获得 14 个较大的聚类结果，如图 1-4 所示。聚类图谱的模块(Modularity)值为 0.8041，轮廓(Silhouette)值为 0.408。表明整个网络图谱聚类结果较好，每个类别之间存在明显的差异，每个类别内同质性较高。

表 1-1　中小微企业重点文献关键词聚类结果

群标识符(Cluster ID)	规模(Size)	轮廓(Silhouette)	年度(Year)	标签(Label)
0	43	0.894	2002	就业
1	31	0.9	2002	经济增长
2	30	0.841	2009	劳动力

续表

群标识符(Cluster ID)	规模(Size)	轮廓(Silhouette)	年度(Year)	标签(Label)
3	27	0.948	2010	企业
4	27	0.936	2001	农民工
5	27	0.829	2006	企业管理
6	22	0.942	2009	产业结构
7	22	0.911	2008	中华人民共和国
8	20	0.951	2002	失业
9	20	0.863	2011	劳动力市场
10	18	0.841	2007	经济
11	17	0.936	2010	服务业
12	12	0.974	2001	失业率
13	11	0.94	2008	就业结构

这 14 个聚类大致可以分为 6 个大类。

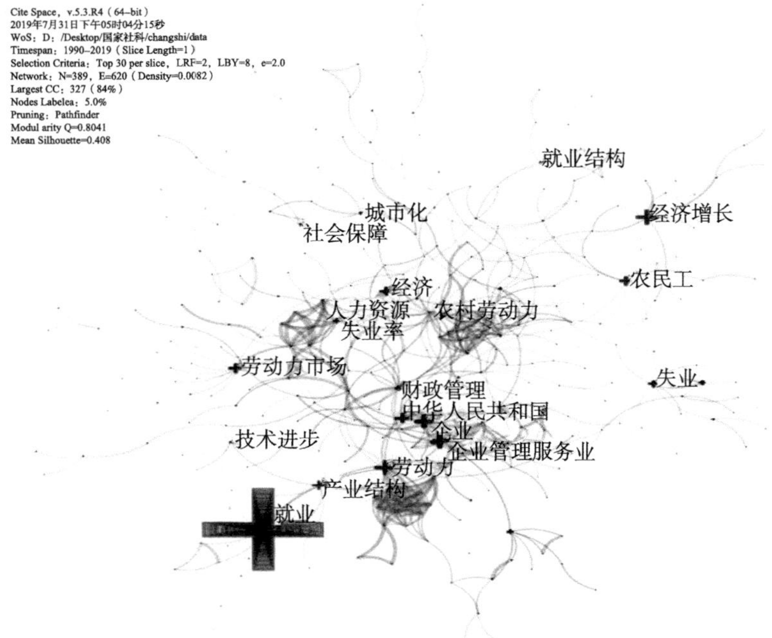

图 1-4 国内就业关键词共现图谱

（一）与就业率相关的研究（#0 就业、#8 失业、#12 失业率）

就业率即劳动力市场的供求与匹配程度，关系到就业力、就业质量、就业结构调整的关键问题，所以劳动力市场的就业率相关研究是就业领域研究的重点内容。这一主题主要关注就业市场的供求结构、就业质量、就业机会与就业破坏，如何在新就业形态的背景下，权衡岗位破坏与创造的就业困境、同步实现就业转型、界定影响就业质量的关键因素。赵达和沈煌南（2019）实证分析了失业率波动对就业者家庭消费和成员劳动供给的影响。研究发现：群组失业率上升 1%，就业者家庭消费增速减少 0.48%，预防性储蓄动机显著；关于所有制的异质性，群组失业率上升 1%，对国有企业、集体企业及股份制企业的就业者影响不显著，而个体、私营企业或无固定性职业的就业者家庭消费增速则分别降低 0.50%、1.22%；年龄异质性方面，临近退休的户主对群组失业率并不敏感。位于 26~35 岁和 36~50 岁的户主，群组失业率每提高 1%，家庭消费增速分别降低 0.49%和 0.35%；群组失业率每提高 1%，将引起户主配偶劳动供给概率上升 8.13%，与此同时，单身人士消费增速显著下降 0.69%，说明婚姻制度发挥着自我保险功能。杜子芳及刘亚文（2008）从隐性失业、下岗、农村剩余劳动力等多个角度入手，重新测算了目前中国实际失业人口，论证了缩短工作时间对解决失业问题既是必要的，也是有益的，并在此基础上提出了相应的政策建议。

姚东旻（2016）将产业结构作为内生变量引入 DMP（Diamond-Mortensen-Pissarides model）模型，构建了在劳动者存在失业、退休、更换工作情况下青壮年和老年劳动者在两部类间的竞争就业模型，以此研究产业结构升级背景下延迟退休对劳动者工资及失业率的影响。模型结论表明：行业的空闲—失业比是影响社会就业的关键因素，延迟退休会通过该因素影响劳动者的工资和失业率。李树和陈刚（2015）以中国家庭收入调查（China Household Income Projects，CHIP）2002 年和 2007 年的数据为基础，发现幸福感上升对提升劳动力就业概率、提高劳动力隐性再就业概率、增加劳动力享有的“关系”等社会资本方面具有积极作用。

（二）经济结构对就业的影响（#1 经济增长、#7 中华人民共和国、#10 经济）

该主题的研究聚焦经济新常态、经济周期及经济结构变动对就业的影响，旨在揭示在现阶段贸易自由化的背景下，经济结构转型和调整会增进就业领域对技术进步的诉求。李世刚和尹恒(2017)利用2005年全国1%人口抽样调查数据中政府与企业雇员的平均受教育年限之比，度量一个地区的人才配置状况。研究发现政府—企业间人力资本差异越高的地区，经济增长率越低。表明大量优秀的人才配置到政府部门，确实有损经济增长。辛冲冲和陈志勇(2018)研究发现，外国直接投资(Foreign Direct Investment，FDI)的活动效应对经济增长和就业变动的总效应贡献最大，整体呈显著正相关关系，是造成总效应显著为正的主要原因；FDI的结构效应对经济增长和就业变动的总效应贡献不够显著且呈微弱的非显性正相关关系，地区投向结构不尽合理现象依旧凸显；FDI的效率效应对经济增长和就业变动的总效应贡献显著为负，多数省份仍处于外资低效率利用状态。

卢锋、刘晓光等(2015)基于对中国宏观经济周期与劳动力市场转型关系的经验观察，提出适用于分析中国转型情况的广义奥肯定律，再结合中国和跨国面板数据的分析发现，农业劳动力转移相对其长期趋势的短期变动与宏观经济周期涨落有显著联系。这一发现拓宽了对劳动力市场与宏观经济周期变动关系一般形式的理解，为“将城镇新增就业、调查失业率作为宏观调控重要目标”的就业政策调整提供了学理支持。赵旭杰、郭庆旺(2018)从劳动力市场视角分析我国产业结构变动对经济周期波动的影响机理。研究表明：第二产业和第三产业对经济周期波动具有较显著的非对称性加剧作用，而第一产业对经济周期的波动影响则较弱。

（三）劳动力市场就业现状的研究（#2 劳动力、#4 农民工、#9 劳动力市场）

该主题主要关注生产要素市场中的社会保障和就业、生活满意度，明确现阶段新就业形态背景下，弱势群体(农民工、女性)的非正规就业等隐性就业应运而生，更新了劳动力市场相关就业概念的内涵。赵伟和隋月红(2015)研究表明，一个地区集聚产业的多样性越强，越有利于促成工资增长的长效机制；在行业同期相关条件下，劳动力供给短缺对工资的影响不显著；偏向多样化地区的企业平均规模与工资显著负相关，偏向专业化地区的企业平均规模与工资显著正相关。

张抗私和刘翠花(2018)研究表明，正规就业与非正规就业群体的特征差异可以解释工资差异的70%左右，而系数差异约占30%，随着工资分位数水平的上升，特征差异的占比越来越大，系数差异占比越来越小，正规就业者与非正规就业者工资差异呈逐渐缩小的趋势。丁述磊（2017）研究表明，非正规就业是影响居民主观幸福感的重要因素，从事非正规就业的居民，主观幸福感显著降低；非正规就业市场上严重的性别歧视现象更是显著降低了女性的主观幸福感；无论是东部还是中、西部地区，通货膨胀率上升，对居民主观幸福感造成的损失也会显著增加。此外，受教育年限对女性和中、西部地区居民主观幸福感的影响显著为正。

（四）企业管理对员工就业的影响研究（#3 企业、#5 企业管理）

该主题主要从企业角度，关注企业用工制度和福利待遇状况对就业结构调整的影响。我国正逐步步入经济增长的换挡期、结构调整的阵痛期、前期发展的消化期和全球深化改革的新窗口期"四期叠加"的新常态，技术进步是企业转型升级的关键影响因素。另外，企业的歧视性工资及弹性工作制也是构成影响就业的关键因素。黄群慧（2018）总结了中国企业管理学发展的基本经验：坚持马克思主义在发展中国企业管理学中的指导地位，重视企业改革、管理与发展的系统性。

李海舰和朱芳芳（2017）提炼出员工变革的四个阶段：一是员工 1.0，员工定位于被管理者，其角色为工具人，体现在员工被物管理和被人管理；二是员工 2.0，员工定位于管理者，其角色为准主人，体现在员工成为"战略业务单元（Strategical Business Unit，SBU）""经理"以及"总裁"；三是员工 3.0，员工定位于自创业者，其角色为合伙人，体现在员工成为创客合伙人和动态合伙人；四是员工 4.0，员工定位于自组织者，其角色为社会人，体现在"个人帝国主义"、员工在线发展以及员工全球共享。

（五）产业结构对就业的影响研究（#6 产业结构、#11 服务业）

经济体制改革伴随着产业结构的调整，该主题旨在揭示"三、二、一"新型产业结构下，产业转型升级、产业集聚、城镇化对就业机制的影响。苏丽锋和陈建伟（2016）指出，与产业结构调整相比，中国就业结构偏离度较大；劳动力市场对大专及以上文化程度人才的需求逐渐提高，提升了对技术技能型人才的需求；高等教育学历结构调整速度过快，造成劳动力市场内部的挤压式就业问题。

马力和张连城（2017）研究表明，在经济增长的不同阶段三者表现出不同的传导关系，高等教育结构对第一产业结构和就业结构比例的下降有促进作用，与第二产业和第三产业结构的调整呈弱负相关。如果高等教育结构充分发挥对以第三产业为主导的产业结构的作用，则高等教育需要从大众化向普及化阶段过渡。江永红、张彬等(2016)指出，我国产业结构升级导致了劳动力"极化"现象的产生，其作用机理体现在产业结构升级所引致的偏向性技术进步会显著增加对高低技能劳动力的需求，使得整个社会劳动力质量向两端偏移。此外，中国劳动力极化还存在区域差异，其中，东部地区呈现高技能偏向型的特点，而西部地区则呈现非技能型的特点。

（六）就业结构对就业的影响研究（#13 就业结构）

该主题的研究主要关注不同就业结构下就业岗位、就业弹性、就业密度等就业效应对就业市场的影响，并试图探索新型就业结构下就业创造、就业转型、就业促进及就业保护的就业政策。蔡跃洲和陈楠(2019)研究发现，在人工智能的不断推进过程中，由于替代效应抑制效应等的作用，就业总量虽然保持稳定，但是结构性冲击必然存在，特别是中间层级岗位被替代会使就业结构呈现两极化趋向。在此过程中，专业技术能力较弱、年龄偏大群体将受到较大影响。吴翌琳(2016)指出，当前中国企业的创新和出口对就业具有正向推动作用，创新环境对改善民生、稳定就业具有重要内驱力量。毛其淋和许家云(2015)指出，市场化转型通过不断改善就业再配置效率，能够有效促进地域全要素生产率提升。市场化转型主要通过"提升就业创造率"和"降低就业破坏率"两个途径促进就业。

二、就业质量内涵演变及影响因素

20 世纪 90 年代末，我国学者开始关注就业质量的相关研究，与国外的研究相比，起步晚、相关文献资料较少，更多的是偏向理论方面的定性研究。我国的劳动力市场发育较晚，加之我国实施市场经济体制的时间短，造成了国内学者对就业质量方面的研究也较少。

（一）就业质量内涵演变

就业质量内涵经过演变，形成了涵盖工作效率、职位匹配、薪酬激励等的微观层面释义、主要包含劳动力市场运行状况和资源配置效率的中观层面释义以及国际劳工组织(International Labour Organization，ILO)提出的劳动者在自由、平等、保证安全和个人尊严前提下获得体面、高效工作机会的体面劳动的宏观层面释义（苏丽锋，2013）。① 国外关于就业质量的界定主要包括个体就业质量工作特征及劳动力市场构成的就业质量等（Anker，2003；Muhammad，2015），而国内学者则主要关注制度变革、行政级别、所有制、政治面貌、工作条件等因素对就业质量的影响（李斌，2009；范钦栋，2014）。经过文献梳理，具有代表性的就业质量研究归纳及概念界定如表 1-2 所示。

表 1-2　就业质量研究归纳及概念界定

研究者	时间	研究结果
国际劳工组织②	1990 年	最早提出关于就业质量的确切含义。它是衡量劳动者在就业机会的可得性、工作稳定性、工作场所的尊严性和安全、机会平等、收入、个人发展等在整个就业过程中就业状况的综合概念，反映出劳动者的满意程度
Beatson③	2000 年	就付出与回报的经济契约关系以及雇佣单位与员工心理关系反映就业质量
Morton④	2004 年	以调研为基础，通过对加纳小型企业就业质量的研究，将薪酬福利、工作压力、员工职业前景、技术水平提高、工作为员工带来心理满足感等归纳为就业质量
Schroeder⑤	2007 年	将高质量就业定义为一种能力，这是个人在工作环境中所获得的基本谋生能力，同时认为衡量高质量就业的标准并不只有收入
刘素华⑥	2005 年	将就业质量定义为了"体面劳动"，并从五个方面来衡量，分别为工作的性质、雇佣的条件、劳动环境、社会福利和雇主与雇员的关系
叶金珠⑦	2006 年	就业质量指的是从个体目前的就业状况、才智发挥、收入水平和满意程度等方面衡量个体整体就业状况的优劣
谢勇⑧	2009 年	就业质量是一个包括工资水平、就业稳定性、工作条件和劳动者权益保障的多维度概念，其从劳动者合同的签订情况、就业稳定性以及工资水平三个方面定义

---

① 苏丽锋．我国转型期各地就业质量的测算与决定机制研究[J]．经济科学，2013(4)：41-53.

② 国际劳工组织．亚太劳动力市场数据更新[Z]．1990，34-58.

③ BEATSON M. Job"quality"and forms of employment：Concepts and the UK statistical evidence[R]. 2000，108-134.

④ Morton. Job quality in Micro and small enterprises in Ghana：Field research results[J]. 2004，46-111.

⑤ Schroeder FK. Work place issues and placement：What is high quality employment？[J]. Work (Reading，Mass.). 2007，29(4)：357.

⑥ 刘素华．建立我国就业质量量化评价体系的步骤与方法[J]．人口与经济，2005(6)：36-40.

⑦ 叶金珠．社会资本对就业质量的影响[D]．华中科技大学，2006.

⑧ 谢勇．基于就业主体视角的农民工就业质量的影响因素研究：以南京市为例[J]．财贸研究，2009，20(5)：34-38，108.

续表

研究者	时间	研究结果
徐莉等①	2010 年	认为就业质量是工作者对工作环境、工作地点、就业单位知名度、满意度、薪酬福利满意度等主观评价和社会客观情况即客观评价相结合的总体质量情况
孟大虎等②	2012 年	更高的就业质量依赖于人力资本的增强，从而可以拥有更高的人力资本质量
姜献群③	2014 年	毕业生就业质量指的是毕业生即将从事的工作与其自身接受教育的程度、专业和所读院校的培养目标相适应且符合自身就业意愿的程度
潘琰和毛腾飞④	2015 年	就业质量可以理解为个人层面的就业者从开始求职到入职后对工作各方面的满意程度，以及地区层面的不同地区就业率和平均收入
王向东⑤	2016 年	就业质量是一个主客观相结合的概念，是对客观就业状态和就业主题主观感受的综合性评价
吴新中和董仕奇⑥	2017 年	就业质量是基于个体满意度、学校满意度、用人单位满意度、家庭满意度、社会满意度等多个评价维度的一定时间序列内的综合概念和价值判断
杜兴艳⑦	2017 年	就业质量的内涵有主观和客观两个层面，客观层面指的是毕业生获得工作的优劣程度，包括毕业生是否能获得这份工作以及所获得工作的特征；主观层面指的是这份工作对相关主体的满足程度

通过上述关于就业质量的分析发现，就业质量可以从主客观相结合、宏微观层面进行描述。从主观方面上，就业质量指的是劳动者个体对就业状况的满意程度以及符合自身期望的程度；客观方面则是从工作角度来分析劳动者获得工作和薪酬的状况。

---

① 徐莉，郭砚君．大学生就业质量与社会资本关系研究：以武汉高校为例[J]．中南民族大学学报(人文社会科学版)，2010(5)：85-88.

② 孟大虎，苏丽锋，李璐．人力资本与大学生的就业实现和就业质量：基于问卷数据的实证分析[J]．人口与经济，2012(3)：19-26.

③ 姜献群．提升大学生就业质量的思考：韩国的经验及启示[J]．教育发展研究，2014(17)：26-32.

④ 潘琰，毛腾飞．就业质量的组合评价研究[J]．东南学术，2015(1)：117-125.

⑤ 王向东．高校毕业生就业质量调查及其对高校教育教学的启示：基于浙江省 4 届毕业生的实证调查[J]．大学教育科学，2016(4)：100-105.

⑥ 吴新中，董仕奇．高校毕业生就业质量评价要素及体系建构[J]．科技进步与对策，2017(4)：140-144.

⑦ 杜兴艳．基于 AHP 的高校毕业生就业质量跟踪及实证研究[J]．教育评论，2017(2)：65-69.

（二）就业质量影响因素

就业是一个经济问题，其复杂多变，涉及多种因素（张彦，2002）。[①] 而就业质量是既有相对独立性，又同时受多重因素影响的变量。学者主要从宏观、中观、微观三个方面探讨就业质量的影响因素。

一是包括全球化、政策等在内的宏观层面影响因素。全球化导致劳动资源配置和重新配置的频率加快，使就业稳定性下降以及资本稀缺、劳动力供给增加但是就业岗位不足等现象，致使劳动者就业质量下降（刘素华，2007）；[②] 扩招政策、毕业生数量对就业质量具有显著的负影响，而经济发展水平、第三产业发展引起的经济结构变迁和高等教育经费投入有利于提升就业质量（郭虎子，2010）。

二是包括学校特征、劳动关系等在内的中观层面影响因素。学校对就业质量的影响涉及诸多方面，如专业设置状况、学校影响力、毕业生的综合素质、专业人才培养特色、工学结合紧密程度以及教育质量、教育认可度、教育的外在力量等。通过研究发现大学生拥有的专业选择权会对未来的就业质量产生积极的影响，[③] 学历层次、学校办学声誉、专业类别等因素也会对就业质量产生很重要的影响。[④]

三是微观层面的影响因素，包括社会资本、性别、家庭背景、人力资本、就业环境、就业期望、个体特征和就业能力等。叶金（2006）发现社会资本对就业质量的影响是积极的，而代锋和吴克明（2009）研究发现社会资本同时具有正向和负向的双向影响。李军峰（2003）通过定量比较发现男性职工的就业质量高于女性。大学生的社会能力、内在素质、专业能力等具有决定性影响，同时发现薪资期望值、工作与专业对口与否也对就业质量产生重要影响（张建奇，2001；涂晓明，2007；Taylor，2014）；孙海荣（2014）基于高校毕业生就业质量的实证调查研究，发现“职业定位”和“专业选择”是影响高校毕业生就业质量的关键因素；Hwanbo Park（2014）实证研究发现，在韩国大学毕业生收入差异受专业类型和学科影响较大。苏丽锋和陈建伟（2015）运用有序 Logit 模型对个人就业质量影响因素进行分析，结果表明劳动报酬、工作生活平衡度

---

① 张彦．劳动与就业［M］．北京：社会科学文献出版社，2002：154-161.

② 刘素华，韩春民，王龙．全球化对我国就业质量的影响机理及走势透析［J］．人口与经济，2007(2)：30-34.

③ 孟大虎．拥有专业选择权对大学生就业质量的影响［J］．现代大学教育，2005(5)：94-97

④ 涂晓明．大学毕业生就业满意度影响因素的实证研究［J］．高教探索，2007(2)：117-119.

对就业质量影响作用较大；同时工作与专业匹配度及职业的受尊重程度也成为影响新时期个人就业质量最为重要的因素①。张抗私和朱晨（2017）在 2014 年调研数据的基础上运用结构方程模型方法分析发现，收入水平是评价大学毕业生就业质量的首要标准，并更多地关注非收入因素对就业质量的影响②。

综上可见，国内对就业质量影响因素的研究是从个体、学校以及经济等方面展开的，探讨的影响因素有宏观层面的全球化，中观层面的劳动关系、学校特征，微观层面的人力资本、就业环境、就业期望、个体特征和就业能力等。

（三）就业质量影响因素研究方法与模型

就业质量影响因素的确定所采用的方法主要包括问卷调查法、访谈法等，在此基础上关于就业质量影响因素的进一步分析的方法有建立层次分析模型（Analytic Hierarchy Process，AHP）、计量模型、主成分分析法等方法。如黄炜（2010）在利用问卷调查确定就业质量影响因素的基础上构建模型，并运用 AHP 确定大学毕业生就业质量因素的权重，为提高就业质量提供参考依据。刘红艳（2010）以问卷调查为基础结合回归分析、交叉分析和方差分析验证社会资本、人力资本等对就业质量的影响。叶金珠（2006）、沈诣（2007）和骆雄辉（2010）对就业质量影响因素的分析都是运用相关分析和多元回归分析的方法。李晓云（2016）综合运用问卷调查和主成分分析法对就业质量影响因素进行分析，确定了六个因素（即品德心理、办学条件、自我认识与评价、实践能力、入职准备、专业技能）对新建地方本科院校毕业生就业质量的影响。何鹏飞（2016）用二类 Logistic 回归模型研究就业质量相关影响因素。王想（2017）利用对数线性模型对本科生就业质量影响因素进行评价分析。陈纯等（2017）采用的是问卷调查和专家访谈相结合分析毕业生就业质量的影响因素。

现有文献对大学生就业质量影响因素的探讨以及所使用的研究方法与技术，为本书提供了重要的参考。

三、就业质量评价体系与评价方法

与以往不同的是，现在对就业形势的评价采用的是就业规模的大小和就

① 苏丽锋，陈建伟．我国新时期个人就业质量影响因素研究：基于调查数据的实证分析［J］．人口与经济，2015（4）：107-118.

② 张抗私，朱晨．大学毕业生就业质量的影响因素［J］．人口与经济，2017（1）：75-84.

业质量的高低，而过去通常以就业率为评判标准。部分学者认为就业率只能说明大学生的签约“量”状况，并不能反映真实有效的就业状况，也没有对就业的“质”进行评价。因此本书认为，就业率和就业质量之间存在联系，就业率和就业质量具有相对独立性，两者都能反映就业问题，就业率是反映就业状况的基础，就业质量则更进一步反映了就业状况的好坏。因此，本书未将就业率列入就业质量的评价指标中。

（一）就业质量评价指标体系的构建

通过国外的研究可以发现，因研究组织和研究者的不同，就业质量评价指标的体系也大有不同。欧洲基金会则是把职业和就业安全、健康和福利、工作和非工作生活的和谐、技术发展作为就业质量评价的四个方面（见图 1-5），把劳动力作为一个整体研究工作满意度，可将就业质量分为就业稳定性、健康和福利、技能的发展、工作和生活反映的平衡四个维度（Clark，1996；Lucie，2006）；Beatson（2000）从反映劳动回报关系的经济契约内容和反映雇主与雇员关系的心理契约方面对就业质量进行评价。[①] 2010 年，国际劳工组织、欧盟委员会和欧洲基金会建立了关于“就业质量”的统一指标体系，并发布了包括加拿大、芬兰等在内的九个国家的就业质量国别报告（UNECE，2010）。部分学者也将视角转向更广泛的国家和社会角度，如 Brisbois（2003）构建了包括健康和福利、技能开发、职业及就业安全等在内的宏观就业质量评价指标。[②] Morton（2004）构建了包括安全和健康、人力资源、管理和组织、劳资关系和结社自由、学徒剥削、保税和童工等在内的十多个指标，对加纳的微型和小微企业进行就业质量的研究。[③] 综上可知，国外大多选用偏向“人本关怀”的指标来对就业质量进行评价，工作单位对职工的福利、安全和待遇情况是指标里常常包含的。

国内学者在就业质量评价指标体系构建中对不同指标也各有偏重。叶金珠（2006）构建了包括就业情况和工作收入的客观指标和包括工作满意度和才能发挥程度的主观指标。秦建国（2007）构建了以就业前主客观前提、就业岗

① Beatson M. Job “quality” and forms of employment: Concepts and the UK statistical evidence [R]. 2000.

② Brisbois R. How Canada stacks up: The quality of work-an international perspcetive [M]. CPRN = RCRPP, 2003.

③ Morton P. Job quality in micro and small enterprises in Ghana: field research results [M]. International Labour Office, 2004.

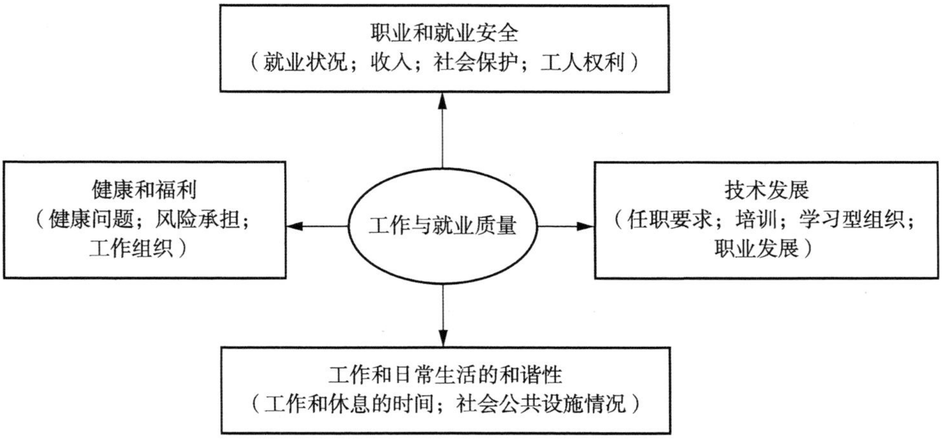

图 1-5　欧洲基金会就业质量评价指标体系构成

位质量、就业满意度和就业宏观表现为指标的就业质量评价指标体系。① 柯羽(2007)构建了具有五个一级指标的就业质量评价指标体系，包括就业率、毕业生供需比、薪金水平、就业结构和社会认可度等指标。赖德胜等(2011)构建了具有6个维度指标、20个二级指标和50个三级指标的就业质量评价指标体系，并利用国家统计数据进行了测算与评价。② 苏丽锋(2013)构建了39个地区层面的三级就业质量指标体系，并对就业质量进行了测算；王阳(2014)选取劳动力市场、就业稳定性等7个维度构建了我国就业质量水平评价体系，实证研究表明我国就业质量水平呈现“下降趋势的W形”变动轨迹，认为经济增长和劳动力市场政策调整都对就业质量变化有较强的预测作用，但存在滞后性。庞诚等(2014)提出了包括总体就业率、任职匹配度、职业稳定性、物质精神待遇的大学生就业质量评价体系。③ 赵俊英(2015)在研究经济高速增长背景下大学生就业质量现状时，运用薪酬福利、劳动关系和个人发展3个一级指标和15个二级指标作为衡量就业质量的指标体系。④ 吴新中等(2017)结合新的形势与要求，构建了由毕业生、高校、用人单位、家庭、社会组成

① 秦建国．大学生就业质量评价体系探析[J]．中国青年研究，2007(3)：71-74.

② 赖德胜，苏丽锋，孟大虎，等．中国各地区就业质量测算与评价[J]．经济理论与经济管理，2011(11)：88-99.

③ 庞诚，王福鑫，戈逸秋．战略性新兴产业视域下大学生就业质量的实证研究[J]．黑龙江高教研究，2014(4)：94-96.

④ 赵俊英．经济增长与大学生就业质量的非一致性分析：基于需求视角[J]．湖北社会科学，2015(1)：160-166.

并以毕业生个体为中心的五个一级指标的就业质量评价指标体系。

由此可见，国内学者构建的就业质量评价指标体系大多是在前人研究成果的基础上，根据自身的研究内容和研究需要加以灵活运用。国内外具有代表性的就业质量评价指标如表 1-3 所示。

表 1-3　国内外典型的就业质量评价指标

学者	时间	就业质量评价指标
Brisbois①	2003 年	薪酬福利与健康、员工技术开发潜力、工作安全指数、就业满意度、组织承诺
陈欢和刘春风②	2012 年	就业率、毕业生供需比、薪金水平、就业结构和社会认可度
赖德胜和石丹淅③	2013 年	职业和就业安全、健康和福利、技能发展、工作和非工作生活的平衡度
徐进④	2013 年	在就业者方面：个人发展、社会认可度、工作满意率 在工作方面：专业对口的情况、单位性质、薪酬情况
朱火云等⑤	2014 年	就业水平、就业能力、就业保护、就业服务
朱钧陶⑥	2015 年	高校就业工作综合考评、毕业生就业满意度、用人单位满意度、社会劳动需求
张抗私和李善乐⑦	2015 年	宏观视角：就业状况、劳动报酬、劳动关系、就业能力、就业环境五个一级指标
张抗私等⑧	2015 年	以就业机会、就业激励、就业环境、就业满意度、劳动保障为一级指标的大学生就业质量全口径评价指标体系
吴新中和董仕奇⑨	2017 年	高校毕业生就业质量评价指标体系：毕业生、高校、用人单位、家庭、社会且以毕业生个体为中心的五个一级指标

---

① Brisbois R. How Canada stacks up：The quality of work－an international perspective[M]. CPRN＝RCRPP，2003：37－99.

② 陈欢，刘春风．高校毕业生就业质量评价体系构建[J]．现代教育管理，2012(12)：57－60.

③ 赖德胜，石丹淅．我国就业质量状况研究：基于问卷数据的分析[J]．中国经济问题，2013(5)：39－48.

④ 徐进．高校就业质量与评价指标体系研究[J]．中国教育学刊，2013(S4)：74－75.

⑤ 朱火云，丁煜，王翻羽．中国就业质量及地区差异研究[J]．西北人口，2014(2)：92－97.

⑥ 朱钧陶．大学生就业质量评价体系的实证研究：以华南农业大学为例[J]．高教探索，2015(5)：109－112.

⑦ 张抗私，李善乐．我国就业质量评价研究：基于 2000—2012 年辽宁宏观数据的分析[J]．人口与经济，2015(6)：62－72.

⑧ 张抗私，刘翠花，燕具善．大学毕业生就业质量：全口径指标评价与实证检验[J]．经济与管理研究，2015，36(9)：60－66＋74.

⑨ 吴新中，董仕奇．高校毕业生就业质量评价要素及体系建构[J]．科技进步与对策，2017，34(4)：140－144.

（二）就业质量评价方法与模型

不同的研究方法和研究模型产生的研究结果会有很大的不同，所以本书准备工作的重要内容之一包括对就业质量评价方法的选取。目前学界对就业质量评价方法的运用通常包括如下几个方面：一是运用层次分析法对就业质量进行评价，如柯羽（2007）、卫铁林（2013）[①]等运用层次分析法确定高校毕业生各个就业质量评价指标的权重。二是运用主成分分析法对就业质量进行综合评价，如柯羽（2010）等构建的评价指标体系运用主成分分析法对就业质量进行评价。[②] 三是运用模糊综合评价方法对就业质量进行评价，如范钦栋和王凯（2014）、曾爱华（2017）、李东（2017）构建了就业质量评价指标体系，运用模糊综合评价法对就业质量进行了定性的评价。四是运用熵权法对就业质量进行评价，如张抗私和李善乐（2015）运用熵权法对构建的宏观视角的评价指标体系进行指标赋权，并对辽宁省的就业质量进行了评价。五是综合运用层次分析和模糊综合评价法对就业质量进行评价，李淑娥（2016）通过层次分析方法对毕业生就业质量满意度评价模型进行定量化分析，并运用模糊综合评价法对整个质量评价体系做综合评价。[③] 段亚敏等（2012）通过采用文献资料分析法、专家访谈法、问卷调查法、权值因子判断表等方法对河北省研究生就业质量进行研究，采取专家打分法确定指标权重。[④]

综上所述，就业质量评价指标及权重确定的方法有层次分析法（AHP）、德尔菲（Delphi）法、相关系数构权法、专家打分法等；就业质量评价的方法有模糊综合评价法、综合得分计算法等。通过对毕业 3~5 年的大学生深度访谈资料的分析，本书将结合扎根理论构建大学毕业生初次就业质量的评价指标体系，选取的指标包括工作环境、工作单位、工作岗位、薪酬福利的大学生初次就业的客观指标，以及就业地点、签约单位、就业岗位、发展空间等的主观满意指标。拟整合物元可拓理论、DEMATEL 与 ANP 等系统分析评价模型，实现对我国大学生就业质量的综合评价。

---

① 卫铁林．基于 AHP 的高校毕业生就业质量评价模型构建［J］．教育与经济，2013（2）：43-47.

② 柯羽．基于主成分分析的浙江省大学毕业生就业质量综合评价［J］．中国高教研究，2010（4）：74-76.

③ 李淑娥．基于模糊隶属度的高职毕业生就业质量评价体系研究［J］．黑龙江高教研究，2016（7）：98-102.

④ 段亚敏，李华中，赵志英．河北省研究生就业质量评价指标体系研究［J］．中国成人教育，2012（17）：92-94.

四、劳资关系演变与劳动者权益保护

高质量就业离不开和谐劳资关系的构建与对劳动者合法权益的充分保护，对高质量就业的研究与探讨，需要全面了解劳资关系的历史演变脉络与发展现状，需要深入理解当前就业环境中劳动者权益保护面临的突出挑战。国内外学者围绕该主题的相关研究主要包括：劳资关系的历史发展相关研究、新就业形态劳资关系内涵与模式的嬗变研究，以及新就业形态中劳动者权益及其保护问题等。在正式概述本部分文献之前，首先对劳资关系、雇佣关系、劳动关系、劳务关系等主要概念的使用做一个简要的阐明。劳资关系主要从劳动与资本对立统一的角度审视劳方与资方的关系（程延园，2016），通常在社会学、政治学等学科领域中被广泛使用；劳动关系通常指用人单位招用劳动者为其成员，劳动者在用人单位的管理下提供有报酬的劳动所产生的社会关系，是劳动法律体系中最为核心的概念（刘建录，2011）。在西方国家，雇佣关系与劳动关系区别不大（史尚宽，1981；常凯；2019），广义的雇佣关系的主体构成是劳动关系，除此之外，还包括非生产领域中的私人雇佣关系等；但狭义的雇佣关系通常是指后者，不受劳动法规制，而是受民法调整（刘建录，2011）。劳务关系往往是指两个或两个以上的平等主体之间就劳务事项进行等价交换过程中所形成的一种经济社会关系，受到民法规制（杨夏，2011）。本书主要使用的是较为宽泛的劳资关系概念，在行文时根据不同的需要有时会交叉使用劳动关系、雇佣关系的概念。

（一）劳资关系的历史发展研究

劳资关系诞生于英国工业革命。在劳资关系的形成过程中，工人阶级的诞生至关重要，学界对雇佣工人作为一个阶级的形成时期存在争议（Thompson，1963；Hobsbawm，1984）。英国著名的史学家爱德华·汤普森（Edward Thompson）认为，工人阶级形成于 19 世纪早期；而埃里克·霍布斯鲍姆（Eric Hobsbawm）在工人阶级早期形成这个问题上，并不认同汤普森的观点。霍布斯鲍姆认为，1840 年之前不存在现代意义上的工人阶级。尽管学界对工人阶级的诞生时间与标志存在着不同的观点，但现代意义上的劳资关系诞生于以蒸汽机为标志的第一次工业革命是没有什么疑问的。第一次工业革命开启了机器化大生产，在极大地提高生产力的同时，深刻地改变了生产关系，催生了资本家与依靠出卖劳动力为生的雇佣工人，开启了波澜壮阔的劳资关系演化的漫长历史。

第一次工业革命时期，资本家处于绝对的强势地位，对工人阶级进行残酷压榨，工人阶级处境极其悲惨，劳资关系处在激烈的对抗中。亚当·斯密、卡尔·马克思、弗里德里希·恩格斯等思想家进行过深刻的揭露与批判，尤其是恩格斯曾在1845年发表了《英国工人阶级状况》，对早期工人阶级悲惨境遇进行了系统的研究。这一时期的工人阶级还处在自发自为阶段，具有较强的被动性与盲目性(刘耀辉，2019)。伴随着马克思主义的诞生，工人阶级在马克思主义的指导下开始了有组织的反抗，开启了史诗般的工人阶级运动，通过武装斗争、集体罢工、建立工会、集体谈判等各种方式，极大地加强了工人阶级的力量，促使资方改善工作环境与工作福利。由于工人罢工斗争的发展、工会组织的广泛建立，迫使资方及政府做出让步，从而改善和缓解了劳资矛盾。

伴随着以电气化、内燃机等为代表的第二次工业革命的推进，自由资本主义逐渐向垄断资本主义转变，工人阶级的斗争和工会运动的发展，没有因为雇主和政府的镇压而停止。伴随政治民主化推进和社会经济发展，劳资斗争方式随之产生变化，工会代表劳工与雇主进行谈判的方式逐渐出现。面对这些变化，欧美各国政府开始采取建设性干预政策。各种相关法律逐渐出台，劳动行政管理机构也逐步设立。1904年新西兰出台了集体合同法，集体谈判制度被各国家法律所承认和保护(郑乔，1997)。与此同时，“科学管理之父”弗雷德里克·泰勒(Frederick Taylor)提出了将科学管理用于解决劳资关系冲突问题；工业心理学家沃尔特·迪尔·斯科特(Walter Dill Scott)和雨果·穆斯特伯格(Hugo Munsterberg)提出提升工业效率和员工工作满意度的新方法；劳动经济学家罗伯特·霍克西(Robert Hoxie)和约翰·康芒斯(John Commons)等通过分析工会组织角色、政府法规以及劳工问题的经济根源等方面，探讨劳资冲突的解决方法(李敏，张彤，2002)。然而，也有学者指出，尽管资本家为了追求更高经济效益而开始重视劳动者的需求，但是强制性掌控的方式仍未能真正得以改善，虽然工会组织产生了一定作用，但劳动对资本的依附性使得劳动者仍然无法获取平等话语权(白领新，2005)。这一时期，国家干预在劳资关系领域全面铺开。尽管劳资矛盾依然激烈，但除了传统的对抗斗争方式以外，集体谈判制度终于得到了确认，成为解决劳资矛盾的新方式。政府调整和改变劳资关系政策，逐步开始施行国家干预政策，劳工立法的不断完善以及相应机构的设立，使劳资关系的调整步入法律化、规范化的轨道。此后的两次世界大战，进一步加强了工人阶级的力量，强化了国家对劳资关系的干预。在此过程中，促使资本主义国家开始大规模建立社会福利制度，从英国所开创的家计调查基础上的济贫制度到德国俾斯麦政府创设的社会保险制度，在劳资双方长期的合作对抗中，国家通过的各种社会福利政策，尽管不能在根本上解决劳资矛盾，但极大地缓解了长期激烈对抗的劳资关系（Anderson，1990；关信平，2009）。

“二战”后，欧美各国劳资矛盾尖锐，特别是大规模的工会运动对各国政府形成前所未有的压力。为了防止矛盾进一步加剧，欧美各国政府开始通过国家干预，构建了规范性的资本运营及劳资关系机制，以保证劳资关系的相对稳定局面。这一阶段，涉及劳资关系领域的各类立法逐步出台，各国建立了各种形式的劳、资、政三方机构，形成了相互影响与制约的格局（夏顺忠，杨贵珍，2003）。“二战”结束后，英国就在《贝弗里奇报告》的蓝图上，建成覆盖全民的各种福利保障制度，形成了战后福利体制（Rawls，1971；Anderson，1990；Offe，1984；Dworkin，2000）。战后初期复杂的社会对立开始化解为一种社会凝聚力。

20 世纪 70 年代，经济危机时期，福利国家反对国有化与福利国家的新古典自由主义思潮（neo-liberalism or libertarianism）占据上风，掀起了自由化、民营化、抑制工会与劳工权利的浪潮（Buchanan，1975，1980；Friedman，1980，1982）。以英国的撒切尔政府和美国的里根政府为代表的新右派（the new right）主导了对国有经济、福利国家政策的大刀阔斧的改革，全面推行市场化、民营化、自由化，削减政府开支，降低税收，削减国家福利，收缩国家在福利领域中的功能（Pierson，1995；Laybourn，1995；Esping-Andersen，1996；Shapiro，2007）。与此同时，伴随着以互联网、信息技术、生命科学等为代表的第三次科技浪潮以及全球化、知识经济的迅猛发展，资本、人流、物流、信息流在全球畅通无阻，企业创新、金融创新层出不穷，系统性社会风险急剧增加，人类已进入了名副其实的风险社会（贝克尔，1986，2004；吉登斯，1998，2000）。与此同时，以标准化、规模化、科层制为特征的传统福特主义生产方式急剧向以多样化、小微化、扁平化为特征的后福特主义生产方式转变。全球化知识经济改变了传统福特主义的经济组织方式，经济生产要素组织特点由传统的以劳动密集型、资本密集型、稳定性、大规模标准化、科层制为特征的福特主义组织方式，向以知识技能为本、学习创新型、流动性、多元化、灵活性、网络化、人性化等为特征后福特式组织方式转变。在边际重要性方面，经济效率的核心竞争力越来越取决于具有高度适应性能力、学习创新精神、受过良好教育的知识技能型的劳动力（吉登斯，1998，2000）。另外，社会结构发生了重大变化，老龄化趋势日益加剧，家庭结构日益小型化与多样化，工作模式的流动性加大，文化多元性社会日趋明显。在这种新时代经济和社会背景下，战后福利国家模式以及新右派对国家干预以及福利制度的攻击，都显得抓不住时代变化的要点，无视经济和社会结构的基本事实发生了巨大变化，无法有效应对上述新情况和新风险（吉登斯，1998，2000；Perkins，Smyth，2004；Midgley，2006；Sherraden，1999，2000，2005）。2000年互联网泡沫引发的金融动荡以及2008年美国次贷危机引发的金融风暴席卷全球、影响深远。新古典自由主义快速退潮，为积极应对快速变化的经济和社会新挑战、新风险所提出的社会投资型国家理念（social investment state）应运而生（吉登斯，1998；Sherraden，1999；Lister，2003）。社会投资型国家理念强调投资于机会平等与机会（可能性）的再分配，消除各种经济和社会性歧视，提高公民应对风险的基本能力，其中核心内容是投资于人力资本建设与促进公民劳动力与公共参与，关键是强调教育与培训的投入，致力于终身学习（教育）的理念，注重促进劳动力市场参与、公共参与，致力于培养有竞争力且负责任的公民，使公民成为"责任风险承担者"（responsible risk takers）；在福利传递机制上，主张通过利用市场配置资源以及国家、市场、公民社会组织的共同参与，形成平等合作关系（吉登斯，1998，2000）。这一时期，劳资关系逐渐由对立走向缓和，进而出现劳资合作的倾向，劳资关系出现了新特征：股权分散化、社会化趋势增强，员工持股日趋增加；资本家通过把个人的工资、福利待遇、分红与劳动生产率、利润紧密挂钩，形成利益捆绑局面；产生了大量的拥有较高科技知识和专业技能，介于无产阶级与资产阶级之间的新中间阶层，其收入具有劳动力成分和知识要素投入成分双重因素（白领新，2005）。

（二）新就业形态中劳资关系内涵与模式的嬗变

2008年金融危机后，新一轮科技革命浪潮加速形成，以人工智能、大数据、云计算、物联网、区块链等新一轮信息技术与生命科学迅猛融合发展为标志的第四次科技革命，加速并拓展了数字经济的发展，催生出共享经济、平台经济、众包经济、零工经济等新经济模式，诞生了各类不同于标准雇佣模式以及传统非正规就业的新就业形态（Huws，2015；张成刚，2016；朱松岭，2018；中国就业促进会，2017；蔡昉，2017；赖德胜，2018）。比如，追求弹性灵活的网络共享平台就业岗位，相对于追求长期稳定的传统就业岗位——岗位以任务指派实现，以契约法制化、时间固定化、雇佣关系唯一化、职业生涯标准化为特征——而言，具有契约虚拟化、时间灵活化、雇佣关系多重化、职业生涯碎片化的突出特征（纪雯雯，2019）。这种新就业形态对劳资关系的性质内涵以及模式嬗变产生了重要的影响，带来了新的挑战。

首先，新就业形态中劳资关系的性质问题。以网约工为例，平台企业与网约工间的劳资关系属于传统的雇佣关系，新型合作关系，还是其他性质的关系？网约工是伴随着互联网技术、电商平台的发展而产生的新就业形态，比如外卖送餐员、快递员、网约车司机等都是典型的依托互联网平台企业实现就业的网约工（邓永辉，2018）。有学者认为，互联网平台企业更多的是依赖劳动者而非劳动者更多地依赖平台企业，比如美国主营租车业务的最大平台企业 Uber 的研究报告（2015）显示，31%的 Uber 司机同时拥有另一份全职工作；91%的 Uber 司机的目的是为自己或者家庭挣点外快（Sprague，2015）。在网约工和消费者组成的双边市场中，消费者导向的信用评价制度是互联网平台企业控制网约工的重要机制（邓永辉，2018），然而，这种“控制”显然与传统的雇佣关系中的“控制”有所不同，其更像是客户与银行之间的信用规则。然而，有学者基于劳动过程理论，反对这种“去劳动关系化”“去雇佣化”的论点，认为这种互联网平台中的用工虽然存在着灵活多样性的特点，但实质上并没有颠覆传统的劳动关系，没有改变雇佣关系的性质（常凯，2019；冯喜良，2019），区别的关键在于雇主与雇员中是谁来控制劳动过程，如果是双方共同控制的，则是合作关系；否则就是雇佣关系（常凯，2019）。有学者进一步指出，“通过比较出租车、网约专车、临时快车在互联网平台的劳动过程可以看出，公司进一步强化了对整个劳动过程的管理，在此劳动过程中劳动者依靠出卖劳动力换取生产和生活资源的本质属性没有变化，其中不仅包括全职的 8 小时劳动者，两三个小时的非全时用工也具备雇佣关系的基本特征，可以说是一种雇佣关系”（冯喜良，2019）。也有的学者强调，对互联网经济下的用工关系是否是劳动关系，这个争论在一两年内是无法解决的，因为它涉及整个劳动法律体系，牵涉国际劳工组织及世界各国，我们更应该关注那些商业实践发展过程中的现实性问题（吴清军，2019）。

其次，新就业形态下劳资关系模式的嬗变。有学者发现，新经济模式下以工作任务为主导的工作关系正在替代传统经济模式下的以工作岗位为主导的关系，这种关系转变，有利于减少劳动关系中的矛盾（谢倩芸，2017）。也有学者认为，“分享经济”的兴起标志着生产力与生产关系的又一次变革，对劳资关系发展的走向必将产生深远影响。从生产力层面来看，以“互联网+”和智能手机为代表的技术变迁对服务业的分工与企业组织形式实现了重塑。从生产关系层面来看，“分享经济”并没有颠覆现有的生产资料所有制与雇佣劳动形式，在一定程度上强化了资本对劳动的控制与分化，并且制造出对资本主义生产方式的认同，从本质上进一步加深了劳动对资本的实际隶属。“分享经济”代表了新福特主义与后福特主义积累体系的折中，将使劳资关系的运行走向一个新阶段（肖潇，2018）。

由数字经济所催生的新就业形态正在塑造、生成并极化为两种截然不同的劳资关系类型：以资本—知识为基础的合作主导型劳资关系模式与以资本—劳动为基础的控制主导型劳资关系模式。学者们发现，新就业形态一方面催生出合作型劳资关系模式，另一方面强化了传统控制型劳资关系模式，呈现出劳资关系模式的二元分化趋势（Weil，2014；梁萌，2016；West，2018）。资本类型与技术精英的结合及其自身的分割形成了互联网企业内的分化形态，一方面，金融资本与高等教育的分层机制相结合，构建出高端劳动力市场，他们凭借智力优势在一定程度上获得了优势的竞争地位、工作自主权，甚至拥有资本所有权，在此基础上，劳资合作型的劳资关系新模式具备了雏形；另一方面，大量边缘劳动力以转包和劳务派遣的用工形式充斥在互联网企业中，技术符号秩序掩盖了其工作的不稳定性、高强度和碎片化，传统的简单型控制的劳资关系模式不仅没有改变，反而借助互联网的监控手段得以强化（梁萌，2016）。事实上，这是新科技革命下数字经济不平等的结果，不同群体由于知识技能的巨大差异，从数字经济中获得利益的能力差异巨大，呈现全面加速的极化现象（Robinson 等，2015）。

（三）新就业形态下劳动者的权益及其保护问题

在过去十年中，许多企业已移除大量的传统企业功能，在削减成本与提高效率的竞争中，企业依赖于全球的供应商提供各种供给，依赖第三方机构应对福利权益和索赔处理，依赖临时工或公司外的工作者完成保洁、会计、通信等，这些变化已经产生了布兰迪斯大学大卫·威尔（David Weil）所称的“分裂的车间”（fissured workplace）现象：公司领导者不是亲自管理运行，而是把权力下放给由外部的公司、远距离的供应商以及遥远的管理者所构成的更广阔的网络(Weil，2014)。结果就是形成了这样一个依赖外部公司处理公司运作的工作场所。许多这类实体削减成本，减少拥有福利权益的公司内部雇员，更广泛地依赖于临时雇工，降低了外部的工作场所标准责任(West，2018)。而传统的劳工福利权益(benefits)——比如医疗保险、企业年金、退休金、工伤保险等——建立在长期的、全职的、稳定的雇佣关系基础上的，雇员工作在由雇主提供的实体办公场所中，每周至少固定工作30个小时，提供具体的商品和服务(Sinclair，2016)，雇主与雇工之间重视忠诚等企业文化，而外包经济、共享经济等领域中的新就业形式本质上是临时的或不定期的(Vinik，2018)。在不断涌现的新经济形态中，许多工作者已变成了几乎没有任何福利权益的独立承包者(contractors with few benefits)，公司招聘底薪工作者，依赖临时雇员或零工职员。在雇主和雇员之间忠诚荡然无存，公司为了获得竞争优势"向底线赛跑"(race to bottom)，其形成的消极后果——比如更高的收入不平等或放松了的安全标准——作为一个整体甩给了社会。在许多这类案例中，这些问题日益恶化，因为没有一个公司有动力非常严肃地对待它们(Shook，2014)。于是，新就业形态中劳动者的权益及其保护就成为一个大问题。

新就业形态中劳动者的权益及其保护问题面临着突出的挑战。现有的法律政策、社会保障制度、公共服务大都建立在传统的雇佣关系基础上，不适应新就业形态下劳资关系的新情况，新就业形态中劳动者的权益及其保护问题还处在失范或真空状态。一般而言，劳资关系的性质界定了劳动者权益的边界，然而，学界对新就业形态中劳资关系的性质有不同的争论(Sprague，2015；常凯，2019)，现行法律体系还缺乏对新经济形态下劳资关系性质的有效界定与规制，劳动法律在兼职工作规定方面尚不健全，法律上缺乏针对不同劳动关系类型的劳动标准分层管理机制(易定红，2019)。有学者发现，互联网经济下的新型用工关系与传统劳动关系在工时标准、工资标准、社会保险、组织工会和集体谈判等方面存在差异，所以需要真正地去创新出一些衡量新的工作标准的指标(吴清军，2019；范围，2019)。也有学者从就业市场主体特征、市场功能与政策定位三个方面描述了我国非正规就业市场的新转变，在此基础上提出将非正规就业市场进行正规化规制是具有效率损失的，然而由于我国的灵活就业政策大多参照正规就业以及标准劳动关系进行设计，使得现行社保制度和就业服务政策与非正规就业不相适应，运行中存在诸多问题(李晓曼，孟续铎，郑祁，2019)。有学者认为，分享经济时代，劳动者分散在不同平台提供服务或者商品，没有固定雇主，这种灵活的新就业形态亟须新型社会保障体系，比如以劳动者的实际劳动时间比例提取社会保障税费等(杨伟国，周宁，2017)。换言之，新就业形态中的劳动权益保护处在失范或真空状态。另外，缺乏对平台用工的有效监察，对多样性、动态性、弹性灵活的新就业形态中劳动权益的保护，监察成本较高，也不易监察(林原，2019；周畅，2019)。

五、高质量就业提升策略

（一）就业质量测度与提升研究

把劳动力作为一个整体研究工作满意度，可将就业质量分为就业稳定性、健康和福利、技能的发展、工作和生活的平衡四个维度(Clark，1996；Lucie，2006)；在就业质量衡量方面，Beatson(2000)通过反映劳动回报关系的经济契约内容和反映雇主雇员关系的心理契约内容来衡量就业质量。部分学者也将视角转向更广泛的国家和社会角度，如 Richard(2003)构建健康与福利、技能开发、职业及就业安全、工作满意度等宏观就业质量指标；王阳(2014)选取劳动力市场、就业稳定性等七个维度构建了我国就业质量水平评价体系，实证研究表明我国就业质量水平呈现“下降趋势的 W 形”变动轨迹。在新经济背景下做好就业工作，要改变以往粗放式的、大包大揽的就业模式，逐步调整为根据不同群体特征的、精准发力的就业服务新方式(吴妙英，2015)。在总结就业工作的新特征和新特点上，李伯平(2015)提出就业工作面临的主要困难和矛盾，为促进就业工作提出“一二三四五”保障措施。

通过对上述成果的梳理可以发现，就业质量可以从宏微观和主客观相结合的范畴进行描述和评价。从宏微观层面看，宏观上是指国家劳动力市场资源配置与运行状况，微观上是指劳动者的主观感受与就业环境等；从主客观层面看，主观方面是指劳动者的自身期望与就业满意度的相符程度，客观方面是指劳动者所获取薪酬的情况。

（二）高质量就业协同治理内涵相关研究

协同治理内涵及特点的界定，是数字经济背景下各领域高效率、高质量运转的必要条件。协同即涉及多元主体的参与，通过多中心的共同治理实现多元协同合作，系统地规范相关环境。叶大凤(2015)指出，协同治理有利于使地方政府突破公共事务管理局限，是政策冲突治理的创新方式。通过构建政府与社会共同参与的治理格局，形成利益相关者共同参与、协同治理的新路径，化解社会矛盾。

（三）就业治理相关研究

劳动力市场就业治理机制的构建是促进社会稳定的重要因素。该主题的研究主要集中在现阶段就业市场劳动力供求的关系，以及新就业形态下隐性失业的含义和特点，新型劳动关系及其利益相关者之间的转化过程如何，以及现阶段的就业援助等政策实施对失业治理的成效。谭金可(2016)结合加拿大从失业保险转向就业保险的制度变革，启示我们反思中国失业保险制度的定位与设计：未来失业保险制度的最终目的是提升劳动者素质、促进就业稳定、扩大就业机会；将失业给付、职业训练、就业服务和就业稳定措施整合为一体。吴江和李达龙(2018)结合“整体政府”理论，强调建立治理主体的协同工作机制、政府组织结构的合作型整合，并追求社会治理的整体价值。我国大学生就业政策存在着部门间的行政分权与协同机制缺失，执行效率低下；信息共享机制失灵，针对性不强；政策价值取向分立，导向作用失效等不足。基于“整体政府”理论，大学生就业政策的协同治理需要构建政策主体的协同工作机制，破解大学生就业的体制性障碍；构建就业市场的网络化治理体系，加强大学生的就业保障；加强对政策运行的监督与评估，提升大学生就业政策的效率。

新就业形态的出现，将在实现更高质量和更充分就业方面发挥积极的作用，但对传统的劳动关系等提出了挑战，对其治理也提出新要求。其一，新就业形态对调查劳动力市场方式、判断就业形势和衡量就业失业形势等提出了新要求(OECD，2016)。新业态提升了劳动力的流动性和灵活性，使就业和失业的衡量成为难题(孙亚男，2017；张成刚，2019)。分享经济、电子商务等新业态创造了大量就业机会，但是许多职业在统计数据中没有体现出来。如何测量就业，就给劳动经济提出了新挑战。其二，新就业形态下的用工与就业模式对传统模式提出了挑战。新就业形态下原有传统劳动关系的法律难以适用(De Groen，2016)。休息休假权、劳动安全权、劳动报酬权等劳动者的合法权益难以保障。

（四）新就业形态下多维主体协同治理研究

新经济环境下就业问题的公共治理是社会公共治理的重要组成部分，主要内容是对就业管理制度与过程的重塑。就业问题的公共治理是一种分析方式，也是一种对就业问题的治理新模式(唐鑛，李彦君，徐景昀，2016)。

1. 新就业形态治理的相关研究

第一，发挥政府在新就业形态治理中的主导作用。在新就业形态中，政府由传统的唯一治理主体转变为协作主体之一，建立政府、社会及各类组织共同参与的多元供给格局，实现就业服务供给的多元化(张成刚，2018)。

第二，发挥市场经济在新就业形态治理中的调控作用。构建市场公平竞争机制，建立规范人才市场体系。在新就业形态下应破除各种就业壁垒，通过建立政府、市场、社会组织及个人的共享性平台实现资源共建共享(Mrozowicki，2016)。

第三，发挥培训机构在新就业形态治理中的主体作用。培训机构应当通过基层平台建设，推进就业服务的信息多元化、队伍专业化、服务人性化、管理常态化等方面的建设(孙亚男，2017)。

第四，发挥社会组织在新就业形态治理中的支持作用。发挥网络媒介的积极导向作用，整合社会各界力量。党的十八大报告明确提出"创业带动就业"的战略方针，同时对全社会提出明确要求，社会各界应尽己所能，指导并帮助就业者实现创新创业梦想。

2. 国内协同治理的相关研究特点

通过对国际竞争力研究主题的梳理，可以发现，国内协同治理研究呈现以下特点。

第一，协同治理的研究呈现出多元化、层次性。经济学、国际贸易、管理学对国际竞争力均有探究，在国家层面、产业层面、企业层面也均有涉及。其中，协同治理的探讨最为丰富，对企业层面的研究相对薄弱。

第二，协同治理的研究虽然已经延伸到政府、企业及个人层面，但是对协同治理的研究缺乏系统性和深入性。大多数文献主要研究应如何提高治理水平，对协同治理涉及的部门和概念缺乏明确的定义，缺乏深入系统地探讨协同治理评价机制的文献。

第三，就业领域这个庞大的群体已经成为我国经济发展的主力军，但是对新就业形态背景下就业的协同治理研究少之又少，既有的研究缺乏系统性。而且，新时代背景下，国际环境和国内环境都发生很大的变化，就业形态有其独特的内涵。所以，亟须对新就业形态下就业结构、就业质量及劳动关系进行系统的研究，揭示新时代背景下新就业形态的独特内涵，建立能够反映就业领域协同治理实质的评价指标体系，并对我国就业质量、就业结构、劳资关系现状进行系统的评价，给出解决新型就业困境的模式与路径。

综上所述，当前我国经济正处在发展方式转变、经济结构优化、产业转型升级、增长动力转换的关键期，正由高速增长向高质量发展转变，由劳动密集型向知识密集型、技术密集型转换。经济的转型升级与高质量发展内在推动着劳动力就业市场的演变，更高质量的就业不仅成为广大人民群众的美好愿望，而且日益成为经济社会发展的必然要求与基本趋势。近年来，国内外学界在保持对就业总量问题研究的同时，逐渐认识到就业质量是更为重要的就业课题，是就业中更为根本性的关键问题。经济持续发展和人民生活水平不断提高的关键在于实现充分就业与高质量就业，劳动力的充分就业与高质量就业是宏观经济政策的重要目标。高质量就业和辛勤劳动提高收入，是人民实现美好生活的主要途径。就业质量的代际遗传容易引发贫困问题，也不利于社会的稳定。高质量就业意味着充分的就业机会、公平的就业环境、良好的就业能力、合理的就业结构、和谐的劳动关系等。实现高质量就业，是我国经济由高速增长阶段转向高质量发展阶段的内在要求，也是解决当前就业总量问题和结构性矛盾的重要抓手。因此，我们不能单纯地通过对就业数量的关注来解决就业问题，应该转向对就业数量和就业质量的关注，从而创造更多的高质量就业。

然而，现有的大部分关于就业的研究文献，更多的是从产业结构、就业弹性、劳动力供给和需求等角度针对如何降低失业率和扩大就业数量进行研究，对高质量就业问题的研究较为匮乏，更缺乏对高质量就业的专题系统研究。具体而言，目前学界对就业质量内涵演变、影响因素、评价预警方面的研究，还处在探索过程中，缺乏系统的专题探讨与深入的机理分析，也缺乏理论与经验的专题探讨，呈现出碎片化倾向。学界对劳动关系演变与劳动者权益保护相关研究还不够系统、许多基本问题存在较大的争议。学界对高质量就业对策方面的相关研究大多处在泛泛而论的政策倡导层面，相关系统协调治理方面的探讨较为匮乏，缺乏前瞻性、预判性、系统性的深入研究。从理论层面看，现有对高质量就业问题的相关研究缺乏整合性的理论基础与多维理论的视阈融合。

第三节 研究理论基础

一、人力资本理论

早在17世纪中叶，英国古典政治经济学的创始人威廉·佩第(William Petty)提出了影响资本的因素除土地、物力资本以及劳动之外；第四个重要因素为人的“技艺”。[①] 英国经济学家威廉·西尼尔(Nassau William Senior)指出：“智力和精力资本是远超过有形资本的重要资本。决定国家财务的正是这一类有形资本。”[②]由于经济学领域的迅速发展及壮大，更多的经济学大师注意到人力资本重要的现实意义。阿尔弗雷德·马歇尔(Alfred Marshall)在其《经济学原理》一书中指出：“教育通常是能够发挥人们潜在能力的重要开端，一个伟大天才的经济价值，能够抵得上整个城市的教育的花费。”[③]

20世纪50年代初，西奥多·舒尔茨(Theodore Schultz)、加里·贝克尔(Gary Becker)以及雅各布·明瑟(Jacob Mincer)等学者进行了人力资本的理论与实证研究。研究至此，具有现代意义的人力资本理论正式诞生。舒尔茨[④]提出，随着人力资本水平的提高及积累，将会对社会经济的增长产生促进作用，随着人力资本的发展，人力资本会在所有的生产要素间产生相互替代和补充的作用，最后人力资本投资收益率将高于物力资本的投资收益率。另外，舒尔茨还使用“经济增长余数分析法”证明了人力资本对经济增长的促进作用，还指出为了提高现代经济的发展水平，在保障自然资源和基本劳动力的基础上，要切实提高就业者的智力水平，实现对原来生产要素的优化替代。舒尔茨的另一重要观点是：通过提高人们“处理不均衡状态的能力”的方式，教育可以促进经济增长。贝克尔[⑤]明确了人力资本投资的目的，他强调，对人力资本进行投资，不仅要考虑当前的得益状况，还要兼顾未来的得益状况，所以，他更进一步地提出了年龄—收入曲线和年龄—财产曲线，同时也提出了相对

---

① 约翰·伊特威尔．新帕尔格雷夫经济学大词典(第2卷)[M]．北京：经济科学出版社，1992：736.

② 西尼尔．政治经济学大纲[M]．蔡受百，译．北京：商务印书馆，1986：202-203.

③ 马歇尔．经济学原理[M]．朱志泰，等，译，北京：商务印书馆，1964：233.

④ 舒尔茨．人力资本投资：教育和研究的作用[M]．蒋斌，张蘅，译．北京：商务印书馆，1990：22-40.

⑤ 加里·贝克尔．人力资本[M]．梁小民，译．北京：北京大学出版社，1987：5-18.

应的人力资本投资收益率的计算公式。此外，他还计算并比较了不同等级间高等教育的收益率。

人力资本理论的诞生，既奠定了西方教育经济学的理论基础，又为西方经济学的发展提供了新方向，为西方经济学研究领域的开辟奠定了基础。国内许多学者，在人力资本理论、教育及就业相互关系的基础上，实证研究了人力资本对大学毕业生就业的影响。马莉萍和丁小浩（2010）利用2003年、2005年、2007年及2009年离校的高校毕业生情况，进行了实证研究，结论表明在高校毕业生寻找工作的过程中，毕业生自身积累的人力资本的程度起决定作用。[①] 影响人力资本因素的研究表明，工作能力水平的高低在高校毕业生寻找工作中起着决定性作用，而在找工作中所学专业和学历高低的重要性慢慢减弱，传统意义上的“高学历，高能力”认知面临挑战，相比于专业是否对口，毕业生自身所具有的工作能力才是找到满意工作的“敲门砖”。苏丽锋和孟大虎（2012）利用2009年大学毕业生的抽样数据，根据个体差异分析研究了大学生就业问题，得出了在提高大学毕业生就业质量和概率方面，人力资本以及社会资本发挥着不可或缺的作用；[②] 研究还发现了人力资本对大学毕业生起薪水平的影响要高于社会资本，并有一定的决定性作用。由于大学生工作领域中经常存在不公平、不合理的现象，致使市场机制不能完全决定劳动力市场的配置状况。李春青（2016）认为人力资本在大学生就业过程中的影响是正向促进，而社会资本的影响则是负向抑制，并且人力资本和社会资本之间存在着替代或者互补关系。[③] 张东海（2017）在问卷调查的基础上分析人力资本和社会资本对研究生就业机会和就业起薪的影响发现，在研究生就业过程中人力资本起着决定性作用。[④]

综上所述，人力资本对大学毕业生就业的影响极其显著。人力资本状况不仅影响着求职过程中的就业机遇，还直接影响着大学生工作伊始的起薪水平。但求职及就业过程中存在着不公平、不公正的现象，这些现象将抑制全社会对人力资本的投资总量。针对人力资本的优缺点，政府应该出台相应政

---

① 马莉萍，丁小浩．高校毕业生求职中人力资本与社会关系作用感知的研究［J］．清华大学教育研究，2010，31（1）：84-92.

② 苏丽锋，孟大虎．人力资本、社会资本与大学生就业：基于问卷数据的统计分析［J］．复旦教育论坛，2012，10（2）：27-33.

③ 李春青．人力资本、社会资本与大学生就业的关系［J］．职业技术教育，2016，37（22）：38-43.

④ 张东海．“关系”还是“能力”：研究生就业中人力资本和社会资本的作用研究［J］．教育发展研究，2017，37（9）：53-58.

策，降低就业市场上不良现象的出现；相关教育管理部门应该增强公共信息的提供力度和速度；高等院校应该结合就业市场对人才的需求，注重培养大学生的实践能力；大学毕业生应该认识到人力资本的重要性，抓住参与社会实践、社会实习等相关的积累人力资本的机会，提升自己的资本水平。

二、社会资本理论

相对于基本完善的人力资本理论体系，社会资本理论体系的构建无论是在概念界定还是在理论框架的建立上都缺乏强有力的支撑。但现阶段社会资本在微观层面和宏观层面都起到了至关重要的作用，既提高了个人劳动生产率，又促进了宏观经济的增长，因此，不管是在理论界还是在实践界，社会资本作用和功能得到了更加广泛的认同。[①] 法国社会学家皮埃尔·布迪厄(Pierre Bourdieu)首次提出了具有现代意义的社会资本概念，他将“资本”定义为一种潜在的能力，即使用相同形式实现自身再生产，从中获得生产利润的能力。以此为基础，可将资本看作力量，即既包含坚持自身存在的意向，又能被铭记在客观性事物间。布迪厄指出：“资本的价值依靠于其能起作用的场，并利用多种昂贵的转换，此种转换主要指资本能够在相应的场中起到明显作用的先决条件。此外，资本的三种基本形态为经济资本、文化资本、社会资本，在这之中，经济资本指的是能够及时转化为金钱的资本，且主要靠的是制度化的财产权的形式；文化资本指的是在特殊条件下可以转化为经济资本的资本，其借助的是制度化的教育资本的形式；社会资本主要由社会义务组成，其在特定的条件下能够转化成经济资本，它借助的是制度化的某种高贵头衔的形式。”[②]

布迪厄将经济资本、文化资本和社会资本作为资本的三种形态，这一划分对资本的界定具有开创性的意义。在提出这三种形态的资本后，布迪厄进一步对它们进行了详尽的研究，最终形成了著名的资本转化理论。在该理论中，他主张在一定条件下，经济资本、文化资本及社会资本可以实现相互转化，其中，经济资本处于基础的位置，是生成文化资本和社会资本的基础。

科尔曼认为：“社会资本类似于其他形式的资本，同样是指个人拥有的社会结构资源，且具有生产性的特点。因此，社会资本可以增加某些特定目的

① 康小明．人力资本、社会资本与职业发展成就[M]．北京：北京大学出版社，2009：56-57.

② 皮埃尔·布迪厄．文化资本与社会资本[M]．上海：华东师范大学出版社，1989：192.

实现的概率，然而在社会资本处于缺乏的状态下，这些目的基本不可能实现或要付出巨大的代价。相比于其他形式的资本，社会资本的不同之处在于它既不依附单独的个人，又独立于物质生产过程，是嵌于人与人之间社会关系结构中的特殊存在形式。”①在我们日常生活中，如果某些人的利益受到其他人部分或全部的控制，为了实现各自利益的最大化，必将采取相互交换甚至单方转让资源的控制权，这一行为最终形成了持续存在的社会关系，即我们通常所说的社会资本。

另外，科尔曼构建了一个能解释“代际背景”对获取教育知识及获得职业岗位产生影响的理论框架，该框架利用包含经济资本、人力资本和社会资本在内的多维度进行了分析。科尔曼指出，测量社会经济背景的方法只是利用了家庭资本形成和传递的一种维度，忽视了传递过程中像社会资本等维度的独立影响。根据科尔曼理论，我们可以近似得到物质资本、人力资本及社会资本的测量方式，其中物质资本是指能帮助劳动力取得教育或职业发展成就的物质资源，它们可以通过家庭财富或收入状况来进行测量；人力资本主要是根据父母的教育水平进行近似的测量；社会资本是增强学生教育成就的主要推动力，是推动家庭经济资本和人力资本累积的主要媒介。

当前，大学生就业与社会资本的关系是国内学者重点关注的热点问题。陈成文和谭日辉(2004)研究表明，社会资本可以改善大学毕业生的就业信息不对称的状况，增加大学毕业生的就业机会。尤其是在自主创业方面，社会资本可以给大学毕业生提供充足的资金保障②。吴景媛(2008)同样认为，社会资本不仅提高信息的收集和筛选程度，还能增加推荐就业的机会，又因拥有的社会资本数量和质量的好坏直接影响就业的层次，所以社会资本在总体上能促进大学生就业。黄敬宝(2012)基于2009—2010年北京18所高校的数据，研究发现虽然社会资本对大学生就业的作用在减弱，但还是呈现正面的促进作用。另外，社会资本虽然对大学生就业有一定的促进作用，但降低了大学生就业公平程度。徐俊和年晓萍，研究认为：社会资本虽然可以帮助大学毕业生收集并筛选信息，减缓就业信息不对称带来的弊端，降低就业的搜索成本，鼓励大学生的自主创业，但随着社会资本的不断发展，关系崇拜以及“走后门”的现象凸显，加深了就业不公平的程度，破坏了趋于稳定的“双向

① 詹姆斯·科尔曼．社会理论的基础[M]．李晋，马丽，译．北京：社会科学文献出版社，1997：16.

② 陈成文，谭日辉．社会资本与大学生就业关系研究[J]．高等教育研究，2004(4)：29-32.

选择、自主择业”的公平就业机制。费军等(2014)在将社会资本分为结构资本和关系资本后发现：社会资本的结构资本和关系资本对就业机会的积极影响显著。从现有的研究成果来看，社会资本对大学毕业生的影响具有双面性，既有积极的一面又有消极的一面。积极影响表现为社会资本可以缓解就业信息不对称的局面，提高大学毕业生的就业机会。消极影响表现为过度的社会资本会引致关系崇拜的高度滋长，降低大学毕业生的就业公平程度。

综合上述对社会资本的研究现状，本书认为切实解决就业问题需要综合宏观、中观、微观三个角度进行分析：宏观层面上，政府应该规范劳动力市场的就业行为，降低社会资本可操作的空间；中观层面上，高校应该加大自身的宣传力度，切合实际地塑造名牌或品牌形象，增加高校知名度；微观层面上，大学生个人应该主动寻求途径积累人力资本，加强社会实践能力的提升，丰富自己的就业和信息关系网络。

三、劳动关系相关理论

劳动关系的实践与理论发轫于西方资本主义制度诞生之初，而当代劳资关系理论真正产生和发展于20世纪40年代，并逐渐形成了(新)马克思主义视阈下的劳动过程理论(labor process theory)、新古典自由主义理论流派以及管理主义理论流派等，这些流派之间各不相同的观点，从不同的方向对劳资关系、劳资冲突、劳动合法权益等问题提出了解决对策，为高质量就业中和谐劳资关系的构建以及劳动者合法权益的保护提供了重要的分析视角(程延园，2016；姚建伟，2017)。

(一)马克思主义视阈下劳动过程理论

劳动过程理论最早由马克思所开创，是马克思主义就业理论中的重要内容。马克思是马克思主义就业理论的创始人，其在巨著《资本论》中系统深入地阐述了劳动力商品理论和相对过剩人口理论，成为影响深远、源远流长的主要就业理论之一(李云，2014)。

马克思是“生产的隐秘之处”不遗余力的探索者，他在关于资本及其代理人如何组织生产创造使用价值和剩余价值，以及在此过程中结成的资本与劳动的关系的探讨中(Karl Marx，1876)提出了劳动过程理论(labor process theory)。该理论后经美国学者布雷弗曼(Braverman，1974)予以发展，当代劳工社会学家布洛维(Burawoy，1985)加以创新，已成为劳工社会学家探讨“生产的隐秘之处”的重要理论工具，对西欧、北美、澳大利亚等地的劳工研究、工作社会学、组织研究产生了深远影响(Smith，1994；王晓辉，2016)。布雷弗曼(Braverman，1974)延续了马克思的分析思路，指出在垄断资本主义条件下，资本通过深化劳动分工，特别是概念和执行的分离，导致劳动过程的控制权自此完全从劳工转移到资本手中；布洛维(Burawoy，1979，1985)将工人主体性重新带回劳动过程之中，同时提出，微观生产过程包含劳动过程、劳动力再生产、国家干预和市场竞争四个方面，其中劳动过程受到后三者的影响。劳动过程理论自 20 世纪 90 年代起传入中国，被学者运用开展了一系列关于劳动控制过程和策略、劳动主体重构以及理论本土化方面的研究(李洁，2005；闻翔，周潇，2007；王晓晖，2016；庄家炽，2017；周霞，2018)，且随着返回生产中心性(沈原，2006)的呼吁，成为研究劳动关系的重要理论视角(汪建华，2018)。

（二）新古典自由主义理论学派

该理论学派主要以亚当·斯密、马歇尔等古典自由经济学家的思想为旨归。以弗里德里希·冯·哈耶克(Friedrich August von Hayek)、弗里德曼等为代表的经济学家，他们在“竞争秩序”“积极自由”等原则基础上思考劳资关系问题，指出劳资双方在目标与利益方面均存在一定分歧。要均衡这种劳资双方的分歧，应当使劳动者以遵循劳动力市场机制为前提，凭借其自身能力来确定工作待遇，雇主则应当以劳动者劳动实际绩效付出相应报酬。新古典自由主义学派认为，劳资双方关系的运行与行动逻辑是由市场博弈力量的分布状态而决定的(姚建伟，2017)。

（三）管理主义理论学派

该理论学派的主要代表人物为泰罗，主要关注点为如何充分利用劳动力。管理主义理论学派发现，某种情况下，员工会出于自身利益的考虑而故意拖延工作，而工作中，管理者的主要职责就是制止员工的拖延行为，协调雇佣关系，使员工能够最大效用地发挥工作潜能。从经济学和企业管理的视角来看，泰罗提出了管理技术与管理方法的集合。但是，从更深层次看，泰罗则是提出了资本主义社会的社会变革，是以管理方式的改进为切入点，对生产要素进行重新组合的新方式。

上述劳动关系理论视角，尤其是马克思主义视阈下的“劳动过程理论”等经典理论为高质量就业协同治理中和谐劳资关系的构建与劳动者合法权益的保护提供了重要的理论分析视角。上述文献尤其是国外文献奠定了运用交易成本理论分析劳动关系的理论基础和分析的维度。国内文献则着重从和谐劳动关系构建的过程和机理出发，结合中国实际情况，深入分析了低人力资本专用性相对过剩，高人力资本相对短缺情况下，交易成本对劳动关系的影响。

四、协同治理理论

“协同治理”(collaborative governance)的实践与学术探讨兴起于西方，目前，协同治理理论已被社会学、公共管理学、管理学、政治学等学科领域广泛应用，成为新的社会研究框架与研究工具。协同治理主要是指政府、市场与社会三方相互协作、共同作用，实现协同处理公共事务的过程。协同的核心要素是步调一致的行动，偏重于在形成共识的基础上采取行动，达到理想的结果。

关于协同治理的概念，大多学者认为其起源于德国物理学家赫尔曼·哈肯于 1971 年所创立的“协同学”。克里斯·安赛尔(Chris Ansell)和阿尔逊·凯斯(Alison Cash)将协同治理定义为“一个或者多个公共机构直接与非公共机构通过正式的、协商的方式进行共同决策的过程，制定或实施公共政策或提供公共服务”。柯克·爱默生(Kirk Emerson)认为，协同治理是公共决策与公共管理的过程，目的是实现政府单独无法完成的公共目标。我国学者多将协同治理称为“合作”或“协作”治理。

在对协同治理主体的认识上，决策权并非属于个体或者某个团体，而是应当属于社会活动参与者(刘伟忠，2012)。协同治理主体是由政府、公民和社会组织等多种组织组成，最终在最大限度上维护社会公共利益(沈云帆，2017)。在对社会组织参与协同治理的研究上，协同治理的前提是政府放权给社会组织，从而使多元主体形成协同合作关系，最终实现“1+1>2”的效果(彭小兵，钟雯，2017)。在协同治理的组织目标一致性研究上，协同不只是一个过程，还是更深层次的价值追求，更是多主体联合行动的整合(Haken，2014)。在协同治理的实现路径研究上，当前我国协同治理的社会基础还有待加强，应当从官民协同视角进行创新突破(桑玉成，2011)。社会协同治理的实现，有赖于构建心理层面的信任关系，同时取决于治理主体及治理机制的建设(欧黎明，2009)。应当引入和调动更广泛的社会力量和社会资源对公共危机进行预防和处置(沙勇忠，解志元，2010)。

本书利用协同治理理论着重探讨各种系统从无序变为有序时的相似性，政府、社会和企业如何基于利益的一致性，通过激励机制、引导机制共同提升我国劳动者的就业质量。

第二章　产业转型升级与高质量就业的作用机理

我国产业转型升级经历了若干发展阶段，不同阶段的标准都与当时的政策、经济发展情况相适应。随着我国经济的发展及新旧动能的转换，产业转型升级呈现新的特征和发展趋势，而产业转型升级与高质量就业相互影响、相互作用，探究两者间的耦合关系，分析作用机理，有利于更有针对性地实现高质量就业和充分就业。

第一节　我国产业转型升级概况

一、产业转型升级阶段划分

（一）产业转型升级概念的界定

1. 产业转型

目前，可以分别从宏观和微观两个层面解释产业转型的内涵。

在宏观层面，产业转型指在一定的历史时期，一个国家或地区基于自身经济及科技的发展现状，预测将来一定时期内的发展趋势，并结合相关产业和财政金融政策，直接或间接地对现阶段产业目标、结构进行调整。即产业转型是指现存产业在目标、结构、技术及组织多方面的转型升级。

在微观层面，产业转型升级指在某个行业内，提高现有衰退产业的资本、劳动力等生产要素的合理配置，为新兴产业的发展提供良好资源存量和先进技术水平。

2. 产业转型升级

产业转型升级，即产业结构的高级化，也就是推动产业结构的合理化和高度化，促使产业结构向更有利于经济发展的大方向调整。产业结构升级主要指高质量、高程度地增加产业附加值，提升集约化，提高技术化水平及深化加工程序。产业转型升级需要政府法规的有效指导，政策和资金的有力支持，同时要与职工培训和就业紧密结合。产业转型升级受供给、市场需求、知识和技术创新等因素的内在影响，外在影响包括经济体制和产业政策。

3. 产业转型升级与就业

随着经济转型，我国的就业呈现出不同的特点。在新中国成立之初实行的计划经济体制下，我们实行的就业政策具有“统包统配”的特点，即我国现存的全部劳动力都能获得具体的就业岗位，以致产生了“高就业、低工资”的全员就业局面。市场经济体制下，劳动力开始按照市场运行机制进行配置，劳动力与雇主在价格机制的作用下，依据劳动力价格进行“双向选择”“自主选择”。

配第—克拉克定理指出，劳动力将随着人均国民收入水平的提高在三大产业间进行转移，劳动力转移的顺序具体可以表述为：从以自然物为主要生产对象的第一产业转移到以加工制造为主的第二产业，然后再向以服务为主要特色的第三产业转移。伴随着产业转型的不断发展，必然会存在部分劳动力脱离现有工作，并试图转向其他产业。改革开放以来，我国产业结构不断升级，形成了趋于稳定的“三、二、一”型产业结构，并且第三产业产值呈现逐年上升的趋势，第二产业产值呈现稳定的趋势，第一产业产值呈现逐年下降的趋势(后文有具体数值分析)。

一方面，从劳动力供给角度来讲，由供求定理可知，当劳动力供给量充足时，投资者将利用劳动力价格低廉的优势，更倾向于发展劳动密集型产业；反之，投资者将倾向于发展具有较低劳动力需求的资金密集型产业。另一方面，通过提高劳动者素质等方法可以促进产业结构优化升级。同时，产业转型升级能改变劳动力在三次产业中的就业数量和质量。

产业转型升级可引起吸纳和排挤劳动力的不同效果，例如新兴产业的兴起导致高素质人才短缺，低素质劳动力被挤出竞争市场，加剧结构性失业；夕阳产业，容易导致劳动力的不满情绪，致使辞职、跳槽等现象频繁发生。

（二）产业转型升级

党的十九大报告明确指出，我国的经济正处在发展方式转变、经济结构优化、增长动力转换的攻关时期，由高速增长向高质量发展转变。加强供给侧改革、推动产业转型升级已经上升为国家发展的重大战略。

产业转型升级重要因素在于技术进步，技术引进、消化再吸收，并进行改进和创新，使产业结构向着对经济、社会更好的方向发展，从而构建属于自己的技术体系。1992年以后，中国正式实施转型升级体制改革。“升级”，即产业结构转型升级，既包括产业与产业间的升级，如从第一产业占优势比重逐步转向第二、第三产业占优势比重，还包括产业内部的升级，即某一产业内部的加工和再加工程度逐渐向着纵深化方向发展，使技术集约化得以实现，不断加大生产效率。改革开放以来，随着我国经济结构的转型，在产业结构方面，可以分为三个阶段。1978—1985年的产业结构为“二、一、三”，1986—2012年产业结构转变为“二、三、一”，2013年至今，产业结构演变成了“三、二、一”。

1. 1978—1985年“二、一、三”的产业结构特点①

在劳动力就业方面，该阶段呈现的特点是以从事第一产业为主。图2-1描述了1978—1985年三次产业的就业人数。可以明显地看出，由于当时存在“人口红利”，而且产业技术含量低，人口的平均教育水平低，因此主要从事的是以农业为主的第一产业，人数一直维持在30 000万人左右，1983年第一产业就业人数达到了31 151万人，占全部就业人数的67%。对技术水平要求较高的第二产业，每年的就业人数比较平稳，1985年第二产业的就业人数达到了10 384万人，占全部就业人数的21%。第三产业从业人数每年以微弱的趋势增长，1985年达到8 359万人，达到全部就业人数的17%。

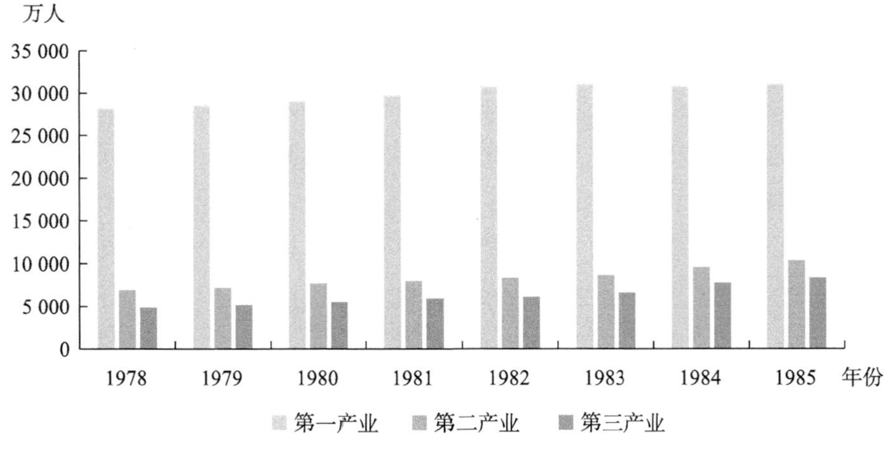

图2-1　1978—1985年三次产业产就业人数

① 数据来源于《中国统计年鉴(2017)》。

该阶段我国产业发展依靠的主要资源是大量的劳动力、优越的环境要素和丰富的资源数量。虽然从事第一产业的劳动力在总就业人数中占据主导地位，但是以农业为主的第一产业属于高投入、高消耗、低效率、低产出的产业，因此第一产业对国内生产总值的贡献不高。第二产业以大型制造业为主，相对于第一产业来说，第二产业具有相对较高的产能效益，因此第二产业对国内生产总值的贡献要高于第一产业对国内生产总值的贡献。图 2-2 为 1978—1985 年三次产业对国内生产总值的贡献率。

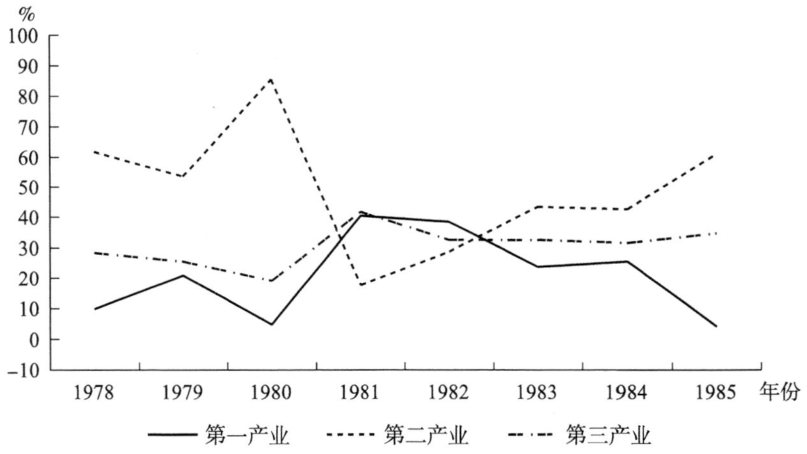

图 2-2　1978—1985 年三次产业对国内生产总值的贡献率

图 2-2 显示了改革开放初期国内生产总值在三次产业间的变动状况，我们会发现：第一产业的国内生产总值贡献率呈现出先升后降的局面，在 1980 年达到最小值 4. 8%，1981 年达到了最高值 40. 5%。第二产业在国内生产总值的增长中占主体地位的总体趋势没有多大的变化，只是在 1980 年时达到了峰值 85. 6%，其他年份都稳定在 40%~60%。第三产业对国内生产总值的贡献相对平稳，一直维持在 30%左右。

2. 1986—2012 年"二、三、一"的产业结构特点[①]

在劳动力就业方面，该阶段产业结构呈现的特点是总体上以第一产业为主，但是从事第一产业的人数有逐年下降的趋势，从事第二产业和第三产业的劳动力呈现逐年上升的趋势。图 2-3 描述了 1986—2012 年三次产业从业人数的变化趋势。从图中可以看出，1991 年从事第一产业的人数达到峰值

① 数据来源于 2003—2013 年的《中国统计年鉴》。

39 098万人，大约占全年总就业人数的60%，从1991年之后，从事第一产业的就业人数明显下降，在2012年降到了25 773万人，占全年总就业人数的33.6%。由于国家重视教育的改革，提升了劳动力的教育水平，因此该阶段从事第二产业的人数呈现增长趋势。从图2-3可以看出，从事第二产业的人数从1986年的11 216万人增长到了2012年的23 241万人。随着第一产业和第二产业的发展趋向成熟，以服务业为主的第三产业也逐渐发展，并且在1994年，从事第三产业的劳动力人数超过了从事第二产业的人数，达到15 515万人；2011年，从事第三产业的劳动力人数超过了从事第一产业的人数，达到了27 282万人。可以看出，随着社会的进步和人们生活质量的提高，以服务业为主的第三产业受到了产业体系构建的重视。

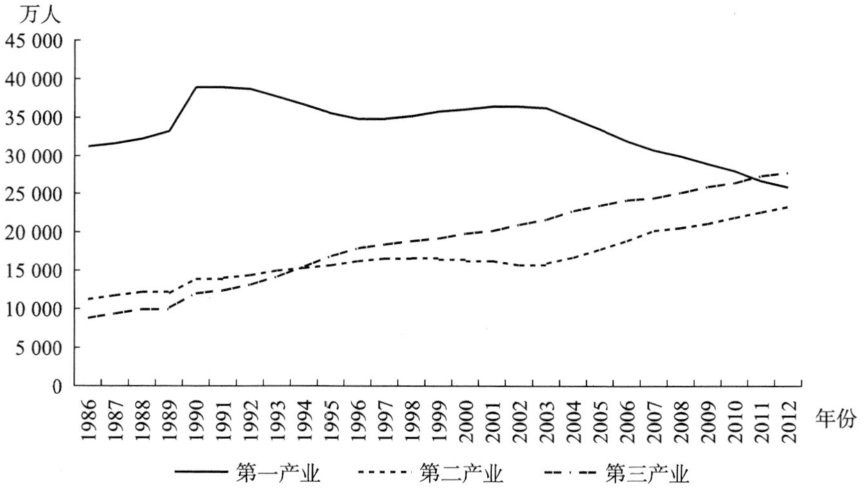

图2-3　1986—2012年三次产业就业人数

随着劳动力和资源优势逐年下降，国家进一步重视文化教育和对外贸易的发展，提高劳动者的整体素质，使一部分劳动力从低效率低收入的第一产业中分离出来，逐渐投入到第二产业。第二产业以大型的制造业为主，主要依靠劳动力和机器设备的配合进行运作，随着劳动力知识储备和技能的提高以及先进机器设备的使用，第二产业创造的价值越来越大，促使第二产业在国内生产总值中占据更大的比例。图2-4描述了1986—2012年三次产业的国内生产总值贡献率。

在1986—2012年阶段中，第一产业对国内生产总值的贡献率在1990年达到最大值40.2%，其他年份的贡献率基本上都保持在10%以内，并且有逐年

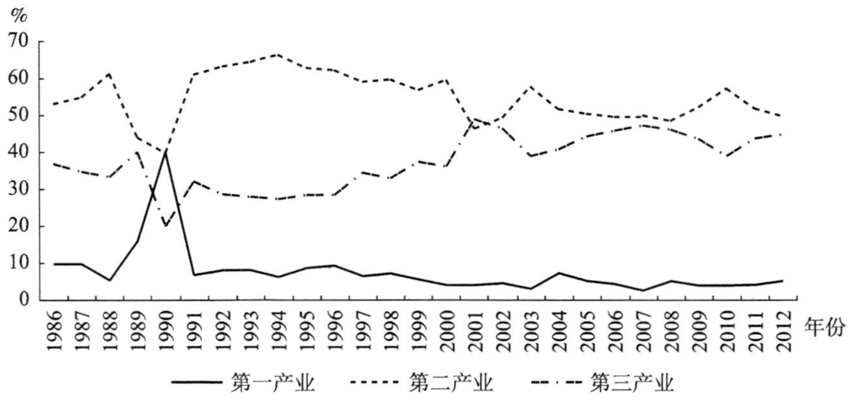

图 2-4　1986—2012 年三次产业对国内生产总值的贡献率

下降趋势。1986—1994 年，第二产业对国内生产总值的贡献率呈现逐年增长的趋势，在 1994 年达到了最大值 66.3%；在 1994—2002 年呈现逐年下降的趋势，在 2001 年达到最低值 46.4%；在 2003—2012 年继续呈现逐年下降的趋势，在 2008 年达到最低值 48.6%。第三产业在国内生产总值中的贡献率呈现逐年上升的趋势，在 2007 年达到最大值 47.3%，在 2001 年以后，该贡献率一直持续在 40%以上。

3. 2013 年至今“三、二、一”的产业结构特点①

在劳动力就业方面，该阶段呈现的特点明显区别于前两个阶段，以从事第三产业为主。随着信息社会的快速发展，高等教育的普及，人们各方面的需求进一步升级，带动了以流通部门和服务部门为主的第三产业的快速发展。图 2-5 描述了 2013—2019 年在三次产业中就业的人数。

图 2-5 表明，从事第一产业的劳动力呈现逐年下降的趋势，从 2013 年的 24 171 万人减少至 2019 年的 19 445 万人，年平均增长率为-3.26%。从事第二产业的劳动力由 2013 年的 23 170 万人降低到了 2019 年的 21 304 万人，年平均增长率为-1.34%。随着国家对教育和城镇化的重视，人们生活需求普遍提高，网络经济进一步发展，这一趋势促使农村劳动力更加倾向于去城镇中从事第三产业。从事第三产业的人数从 2013 年的 29 636 万人增长到了 2019 年的 36 721 万人，年平均增长率为 4%。

随着网络技术的迅速发展，智能手机、电脑等电子产品的普及，淘宝、京

① 数据来源于 2014—2020 年的《中国统计年鉴》。

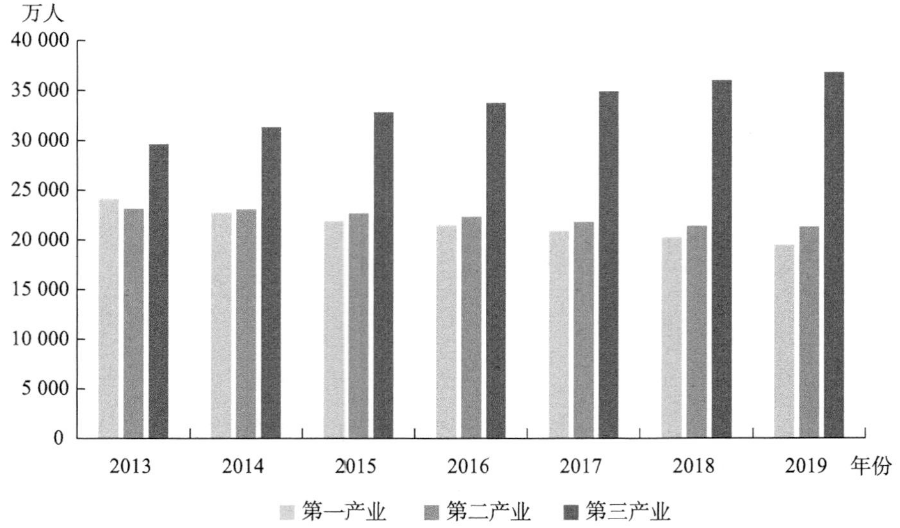

图 2-5　2013—2019 年三次产业就业人数

东等网络公司的大量涌现，新型服务业发展势头迅猛，为国内生产总值做出了重大贡献。图 2-6 描述了 2013—2019 年三次产业对国内生产总值的贡献程度。根据图 2-6 我们可以看出：第一产业的国内生产总值贡献率呈现出稳定的局面，在 2013—2019 年维持在 4%左右。第二产业对国内生产总值的贡献程度呈现下降的趋势，从 2013 年的 48. 5%下降到了 2019 年的 36. 8%，年平均增长率为 -4%。第三产业对国内生产总值的贡献率呈现逐年上升的趋势，而且增长迅速，从 2013 年的 47. 2%增长到了 2019 年的 59. 4%，年平均增长率为 4. 3%。

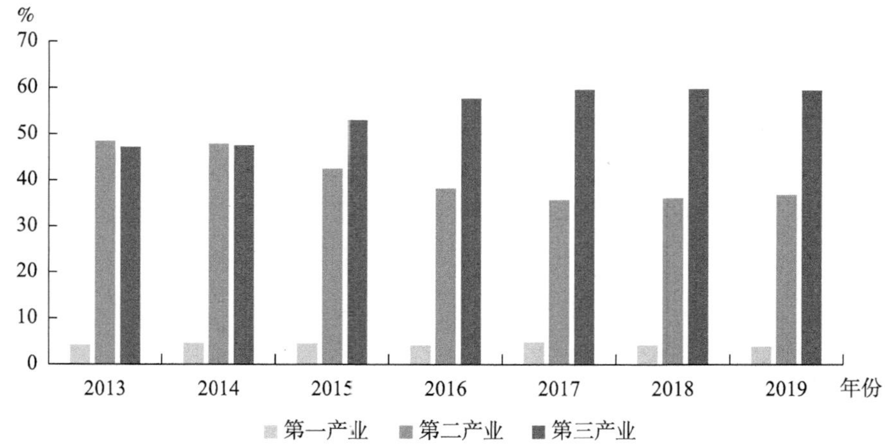

图 2-6　2013—2019 年三次产业对国内生产总值的贡献率

二、产业转型升级面临的问题

我国的经济正处在发展方式转变、经济结构优化、增长动力转换的关键时期，由高速增长向高质量发展转变。产业转型升级必须坚持以供给侧的结构改革为主线，提升经济发展效率与质量，推动经济发展动力的变革，提高全要素生产率，加快建设实体经济，加快发展先进制造业，如高端装备制造，并与科技创新、现代金融、人力资源的产业体系协同发展；推动实体经济与互联网技术、大数据和人工智能(Artificial Intelligence，AI)技术的深度融合，在中高端消费、创新创业引领、绿色低碳经济、共享经济、现代物流供应链、人力资本服务等领域形成新动能，培育新的增长点；大力支持传统产业的优化升级，促进我国产业迈向全球价值链中高端。为了适应我国经济高质量发展阶段的特征，传统企业的转型升级是大势所趋、企业所向，只有转型升级，传统企业才能在经济新常态下稳定增长，发掘增长潜力与动力。

产业转型升级即产业结构向促进经济发展、社会进步的方向迈进，即产业由低技术程度、低附加值状态向高新技术、高附加值状态的演进过程，一般情况下呈现为产业结构由低附加值向高附加值方向发展，从高耗能高污染升级为低耗能低污染，产业转型从粗放型升级为集约型等。它主要包含两种形态的资源配置趋向：一是在相同程度的资本下取得相同程度利润，资源在国民经济各产业之间流动；二是在竞争因素的驱使下，资源在固定产业内部从低效率企业向高效率企业流动。产业转型升级的重点在于技术进步，技术进步是产业转型升级过程中的关键所在。产业转型升级离不开政府的引导，体现在行政法规、资金和政策等方面的支持，除此之外政府还需把员工培训、再就业等与产业转型升级关联起来。

可以看出，产业转型升级的要求严苛，现实的产业转型升级过程中会遇到产能过剩，产业及劳动力转移过程困难等问题，可以分为下列几类。

（一）现有产业结构落后

1. 产业层次不高

产业的发展在国民收入的实现中起到关键的作用。在我国产业发展初期，主要依靠的是廉价的劳动力和丰富的自然资源，以及相对被低估的资源和环境保护措施。换而言之，初期的产业发展基本属于低技术、低附加值、高耗能的生产与加工制造。改革开放以来，我国大部分产业维持着持续稳定增长的发展势头，形成了众多具有时代特征的产业体系。但总体而言，整个产业体系的层级比较低端。伴随着“人口红利”和资源优势的消失，传统产业的较为粗放的经营方式已经不适用于现阶段产业的发展，创新能力不高，发展速度缓慢，致使我国的产业水平处于全球价值链的低端水平。为了实现产业结构紧跟时代前进的步伐，达到中高端产业的目标，提高产业的创新活力，我国的产业必须进行转型升级，不断地提高产业层次，提高我国产业在全球价值链中的地位，进一步提升我国的综合国力。图 2-7 是 2000—2019 年三次产业对国内生产总值的贡献率变化情况。

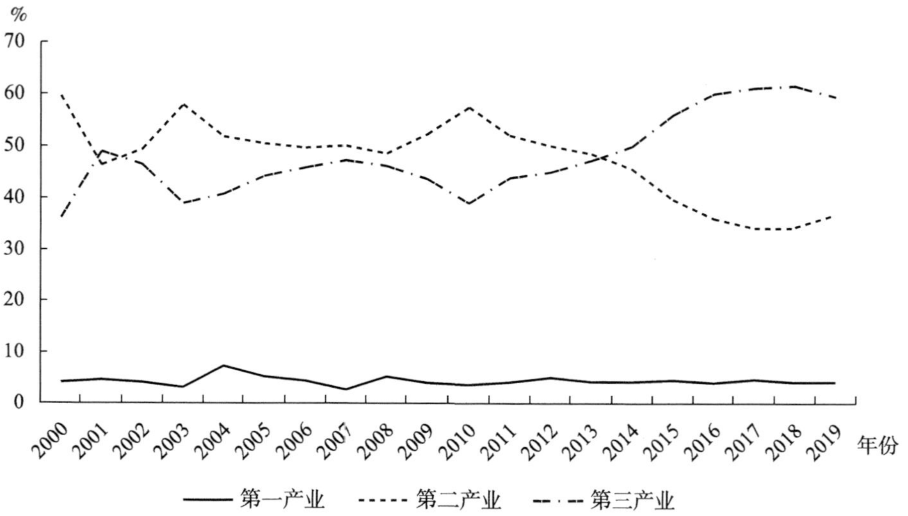

图 2-7　2000—2019 年三次产业对国内生产总值的贡献率

从图 2-7 可以看出，第一产业对国内生产总值的贡献率逐年降低，在 2013 年之前，第二产业的发展高于第三产业，在 2013 年之后，第三产业对国内生产总值的贡献率超过了第二产业。如今我国的三次产业结构主体表现为“三、二、一”，第三产业占据主导地位的局面刚刚形成，因此在产业层次方面还存在着传统第一、第二产业占主导时的特点。

2. 投入产出比不高

新中国成立初期，由于受到传统产业发展理念的影响，我国产业体系主要以重工业、资源密集型产业为主，服务业和先进制造业发展缓慢，即当时的产业具有高投入、低产出的特点。之后我国的产业主要依靠粗放的投资增长方式，注重投资总量和效益提升的速度，对投资结构和长远利益没有足够的重视，致使在投资方向的选择和重大项目的谋划方面，往往造成投入产出比例低的情况。现如今，虽然产业结构转变为以服务业为主，但是还未能彻底摆脱传统产业经营模式的束缚，因此我国的产业体系要实现产业的完全转型升级，达到发达国家的产业水平的目标，还需要转变产业的经营模式，提高全要素生产率，加快产业转型升级的脚步。

（二）管理体制机制落后

1. 地方政府管理体制不完善

在国内产业的管理方面，政府的管理体制存在着诸多问题。在产业转型升级方面，政府没有充分发挥积极有效的指导作用，政府的改革意识与能力还有待进一步强化。在涉及对外贸易的投资上，政府对产业涉及对外投资的项目审批程序复杂，效率不高。另外，政府管理体制的不完善还表现在政府职能相互重叠，对公共的服务管理不足，政府存在较强的随意性，较低的透明度以及法治环境亟须加强等方面。如果政府的管理体制不能转型，政府职能不能积极转变，势必将对我国产业转型升级产生严重的阻碍作用。

2. 产业自身管理不够规范

提高产业自身管理水平是产业转型升级的内在要求。长期以来，产业自身管理水平较为低下，主要体现在管理机构工作效率低下，经营理念逐渐不能满足现阶段经济背景下的发展要求，难以达到新产业结构的需要。管理效率低下，致使工人工作效率低下，注重技术和产品创新的积极性差，提高服务质量的意识薄弱。在经营方面，产业的经营管理部门尚未形成“政府推动市场化运作的良好的内部运行机制”。产业的管理机构依附于有关机构和部门，履行相关职能的主动性不高，无法在加快产业的基础建设、提高办事效率方面发挥积极的作用。

对传统产业的转型升级而言，产业内各企业经营过程中，最大的问题在于管理观念落后、当代先进的思想理念以及技术与内控系统之间的问题。在公司治理体制与内部控制体系不健全的情况下，传统产业为了学习新的理念，引进新的技术，需要花费更多的时间和精力，而且达不到想要的效果。从传统产业的转型升级现状来看，最大问题是单纯地追求新文化、新技术的引进，致使整个产业内部交流不到位，学习工作效率低下，没有注意到问题的根源。不健全的治理体制在经营过程中将会存在战略风险，不健全的内部控制体系会导致财务危机的发生。

综上所述，产业转型升级面临着政府管理体制机制不健全、产业治理体系不完善等突出问题。推动新旧动能转换、促进产业转型升级迫切需要政府部门破除不适应的管理体制机制，完善产业治理体系，不断提高产业政策水平与产业自我管理能力。

（三）自主创新意识不足，缺乏创新动力

习近平总书记在中央财经领导小组第十一次会议上，提出“供给侧改革”，拉开了各行业从供给侧发力、优化供给结构、提供有效供给的序幕。自主创新作为供给侧结构性改革的重要支撑，是企业创新驱动发展的主要动力，包括管理创新、制度创新、技术创新等，其中技术创新是核心，管理创新、制度创新是保障。各地方政府响应中央政策的精神，先后出台推进服务业、制造业供给侧结构性改革的专项行动方案，支持企业进行自主创新。加强产业自主创新水平，需要政府进一步加大具体政策的落实力度，使企业能够感受到政府政策引导支持带来的实惠，真正提高自主创新能力，促进企业发展。企业自主创新的同时也强调企业自主性，强调企业的主体性、本土性和后发优势，对创新成果强调控制性。企业自主创新驱动产业转型升级，重点和难点在于发挥企业主体地位的同时，构建“政产学研金”结合的创新体系，促进企业自主创新活动的开展。

创新能力，特别是自主创新能力，是一个国家和地区发展的关键，也是企业存在和进步的核心。虽然我国总体产业水平正在逐年提高，自主创新的能力同样在不断提升，但总的来说，企业总体的创新能力依旧不够。追根溯源，主要是因为创新能力的缺乏、较高的对外技术依赖、监管制度与法律体系缺乏、真正的创新主体尚未形成等。这其中缺乏创新能力已经成为阻碍企业自主创新的关键因素，也同样是我国很多产业在全球产品价值链中居于附加值较低地位的根本原因。部分企业仍存在着对传统经济增长方法以及原有企业发展模式很强的依赖感，同时，导向型营商环境的缺乏，生产要素市场化进程滞后，导致企业创新的倒逼机制无法形成，以上都是企业创新动力缺乏的原因，今后必须要给予重视。

自主创新除了需要一定的知识、智力积累外，还需具有一定的创新热情，特别是富有想象力和进取心，否则创新就无从谈起。在产业转型升级的大背景下，许多企业的创新意识与之前相比有了一定提高，但整体水平仍然偏低，如何发挥企业的主观能动性便成为重中之重。创新意识不强最直接的表现是

企业在创新方面的投入较少，虽然每年对创新的投资都在增加，但是增加的幅度还有待大幅提升。从图 2-8 我们可以看出 2000—2019 年的研究与实验发展基础研究经费的投入状况。2011 年之后，基础研究经费超过了 400 亿元，达到 411. 81 亿元，在 2019 年基础研究经费达到了 1 209 亿元，年均增长率达到 24. 3%。我国大部分规模以上工业企业，其研发投入所占比例明显低于国际平均水平，直接导致创新缺乏有力的资金支持；与企业自主创新项目相配套的融资渠道不通畅，也降低了企业对创新的动力。

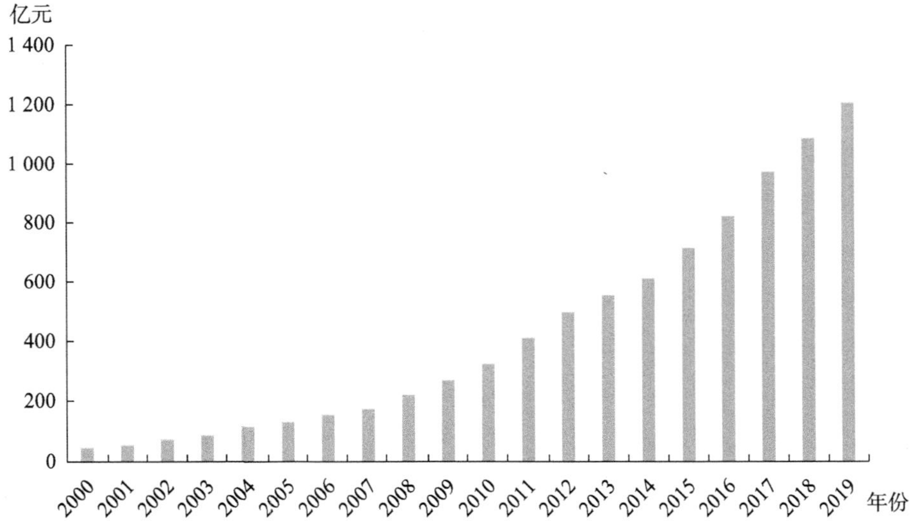

图 2-8　2008—2019 年研究与实验发展基础研究经费

对传统产业企业的转型升级而言，不能一味追逐市场流行趋势，或以转型为借口单纯依赖资金资源。盲目随波逐流会使企业缺少战略引领，导致自身的文化内涵与底蕴缺失，只注重表面上的转型升级，却不能体现实质的转变。对自主创新的忽视，一个特别表现就是在实体经济萧条、虚拟经济繁荣的情况下，经济效益的实现被锁定为传统产业企业转型升级的目标，产业核心竞争力往往被忽略，精力转移到注重经济效益的金融领域。归根结底，此种现象本质是企业失去了对核心业务的信心，盲目追求其他产业的目标，缺少相关技术和人才的盲目跟从，最终将导致自身在金融领域与实体领域的失败。

传统企业转型升级的关键在于企业的潜力能否被创新激发出来，首先依赖政策目标引领，其次依靠自身创新，不同种类的企业有着不同的转型升级道路。如果传统产业企业想要转型升级，要先了解国内外社会背景和经济发展趋势，然后在此基础上，与市场环境、自身产业环境相结合，以企业核心竞争力、业务着眼点、战略角度等为出发点，结合实际，着眼未来，苦练内功，努力创新。

（四）产能过剩严重

在党的十九大报告中，习近平①总书记指出："必须坚持质量第一、效益优先，以供给侧结构性改革为主线，推动经济发展质量变革、效率变革、动力变革，提高全要素生产率""三去一补一降"作为供给侧结构性改革的目标，是产业转型升级必须考虑的条件。其中，"去产能"是指降低现有产业的过剩产能。

产能过剩是一种会导致市场产品价格严重下跌以及行业整体利润下滑的供需不平衡和结构错配的状态。企业的偿债能力会随着资本负债的增高而降低，诱使金融机构贷款及所发行债券违约的风险会加大，最终会出现行业、地区乃至整个金融系统的安全问题。2010 年以来，我国经济发展进入"新常态"阶段，经济结构调整进入"阵痛期"。工业领域的产能过剩问题日益突出，甚至部分行业出现了绝对过剩的情况，化解产能过剩迫在眉睫。事实上，政府的行为与政策至关重要，我国产能过剩很大程度上是政府不恰当干预导致的。如何正确处理政府与市场的关系，避免政府的不恰当干预市场的行为，成为化解产能过剩问题的关键。

投资增长是经济增长的主要动力，政府在经济高速增长的过程中，因对政绩的过于看重，会对当地金融机构对区域内企业的投资行为加以干预，造成金融机构对相关企业发放信贷资金并非基于正常的风险考量标准。企业在获得大量信贷资金的情况下，生产经营规模和债务融资规模同步增长，当市场需求旺盛时，市场需求就会吸纳企业经营扩张增加供给，债务成本被增加的企业盈利所覆盖，这时产能扩张与债务增长处于良性互动阶段。但当市场不景气时，新增的生产能力不能被吸收，市场没有能力消化连续增长的产能，这就使得生产设备被迫紧缩开工，继而出现产能利用率降低，产能过剩问题。

对企业而言，产品价格则会随着产能的过剩而出现下跌，同时成本增加，致使企业的盈利能力降低。产能过剩产生的根本原因在于生产能力大于市场

---

① 习近平.《决胜全面建成小康社会　夺取新时代中国特色社会主义伟大胜利》[M]. 人民出版社，2017.

的需求，从而引起产品价格的下降，而企业的盈利空间则会随着产品价格下跌而缩小，从而出现企业的恶性经营以及更严重的亏损状态。产能过剩的关键原因是过度投资，对产能过剩的企业来说，投资规模较大，所需要的运营成本很高，且刚性特征明显，在产能过剩的情况下，产品价格下降会出现较高的成本和较少的收入，导致企业的经营利润出现快速的下降。

对产能过剩行业中的高负债企业来说，是否拥有充足的现金流入可供偿债在很大程度上决定了经营状况的好坏。企业具有偿还债务本金和支付债务利息的责任。短期债务的偿付可通过流动资产的变现实现，而长期资产投资则是通过企业的长期负债实现的，在一般生产经营条件下，长期资产投资作为企业固定资产的一部分，一般不能用于偿还负债，企业只能用生产经营所得偿还。长期债权人的利息是通过资金融入创造的利益偿付的。因此，企业的长期偿债能力与自身的经营状况或盈利能力是分不开的，企业若是处于长期亏损状态，其长期偿债能力无法形成，正常的生产经营活动也无法维持。

由于产业投资的增加容易引发“羊群效应”①，导致地方金融机构与企业盲目投资，从而引起盲目扩张生产要素，致使产能过剩严重。中央在 2009 年出台的 4 万亿元经济刺激政策对产业发展起到了方向性的引导作用。地方政府出台相关的配套政策和措施来提高自身的政绩，鼓励和支持一些战略性行业。因为政策信息的敏感性，政府信息的导向性作用，企业和金融公司开始有针对性地迅速投资相应的领域，这就使得金融市场普遍出现“羊群效应”。

又由于投资市场注重行动的时效性，一些金融机构和企业为了在短时间内抓住有利可图的投资机会便会迅速对某些领域盲目投资，导致了产业投资出现集聚化的“羊群效应”，从而加剧产能过剩问题，使其变得更加严重。

（五）金融支持政策在产业结构调整与经济转型升级过程中存在的问题

金融支持政策是政府通过银行信贷干预、差别化的贷款利率管理等措施

① “羊群效应”的出现有以下几个方面的原因：一是投资者对市场信息掌握不完全，投资信息不对称。信息是投资者进行方向决策的重要工具，然而在很多情况下，市场信息无从获取或者获取成本高昂。因此，出于对自身利益的考虑，投资者往往会选择通过模仿他人的行为来降低自己的信息成本，信息越少，人们越倾向于听从他人。二是出于责任分担的考虑。为了使决策尽可能正当化，投资者在面对高风险的决策时往往跟随大多数人的选择，这样决策后果可由多数人共同承担，从而减轻因决策失败产生的心理失调，达到一种行为与认知的平衡。三是为了减少恐惧。人是群居类动物，倾向于追逐群体以保证自身安全。若选择偏离大众的方向，就会产生恐慌感，导致出现决策失误。

来实施管制性金融剩余动员，公有经济部门配置超过市场竞争均衡水平的信贷资金，并提供相应的金融租金补贴。

金融支持政策对产业结构的转型升级具有调节和推动的作用。

1. 金融支持政策的调节和推动作用

(1)调节作用。

金融支持政策在经济转型升级和产业结构调整中，发挥着协调转换的重要作用。金融支持政策的调节作用，最大特点在于：适应市场经济的改变，使企业产业链得以科学确定，促进经济发展与技术进步的互动，合理利用资源，平衡供需，促进经济效率，使企业快速健康发展。

(2)推动作用。

金融支持在产业结构调整过程中具有很强的推动作用，主要表现为推动金融结构产生连续不断和长期有效的改进。这种改进是一段时期的金融结构发生改变，而不是某一个时间节点下金融结构的改变。此种变化有助于资本的原始积累和发展过程中的融资，有助于企业生产规模的扩大，以及企业最大经济利益的获取。可使资源利用效率提高，节约一定的社会资源，提高人民的生活水平，可以更好地满足人们对金融产品的需求，方便银行融资的需要，促进产业的转型升级。

2. 金融支持政策的问题

虽然金融支持政策对产业的转型升级可以发挥调节和推动作用，但是金融支持政策的资金形成机制落后、金融体制存在弊端、资本市场结构不合理、风险投资少、投资风险大等缺点也会阻碍产业转型升级。

(1)资金形成机制滞后。

从本质上看，资金的形成机制也是储蓄的形成机制。对金融体制而言，多元化、特色化、优质化的储蓄方式，有助于储蓄投资高效快捷的转化。但是目前状态下，我国的储蓄转化存在储蓄转化为资金的能力差、投资效率低、缺乏创新力等缺点，阻碍了储蓄向投资的有效转化。此外，银行仍是居民储蓄不二之选，加之人们缺乏对理财、基金等中介金融机构的了解和信任，以及银行缺乏满足用户需求的多种类金融产品，出现了银行虽然储蓄量很大，但难以向投资资金有效转化。结果就是用户想投资却缺少渠道。

(2)金融体制存在缺陷。

国有银行未能摆脱国企不利的一面，缺少独立性和自主性，做不到自负盈亏，银行信贷产品也因缺少灵活性和创新性做不到根据市场的需要进行创新和推广，政策约束银行贷款的同时，市场也会限制银行贷款。银行只有依赖于政策扶持和优惠来弥补金融体制出现的缺陷。政府出台的不完备的金融政策使金融市场出现了较为严重的资源配置不合理现象。因缺乏科学性和灵活性，政府难以有效发挥宏观调控的作用，也无法保证社会经济发展的公平、公正和公开。这严重制约着我国金融体制的健全和产业结构与经济结构的调整。

(3)资本市场结构不合理。

当前我国资本市场的发展还远远不能适应产业转型升级的需要，创新型企业的上市融资渠道还不顺畅，有效运行的多层次资本市场结构还有待大力发展。很多希望通过股票市场融资、进行改组改制的企业，失去了机会。再加上资本市场退市制度的不完善，很多上市公司无法感受到股东的压力和资本市场风险，即便资本市场将其淘汰，但因其自身并无大碍，仍然不会做出调整与改善，无法实现市场资源优化配置，及产业结构与经济转型升级。

(4)投资风险大，投资少。

当前存在缺陷的资本市场造成了我国不健全的金融体系，较为突出的表现就是我国风险投资规模较小，风险投资水平较低，很多创新型小微企业缺少好的风险投资渠道。相对于获得 50%以上的风险投资的美国企业，我国企业风险投资远远低于此数字，大多数企业只获得了 2.13%左右的风险投资，这严重阻碍了我国企业进行科研创新、产品推广，制约了产业结构调整与经济转型升级。此外，对项目本身也存在风险的企业，即使获得了风险投资，也因过于简单、单一的投资对象而引发投资企业的隐患，阻碍了企业的产业结构调整与经济转型升级。我国资本市场还存在着诸如政府过多干预资本市场，缺乏灵活性和透明度的投资，严重不足的投资渠道以及普遍较低的投资收益，对投资风险控制水平低等突出问题，制约着风险投资的发展，难以满足企业风险投资的需要。

（六）就业压力进一步加大

产业转型升级不仅对产业结构的调整有要求，更对从事新兴产业的工人提出了较高的要求。对传统产业企业而言，其转型升级需要注重业务流程建设，加快落后产能的淘汰，并引进先进技术。但业务流程的缺乏，人力资源建设的薄弱，使得先进技术落实不到位。生产链与供应链优化也是转型升级的关键。在业务流程方面，传统企业不同部门之间要做到全方位、多角度的沟通交流，应规划好转型升级后的具体业务步骤，做到每个流程都要精练、清晰、明确，消除各方面隐患。在人力资源建设方面，要加强引进人才的制度建设，并且要完善人才的培养、奖励机制。

产业转型升级导致一些传统企业因不能适应当代经济潮流而被淘汰，厂房闲置，职工下岗。传统产业的失业人员面临着对高新技术知识的学习，但是他们之中大部分是中年人，这一要求对他们来说是较大的挑战，无形中增加了失业人员的压力。对正在新兴产业就业的员工来说，也具有不断学习新知识、新技术的压力。就业人员的压力来源可概括为以下两点。

1. 文化素质不具备比较优势，技能水平与需求差距很大

近些年，虽然拥有技术职称和技术等级的从业人员在总体规模上不断扩大，但是占全部从业人员的比重却在下降，原因在于大量没有技术职称和技术等级的进城务工人员进入就业市场。但是随着我国现代服务业、先进制造业、高新技术产业和战略性新兴产业的发展，急需大量的高技能人才为其发展注入动力。目前由于我国各地区产业发展与高技能人才培养之间的结合度不够，造成人才培养企业生产和产业发展的实际需求间存在一定的距离。

2. 城镇地区与农村人口分布、产业布局不匹配

越来越多的制造企业和服务业企业因产业结构调整的深化而不断聚集于城镇地区，大量的农业人口转移到城镇从事非农业生产，导致总体就业压力长期保持高位。我国经济发展存在着明显的东部与中西部地区差距，产业布局与产业发展水平在不同地区也存在着显著差异，进一步加剧了局部地区的就业压力。从传统产业领域转移出来的就业人员普遍缺乏有效的技能培训，致使专业知识结构得不到及时更新，技能水平得不到显著提升，难以适应新兴产业的需求。

第二节　产业转型升级特征及趋势

党的十八届三中全会首次提出产业转型升级，并将其定义为：为了适应经济、社会的新的发展方向，产业结构向高级化调整的过程。会议还强调技术进步是产业转型升级的关键，为了达到与产业结构高级化的目的，必须将“引进、消化、再吸收”的过程配合好。更重要的是在消化吸收的基础上，对引进技术的原理进行深入分析，在现有技术条件的基础上不断改进和创新，

构建自身的技术体系。另外，产业转型升级在资金、技术等方面的需求较高，这就要求政府按照行政法规对产业转型升级工作提供指导及资金支持，结合政府的力量将产业转型升级与职工培训、再就业联系起来。

产业转型升级的关键在于转变经济增长的类型，即结合国家“供给侧结构性改革”的政策，一方面需要将高投入、高消耗、高污染、低产出、低质量、低效益的传统产业转化为积极的低投入、低消耗、低污染、高产出、高质量、高效益产业，把粗放型产业转为集约型产业，而不是单纯地转行业。另一方面，产业转型升级中的“升级”其一是指产业之间的升级，如产业结构由第一产业占比优势转变为第二、三产业占比优势；其二是指产业内的升级，某一产业内部的纵向深度发展，实现技术集约化，逐步提高生产效率。

产业转型升级是要实现低附加值向高附加值转变、高能耗向低能耗转变以及粗放型向集约型转变。在我国经济体制改革和“一带一路”建设的背景下，许多地区在推进产业结构转型升级方面取得了明显的进展。但仍有一些地区认为产业转型升级就是简单地对传统产业的淘汰，致使人们对新兴产业进行盲目追逐。新兴产业虽然是产业转型升级的重要途径，但并不是唯一途径。

我国从《中国制造 2015》实施以来便开启了制造业由大变强的道路，在向制造强国迈进的过程中，产业转型升级和升级之后的新兴产业表现出了明显的特征和趋势。

一、“一带一路”背景下产业转型升级的发展

自改革开放以来，中国的对外贸易发展迅速，成为世界贸易中的第一大主体，其中 2016 年中国的对外贸易总额达到了 36 849.14 亿美元。我国的对外开放政策带动了我国经济的高速发展，使得我国对外贸易额连续增加，加快了我国的工业化进程。随着我国“人口红利”的消失与环境承载能力的持续降低，各大产业面临着前所未有的危机。为此，国家提出了“创新、协调、绿色、开放、共享”五大发展理念，产业转型升级成为重要战略任务。2013 年，习近平主席提出了“一带一路”倡议，为全方位开放格局的形成与实施，为加强中国与沿线国家贸易往来和产能合作提供了机遇。同时也为我国经济发展方式的转变和产业结构的升级提供了重要机会。对外贸易主要通过影响资源要素供给和配置、增加产品需求、促进技术进步三个方面对产业结构升级产生积极的作用，具体如下。

（一）资源要素的供给和配置

自然资源的数量与优势状况是影响一个国家经济发展的重要因素，对国家产业的发展方向起着引导和决定作用，产业的形成、发展和调整，首先要考虑自然资源的数量与优势状况。自然资源在每个国家的分布不均匀，因此世界各国在要素方面既具有比较优势，也存在稀缺资源。商品进出口的发展，为全部生产要素在世界范围内进行重新配置提供了条件。商品的进出口对各国的自然资源结构产生了影响，进而影响产业结构的状况。不可流动要素和可流动要素的结合得到了提升，也促进了全球生产要素效率的提高，使得不同生产要素的供给结构得到了优化，有效地促进了产业结构的转型升级。

改革开放以来，我国对外贸易发展迅速，初级产品的进出口与工业制成品的比重连续发生改变，促使要素结构得到不断调整。改革开放初期，进口以工业制成品为主，出口以初级产品为主。我国初期产品的进口比重随着要素和产业结构的调整出现上升，而工业制成品的进口比重反而出现了下降。2019 年，我国工业进口额占进口总额的 64. 9%，初级产品的出口额占总出口额的 5. 4%。产业结构方面，1978—1985 年为“二、一、三”的产业结构，1986—2012 年转变为“二、三、一”的产业结构，2012 至今产业结构演变成了“三、二、一”。图 2-9 给出了 2000—2019 年三次产业占国内生产总值比率的变化趋势。

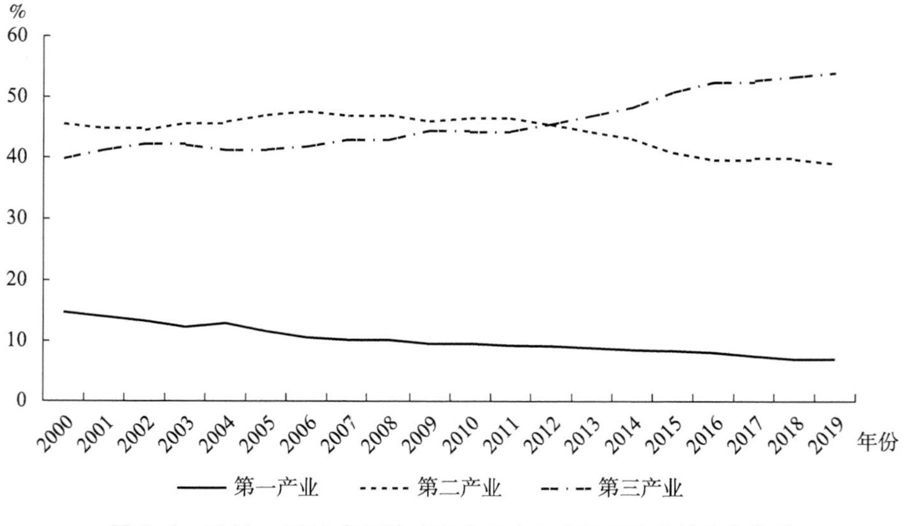

图 2-9　2000—2019 年三次产业占国内生产总值比率的变化趋势

（二）增加产品需求

党的十九大报告指出："我国社会的主要矛盾已经转化为人民日益增长的美好生活需要和不平衡不充分的发展之间的矛盾。"产业结构变化的基础动力与出发点都来自需求。在人们的需求转变为对美好生活的需求的前提下，产业为了长期生存条件和经济利益的实现，需要根据人们需求的变化调整产业的结构。产品需求包括量的需求和结构的需求。在实行对外贸易的背景下，需求包括国内需求和国外需求。

从产品量的需求上来分析：在传统产业中，国内需求市场小，导致有效需求不够，这将成为传统企业转型升级的"瓶颈"。在传统产业中，"人口红利"和资源优势是产业进行生产所依靠的主要因素，因此传统产业转型升级意味着在失去劳动力和资源优势的情况下，进行产品生产技术和质量的提升。但在国内市场上，传统产业所生产产品的需求弹性较低，使得企业转型升级带来产品的"供过于求"，即造成产品过剩的现象。在国外市场上，通过出口传统产业生产的产品可以有效缓解产品过剩。通过扩大国外市场，缓解产品供过于求的状况，降低生产成本，实现规模经济，进一步促进产业结构转型升级。

从产品结构的需求上来分析：产业转型升级的直接动力是需求结构的变化。由于信息化的来临，我国的经济发展与市场的改变越发明显，使得人们的需求结构发生了改变。改革开放至今，人们从最初的"吃得饱"转变为"吃得好"再到"吃得健康"，在生活上更加追求享受，带动了服务业的繁荣发展，促使产业结构向第三产业占优势的方向转变。例如，近年来，我国城镇居民的消费支出发生显著变化。从支出费用看，2013 年与 2019 年相比，城镇居民人均消费支出由 18 488 元增加至28 063元，年均增长 8.6%。其中食品消费支出占比(恩格尔系数)从 30.1%下降到 27.6%。从支出结构看，发展享受型支出增长较快。八大类支出中交通通信、教育文化娱乐、医疗保健支出，2019 年分别比 2013 年增长 58.4%、67.4%和 100%，年均增速分别为 9.7%、11.2%和 16.8%。图 2-10 描述了 1997—2019 年城镇居民在居住、交通和通信、文教娱乐、医疗保健方面的人均消费情况。由于城镇居民的八大消费支出在 1997—2012 年和 2013—2019 年的测量口径不同，因此将两个时间段分开来进行作图。①

① 数据来源于 2014—2020 年的《中国统计年鉴》。

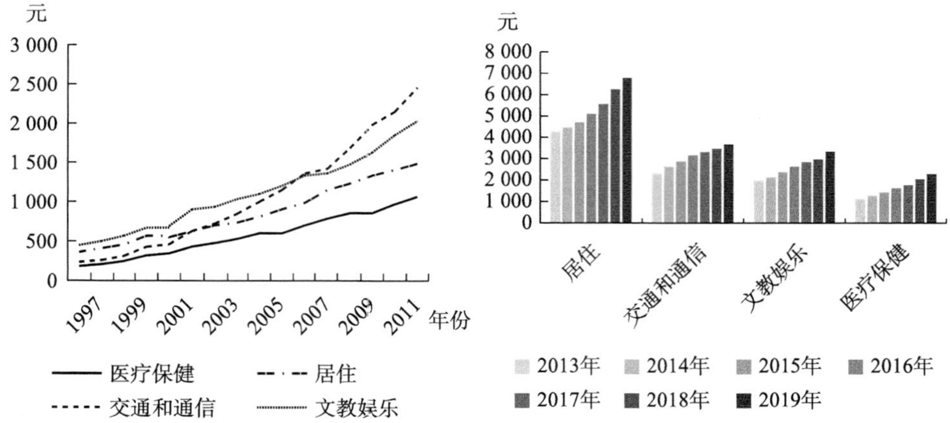

图 2-10　1997—2019 年城镇居民家庭人均消费基本情况

（三）促进技术进步

产业结构转型升级离不开科学技术的进步。科学技术是第一生产力，是国民经济持续健康稳定增长的必要因素，是产业结构转型升级的关键。在如今的信息科技时代，科学技术更新换代频率加快，将有效提升资源的利用效率，显著改变产业结构。为了适应新的科学技术和资源配置，产业将增加新产业部门和新产品的研发，使产业的服务在满足新消费趋势的情况下，发展为高技术化、高附加值化和高资本密集化。

实现国家和地区技术进步的两个基本途径是技术引进和技术创新。对发展中国家来说，利用技术创新推动产业结构转型升级固然是重要的，但是技术创新过程时间周期长，所需资金数量庞大，而且具有较大的不确定性，因此，对科技相对落后的发展中国家来说，需要广泛利用技术引进，通过“消化吸收”，加快转型升级的效率，缩短与发达国家的差距。技术引进的重要手段是进口贸易。首先，国内产业运用直接进口国外先进的技术设备和产品工艺，通过消化吸收再创新，达到改造传统产业、提高技术含量和生产效率的效果，加快实现产业转型升级的步伐。其次，通过进口国外先进生产设备，能够增加生产效率，有助于扩大生产规模和实现规模经济，使产业竞争力增强，达到产业转型升级的目标。最后，中外合资企业和外商直接投资企业中管理人员及员工的自由流动会带来“技术溢出”效应，国内产业可以更好地实现先进技术的模仿并加以创新，提高全要素生产率，增强比较优势；先进的管理经验和技术也会被广泛传播，从而使我国的整体产业水平得到提升，保证有效率、高质量地实现产业转型升级的目的。

二、“互联网+”与产业转型升级

2015年3月李克强总理在政府工作报告中提出“互联网+”行动计划，表明我国正式从国家层面进入“互联网+”时代。产业只有顺应了这个时代的要求才能富有生命力地生存下去。由于“互联网+”时代步伐较快，科技和知识迭代更新加速，将推动产业的转型升级迅猛发展且富有多元化。旧工业时代的产业发展思路已经不能用于现阶段“互联网+”的产业发展，只有结合信息时代的特征，转变全新的思维方式才能更有效地推动产业转型升级，尤其是推动带有浓厚传统运营色彩的产业快速转型升级。

传统企业的发展理念强调管理上的标准化与生产上的规模化，但在互联网高速发展的时代，消费者可选择的消费场所越来越多，交易时间点的约束基本消失，消费者获取商品信息的渠道增多，交易的中间环节减少，产品种类得到丰富发展。互联网的出现使在传统企业中处于被动状态的消费者转变成可以为生产企业提供生产建议的参与者，以提高商品的实用价值，减少商品市场供给过剩的局面。“互联网+”时代的到来，对传统产业生产带来新的挑战，并将迫使传统产业将经营思维转变成互联网思维模式，更加注重消费者需求，追求产品的个性化和实用性，学习资源驱动型发展模式，积极地向创新驱动型产业转型升级。

在产品方面，互联网可以在产品需求和产品设计两个方面对传统产业产生影响。在产品需求方面，由于互联网缩短了消费者与产品的时空距离，提高了消费者购买产品时的可选择性，激发了消费者的消费欲望，厂商可以更加便捷高效地了解到消费者的需求，通过相应的产业转型升级提升所生产产品的价值。在产品设计方面，由于消费者可以直接在网络上表达对所需产品的要求，厂商则可以通过消费者在网络上搜索的次数和关键词进行分析，使产品尽可能地满足消费者意愿，提升产品的价值。产品设计环节如果考虑消费者对产品的要求，将提高消费者对产品的接纳程度，这同时是互联网思维价值体现的一个重要方面。考虑了消费者意愿的产业结构的转变，不仅拓宽了产品的生产渠道，而且为消费者获取更多关于产品的功能价值，体现更多的人的观念和情感的个性化商品提供了条件。从产品销售来看，互联网使在世界各个国家和地区的消费者联系在一起，形成了具有不同价值观的消费者群体，各大产业可以通过网络传播等自组织形式传播产品独特的设计和价值理念，为整个消费者群体提供思想交流平台，在不同产品需求的基础上找到与自家产品相匹配的消费者。面对不断升级的消费者需求，这就需要产业不断进行升级以满足发展的需要。

有些产业需借助网络进行转型升级，对其来说，首先要有互联网思维。互联网思维指的是人们基于互联网时代的特点，重新确定思考问题的方式和角度。这种思考方式并不是固有的，而是随着互联网时代的变化而变化，从产生到普及再到渗透的。这一变化过程将整个商业世界与互联网结合在一起，且可以充分利用互联网为产业升级带来的便利。其次，除了要有互联网思维，产业借助互联网升级还必须依靠互联网技术，同时，为了降低开放的互联网环境下的风险，还要实行与互联网技术相统一的互联网标准和系统安全保障体系。这些互联网技术主要包括大数据、云计算、移动互联网、物联网和万联网。其中，大数据是互联网的各个优点得到完美体现的基础，各大产业可以通过网络上的庞大数据库获得相关的数据，通过分析处理得到有利于产业转型升级的关键信息；云计算是一种以互联网为工具的计算方式，通过云计算共享的软硬件资源可以将所有的信息分类并按需要供其他用户使用，达到信息的共享，有利于产业转型升级的全方位发展；移动互联网是高速运行的移动通信网络，它是包含智能感应能力的智能终端、新业务等的一个新的业务体系，在该体系快速发展的情况下，人们步入了“互联网+”社会；物联网是指将现实中的所有商品都通过网络实现与客户端的对接，完成物品与物品间信息交换的互联网，它可以实现人们的生活需求与生产及互联网进行连接；万联网是未来时代发展的大势，是将万人、万物、万事互相联系在一起的必然选择，为中国乃至世界的新兴产业指明了方向。

三、产业集聚与产业转型升级

产业转型升级过程中，会出现适度集聚的过程，这也是经济转型升级的一个重要内容。在我国前工业化阶段，各个地区发展水平不高，不同区域间社会生产和生活缺乏联系，致使各区域产业空间呈现分散的状态。在工业化社会到来之后，技术改革和生产流程的优化使得生产水平大大提升，国民收入得到大幅度提升。相对于比较落后的乡镇，具有信息和交通等便利条件的城市成为产业集聚的中心，这一产业集聚中心将成为各种生产要素的集聚之地，并将迅速发展成为区域经济的经济中心。通过工业化和城市化的综合作用，各个城市各自形成集聚效应，通过相互之间的资源与技术共享，实现产业结构的升级和规模的扩大，实现规模效应。城市之间的联系促进了交通、通信方面等基础设施的形成和发展。尽可能地将高端资源聚集到一起，有利于增加技术和产品创新的可能性，为空间集聚效应的形成提供了可能性。产业集聚促进产业的转型升级，促使各区域的要素和空间得到合理的利用，加强区域产业经济与城市融合形成一个有机的整体。

产业集聚对产业转型升级的影响可以概括为竞争效应和学习效应两个方面。在竞争效应方面，产业为了抢占更多的市场份额，会加速结合消费者的新需求进行产品创新，通过提升产品质量和使用效用来满足广大消费者的多样化需求，即产业集聚效应的扩大会加剧产业间的有效竞争，通过产业间的竞争实现产业结构的进一步优化升级。在学习效应方面，产业集聚缩短了产业中各企业空间上的距离，信息交流迅速，信息和技术在集聚范围内的流转增强，形成了衔接紧密的产业链体系，提高了创新能力，缩短了新产品的研发周期。

产业空间集聚效应的规模并不是越大越好，适度的产业空间集聚会加快产业的转型升级，使区域经济的发展质量得到提高。但是区域经济的发展和产业的转型升级也会因过度的产业集聚而受到阻碍。产业空间集聚对产业转型升级的影响主要概括为以下三个方面。

第一，产业的空间集聚效应将对经济发展有利的人力、物力、财力等经济资源有效地聚集在一起，提高全要素的生产率，促使各产业部门更有效率地获得技术和专业化服务，及时获取本行业竞争所需要的消费者偏好和市场供给的信息，进而使各产业部门在更高的生产率的基础上进行生产活动，达到产业转型升级和经济有效发展的目的。

第二，产业的空间集聚效应能够加快技术的进步，并在各大产业间进行有效的扩散。在现代经济发展理论中，技术进步在经济发展与转型升级中有着非常明显的作用。技术进步起源于创新，产业集聚作为一种产业的空间组织形式，为集成创新的实现提供了条件，通过科学技术知识的溢出效应促进全要素的生产率，为产业的转型升级提供源源不断的动力。

第三，产业的空间集聚效应提高了地区的专业化水平，促使各地区的产业部门分工更加细化，更有针对性。产业集聚的区域，各产业部门的联系效率高，呈现高度集中的状况，中间产品及最终产品等要素市场能够充分发挥规模效应。同时，产业集聚地区的基础设施和公共服务可以共享，同样发挥了政府基础设施和公共服务的规模效应。要素市场、基础设施和公共服务的规模效应降低了产业生产和交易成本，推动了产品创新和工艺创新，推动整个区域的产业在经济结构转型的前提下实现转型升级。

四、地方政府职能与产业转型升级

在经济新常态下，产业转型升级是在充分发挥政府和市场综合职能的前提下实现的。市场是产业转型升级的主体，政府为产业转型升级提供资金、技术等必要的支持，也是市场中产业转型的监管者。为了实现新形势下经济的发展，产业转型升级是必经的途径。政府推动产业转型升级的具体职能主要有制定规划、引导调控、服务保障。

（一）制定规划

各区域进行产业转型升级，需要根据当前的经济背景和未来的发展趋势制定合理的整体性规划。在制定规划时，必须在总体的经济形势下，结合具体地区的实际情况，制定一个切实可行并且符合未来发展趋势的规划。当地政府应是这一具有科学性和前瞻性规划的制定者。我国的经济体制是社会主义市场经济，需要政府在尊重市场规律的同时，兼顾市场中多方主体的利益，尤其是人民群众的切实利益，制定推动产业转型升级的规划。各大产业所包含的企业是产业转型升级的直接执行者，因此政府在制定产业转型规划时必须与企业保持密切的联系，做到政府规划、市场规律、企业行为的有机统一。

（二）引导调控

产业转型升级涉及政府、市场和企业多方面的因素，是一个复杂多变的工程，仅仅依靠市场单方面的调节无法完成产业的转型升级。政府在产业转型升级这个复杂的工程中起着引导和调节的关键作用。政府在发挥引导调控的职能时，必须处理好与市场的关系，避免政府的过度干预和缺乏干预等不良现象的发生。政府在行使引导职能方面，可以利用更加合理的税收政策、奖励政策等引导手段来促进产业的转型升级。需要重点注意的是，政府引导产业发展时，要根据产业的实际情况进行引导，对无法适应新经济环境的落后产业，必须采取淘汰措施；对相对落后的产业，要加大引导力度，提高产业升级的效率；对成长迅速的新兴产业，政府要加强扶持调控力度，进一步将产业培育成为高附加值的主导产业，最终推动良性的可持续发展的产业体系。

（三）服务保障

目前，我国政府职能正在发生变化，逐渐转型为服务型政府，政府的服务职能为产业的转型升级提供了坚实的基础。服务型职能要求政府提升服务能力，因为服务能力是发挥各大企业执行相关政策积极性的重要保证，是决定产业转型升级成败的关键。提供公共物品是政府执行服务职能的重要手段，即政府可以通过增加公共基础设施的供应、提高教育和养老保险等服务的质量，提升政府的服务水平。政府与企业间存在着信息不对称等问题，往往造成政府不能尽快地了解企业面临的问题，企业也不能即刻实施政府的政策，导致资源错配、效率低下。

政府制定政策时，需要考虑的前提条件众多，实行利于产业转型升级的政策时有如下几条建议：①加大对区域产业规模效益的追求力度，充分发挥规模效益在促进产业集聚、降低产业成本、加快产品和工艺创新的步伐，提升各大产业在市场中的竞争力。②在维持第一产业和第二产业稳中求进的状态下，重点推行利于第三产业发展的政策，增大服务业在整个产业体系和国民经济中所占的比例，大力发展现代服务业；推动传统产业产品质量和效益的改革，与国家的“供给侧结构性改革”政策相适应；积极促进新兴产业的发展，提高全要素的生产率。③党的十八届五中全会提出了包括“绿色”在内的五大发展理念，各级政府在制定产业政策时应该建立在“绿色”的发展理念上。节能减排是“绿色”发展的必然要求，但是节能减排的要求对众多产业发展有着显著的阻碍作用。对产能落后和高污染的产业来说，提高环保标准会对产业产生巨大的约束作用，短期内会抑制或缩减区域经济的增长。面对这一情况，政府在制定相应政策时，要考虑产业的实际排污状况，把握好节能减排实践过程中的力度和速度，实现经济发展向“绿色”发展，坚决杜绝为追求产业生产总值而疏于对落后产能、高污染产业的管理。④创新是实现产业转型升级的重要途径，政府应该加强各地区创新能力的建设，积极配合“大众创业、万众创新”的时代潮流，同时加强对创新风险的保障措施，加大引进技术人才的力度，提升创新活动的资源要素的投入—产出效率，为高新技术产业和新兴产业谋划可持续发展布局，提升创新活动在推动产业转型升级中的作用，实现创新产业的迅速发展。⑤政府在制定政策时，不仅要尊重市场机制，而且要积极发挥教育、外贸和财政等政策对产业转型升级的推动作用。不同地区要根据自身实际的资源和发展情况，因地制宜地采取发展措施，推动区域产业的转型升级，实现区域经济的长远发展。在经济发展和产业转型升级的过程中，要定期地深入研究地方政府政策对区域产业转型升级的推动作用，根据所得结果的优劣状况，实时调整政府的产业政策。

图 2-11 说明了 2005—2018 年从事科学研究和技术服务业，水利、环境和公共设施管理业，信息传输软件和信息技术服务业的劳动力人数变化情况。从图中可以看出，从事科学研究和技术服务业的劳动力人数有明显的增长趋势，说明从事高新技术的人员越来越多，利于创新活动的产生；在公共设施方面，从业人员每年以较小的数量增加，基本保持稳定增长的状态，利于推动各产业资源的共享；在信息传输软件和信息技术服务方面，从业人数存在更加明显的增长趋势，从 2005 年的 130 万人增加到了 2018 年的 424 万人，年平均增长率为 17.4%。从这三个领域从业人数的变化趋势来看，产业转型升级后的新兴产业更加注重研发创新，并以网络作为生产和服务的工具，加大对公共服务和设施的建设。

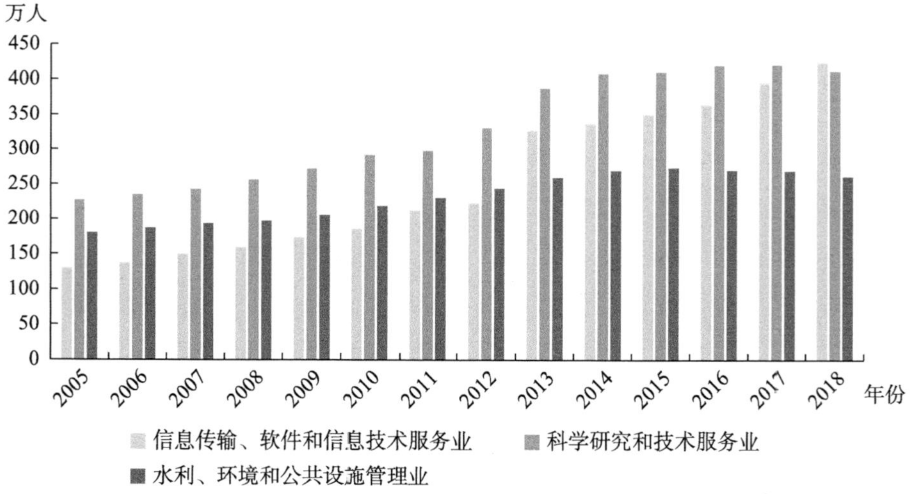

图 2-11　2005—2018 年各领域从业人员数量的变化

第三节　产业转型升级与高质量就业作用机理分析

产业转型升级与就业之间相互影响、相互作用。劳动力的数量、质量与结构对产业结构转型升级具有重要的影响，而产业结构转型升级又可以持续扩大就业、提高劳动者素质和优化就业结构。① 劳动力就业与产业转型升级之间能否同频共振取得发展，直接关系到社会民生与经济发展。由于我国产业结构失衡与高校就业错位以及就业结构与经济增长非同步，导致不良问题的出现，如人才资源不能与产业转型升级匹配等。正确评价产业转型升级与就业之间的关系，阐明产业转型升级与高质量就业作用机理至关重要，是本书的基本逻辑起点。

一、产业转型升级对高质量就业的影响

针对高质量就业，产业转型升级对其既有机遇也有挑战。一方面，产业转型升级为高质量就业带来机遇。以创新理论为基础，王诚（2002）研究发现产业升级产生的创新和技术进步都会带来就业的增加；② 就业机会也会随着工业、产业的深化以及先进产业的不断发展而得到提高。王义（2010）从理论的角度、王海宾（2012）从实证的角度等提出，产业结构的转型升级会引起新兴产业的大量崛起，且这些产业是以知识资本为特征的，如邮电通信业、金融业等。这些产业的发展需要高层次人才，很好地为高校毕业生提供了就业机会。马廷奇（2013）研究发现产业结构的改善不仅对吸纳就业具有促进作用，而且推动了高等教育专业结构调整与人才培养机制变革。③ 在此方面，产业转型升级对就业的影响是积极的，新技术、新业态、新产业等的发展需要更多的高素质人才，为劳动者提供更多的就业岗位，但同时这些新技术、新业态、新产业对劳动力的知识、能力与素养提出了更高的要求，倒逼高等院校加快人才培养机制的变革，注重综合素养的提高，进而实现高质量就业。

另一方面，产业转型升级为劳动者就业带来了挑战，体现在对就业稳定性带来冲击。龚益（2001）发现产业转型升级会产生破坏效果，带来结构性失业。④ 通过对产业转型升级和就业结构转变的分析发现，产业结构转型升级对就业产生短期破坏效应而对就业扩张产生的则是长期破坏效应。⑤ 关于短期内失业的增加和长期就业的增加之间的关系，仍需做更深一步的探索，即需要

---

① 刘社建．就业结构与产业升级协调互动探讨[J]．社会科学，2005(6)：13-17.

② 王诚．中国就业发展新论：核心就业与非核心就业理论分析[J]．经济研究，2002(12)：79-87，92.

③ 马廷奇．产业结构转型、专业结构调整与大学生就业促进[J]．中国高等教育，2013(Z3)：56-59.

④ 龚益．技术进步对就业状态的影响[J]．数量经济技术经济研究，2001(9)：5-10.

⑤ 肖延方．论资本有机构成的提高对再就业的双重作用：兼论技术进步和再就业的关系[J]．经济评论，2001(5)：18-21.

解决长期有多长和短期有多短的问题。

二、高质量就业对产业转型升级的作用

对产业转型升级有着重要影响的是劳动者就业质量的优劣，特别是大学生群体。作为人力资源中最具开发潜力的劳动力群体之一，大学毕业生实现高质量就业，能够积极推动我国产业转型升级，且作用明显。作为高素质人群进入劳动力市场的大学毕业生，它的人力资本价值能够在很大程度上推动我国产业转型升级，同时其人力资本及其结构是推动产业结构优化升级的动力，且是重要基础。[①] 大学毕业生作为高素质人员更能满足产业转型升级发展的需要，对满足产业结构调整需求起着至关重要的作用，是产业转型升级的智力保障。[②] 大学毕业生实现高质量就业，会推动产业由高消耗、低效益的低级增长方式向低消耗、高收益的高级增长方式转变，促进产业转型升级。

另外，由于我国就业结构的调整滞后于产业结构变化，使得产业结构转型急需的专业人才无法补充，导致产业结构转型迟缓或缺乏动力。从专业教育角度来说，高校毕业生就业在产业转型升级中出现不同的问题，如不对口的就业专业、毕业生知识的滞后等。造成这些就业问题出现的原因在于部分劳动者出现供大于求以及一些新兴产业所需人才无法满足发展的需要，也反映出高校或培训机构人才培养与经济发展不适应的现状。[③] 产业转型升级与高质量就业是密切相关的，高等教育专业设置得合理与否能够通过产业转型升级体现出来，逐步反映出高校毕业生群体的就业情况。

三、产业转型升级与高质量就业耦合模型

（一）耦合理论的起源

耦合概念源于物理学，指两个或两个以上的系统或运动形式之间通过各种相互作用而彼此影响以至于联合起来的现象。[④] 耦合状态下，各子系统处在

---

① 程宏如．人力资本结构、产业结构的协同性与就业实现分析[J]．前沿，2013(13)：80-82.

② 郑彩莲．大学生就业与产业转型升级的关联度研究与对策分析：以浙江为例[J]．宁夏大学学报(人文社会科学版)，2010，32(5)：181-185.

③ 鲁宇红．产业结构调整对大学生就业的影响分析及对策[J]．南京航空航天大学学报(社会科学版)，2010，(4).

④ Jesse HA，Hedyes et al. Technclogy and environment [M]．Washington DC：National Academy Press，1989.

动态的良性互动中，其存在相互依赖、相互协调、相互促进的关系。比如放大器的级与级通过阻容耦合或变压器耦合来实现信号的放大；两个线圈之间则是通过磁场的耦合实现互感；单摆耦合利用的是单摆之间的弹簧，通过震动彼此影响。

（二）耦合理论在经济管理学中的应用

本书将产业转型升级与高质量就业作为经济发展过程中的两个系统有机联系起来加以研究。类似地，通过各自的耦合元素，产业转型升级与高质量就业两个系统可以相互影响、作用、协调、促进，将这种相互作用概括为产业转型升级与高质量就业的耦合模型，如图 2-12 所示。

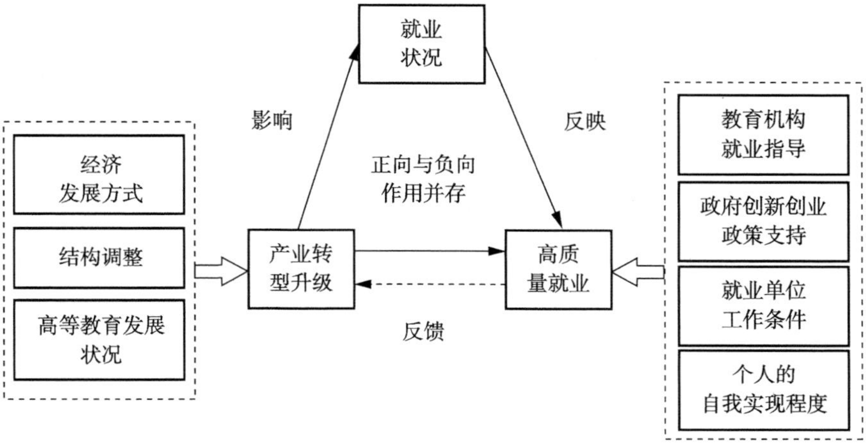

图 2-12　产业转型升级与高质量就业耦合模型

第二部分
就业质量动态评价与追踪预警

第三章　就业质量评价指标体系构建

本章选用质性研究的方法——扎根理论，在产业转型升级背景下，基于就业质量概念的内涵，通过对100份深度访谈资料进行逐次编码和对比，从更全面的角度甄别出就业质量影响因素体系，借助NVivo 11质性研究软件，构建了就业质量评价指标体系，并赋予各指标权重，为实证评价奠定基础。

第一节　研究方案设计

一、就业质量概念厘定

对“质量”的含义，按照《辞海》的界定，质量是“产品或工作的优劣程度”；2000年版《ISO 9000族标准》，将质量的定义界定为“一组固有特性满足要求的程度”。相应地，《马克思主义百科要卷》对“就业”的解释为“劳动力与生产资料结合的状态”；《现代劳动关系辞典》将“就业”解释为“劳动者同生产物质条件相结合，为社会创造物质财富或提供劳务，并取得劳动报酬或经营收入的行为”。①

就业质量研究始于20世纪初，“科学管理之父”泰罗从用人单位的角度提出就业质量的概念。20世纪70年代，“工作质量”“体面劳动”“高质量就业”等概念不断出现。目前，由于就业质量是包含工作环境、福利待遇、晋升机会等多维度的概念，因此学术界对就业质量的定义还没有达成一致。20世纪90年代的国际劳工组织(ILO)中提出的“核心劳工标准”指出，“就业质量”主要由6个维度、11个属性、40个指标组成。其中，6个维度分别为代表工作可获得性的“在自由条件下工作”，代表工作可接受性的“工作机会”，以及代

① 苑茜，周冰，沈士仓．现代劳动关系辞典[M]．北京：中国劳动社会保障出版社，2000.

表劳动体面程度的“工作平等”“生产性工作”“工作安全”及“工作尊严”。后四个维度主要体现了就业数量和就业质量这两个方面，并主要突出了就业质量的重要性，因此后四个维度被认为是就业质量概念的基础。① 一些学者认为，“就业质量的主要作用是判断劳动者是否与生产资料完美结合以及取得薪资的高低状况”。② 还有部分学者认为，就业质量应该结合我国就业现状，从宏观和微观两个角度进行说明。他们将宏观层面的就业质量界定为个体劳动者就业质量的普遍提高；将微观层面的就业质量界定为人们满足于现阶段的日常工作和生活，并且满意度较高。也有学者认为就业质量是综合性指标，是主客观相结合对就业状况进行评价的概念。③④

综合以上学者对就业及就业质量的阐述和分析，本书将就业质量界定为：劳动者在与生产资料结合的过程中，对所获得薪酬或待遇的优劣的满意程度，以及对工作固有特征的适应程度。

二、指标遴选方法

（一）扎根理论的引入

扎根理论（grounded theory）首次提出是在1967年出版的《扎根理论的发现》（*The Discovery of Grounded Theory*）一书，该书由美国学者安瑟伦·施特劳斯（Anselm Strauss）和巴尼·格拉斯（Barney Glaser）合著完成。⑤ 芝加哥互动论（Chicago interactionism）传统是扎根理论的起源，其与实用主义哲学也有关联，约翰·杜威（John Dewey）和乔治·米德（George Mead）的思想是其主要来源。⑥

格拉斯和施特劳斯先后发表了一批作品陆续地完善了扎根理论，促进了

① 国福丽．国外劳动领域的质量探讨：就业质量的相关范畴[J]．北京行政学院学报，2009（1）：86-91.

② 刘素华．就业质量：内涵及其与就业数量的关系[J]．内蒙古社会科学（汉文版），2005（5）：125-128.

③ 徐莉，郭砚君．大学生就业质量与社会资本关系研究：以武汉高校为例[J]．中南民族大学学报（人文社会科学版），2010（5）：85-88.

④ 王向东．高校毕业生就业质量调查及其对高校教育教学的启示：基于浙江省4届毕业生的实证调查[J]．大学教育科学，2016，（4）：100-105.

⑤ Glaser BG，Strauss AL，Strutzel E. The discovery of grounded theory：Strategies for qualitative research[J]．Nursing research，1968，17（4）.

⑥ Fisher B，Strauss A. The Chicago tradition and social change：Thomas，Park And their successors[J]．Symbolic interaction，1978（2）：5-23.

扎根理论的发展。在1978年出版的著作《理论敏感性》中，格拉斯确定了扎根理论的主要目的，就是要建构新的理论，并认为研究者应具有较强的理论敏感性，只有这样才能更好地找到和建构新的理论[①]。在1987年出版的《社会科学家的质性分析》一书中，施特劳斯更系统性地讲解了扎根理论。在1987年发表的《定性研究基础：扎根理论程序与技术》一书中，施特劳斯和朱丽叶·科宾(Juliet Corbin)比较详尽地解析了扎根理论研究的阶段、方法与技巧，同时还提出了主轴编码、维度化、条件矩阵等新概念[②]。1992年格拉斯出版《扎根理论分析基础》一书，坚持认为研究者应从数据中去发现“理论”，主张数据的“自然呈现”。[③] 格拉斯对施特劳斯和科宾提出的程序化扎根理论研究方法提出了质疑批评，认为该方法使扎根理论数据不再是根据实际来分析，违背了扎根理论最初的研究设定；[④] 凯西·查默兹(Kathy Charmaz)于2000年和2006年，先后出版了两本著作，提出了建构主义扎根理论，认为：研究内容及所搜集到的数据也包括研究者本身，研究者在研究中应实现与他人、与实践的有效互动，从而进行全新的理论建构。[⑤⑥] 此后，扎根理论研究分裂成为三个主要流派，分别是以格拉斯为代表的经典扎根理论、以施特劳斯为代表的程序化扎根理论和以查默兹为代表的建构主义扎根理论，三个理论学派相互联系但又各有不同。

（二）扎根理论的研究流程

扎根理论作为重要的定性研究方法之一，旨在基于经验资料，分析并提取出新范畴，进而建立新理论。该方法不受研究者已有概念和思想的影响，通过对真实的经验进行观测，利用统计分析经验数据归纳出经验概括，进一步结合机理解释，形成客观完整的理论体系。因此，扎根理论的过程可以概

---

① Glaser B. Theoretical sensibility: Advances in the methodology of grounded theory[M]. Mill Valley: CA Sociology Press, 1978.

② Strauss A, CORBIN J. Basics of qualitative research: Grounded theory procedures and techniques[M]. New York: Sage Publications Ltd., 1990.

③ Glaser B. Emergence vs forcing: Basics of grounded theory analysis[M]. New York: Sociology Press. 1992.

④ 张笑峰，席酉民，张晓军. 本土领导者在应对不确定性中的作用：基于王石案例的扎根分析[J]. 管理学报，2015，12(2)：178-186.

⑤ Charmaz K. Grounded theory: Objectivist and constructivist methods[M]. Thousand Oaks: Sage, 2000.

⑥ Charmaz K. Constructing grounded theory: A practical guide through qualitative analysis[M]. New York: Sage Publications Ltd., 2006.

括为自上而下建立实质性理论，强调避免经验性的束缚，并尽可能地证伪已建构的理论。

1. 扎根理论的基本思路

扎根理论的逻辑是在确定研究目的的基础上，以搜索数据为始，以分析整合数据资料为过程，以产生理论为止。对扎根理论的应用流程来说，其是动态的，整理扎根理论资料，然后在此基础上，本章将扎根理论应用的基本思路总结为以下几点。

(1)确定研究问题。

在研究伊始，研究者是不明确研究问题的，研究者可以根据对某一事物或社会现象的兴趣，带着好奇心去实地探索相关的信息。通过对所关注社会现象的持续深入调查，研究者可以总结出富有实质意义的研究问题。

(2)搜索研究数据。

新理论的产生需要大量数据的支撑，因此应用扎根理论的关键任务是搜索丰富的数据。研究数据的质量是研究质量和可信度的基础，基于富有深度、充实且密切相关数据的研究更有说服力。在扎根理论中，搜索原始资料的方法多种多样，并以文字资料形式为主。历史文字资料收集常见的例子有历史材料收集、田野材料调查、临床个案记录等，文字资料收集主要方式有问卷调查、深度访谈等。

①问卷调查。

问卷调查是定性和定量研究中常用的数据收集方法，围绕研究目的设计详细周密的问题及答案选项，以纸质问卷或网络问卷的形式发放给被调查者，要求被调查者根据问卷问题做出回答。研究人员可以利用统计学方法对调查问卷的结果进行分析总结，实现对所研究问题准确、详细的了解。在扎根理论资料收集过程中，问卷调查不能完全避免研究者先前经验的指引，致使问卷结果与研究者经验契合度过高。

②深度访谈。

深度访谈一直是质性研究中常用的数据收集方法。首先，访谈是访谈者与被调查者之间进行的具有指向性的交谈过程。其次，深度访谈是相对开放的过程，被调查者在回答问题时，可能会联想到相关有价值的经验并向访谈者阐述。最后，研究者可以根据访谈内容撰写备忘录，对可能的概念范畴保持一定的敏感性，有助于理论框架的构建。深度访谈是扎根理论中重要的数据收集方法，也是相对客观有效的方法。

(3)分析研究数据。

扎根理论的应用过程中，要求在收集资料的同时处理资料，并通过不断地比较建构理论模型。在整个扎根理论的应用过程中，最关键、最要紧的过程是对初始材料所进行的逐级编码，逐级编码主要由开放式编码、主轴编码、选择性编码三个等级组成。下面将对三级编码分别进行详细介绍。

①开放式编码。

在此项编码步骤中，研究人员心态要足够开放，不能掺杂个人情感偏见，保持客观公正的态度运用一切初始资料进行编码。该编码过程旨在将收集到的原始资料打散，根据逐词编码、逐行编码、实例编码等对原始数据赋予相应的概念，体现出资料本身所蕴含的概念。通过对原始资料的开放式编码，实现在资料中获取概念，识别概念类属，并根据概念的类属进行概念的命名。

开放式编码的基本原则：

Ⅰ：对原始资料进行逐词、逐行或逐句的全面编码，不要漏掉任何信息；

Ⅱ：重点注意被访者使用的描述性词语，尤其是能够直接对编码进行命名的词语；

Ⅲ：当对原始资料初始命名时，被访问者说过的话以及研究人员自我归纳的语言都可以被运用，只要保证编码能够概括资料的核心内容即可；

Ⅳ：在利用逐行编码的方式进行开放式编码时，研究者需要对被访者提到的词语、句子、行动等保持高度的敏感性，分析它们之间是否具有关联性；

Ⅴ：当产生与资料相关的概念时，需要对概念的维度进行分析，利用这些维度探索案例间的关系。

②主轴编码。

找到和建立起概念类别从属间的各种联系，用以表现资料中每个部分间的有机关联，是主轴编码的主要任务。当进行此种编码时，研究人员应每次只深层次剖析一个类别，以这一个类别为中心来找相关关系。当关联性分析概念类属时，研究人员不但要将概念类属本身间的联系考虑在内，还要寻找表现这些概念类属的被研究对象的目的，要考虑他们的话语当时所处语境以及社会文化环境。

建立起每组概念类属之间的关系后，研究人员还要辨别出主要、次要类属，之后，研究人员通过比较把它们之间的联系结合起来。当建立起全部的主从类属关系后，还可以采用新方式重新组合初始资料。

③选择性编码。

选择性编码是指通过系统分析，在全部已经找到的概念类属中选中一个“核心类属”，集中分析与其有关的号码。相比较其他类属，核心类属能够将众多研究结果概括进一个较为宽泛的范围，必须要被证明具有统领性。

选择性编码的具体程序是：确定资料故事线；描述主类属与次类属，明确属性与维度；检验初步假设，填充需要进行完善的概念类属；选择核心概念类属；建立起核心类属与其他类属间的关联。若通过分析我们找到了多个类属，可不断进行比较，连接相关类属，抛弃联系不够紧密的类属。

(4)建构理论模型。

收集并分析完资料后，通过分析编码，建构出与研究问题相关的理论系统。此外，还要验证得出的结论，这样才能知道理论是不是达到饱和，若没有达到，还需要继续追踪整个研究过程来完善理论。

2. 扎根理论的操作程序

扎根理论的操作程序主要分为以下几步：

①挖掘原始研究资料，生成全面的概念，并逐级登录研究资料；

②不间断地比较原始研究资料和生成的概念，探寻与概念相关的生成性理论问题并应做到全面系统；

③以探索概念生成性理论为根基，推进研究理论性概念，并比较分析概念与概念之间的相关度；

④合理地抽样操作生成的全部理论，并按级别对抽样后的资料进行编码；

⑤运用编码后生成的概念和范畴构造理论，目的是得到概念及范畴间密度、变异度和高度的整合性。

综合扎根理论的基本思路和操作程序，可以得出如图 3-1 所示的流程图。

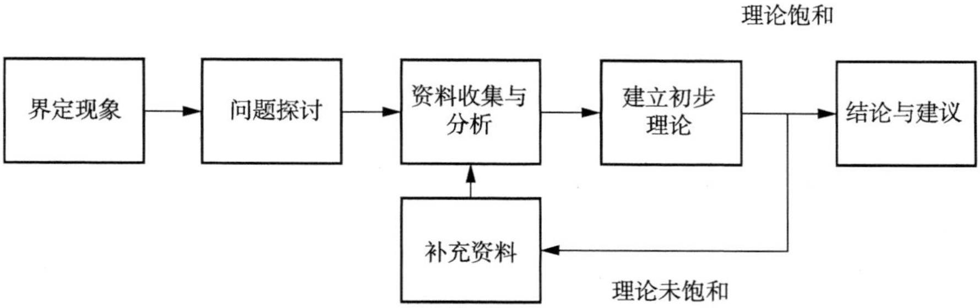

图 3-1　扎根理论研究方法的流程

3. 扎根理论的理论性评价

关于对理论的检核与评价，扎根理论有自己的标准，简单来说可总结为以下四条：

①原始资料必须是概念的来源，建立起理论后，回到原始资料应不受时间限制，能够寻找到多种资料来进行论证。

②关于理论中的概念，应得到充分发展，且密度要较大，即许多繁杂的概念及其意义关联应存在于理论内，这些概念存在于密集理论性情境当中。

③“理论是在概念以及成套概念之间合理的联系”，每个概念与其他概念间应具有系统联系，交织在一起，组成一个统一的、具有内在关联的总体。

④多套概念关联起来的理论，应能够应用于较宽的领域，解释能力更强，对当事人行为中的微妙之处有一定的理论敏感性。

三、研究方案确定

就业质量影响因素体系的构建，不妨通过调查问卷或者专家打分的形式确定影响因素。本书主要从定性研究的角度，利用扎根理论的研究方法，通过对 100 份深度访谈资料进行逐次编码和对比，从更全面的角度提取出具有理论特色的就业质量影响因素体系，研究方案具体实施方法和思路如图 3-2 所示。

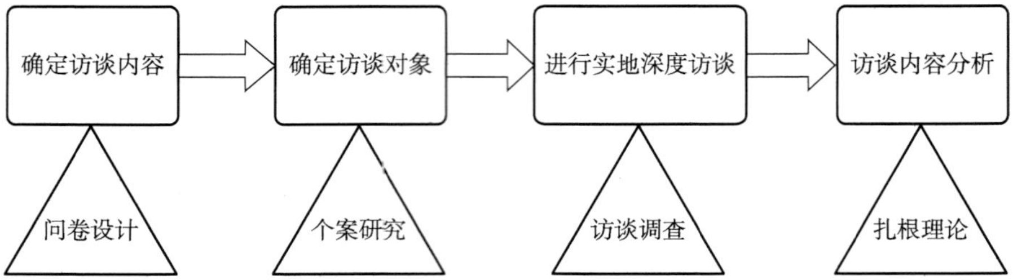

图 3-2 研究方法及思路

四、访谈资料收集

深度访谈是质性研究中常用的资料收集方法之一，在扎根理论中也被广泛应用。深度访谈是专业访谈人员与被调查者间进行交流的过程，该过程时长在 30 分钟到 1 小时之间，是针对某一目标问题展开的一对一方式谈话的动态过程。通过深度访谈可以获得被调查者针对某一事物的观点或做出某项决策的原因。本书采用深度访谈的数据收集方法。数据收集的过程如下。

（一）确定访谈主题和内容

本章主要研究目的是确定评价就业质量的指标体系，因此访谈内容要围绕劳动者就业的相关信息。本章涉及的访谈内容主要包括受访者及就业单位的基本信息、到岗就业的基本程序、工资发放情况和福利待遇状况、对工作内容和待遇的预期、单位及个人的发展前景、工作氛围、交通是否便利等因素。实地访谈是访谈人员与被调查者进行一对一的直接沟通，该过程富有较强的自由度，因此访谈涉及的问题没有明确的先后关系，实际访谈过程中访谈人员适时提出需要询问的问题，从放松的交流过程中被访者能够提供更多与主题相关的信息。

（二）确定访谈对象

已知研究对象是毕业 3~5 年的劳动力的就业质量，在此基础上我们确定研究样本的获取范围，在该范围内选择研究样本，并对研究样本进行数据的收集。为确保样本的逻辑性和有效性，需要采集饱含信息的案例，并根据扎根理论对经验概括的原则确定样本的获取数量，即样本内容中不再有新信息出现为止。本书获取了 100 份深度访谈的样本资料，样本对象是毕业且就业

3~5 年的劳动者，且工作性质涉及国企、私企、事业单位，产业性质涉及第一、第二、第三产业，具体的样本情况如表 3-1 所示，样本属性关系如图 3-3 所示。

表 3-1　受访者基本资料

项目	类别	人数	比例
性别	男	17	61%
	女	11	39%
就业时长	3 年	12	43%
	4 年	13	46%
	5 年	3	11%
单位性质	国企	2	7%
	私企	20	71%
	事业单位	6	22%
产业性质	第一产业	3	10%
	第二产业	2	7%
	第三产业	23	83%

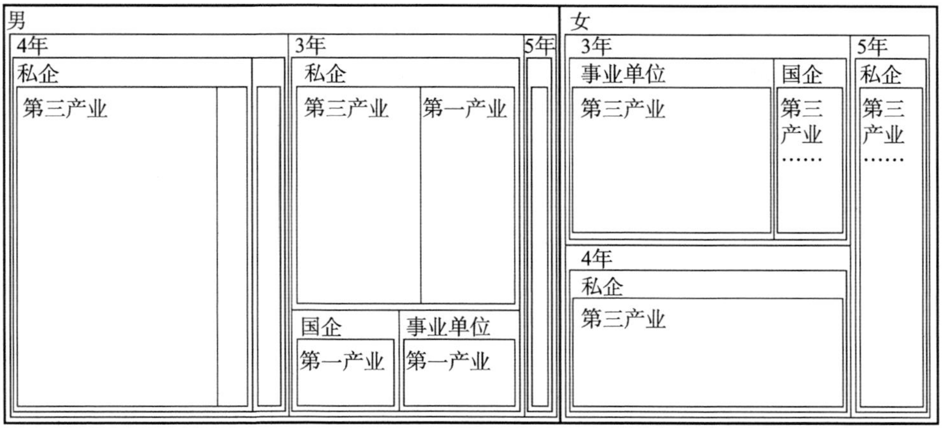

图 3-3　受访者属性关系图

表 3-1 显示，从单位性质来看，被访者的工作单位以私企为主，占 71%，国企和事业单位分别占 7% 和 22%；从单位的产业性质来看，从事第三产业的被访者占 83%，第一产业和第二产业的人数占比为 10% 和 7%。根据图 3-3 表示的被访者的基本信息，得出被访者中就业 4 年的男性主要是在私企工作，而且这些私企主要的产业性质是第三产业，同理可以分析得出其他相类似的样本属性。

从表 3-1 中可以看出，100 位受访对象从事不同的行业，对他们进行就业质量的调查具有一定的有效性。分析数据来源，通过深度访谈获得的数据主要为一手数据，鲜有二手数据，确保了接下来利用扎根理论进行分析的可行性。

（三）进行实地深度访谈

深度访谈实行一对一的形式，由访谈人员根据预先确定好的访谈主题和内容进行提问，对每位受访者的访谈时间都控制在 0.5~1 小时。为了访谈内容便于整理分析，需要对访谈的全程进行录音。在访谈之前，访谈者需要明确地将访谈主题及目的告知被访者，在征求被访者同意的情况下进行录音，并向被访者出具录音保密和用途的承诺书。

当全部访谈对象的访谈过程结束后，访谈者需要根据每位受访者的录音将访谈内容转化成文本格式，其中包括访谈者提出的问题和受访者回答的全部信息。经过对 100 位受访者录音内容的文本化，共得到 100 份深度访谈的原始资料。

第二节　就业质量影响因素遴选

本章将结合 100 份深度访谈的原始资料，利用扎根理论进行就业质量评价体系的构建。应用扎根理论的关键是利用编码对资料信息进行收集，编码信息也可以解释这些信息生成的理论。通过对原始资料编码，并结合多级编码的对比可以产生分析框架。编码是根据数据信息进行收集并形成解释这些数据的生成理论之间的关键环节。该构建过程主要包括开放性编码、主轴编码、选择性编码三个流程。

一、就业质量影响因素——开放性编码

开放性编码属于编码的初始阶段，该阶段需要保证在资料中识别出的理论尽可能地保持开放，避免个人经验的影响，保证相关性和契合性原则。开放性编码要求与数据资料紧密结合，从资料中获取行动数据，而不是将已有的类属或概念应用到数据资料上。开放式编码的实现过程主要有逐词编码、逐行编码及逐个事件编码。本章将结合 NVivo11 软件利用逐行编码的形式对原始资料进行初始编码，并将获取的初始编码进行初步概念化和范畴化。由于篇幅有限，本章在表 3-2 中展示了对 100 份访谈资料的部分开放性编码的过程。

表 3-2　开放性编码过程

<table>
<tr><th rowspan="2">访谈资料</th><th colspan="3">开放性编码</th></tr>
<tr><th>初始编码</th><th>初步概念化</th><th>范畴化</th></tr>
<tr><td rowspan="32">居住的地方上班的话交通是比较方便的，出门下楼之后走两步就是公交车站。(a1)乘坐公交车，一般从家出发到公司是 30 分钟左右。(a2)
入职之前公司一般是需要进行两到三个月的培训。(a4)自己到公司实习了两到三个星期之后直接开始进行工作了。(a6)进入公司劳动合同是会签订的。(a7)当时是关注了合同中的实习期和员工享有的一些权利，毕竟开始是打算长久地在这工作下去。(a8)
一般上班时间是早上八点半，下班时间是下午六点，每天工作七个半小时，中午有两个小时的休息时间。(a10)工作休息的时间是挺多的，(a11)上份工作加班时间是比较严重的。(a12)
工资的话看业绩。(a16)做销售待遇都是根据个人能力决定的，属于那种有能力多得，优胜劣汰呗。(a17)生日宴会了，节假日福利、住房补贴都会有的。(a18)职业年金是有的，年底不管多少是会给点的。(a23)住房公积金是有的。(a25)
在企业中如果跟着好的领导，带着员工能够学到更多的东西。(a31)提升个人的能力，也是很开心的，能够对个人的工作产生一定的影响。(a32)领导和员工能够打成一片，工作起来也很有活力。(a33)员工之间是很开心很和谐的。(a34)公司氛围也是很重要的，聚餐等活动能够增加员工之间的和谐度。(a35)对员工参与决策，要看员工的层次。(a36)能够进入管理层的话，才能对决策提出自己的意见。(a37)底层员工是执行领导的决定。(a38)
我自己的工作能力还是可以的，从工作以来也没有犯过什么错误。(a41)只要我继续努力，升职加薪的日子会来的。(a42)另一方面，我们单位各个职位上的人员都是能胜任相应的工作的。(a43)没有说什么不能胜任工作内容的人存在，我觉得这一方面还是很好的。(a44)
职业的稳定是依据情况而定的。(a47)个人的能力达不到或者说是个人能力仍需要提升还是会被企业淘汰的，这样来说是不稳定的。(a48)从个人的体会来说，工作时间和流程上是有一定的自由度的。(a49)有事情可以请假还可以申请调休，约束相对来说是比较少。(a50)有信心能够很好地完成这份工作。(a53)相对来说是没有工作压力。(a54)</td><td>a1 交通很方便</td><td>b1 交通便利</td><td rowspan="2">A1 通勤时间</td></tr>
<tr><td>a2 乘坐公交 30 分钟左右</td><td>b2 上班花费时间</td></tr>
<tr><td>a4 正式入职之前需要培训</td><td>b4 正规培训</td><td rowspan="2">A2 职业培训</td></tr>
<tr><td>a6 实习后正式工作</td><td>b6 熟悉业务</td></tr>
<tr><td>a7 签订了劳动合同</td><td>b7 签订劳动合同</td><td rowspan="2">A3 劳动合同签订</td></tr>
<tr><td>a8 关注劳动合同内容</td><td>b8 劳动合同内容</td></tr>
<tr><td>a10 每天工作时间点</td><td>b10 工作时长</td><td rowspan="3">A4 工作强度</td></tr>
<tr><td>a11 工作中休息时间长</td><td>b11 午休时长</td></tr>
<tr><td>a12 不经常加班</td><td>b12 加班情况</td></tr>
<tr><td>a16 工资水平与业绩有关</td><td>b16 工资水平</td><td rowspan="2">A6 劳动报酬</td></tr>
<tr><td>a17 工资与个人能力有关</td><td>b17 能者多得</td></tr>
<tr><td>a18 有住房补贴</td><td>b18 住房补贴</td><td>A7 住房补贴</td></tr>
<tr><td>a23 年金是有的</td><td>b23 发放年金</td><td>A9 职业年金</td></tr>
<tr><td>a25 有住房公积金</td><td>b25 发放住房公积金</td><td>A10 住房公积金</td></tr>
<tr><td>a31 跟着好领导学知识</td><td>b31 领导亲和力</td><td rowspan="3">A12 劳资关系</td></tr>
<tr><td>a32 好领导可以提升自己的能力</td><td>b32 领导带头能力</td></tr>
<tr><td>a33 领导与员工打成一片</td><td>b33 上下级关系</td></tr>
<tr><td>a34 员工和谐相处</td><td>b34 团体合作</td><td rowspan="2">A13 员工关系</td></tr>
<tr><td>a35 聚餐活动多</td><td>b35 员工氛围</td></tr>
<tr><td>a36 参与决策与员工层次有关</td><td>b36 决策参与</td><td rowspan="3">A14 员工决策参与度</td></tr>
<tr><td>a37 管理层可以提意见</td><td>b37 管理层参与决策</td></tr>
<tr><td>a38 底层员工执行决策</td><td>b38 基层职工执行决策</td></tr>
<tr><td>a41 工作能力强</td><td>b41 工作能力</td><td rowspan="2">A15 晋升机会</td></tr>
<tr><td>a42 希望升职加薪</td><td>b42 升职加薪</td></tr>
<tr><td>a43 员工能胜任工作</td><td>b43 各尽其能</td><td rowspan="2">A16 人岗匹配度</td></tr>
<tr><td>a44 不存在岗位与职工不匹配</td><td>b44 岗职匹配</td></tr>
<tr><td>a47 职业稳定性依情况而定</td><td>b47 职业稳定性</td><td rowspan="2">A17 职业稳定程度</td></tr>
<tr><td>a48 职业稳定与个人能力有关</td><td>b48 胜任能力</td></tr>
<tr><td>a49 工作时间和流程存在自由度</td><td>b49 工作灵活度</td><td rowspan="2">A18 工作自由度</td></tr>
<tr><td>a50 请假流程简单</td><td>b50 请假流程</td></tr>
<tr><td>a53 有信心胜任当前的工作</td><td>b53 胜任工作</td><td rowspan="2">A20 工作压力</td></tr>
<tr><td>a54 工作方面基本无压力</td><td>b54 工作压力</td></tr>
</table>

利用表 3-2 所述的开放性编码过程，对 100 份访谈资料的原始编码进行概念化和范畴化，一共得到了 121 项初始编码，相应得出 121 个初步概念。经过不断对比、分类、提炼和总结，去除概念间的重叠和交叉部分，此次编码一共得到 22 个概念。具体的 22 个概念范畴化之后的情况如表 3-3 所示。

表 3-3 开放性编码得到的范畴

序号	范畴化	序号	范畴化
A1	通勤时间	A12	住房公积金
A2	工作强度	A13	劳资关系
A3	职业培训	A14	员工关系
A4	职业安全	A15	员工决策参与度
A5	年休假	A16	人岗匹配度
A6	劳动合同签订	A17	晋升机会
A7	劳动报酬	A18	职业稳定程度
A8	职业福利	A19	兴趣相符程度
A9	住房补贴	A20	工作自由度
A10	社会保险	A21	工作压力
A11	职业年金	A22	职业归属感

二、就业质量影响因素——主轴编码

扎根理论编码的第二个阶段是主轴编码。主轴编码是利用开放式编码的概念和范畴，根据编码出现的频次进一步筛选出具有指向性和概念性的范畴，确定原始资料中主要类属与次要类属，同时探索各个类属间的内在联系，进行类属间逻辑关系的探索。

本节在开放式编码的基础上，对 121 项初始编码的概念和 22 个范畴进行深入的比较分析，探索 22 个范畴之间的内在联系，将分解的资料进一步整合。通过对开放式编码的进一步分析、比较、分类、抽象，得到两个主范畴和六个副范畴。两个主范畴分别为客观岗位特征和主观评价指标，六个副范畴分别是"工作特征""薪酬福利""社会保障""劳动关系""职业发展""就业满意度"。两个主范畴与六个副范畴以及开放式编码中的 22 个范畴之间的关系如表 3-4 所示。

表 3-4　主轴编码分析

Y1 客观岗位特征	Z1 工作特征	A1 通勤时间
		A2 工作强度(周工作时间)
		A3 职业培训
		A4 职业安全
		A5 年休假
		A6 劳动合同签订
	Z2 薪酬福利	A7 劳动报酬
		A8 职业福利
		A9 住房补贴
	Z3 社会保障	A10 社会保险
		A11 职业年金
		A12 住房公积金
Y2 主观评价指标	Z4 劳动关系	A13 劳资关系
		A14 员工关系
		A15 员工决策参与度
	Z5 职业发展	A16 人岗匹配度
		A17 晋升机会
	Z6 就业满意度	A18 职业稳定程度
		A19 兴趣相符程度
		A20 工作自由度
		A21 工作压力
		A22 职业归属感

由表 3-4 可以看出：通过对开放性编码的 22 个范畴进行类属的重新分析和归类，将“A1 通勤时间”“A2 工作强度”“A3 职业培训”“A4 职业安全”“A5 年休假”“A6 劳动合同签订”这六个工作本身具有的价值归纳为“Z1 工作特征”；与薪资待遇相关的“A7 劳动报酬”“A8 职业福利”以及“A9 住房补贴”归纳为“Z2 薪酬福利”；与公共福利水平有关的“A10 社会保险”“A11 职业年金”“A12 住房公积金”归纳为“Z3 社会保障”。由于工作特征、薪酬福利、社会保障是可以直接衡量的，能够客观地评价劳动者的就业质量水平，根据这三个类属的内在逻辑关系，赋予其“客观岗位特征”的主范畴。

同理，与用人单位和劳动者间关系相关的“A13 劳资关系”“A14 员工关系”“A15 员工决策参与度”归纳为“Z4 劳动关系”；员工自身发展前景有关的“A16 人岗匹配度”和“A17 晋升机会”归纳为“Z5 职业发展”；将员工对现如今工作满意程度相关的“A18 职业稳定程度”“A19 兴趣相符程度”“A20 工作自由度”“A21 工作压力”以及“A22 职业归属感”归纳为“Z6 就业满意度”。劳动关系、职业发展以及就业满意度不能通过数据直接测量，而是通过员工的主观感受进行评价分类，因此具有主观的特点。根据三个类属间的逻辑关系，赋予这三个类属“主观评价指标”的主范畴。

三、就业质量影响因素——选择性编码

选择性编码是扎根理论编码过程中的最后一步，此过程是基于开放式编码和主轴编码得出的范畴结果，进一步分析主范畴的内在联系，提取核心范畴的关键步骤。核心范畴是指整个研究内容的“故事线”，主范畴与副范畴需要在“故事线”基础上建立关系，形成全新的客观全面的理论框架，该理论框架能够解释各级范畴之间的类属关系。

通过主轴编码，本章获得了“客观岗位特征”和“主观评价指标”两个主范畴。其中“客观岗位特征”和“主观评价指标”各包含了三个副范畴。工作特征能够反映劳动者的基本权利；福利薪酬和社会保障能够反映劳动者参与工作得到的福利报酬情况；劳动关系情况能够反映劳动者工作氛围的优劣；职业发展能够反映劳动者的工作前景；就业满意度能够反映劳动者对现有工作内容和体制的满意程度。综上所述，这些范畴最终都能反映劳动者就业情况的质量水平，因此本章提取的核心范畴为“就业质量评价指标体系”。

第三节　就业质量评价指标体系

一、就业质量评价指标体系构建原则

（一）系统性和层次性相统一的原则

设计评价指标时，在保证指标明确的基础上，实现对评价内容的具体化。同时，要根据用人单位的相关就业政策，确定就业质量的范围，明确好各项

指标间的关系以及可能出现的评价方案。在此基础上，明确评价体系的目标决策，要对所收集到的信息加以理性的分析和判断，既保证评价体系能够切实反映各影响指标间的关系，又能衍生出不同层级指标间的反馈作用，既保证评价指标体系的可行性，又要具备挑战性。①

（二）全面性和重点性相统一的原则

设计指标体系，要在保证评价指标全面性的基础上确定重点指标。在就业质量指标体系的构建中，首先要明确毕业生就业质量的内涵，然后广泛确定影响其就业质量的指标，再提取出主要影响因子，利用合理的计算权重的方法为指标体系赋予权重，力图构建出具有明确优先级的开放性指标体系。②

（三）定性和定量相统一的原则

为了便于定量化方法的使用，在系统评价的过程中，首先必须保证指标的定量化和规范化。但是，并非所有的指标都能被量化，即指标衡量很难通过量化的方式解决，或者量化后反而不能很好地反映其内涵及评价结果时，将采取不量化的方式。对事先确定的评价对象，要保证能从定性和定量两个方面进行合理分析和描述，要根据具体情况判断指标的可度量性和趋势性，实现对评价指标体系静态和动态发展的综合研究。

（四）可操作性原则

在确定评价指标时，首先要保证指标的可操作性。可操作性指所建立的指标体系在操作和运行上要具备可行性及实用性。可行性即确定的评价指标应该具有可获得、可测量的性质；实用性即确定的评价指标在评价过程中要满足简单易懂、操作简便的特点。

科学严谨的评价指标体系必须具备可行性高、操作简便的功能。如果所建立的评价指标体系不能切实满足可行性及可操作性，评价体系即使再完整也将失去存在的价值。因此，在评价指标体系的构建过程中，既要保证框架的合理性，又要降低评价体系中指标数据收集及量化的烦琐度。本

---

① 李柏洲，李伟昌．企业激励方法整合评价研究[J]．科技与管理，2003(1)：21-23.

② 兰玉杰，陈晓剑．企业人才资源评价指标体系研究[J]．数量经济技术经济研究，2001(7)：74-77.

书旨在建立就业质量评价指标体系，在确定相应评价指标的过程中，首先要根据国情和就业市场上对人才的需求现状，结合用人单位对人才共性和特性需求，实现理论与实际相统一、需求与供给相统一①。为了便于计算，评价指标体系要在满足前提条件和要求的前提下，适当地保留能够明确反映综合就业质量的指标，避免指标的冗余和可更新程度差，提高评价指标体系的适用范围和价值。

（五）实用性原则

实用性是构建评价指标体系最基本的要求。一般情况下，评价指标越具体，得到的评价结果越具有说服力。但是，这并不代表评价指标越多越好，即在保证能够明确指标主次顺序的基础上，适度地进行指标的细化，同时避免相对不重要的因素对指标体系工作效率的影响。除此之外，指标体系的构建要保证能准确反映真实的评价水平，具备客观性和实用性。

（六）动态性原则

创新是现阶段社会发展进步的必然要求，在现阶段的管理研究方法中，对人才内涵的要求也处于持续创新过程中。在对毕业生就业质量的评价系统中，各评价指标的作用不是一成不变的，而是需要伴随相关环境（社会、经济等）和因素（政府政策等）发展状况的变化来调整评价指标体系的构成，即评价系统具备一定的动态性。②

二、就业质量评价指标体系建构

基于研究资料分析中的三级编码，本章借助 NVivo 11 质性研究软件，构建出了以“就业质量评价指标体系”为核心故事线，以“客观岗位特征”“主观评价指标”为主范畴，以“工作特征”“薪酬福利”“社会保障”“劳动关系”“职业发展”“就业满意度”为副范畴，最终得出的就业质量评价指标理论模型如图 3-4所示。

① 王顺．我国城市人才环境综合评价指标体系研究［J］．中国软科学，2004（3）：148-151.

② 李光红，杨晨．高层次人才评价指标体系研究［J］．科技进步与对策，2007（4）：186-189.

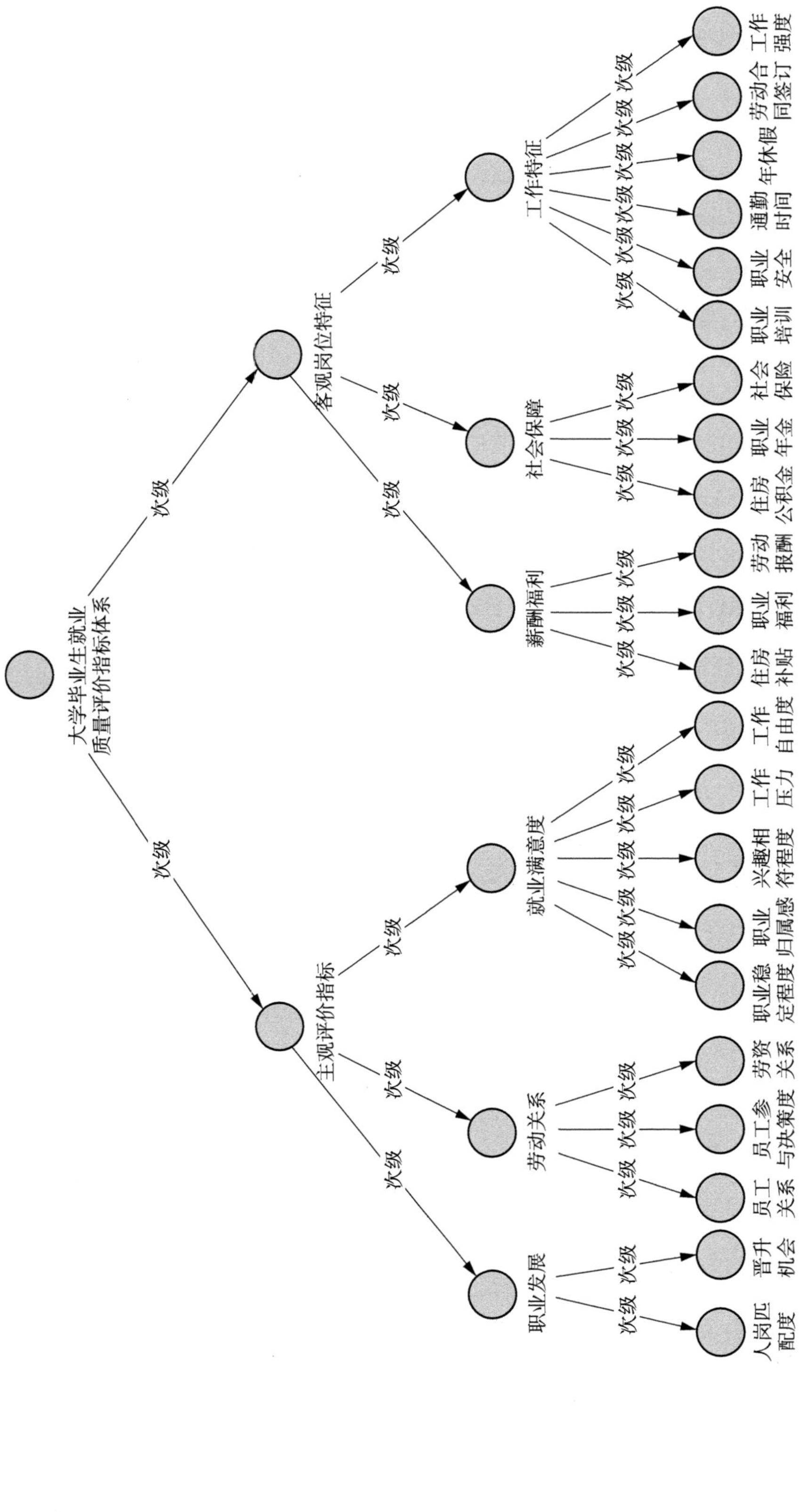

图3-4　就业质量评价指标体系

三、就业质量指标权重的确定

（一）DEMATEL 建模

为有效确定就业质量指标间的相互关系，调查组向 15 名劳动经济学、社会学与人力资源管理研究相关的学者发放专家调查问卷，各专家根据自己的专业知识和工作经验来判断就业质量指标之间有无联系。通过汇总 15 名专家的问卷数据，来判断就业质量指标之间的直接影响矩阵（见表 3-5）。

把上一步中得出的直接影响矩阵使用 Matlab 进行运算，产生整体影响矩阵，随后根据就业质量的现实情况，取 a_1，从而得到就业质量的综合关系矩阵（见表 3-6）。

（二）ANP 网络建模

通过大学毕业生就业质量指标的相互关系，使用超级决策软件（super decision）建立 ANP 网络结构模型（见图 3-5）。ANP 网络关系模型的控制层主要由客观岗位特征与主观评价指标两个指标构成，网络层由 6 个指标组组成，具体包括：工作特征、薪酬福利、社会保障、劳动关系、职业发展、就业满意度。

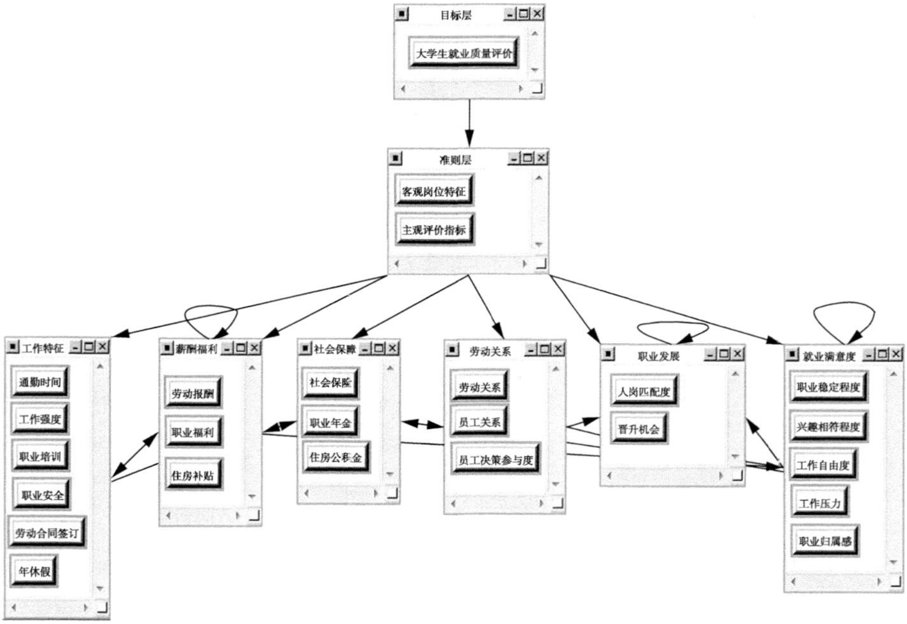

图 3-5 大学生就业质量指标的 ANP 网络模型

表 3-5　大学生就业质量指标的直接影响矩阵

	J1	J2	J3	J4	J5	J6	J7	J8	J9	J10	J11	J12	J13	J14	J15	J16	J17	J18	J19	J20	J21	J22
J1	0	0	0	0	0	0	0	0	0	0	0	0	0	0	0	0	0	0	0	2	1	3
J2	0	0	0	1	0	1	3	1	0	0	0	0	0	1	0	0	0	0	0	2	3	3
J3	0	0	0	1	0	0	1	0	0	0	0	0	0	0	0	3	1	1	0	0	1	1
J4	0	0	0	0	0	0	0	0	0	0	0	0	2	1	1	0	1	3	0	0	2	1
J5	0	0	0	0	0	0	0	0	0	0	0	0	0	0	0	0	0	0	0	0	0	1
J6	0	0	0	2	1	0	3	2	2	2	2	3	2	0	0	0	0	2	0	0	0	1
J7	0	0	0	0	0	0	0	0	0	0	1	1	1	1	0	0	1	1	0	1	0	2
J8	0	0	0	1	0	0	0	0	0	0	1	0	1	0	0	0	0	1	0	0	0	2
J9	0	0	0	1	0	0	0	0	0	0	0	0	1	1	0	0	0	1	0	0	0	1
J10	0	0	0	2	0	0	0	1	0	0	0	0	0	0	0	0	0	0	0	0	0	3
J11	0	0	0	2	0	0	0	1	0	0	0	0	1	0	0	0	0	1	0	0	0	2
J12	0	0	0	0	0	0	0	0	0	0	0	0	1	0	0	0	0	0	0	0	0	1
J13	0	0	0	2	0	0	0	0	0	0	0	0	0	0	1	0	0	1	0	0	0	1
J14	0	0	0	1	0	0	0	0	0	0	0	0	0	0	0	0	0	0	1	0	1	3
J15	0	0	0	1	0	0	0	0	0	0	0	0	0	0	0	0	1	0	2	0	0	0
J16	0	0	0	0	0	0	0	0	0	0	0	0	1	0	0	0	1	0	0	0	3	3
J17	0	0	0	2	0	0	0	0	0	0	0	0	1	0	0	0	0	1	0	0	0	1
J18	0	0	0	0	0	0	0	0	0	0	0	0	2	2	0	0	2	0	0	0	2	2
J19	0	0	0	0	0	0	0	0	0	0	0	0	0	1	0	2	2	1	0	0	3	3
J20	0	0	0	0	0	0	0	0	0	0	0	0	0	0	0	0	0	2	2	0	3	2
J21	2	1	0	0	0	0	0	0	0	0	0	0	0	0	0	0	0	1	0	0	0	1
J22	0	0	0	0	0	0	0	0	0	0	0	0	0	0	0	0	1	2	3	0	0	0

表 3-6　就业质量指标的综合关系矩阵

	J1	J2	J3	J4	J5	J6	J7	J8	J9	J10	J11	J12	J13	J14	J15	J16	J17	J18	J19	J20	J21	J22
J1	1	0	0	0	0	0	0	0	0	0	0	0	0	0	0	0	0	0	0	1	1	1
J2	0	1	0	1	0	0	0	1	0	0	0	0	0	1	0	0	0	1	0	1	1	1
J3	0	0	1	1	0	0	0	0	0	0	0	0	0	0	0	1	1	1	0	0	1	1
J4	0	0	0	1	0	0	0	0	0	0	0	0	1	1	1	0	1	1	0	0	1	1
J5	0	0	0	0	1	0	0	0	0	0	0	0	0	0	0	0	0	0	0	0	0	0
J6	0	0	0	1	0	1	0	0	0	0	0	0	1	0	0	0	0	1	0	0	0	1
J7	0	0	0	0	0	0	1	0	0	0	0	0	1	1	0	0	1	1	0	0	0	1
J8	0	0	0	1	0	0	0	1	0	0	0	0	1	0	0	0	0	1	0	0	0	1
J9	0	0	0	0	0	0	0	0	1	0	0	0	0	0	0	0	0	1	0	0	0	1
J10	0	0	0	1	0	0	0	0	0	1	0	0	0	0	0	0	0	0	0	0	0	1
J11	0	0	0	0	0	0	0	0	0	0	1	0	1	0	0	0	0	1	0	0	0	1
J12	0	0	0	0	0	0	0	0	0	0	0	1	0	0	0	0	0	0	0	0	0	1
J13	0	0	0	0	0	0	0	0	0	0	0	0	1	0	1	0	0	1	0	0	0	1
J14	0	0	0	0	0	0	0	0	0	0	0	0	0	1	0	0	0	0	1	0	1	1
J15	0	0	0	1	0	0	0	0	0	0	0	0	0	0	1	0	1	0	1	0	0	0
J16	0	0	0	0	0	0	0	0	0	0	0	0	1	0	0	1	1	0	0	0	1	1
J17	0	0	0	1	0	0	0	0	0	0	0	0	1	0	0	0	1	1	0	0	0	1
J18	0	0	0	0	0	0	0	0	0	0	0	0	1	1	0	0	1	1	0	0	1	1
J19	0	0	0	0	0	0	0	0	0	0	0	0	0	1	0	1	1	1	1	0	1	1
J20	0	0	0	0	0	0	0	0	0	0	0	0	0	0	0	0	0	1	1	1	1	1
J21	1	0	0	0	0	0	0	0	0	0	0	0	0	0	0	0	0	1	0	0	1	1
J22	0	0	0	0	0	0	0	0	0	0	0	0	0	0	0	0	1	1	1	0	0	1

根据本书所构建的 ANP 网络关系模型，设计相应的专家问卷，并向 2 名资深的人力资源管理学者、2 名资深的企业人力资源主管以及 1 名资深的政府单位人事工作人员发放。问卷收回后，本书使用几何平均数法来处理各个专家的比较矩阵元素值，并将结果录入超级决策软件中，得出无权重超级矩阵。

得到无权重超级矩阵 W_s 后，把工作特征、薪酬福利、社会保障、劳动关系、职业发展、就业满意度二级指标的判断矩阵输入超级决策软件中。生成加权超级矩阵 W_s^w；对加权超矩阵 W_s^w 进行乘方计算，直到加权超矩阵收敛为稳定的极限超矩阵 W_s^l；而矩阵 W_s^l 每行元素值即代表对应的就业质量指标的 ANP 权重（见表 3-7）。

表 3-7 就业质量指标 ANP 权重

	一级指标	权重	二级指标	权重	三级指标	组内权重	综合权重
大学毕业生就业质量评价指标体系	客观岗位特征	0.392	工作特征	0.122	J1	0.124	0.015 1
					J2	0.145	0.017 7
					J3	0.188	0.022 9
					J4	0.213	0.026 0
					J5	0.093	0.011 3
					J6	0.237	0.028 9
			薪酬福利	0.167	J7	0.748	0.124 9
					J8	0.237	0.039 6
					J9	0.015	0.002 5
			社会保障	0.103	J10	0.441	0.045 4
					J11	0.217	0.022 4
					J12	0.342	0.035 2
	主观评价指标	0.608	劳动关系	0.105	J13	0.219	0.023 0
					J14	0.342	0.035 9
					J15	0.439	0.046 1
			职业发展	0.216	J16	0.594	0.128 3
					J17	0.406	0.087 7
			就业满意度	0.287	J18	0.239	0.068 6
					J19	0.247	0.070 9
					J20	0.183	0.052 5
					J21	0.106	0.030 4
					J22	0.225	0.064 6

计算得出 ANP 权重后，参照 Tamura 等计算混合影响度的计算方法生成混合权重向量，并对混合权重向量进行标准化得到各评价指标的混合权重，具体结果如表 3-8 所示。按照混合权重，大学生就业质量指标的重要性排序由高到低为：劳动报酬（J7）、人岗匹配度（J16）、晋升机会（J17）、兴趣相符程度（J19）、职业稳定程度（J18）、职业归属感（J22）、工作自由度（J20）、社会保险（J10）、员工决策参与度（J15）、职业福利（J8）、员工关系（J14）、住房公积金（J12）、工作压力（J21）、职业安全（J4）、工作强度（J2）、劳动合同签订（J6）、劳资关系（J13）、职业年金（J11）、职业培训（J3）、通勤时间（J1）、年休假（J5）、住房补贴（J9）。从二级指标来看，重要性排序为：就业满意度、

职业发展、薪酬福利、工作特征、劳动关系、社会保障，比通过 ANP 方法计算的权重更加客观，更加符合大学生就业质量的实际情况。

表 3-8 就业质量指标混合权重

	一级指标	权重	二级指标	权重	三级指标	组内权重	综合权重
就业质量评价指标体系	客观岗位特征	0. 392	工作特征	0. 122	J1	0. 114 0	0. 013 9
					J2	0. 205 0	0. 025 0
					J3	0. 169 0	0. 020 6
					J4	0. 224 0	0. 027 3
					J5	0. 089 0	0. 010 9
					J6	0. 199 0	0. 024 3
			薪酬福利	0. 167	J7	0. 697 0	0. 116 4
					J8	0. 254 0	0. 042 4
					J9	0. 049 0	0. 008 2
			社会保障	0. 103	J10	0. 456 0	0. 047 0
					J11	0. 203 0	0. 020 9
					J12	0. 341 0	0. 035 1
	主观评价指标	0. 608	劳动关系	0. 105	J13	0. 203 0	0. 021 3
					J14	0. 372 0	0. 039 1
					J15	0. 425 0	0. 044 6
			职业发展	0. 216	J16	0. 537 0	0. 116 0
					J17	0. 463 0	0. 100 0
			就业满意度	0. 287	J18	0. 241 0	0. 069 2
					J19	0. 284 0	0. 081 5
					J20	0. 173 0	0. 049 7
					J21	0. 110 0	0. 031 6
					J22	0. 192 0	0. 055 1

四、就业质量评价指标解析

（一）客观岗位指标

1. 工作特征

（1）通勤时间。

通勤是工业化社会中不可避免的社会现象，现代交通工具如汽车、火车、高铁等的出现让即便偏远地区的人也可以快捷地上班。通勤指市民从家往返工作地点的过程，即相对“出勤”和“退勤”而言。

(2)工作强度。

合理的工作强度是劳动者应享有的基本权益，其中一个重要内容为工作时间长度。各国的劳动法对劳动者标准工作时间均进行了规定。1994 年之前，我国标准工作时间是每天 8 小时，每周 6 天，一周工作 48 小时。随着社会进步和生产发展，缩短工时已经成一种趋势。1994 年我国做出了改变，每周工作时间缩短为每周 44 小时，到 1995 年，又进一步缩短为每周 40 小时。

目前，我国现在的标准工时制度，依据《中华人民共和国劳动法》及《国务院关于修改〈国务院关于职工工作时间的规定〉的决定》(国务院令第 174 号)规定，即劳动者每天工作不超过 8 小时，每周工作不超过 40 小时，每周至少休息 1 天。虽然有法律保障劳动者的权益，但是雇主为了在激烈的市场竞争中保持竞争优势，超时工作成了常有现象。工作时间是衡量劳动者权益的重要指标之一，也是评价劳动者就业质量的重要指标。本书用周平均工作时间来反映超时工作的严重程度。

(3)职业培训。

《国务院关于加强职业培训促进就业的意见》(国发〔2010〕36 号)提出加强职业培训是促进就业和经济发展的重大举措，同时《中华人民共和国劳动法》也明确规定企业应当为劳动者提供职业培训。人力资源虽然是知识经济时代的重要资源，但是其知识和技能是有限的，通过职业培训可以为劳动者提供学习的机会，同时可以获得必要的知识和技能，以及提升自身的素质等，使人力资源增值的同时保证劳动者及企业在市场上的竞争优势。因此，职业培训是衡量就业质量的重要指标。

(4)职业安全。

职业安全，是一种跨领域学科，横跨自然科学与社会科学，包括工业卫生、环境医学、公共卫生、安全工程学、人因工程学、毒理学、工业关系(劳动研究)、公共政策、劳动社会学、疾病与健康社会学、组织心理学、科技与社会及劳动法等领域。

(5)年休假。

年休假，指法律规定的劳动者工作满一定的年限后，每年所享有的带薪连续休假。年休假包括基本年休假和补加年休假。具体时间由国家根据不同的工种和劳动的繁重程度分别规定。年休假是带薪休假的一种，是由劳动者工作年限和劳动力繁重紧张程度决定的。用人单位应当保证职工享受年休假。

员工在年休假期间，可享受与工作期间相同的薪酬收入。

（6）劳动合同签订。

劳动合同签订是一种确立劳动者和用人单位之间的劳动关系，明确相互间权利义务的法律行为，它是建立在两者之间相互选择和平等协商的基础之上而达成的劳动合同条款协议。劳动合同签订包括确定合同当事人和确定合同内容。立法因国家不同而有很大不同，有的国家（如某些东欧国家在计划经济时期）着重确定合同当事人；有的国家（如不少西方国家）着重规定如何确定合同内容；有的国家（如日本、苏联等）则对如何确定合同当事人和合同内容都同样重视，我国现阶段立法亦如此。

2. 薪酬福利

（1）劳动报酬。

劳动报酬是劳动者通过知识或体力劳动获取的价值。用人单位支付给劳动者的报酬主要包括工资、实物报酬等。劳动报酬的高低让劳动者体会到自身价值的同时也能直接反映出人力资本投入的有效性。劳动者的收入高低是衡量就业质量的重要指标。所以本书所用的劳动报酬是包含工资、奖金、提成等在内的货币收益，用月平均工资表示。

（2）职业福利。

美国社会保障署（The Social Security Administration）提出“员工福利是由雇主和员工单方面或共同赞助创立的任何形态的给付措施，必须有雇佣关系，并不是由政府直接承付或给付。”本书所说的职业福利是企业为职工提供的除去工资和社会保险的福利设施和福利项目的总称，它能满足员工的物质文化生活的需要，具有补偿性、均等性、集体性和差别性特征。

（3）住房补贴。

住房补贴是国家为职工解决住房问题而给予的补贴资助，其作为政府的一项重要的公共政策，根本目的是增进社会福利和协调经济效率与公平。

3. 社会保障

（1）社会保险。

社会保险作为社会保障体系的重要组成部分，具有稳定社会生活、再分配以及促进社会经济发展的功能，包括养老保险、医疗保险、失业保险、生育保险等。作为高质量就业的重要组成部分，本书用是否缴纳社会保险作为衡量就业质量的重要指标。

(2)职业年金。

职业年金是事业单位及职工依据自身的经济状况建立的保障制度。职业年金区别于社会保险和商业保险，是一项单位福利制度，它针对事业单位的补充养老制度，而企业员工的补充养老制度是企业年金。

(3)住房公积金。

根据《住房公积金管理条例》，住房公积金主要指“国家机关、国有企业、城镇集体企业、外商投资企业、城镇私营企业及其他城镇企业、事业单位、民办非企业单位、社会团体及其在职职工缴存的长期住房储金”。

（二）主观满意度指标

劳动者是富有创造力、有思想、有抱负的群体，对未来富有激情和追求，同时他们对工作有个人的情感需求，包括个人认知和职业认知，但是他们中的很多人往往不能准确地自我定位，对个人兴趣、专业能力、综合水平认识不清楚，造成自我认识偏差从而影响了就业质量。清晰的职业认知和规划可以帮助劳动者个体更好地适应工作，从而提高就业质量。

1. *劳动关系*

(1)劳资关系。

劳资关系在《中华人民共和国劳动法》中有明确界定：“劳动者与所在单位之间在劳动过程中发生的关系。”和谐的劳资关系，一方面有助于企业创造较高的经营效率；另一方面有助于构建和谐社会，这是因为劳资矛盾、劳资利益的失衡严重影响了社会稳定，也阻碍了经济发展。和谐的劳资关系通过是否依法履行劳动合同、劳资双方地位、工作机会及工会组织等指标来衡量。

(2)员工关系。

员工关系是员工与公司、员工与员工之间的关系，良好的员工关系有利于员工对企业的认同感，而这种良好的员工关系有赖于企业建立的积极正向的员工关系。和谐的劳动关系是企业内部关系的润滑剂，有助于激励员工、减轻工作压力。

(3)员工决策参与度。

员工参与决策是一种“人本管理”，体现的是对员工的重视，能够更好地激发员工的创造能力并在组织中发挥更大的作用，同时能更好地实现组织的目标。员工参与决策根据双因素理论，可以更好地激励员工，通过满足员工的需要、动机和愿望的方式来鼓励其为组织目标而努力。

2. 职业发展

（1）人岗匹配度。

人岗匹配就是根据“岗得其人”“人适其岗”的原则将合适的人放在合适的岗位上，从而做到“人尽其才，物尽其用”。人岗匹配是资源优化配置的体现，它能够合理控制人力资源，使所有资源发挥最大化作用，同时能够激发员工的潜能，调动员工的积极性。

（2）晋升机会。

公平的晋升机会也是高质量就业的一部分。“晋升”在人力资源方面指的是员工向比前一个工作岗位挑战性更高、所需承担责任更大以及享有职权更多的工作岗位流动的过程。公平的晋升机会在提升员工素质和能力的同时，也可以起到调动员工主动性和积极性的作用，在企业内部构建公正、公平、公开的良性竞争机制。

3. 就业满意度

（1）职业稳定程度。

职业稳定性对劳动者而言，可以是社会赋予这份职业的安全感，可以是工作本身和工作环境本身带给员工的安全感以及从业者自身对职业稳定感的认可。对劳动者来说，稳定的工作可以为员工保障工资收入及未来的职业发展。工作的稳定性受用人单位和员工的双重影响，辞退与被辞退都会造成较低的稳定性，因而就业质量的高低与工作稳定性有很大的关联。

（2）兴趣相符程度。

兴趣会促使人对事物产生积极情绪色彩的认知和活动倾向，对事物感知敏锐、思维活跃、意志坚强等。而职业兴趣是人们对职业活动具有的比较稳定而持久的心理倾向。对职业的兴趣会促使人们发挥工作积极性，也比较容易从职业生活中获得心理方面的满足，职业兴趣也可以增加职业稳定性和职业成就感。兴趣相符度越高，就业满意度越高。

（3）工作自由度。

工作自由度指的是员工在工作过程中对工作方式、时间、地点等因素的选择权利的大小。

（4）工作压力。

工作压力是由工作或与工作直接有关的因素所造成的应激反应。工作压力有双重性，一方面可以成为推动力，催促员工更加积极地应对工作；另一方面也会降低员工的工作绩效和影响身体健康，打击工作的积极性。因此，适度的工作压力有利于提高就业质量。

(5)职业归属感。

职业归属是指个体与工作单位间的一种内在联系，是职工对工作单位及其从属关系的划定、认同和维系，职业归属感则是这种划定、认同和维系的心理表现。

第四章　大学生群体就业质量实证评价

第三章分析了影响就业质量的因素，得出了就业质量的衡量指标与问卷。本章在第三章的基础上进行大学生就业质量的实证评价。本书整合了物元可拓理论、DEMATEL 与 ANP 等系统分析评价方法，建立集成 DEMATEL-ANP-Matter Element 方法的大学毕业生就业质量评价模型，对我国的大学生就业质量状况进行分析，从而得出关于大学生就业质量的基本结论。

第一节　就业质量评价模型

一、就业质量评价方法的确定

（一）物元可拓理论

1983 年，物元可拓理论由广东工业大学教授蔡文提出。① 他指出，事物的“量”与“质”间的联系主要是利用构造物元以及变换物元两种方式来反映的，还明确提出形式化数学问题及转换问题间相互关系的方式，基于此，建立了能够有效解决矛盾问题的系统方法，其所涉及概念的内容主要如下。

1. *物元*

在研究问题过程中，经常面临矛盾问题的解决，这就要求研究者统筹事物本身、事物属性特征及相对应的量化数值，全面系统地探索解决矛盾问题的方法，实现事物发展过程中变化的具体描述，切实解决形式化矛盾问题。在此基础上，推导并定义了物元的具体概念：由具体事物的名称 N、相对应的特征 c 和量值 $v(N)$ 三元组组成，并给出了详细的表达式：$R=(N, c, v(N))$。

---

① 蔡文．可拓集合和不相容问题[J]．科学探索学报，1983，1(1)：25-29.

2. 可拓集合

拓展性是一般事物共有的属性，基于事物的拓展性，我们将可拓性定义为事物拓展的可能性：指包含事物的发散性、相关性、包含性以及可扩性，并按照向外、平行、变通及组合分解四个主要方向进行方法的变换。基于事物可拓性这一固有属性，可以利用物元的概念及特性，明确地对事物的可拓性进行有效形式化表述与分析，为矛盾问题的有效解决提供理论工具。

3. 距与位置值

在研究过程中，遇到的矛盾问题是多种多样的。一般情况下，我们根据事物特征的量化值是否符合标准或要求来判定问题的矛盾程度。事物特征的量化值主要由数量值和非数量值组成，为了便于运算比较，需要通过一定的方法将非数量值转化为数量值，在量化后的事物特征的基础上，进一步结合可拓集合，利用实数轴来刻画事物本身及特性与相应量化值间的关系。

(1)距。

令 x 为数轴上任意一点，即取值范围为$(-\infty, +\infty)$，$X_0=<a, b>$为实数域上的任意区间段，$\rho(x, X_0)$表示实数域上任意一点 x 到区间 $X_0=<a, b>$的距，其具体的表达式为：

$$\rho(x, X_0)=\left|x-\frac{a+b}{2}\right|-\frac{1}{2}(b-a) \tag{4-1}$$

(2)位置值(位值)。

距的主要作用是具体描述点与区间的位置关系，将“同属同一类别即视为相同”的概念拓展到“即使同属同一类别也存在某种程度的不同”。① 引入距概念的目的是利用定量化的形式将点与区间的距离及位置关系准确地描述出来。当点在区间内时，根据经典数学理论的知识，我们将点与区间的距离设定为0；但是在可拓集合的概念下，我们可以利用距的定义及距值的大小明确表示点在区间内的具体位置。

在解决具体现实问题的过程中，我们不仅要考虑点与区间的位置关系，还要明确两个区间之间、点与两个区间的位置关系。令 x 为数轴上任意一点，$X_0=<a, b>$和 $X=<c, d>$分别为实数域上的任意两个区间段，则数轴上任意一点 x 关于两个区间段 X_0、X 的位值大小可以表示为：

$$D(x, X_0, X)=\begin{cases}\rho(x, X)-\rho(x, X_0), & x\notin X_0\\ -1, & x\in X_0\end{cases} \tag{4-2}$$

① 蔡文．可拓学概述[J]．系统工程理论与实践，1998，18(1)：76-84.

一般情况下，我们将区间 X_0 称为经典域，并将区间 X 称为可拓域。公式(4-2)表示，当点 x 不属于经典域时，相应的位值表达式表示点 x 与两个区域 X_0、X 的距差；当 x 属于经典域时，相应位值等于-1。

4. 关联函数

在各个研究领域中，很多问题可以通过指标表示，并将指标量化来描述问题的具体特征，对一些非数值化的模拟量，我们也可以利用实数化指标来描述。我们可以通过建立关联函数，确定所关心事物(或问题)对现阶段讨论主题的关系程度的强弱，在此基础上，可以结合距与位置值的概念和特点，建立关联函数：

$$K(x)=\frac{\rho(x,\ X_0)}{D(x,\ X_0,\ X)} \tag{4-3}$$

其中：

(1) $x\in X_0$，且 $x\neq a$，$b\Leftrightarrow K(x)>0$；

(2) $x=a$，或者 $x=b\Leftrightarrow K(x)=0$；

(3) $x\notin X_0$，$x\in X$，且 $x\neq a$，b，c，$d\Leftrightarrow -1<K(x)<0$；

(4) $x=c$，或者 $x=d\Leftrightarrow K(x)=-1$；

(5) $x\notin X$，且 $x\neq c$，$d\Leftrightarrow K(x)<-1$。

基于以上分析，我们可以根据关联函数值的大小确定元素与区间的关联程度，关联函数的数值越大，说明元素与该区间的关联程度越高。

（二）DEMATEL 方法

1973 年，Battelle 协会建立了决策与试验评价实验室(Decision-Making Trial and Evaluation Laboratory)，力图通过对世界问题的调查和方法的探索，得到解决世界问题的整合解，实现对世界问题及相互之间关联性的认识。① DEMATEL 方法能够借助矩阵、函数等相关数学工具，在有效分析因素间相互影响的基础上，探索复杂问题间的因果关系，并根据数据大小来判断影响关系的强弱。在大部分研究中，DEMATEL 方法的应用都比较广泛，主要应用于解决规划与决策、地理环境及人才评估等一系列的复杂系统问题。②

---

① Fontela E, Gabus A. DEMATEL, innovative methods[R]. Report, 1974.

② Saaty T L. How to make a decision: The analytic hierarchy process[J]. European Journal of Operational Research, 1990, 48(1): 9-26.

（三）ANP 方法

1971 年，Thomas L. Saaty 教授针对计划问题提出了专门的解决办法——层次分析法(Analytic Hierarchy Process，AHP)。该方法的主要步骤是：首先根据实际问题明确总目标；其次以总目标为中心，延伸探究出需要实现的次级目标，该过程一直持续到找到最下层的目标，也称之为最下层的元素；再次根据专家评估尺度值进行因素间重要程度的两两比较，明确同一层指标间元素的重要性次序(权重)；最后利用特征值和特征向量的计算与比较，得出整个问题的优先级。①

1996 年，Saaty 教授在层次分析法的基础上，延伸提出了网络层次分析法(Analytic Network Process，ANP)。在层次分析法中，一般认为各指标之间是相互独立的，但是在网络层次分析法中，加入了准则与替代方案间的相互影响、相互反馈的内在联系。ANP 经常被使用在各准则间存在联系情况下的多准则决策问题，例如产品规划，确定产品的供应商等多维度问题的分析。②ANP 方法主要强调因素之间的联系，不仅指处于同一阶层因素间的关系，而且包含不同阶层间因素的相互作用。对存在多种因素及准则层，且指标层与指标间存在错综复杂关系的实际决策问题时，一般会形成一种类似于网络的结构，而不是单纯的上下层次的结构。在这种情况下，ANP 方法比 AHP 方法更适用。ANP 方法的核心是借助评价尺度确定主要的决策准则、方案及目标之间关系，以及利用它们相互作用后形成的元素及元素集的权重值大小来判断元素的重要程度。

网络层次分析法中，存在两类元素：控制元素层和网络层。控制元素层主要指利于目标问题决策的准则，且准则被看作是没有相互联系，只受目标元素的影响。在该方法中，必须保证控制层元素有明确的目标，但允许没有准则，因此控制层就拥有与层次分析法一样相互独立的层次结构形式，且只能是上层指标单向影响下层指标，每一层次的准则指标权重值可以通过层次分析法的计算步骤进行计算。网络层主要指所有被控制层支配的元素，这些元素之间允许存在相互影响、相互制约的内部联系，即形成一个包含相互依

---

① Saaty T L. Theory and applications of the analytic network process：Decision making with benefits，opportunities，costs，and risks[M]. RWS publications，2005.

② Lee J W，Kim S H. Using analytic network process and goal programming for interdependent information system project selection[J]. Computers & Operations Research，2000，27(4)：367-382.

存和反馈机制的网络形状图。典型的 ANP 方法的层次结构主要由控制层和网络层构成，具体层次结构如图 4-1 所示。

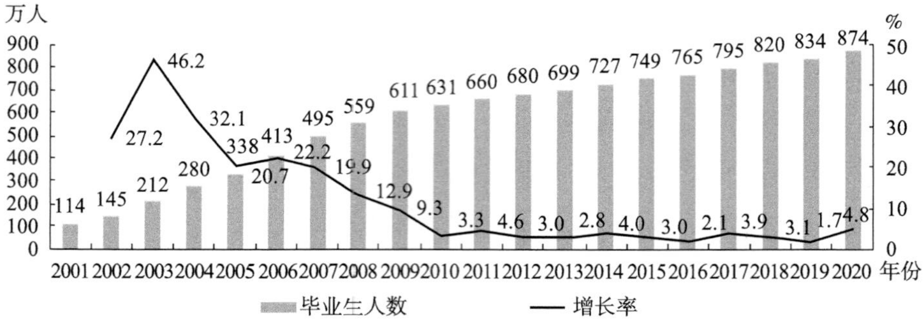

图 4-1　2001—2020 年全国高校毕业生人数统计及增长率

Saaty 根据元素在网络中的相互影响关系，将其划分为几种类型。系统中只包含一种方案，而且还包含其他可以相互影响且具有相似属性的准则或替代方案(称为元素)，这些方案集合形成了元素集(Cluster)。在该元素集中，元素之间的相互关系可以用有向箭头来表示，最终形成一个网络形状。若某些元素集不存在指向它的箭头(例如 C1)，那么它成为起始元素(Source Component)；若某些元素集不存在以它为起始点的指出箭头(例如 C5)，那么这类元素集称为终点元素(Sink Component)；既有箭头从它指出又有指向它的箭头的元素集(例如 C3)，通常情况下被叫作中间元素(Intermediate Component)。

二、DEMATEL-ANP-Matter Element 就业质量评估模型

在现实中，评价问题是一个复杂的过程，根据物元可拓理论，可以得出物元方法处理存在冲突的不同指标，尽管这些指标依据的评判原则可能在原则性上有很大的区别。为了实现对评价对象所处水平的明确界定，并结合定量方法进行评价，应充分利用物元可拓方法的特点构建评价事物多元性能指标的模型。值得注意的是，物元可拓法在对评价对象的评价指标的处理上并不关心指标的优先度和重要程度。大学生就业质量评价指标间存在错综复杂的相互影响、相互反馈的关系，为了便于研究的进行，本书将利用网络层次分析法的原理和步骤来明确评价指标的重要性程度。通过上一小节的介绍可知，网络层次分析法是主要解决系统元素之间存在依赖和反馈关系的系统问题的方法。值得注意的是，网络层次分析法并没有告诉我们如何研究及处理系统内元素间的关系。在 ANP 方法的利用过程中，首先要做的工作是明确好全部元素间的相互依存及反

馈的关系。[①] DEMATEL 方法可以作为判断并比较系统元素间关系强弱的重要工具，它还能克服和解决层次分析法无法确定的系统元素之间关系的缺陷。

根据上述分析，本书决定整合网络层次分析法、物元可拓法及 DEMATEL 法，建立大学毕业生就业质量评价模型，该方法的步骤和流程见图 4-2。具体过程如下。

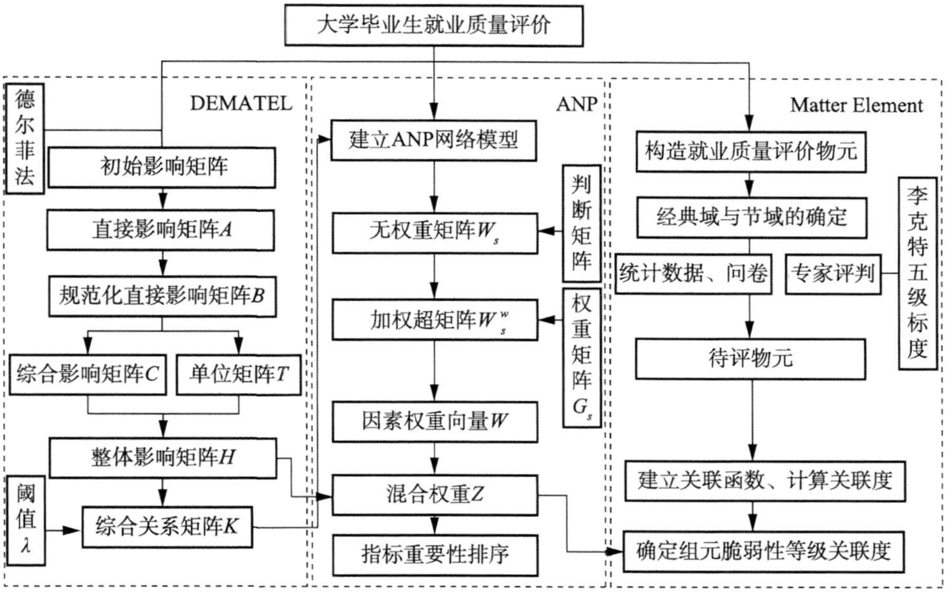

图 4-2　集成 DEMATEL-ANP-Matter Element 方法的大学生就业质量评价模型

（一）确立指标，建立直接影响矩阵

将大学毕业生的就业质量指标用 $u_i(i=1，2)$ 表示；采用德尔菲法确定各大学毕业生就业质量指标间的联系，专家凭借自己的学识和经验对影响就业质量指标间的相互关系(两个指标之间如果有关系则填写 1，无关系则填写 0)进行判断。[②] 最后，通过公式(4-4)来确定大学生就业质量评价指标的直接影响矩阵 A。

---

① 袁朋伟，宋守信，董晓庆，等．城市轨道交通系统脆弱性因素辨识模型研究[J]．交通运输系统工程与信息，2014(5)：110-118.

② 袁朋伟．城市轨道交通系统脆弱性研究[D]．北京：北京交通大学，2016.

$$a_{ij}=\begin{cases}3 & 67\%\text{以上的专家认为 } u_i \text{ 与 } u_j \text{ 有直接关系}\\ 2 & 34\%\sim66\%\text{的专家认为 } u_i \text{ 与 } u_j \text{ 有直接关系}\\ 1 & 0\sim33\%\text{的专家认为 } u_i \text{ 与 } u_j \text{ 有直接关系}\\ 0 & \text{所有专家均认为 } u_i \text{ 与 } u_j \text{ 无关系}\end{cases} \tag{4-4}$$

（二）计算综合影响矩阵

根据直接影响矩阵，计算规范化的直接影响矩阵 B：

$$B=\frac{1}{\max\limits_{1\leqslant i\leqslant n}\sum\limits_{j=1}^{n}a_{ij}}A \tag{4-5}$$

计算得出矩阵 B 后，由于指标的变化会对矩阵取值存在波及影响效应，而且指标间除了存在直接效应外，还存在间接作用。因此，我们需要计算大学毕业生就业质量指标间的统筹直接及间接作用的累加效应，并利用综合影响矩阵 C 来表示：

$$C=\lim_{k\to\infty}(B+B^2+B^k)=\lim_{k\to\infty}B\frac{1-B^{k-1}}{1-B}=B(I-B)^{-1}=[c_{ij}]_{n\times n} \tag{4-6}$$

（三）确定整体影响矩阵

在上一步骤中，计算得出的综合影响矩阵 C 仅考虑了不同大学生就业质量指标间的直接及间接的影响作用，缺少对大学生就业质量评价指标本身的分析，为了改进这一模型，可以计算出整体的影响矩阵 H：

$$H=C+I=[h_{ij}]_{n\times n} \tag{4-7}$$

其中 I 为主对角元素均为 1，阶数为 n 的单位矩阵。

（四）计算综合关系矩阵

在步骤（三）计算得出的整体影响矩阵的基础上，我们还需要进一步提出关系较弱的指标关系，首先，我们需要借助实现设定的阈值 λ，再进一步得到综合关系矩阵 K，且 $K=[k_{ij}]_{n\times n}$：

$$k_{ij}=\begin{cases}1, & h_{ij}\geqslant\lambda\\ 0, & h_{ij}<\lambda\end{cases} \tag{4-8}$$

（五）建立 ANP 网络模型

结合步骤（四）得出的大学毕业生就业质量综合关系矩阵 K，进一步构建 ANP 网络结构模型。

（六）确定无加权超级矩阵

假设 ANP 网络模型的控制层中，共有 m 个元素，并分别用 p_1，p_2，p_m 表示；网络层中共有 n 个元素，分别用 e_{i1}，e_{i2}，e_{in}，$i=1$，2，…，n 表示。依次利用控制层的 n 个元素 $p_s(s=1，2，n)$ 和网络层中元素组 E_j 中的元素 $e_{jk}(k=1，2，n_1)$ 为判断准则，专家根据指标评价原则对元素组 E_i 中的元素进行打分，最终得出能够说明 E_i 中元素对 e_{jk} 的影响大小的判断矩阵。接下来，需要结合特征值和特征向量的计算，得出权重向量 $(w_{i1}^{(jk)}，w_{i2}^{(jk)}，w_{in_i}^{(jk)})^T$。同理，对全部的 $k=1，2，…，n$ 需要进行同样的计算步骤。

当元素 i 与元素 j 之间没有联系时，令 $W_{ij}=0$。当所有的网络层因素间的相互关系确定之后，需要进一步确定元素间相互影响的顺序，并对向量进行排列组合，最终得到基于准则 P_s 的超矩阵 W_s：

$$W_s = \begin{matrix} E_1 \\ E_2 \\ E_n \end{matrix}\begin{pmatrix} W_{11} & W_{12} & W_{1n} \\ W_{21} & W_{22} & W_{2n} \\ W_{n1} & W_{n2} & W_{nn} \end{pmatrix} \tag{4-9}$$

（七）计算加权超矩阵

在该步骤中，将利用 p_s 作为主要准则，元素组 E_i 继续作为次要准则，实现对元素组优势程度的两两比较；根据比较结果，得到判断矩阵 G_j，进一步对判断矩阵 G_j 实行标准化处理后，计算得到特征向量 $(g_{1j}，g_{2j}，g_{3j}，g_{nj})^T$。类似地，可以通过计算得到 p_s 下能反映元素间相互联系或相互反馈关系的权重矩阵 G_s。加权超矩阵 W_s^w 由步骤（六）中的无权重矩阵 W_s 与步骤（七）中权重矩阵 G_s 相乘得到，其具体公式为：

$$W_s^w = G_s W_s \tag{4-10}$$

（八）大学生就业质量指标 ANP 权重值的确定

为了能够实现对指标间相互关系的准确、稳定的反映，需要对加权超矩阵 W_s^w 进行取极限并排序的处理，处理后得到的指标间相对排序向量 W_s^l 为：

$$W_s^l = \lim_{N\to\infty}(1/N)\sum_{k=1}^{N}(W_s^w)^k \tag{4-11}$$

（九）计算混合权重向量

参照 Tamura 等所提出的计算混合影响度的计算方法，① 生成混合权重向量 Z。计算公式如(4-12)所示。其中，W 为通过步骤(五)到步骤(八)确定的各个大学生就业质量指标体系所包含全部指标的权重向量，步骤(三)中，矩阵 H 的具体含义为整体影响矩阵，而向量 Z 表示结合影响度之后对全部指标的相对重要性，则全部指标的混合权重值的得到需要对矩阵 a_1 进行标准化。

$$Z=W+HW \tag{4-12}$$

（十）确定评价物元

假设有 m 个大学生需要进行评价，就业质量指标有 n 个，则大学生就业质量评价可以用 n 维物元表示：

$$R(N, C, V)=\begin{bmatrix} N_i, & u_1 & v_{i1} \\ & u_2 & v_{i2} \\ & u_n & v_{in} \end{bmatrix} \tag{4-13}$$

其中，R 用于表示影响大学生就业质量的物元集合，N_i 为所调查的大学毕业生，$u_i(i=1, 2, 3, n)$表示具体评价大学生就业质量的指标，v_{ik} 表示影响第 i 个大学毕业生就业质量的第 k 个指标的取值范围。

（十一）确定物元模型的经典域

$$R_{0j}(N_{0j}, C, V_{0j})=\begin{bmatrix} N_{0j}, & u_1 & v_{0j1} \\ & u_2 & v_{0j2} \\ & u_n & v_{0jn} \end{bmatrix}=\begin{bmatrix} N_{0j}, & u_1 & <a_{0j1}, b_{0j1}> \\ & u_2 & <a_{0j2}, b_{0j2}> \\ & u_n & <a_{0jn}, b_{0jn}> \end{bmatrix} \tag{4-14}$$

结合公式(4-14)计算的数值结果，可以界定物元模型的经典域。其中，R_{0j} 为所划分的大学毕业生就业质量指标的等级，u_i 表示大学生就业质量指标，v_{0ji} 的取值范围为(a_{0ji}, b_{0ji})，即代表大学生 N_{0j} 关于 c_i 所规定的值域，则 v_{0ji} 称作经典域。

（十二）确定物元模型的节域

$$R_p(P, C, V_p)=\begin{bmatrix} P, & u_1 & v_{p1} \\ & u_2 & v_{p2} \\ & u_n & v_{pn} \end{bmatrix}=\begin{bmatrix} P, & u_1 & <a_{p1}, b_{p1}> \\ & u_2 & <a_{p2}, b_{p2}> \\ & u_n & <a_{pn}, b_{pn}> \end{bmatrix} \tag{4-15}$$

① Tamura H, Akazawa K. Structural modeling and systems analysis of uneasy factors for realizing safe, secure and reliable society[J]. Journal of Telecommunications and Information Technology, 2005(3): 64-72.

根据公式(4-15)确定物元模型的节域，其中，P 表示大学毕业生就业质量全部的等级，用 v_{pi}表示全部等级 P 关于 u_i 的值域大小，用 a_{pi}与 b_{pi}表示值域 v_{pi}的上界和下界，则(a_{pi}，b_{pi})表示每个大学毕业生就业质量等级相关指标的取值范围。

（十三）构造评价矩阵 X

本书将利用李克特五级标度(“很好、好、一般、差、很差”五个等级)法对评价大学生就业质量指标体系包含的元素进行评定，并进一步结合三角模糊函数 $\mu_A(X)=(l_{ij}^n,\ m_{ij}^n,\ r_{ij}^n)$将确定好的等级进行数量的转换，其中转换过程要遵循如下规则：很差(0.75，1，1)、差(0.5，0.75，1)、一般(0.25，0.5，0.75)、好(0，0.25，0.5)、很好(0，0，0.25)。

（十四）确定待评物元

对某个大学毕业生 O，收集到的数据用物元来进行表示，获得大学毕业生就业质量的待评物元，如公式(4-16)所示。

$$R_O=\begin{bmatrix} P_O, & u_1 & v_1 \\ & u_2 & v_2 \\ & u_n & v_n \end{bmatrix} \tag{4-16}$$

在公式(4-16)中，P_O 表示大学毕业生，v_i 为 P_O 关于指标 u_i 的数值，即大学毕业生就业质量评价指标体系中，各指标的具体数值大小。

（十五）确定大学毕业生的关联函数值

结合物元可拓法中距的相关定义，可以得出大学毕业生对所考虑的就业质量等级相关的函数值即关联函数值。则大学毕业生就业质量指标关于各等级的关联度函数值可以表示如下：

$$K_j(v_i)=\begin{cases} \dfrac{-\rho(v_i,\ V_{0ji})}{|\ X_{0ji}\ |}, & v_i\in X_{0ji} \\ \dfrac{\rho(v_i,\ V_{0ji})}{\rho(v_i,\ V_{pi})-\rho(v_i,\ V_{0ji})} & v_i\notin X_{0ji} \end{cases} \tag{4-17}$$

公式(4-17)中，$X_{0ji}=(b_{pi}-a_{pi})$。

c_i 表示大学毕业生物元的第 i 个特征，对全部的特征，可以结合步骤(九)的计算结果得出混合权重矩阵 Z，则关联度函数值 $K_j(p_o)$可以表示为：

$$K_j(p_o)=\sum_{i=1}^{n} z_iK_j(v_i) \tag{4-18}$$

（十六）大学生个体就业质量等级的确定

大学毕业生 p_o 相对等级 j 的关联函数表达式为：

$$K_{j0} = \max_{j \in \{1,1,m\}} K_j(p_o) \tag{4-19}$$

利用公式(4-19)计算得到的结果，可以实现对全部评价对象就业质量等级的判断。由于大学毕业生就业质量的测算指标存在多个层次，符合利用多层次物元可拓评价模型的条件，且其计算方法与单层次方法的步骤一致，因此可以再一次利用多层次物元可拓评价模型。在得到的评价结果中，第二层次评价的结果矩阵可以看作是第一层指标的评价矩阵 K_1，并可以继续利用上述的过程进行计算说明。

（十七）大学生群体就业质量指数的确定

将群体中大学毕业生的就业质量取算数平均值，就得到群体的大学生就业质量指数 Q。

$$Q = \frac{2\sum_{i=1}^{n} K_j}{n} \times 100 \tag{4-20}$$

第二节　大学生群体就业质量测度

一、大学生就业质量抽样调查

（一）大学生就业质量调查样本选取

为了获取大学生就业质量的基本数据，本课题组于 2016 年 5—8 月在全国进行了大学生就业质量问卷调查。

为了获取更加科学有效的数据，本书采取分层抽样与随机抽样相结合的方式进行调查。首先将全国划分为东部、西部、中部与东北四个地区；然后每个地区随机抽取 3 个省份(因为东北只有三个省，故黑龙江、吉林、辽宁都包括在内)，随后在各个省份中随机抽取 200 名 2013—2015 年毕业的大学毕业生，具体如图 4-3 所示。

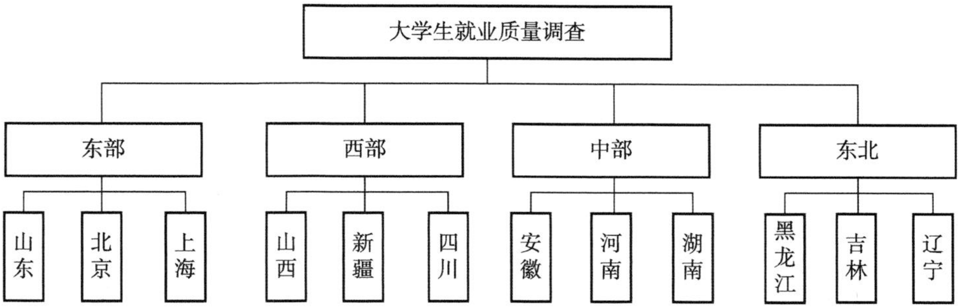

图 4-3　调查对象的选取

（二）大学生就业质量调查程序

为了高效率地获取质量较高的数据，课题组设立了系统的科学程序，主要步骤如下。

1. 准备阶段

（1）在明确调查目的的基础上，参照前人的研究成果进行问卷设计，在高校的本科毕业生中随机抽取 50 名学生进行问卷的预调查；邀请专业内的 5 名专家对问卷的设计进行评价。根据问卷预调研结果与专家建议进行问卷的修正。

（2）制订周密的调查工作计划与方案，明确调查目的、调查对象、调查经费、调查方式与调查人员。

2. 实施阶段

本阶段的主要任务，是调查人员奔赴各个省市，严格按照调查方案的要求，进行问卷数据的收集。

（1）建立调查组织。

根据调查方案，把研究生作为调研员，成立了 4 个调查小组，并对他们进行了调查方案、调查方法、统计学以及和交通安全相关的学习与培训。

（2）实施调查。

4 个调查组奔赴北京、黑龙江、湖南、新疆等 12 个省市进入企事业单位进行调研。在调查过程中，调查员需向受调查对象说明调查目的，并说明调查结果仅供研究所用，严格保护受访者的个人隐私。本次调研共发放问卷 2 400 份，回收问卷 2 153 份，问卷回收率为 89.71%。

3. 分析总结阶段

（1）数据的录入与分析。

对各调查小组回收的调查问卷，要请专门的人员进行编码、编辑与制表，生成大学生就业质量数据库。

(2)经验总结。

根据本次调研的目的与调研方案，分析调研过程中发现的问题，形成文档，以备后继调研使用。

（三）大学生就业质量描述统计

根据回收的2 153份调查问卷，课题组进行了主要人口统计学变量分析，结果如下：

1. 性别

从性别上看，受调查对象中女性占比53.24%，男性占比46.76%，女性高于男性6.48%，这与教育部发布的大学生男女比例相类似，这说明本次抽样调查数据的质量较好。

2. 民族

从民族上看，本次调查中汉族占92.15%，少数民族占7.85%，调查样本以汉族大学毕业生为主。

3. 党员

从是否为党员上看，本次调查党员占21.13%，非党员占78.87%，调查样本以非党员大学毕业生为主。

4. 年龄

在本次调查中，大学毕业生的年龄均值为24.31岁，最小值21岁，最大值为30岁，标准差为1.29岁，核密度函数(见图4-4)估计显示，年龄为24岁的大学毕业生分布比较集中。

5. 婚姻状况

在调查对象中，已婚人员占16.33%，未婚人员占83.67%，调查对象以未婚为主，符合大学毕业生的身份特征。

6. 户籍状况

在本次调查中，城镇户口占79.41%，农业户口占20.59%，调查对象以城镇户口为主。

7. 单位性质

为了研究的方便，本书将单位性质划分为政府与事业单位、国有企业及

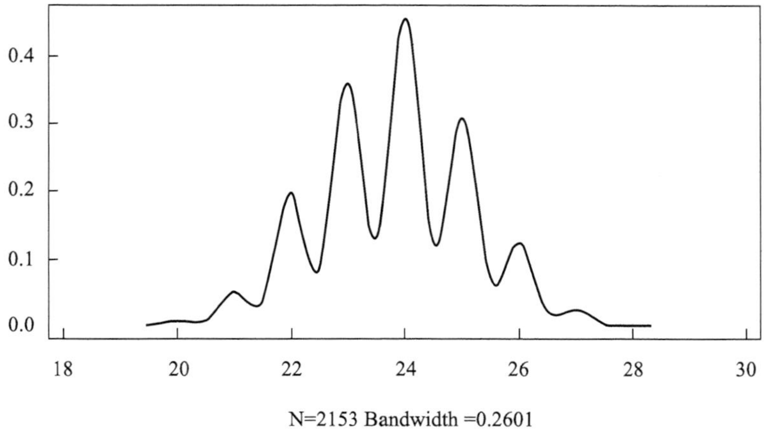

图 4-4　年龄的核密度函数

国有控股企业、民营企业及外资企业。在本次调查中，政府及事业单位就业的大学生占比 18.53%，国有企业及国有控股企业就业的大学生占比 27.22%，民营企业就业的大学毕业生占比 44.59%，外资企业就业的大学毕业生占比 7.52%，自由职业的大学毕业生占比 2.14%。可以看出，民营企业吸收了大量的大学毕业生。

8. 行业状况

考虑到研究的目的与当前行业性质的划分，本书将行业划分为新兴产业与传统制造业、服务业三种，新兴产业又进一步划分为信息技术、生物技术、高端装备制造、新能源、新材料和新能源汽车 6 个行业。其中，从事服务业的大学毕业生人数最多，占 40.99%，从事传统制造业的人数占比 37.71%，从事新兴产业的大学毕业生占比 21.30%。在从事新兴产业的大学毕业生中，从事信息技术产业的占比 4.58%、从事生物技术产业的占比 4.26%、从事高端装备制造产业的占比 5.91%、从事新能源产业的占比 2.25%、从事新材料产业的占比 1.75%、从事新能源汽车产业的占比 2.55%。如图 4-5 所示。

9. 工作时间

从工作时间上看，平均值为 8.71 小时，高于法定的 8 小时工作时间，最长工作时间为 15 小时，最短工作时间为 0 小时，标准差为 2.19 小时（见图 4-6）。

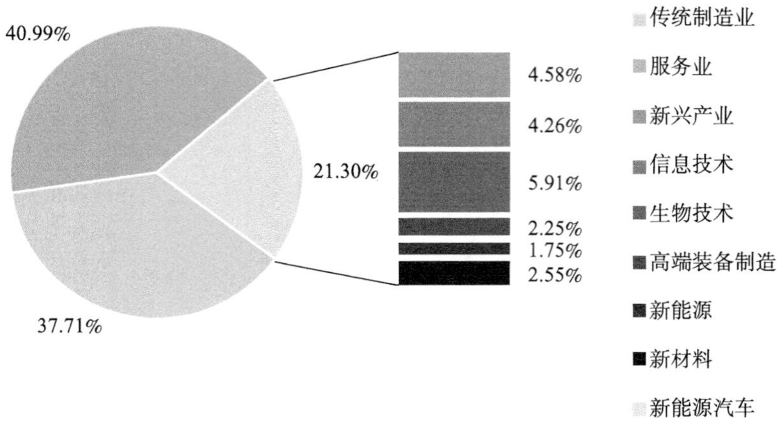

图 4-5 行业状况

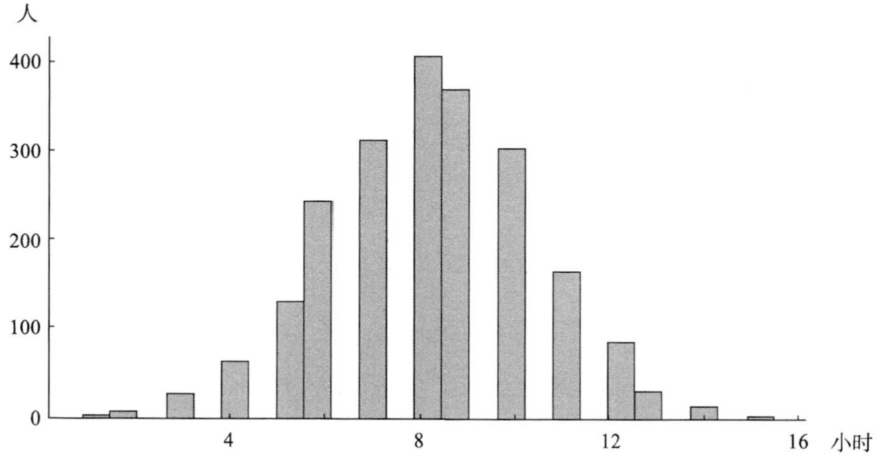

图 4-6 工作时间

10. 收入状况

从收入上看，月薪平均为 3 912.57 元，略高于 2016 年城镇私营单位（年平均为 42 833 元）的平均工资，低于城镇非私营单位（年平均为 67 569 元）的平均工资。

二、大学生就业质量评价计算

（一）确定大学生就业质量指标等级

根据本次问卷调研的基本情况，结合上一章中大学生就业质量评价指标体系中各指标的具体界定，确定各大学生就业质量指标的等级水平，具体如表 4-1 所示。

表 4-1　大学生就业质量指标等级划分

指标	等级				
	Ⅰ	Ⅱ	Ⅲ	Ⅳ	Ⅴ
通勤时间	0≤X<20	20≤X<40	40≤X<60	60≤X<80	80≤X<100
工作强度	0≤X<20	20≤X<40	40≤X<60	60≤X<80	80≤X<100
职业培训	0≤X<20	20≤X<40	40≤X<60	60≤X<80	80≤X<100
职业安全	0≤X<20	20≤X<40	40≤X<60	60≤X<80	80≤X<100
年休假	0≤X<20	20≤X<40	40≤X<60	60≤X<80	80≤X<100
劳动合同签订	0≤X<20	20≤X<40	40≤X<60	60≤X<80	80≤X<100
劳动报酬	0≤X<20	20≤X<40	40≤X<60	60≤X<80	80≤X<100
职业福利	0≤X<20	20≤X<40	40≤X<60	60≤X<80	80≤X<100
住房补贴	0≤X<20	20≤X<40	40≤X<60	60≤X<80	80≤X<100
社会保险	0≤X<20	20≤X<40	40≤X<60	60≤X<80	80≤X<100
职业年金	0≤X<20	20≤X<40	40≤X<60	60≤X<80	80≤X<100
住房公积金	0≤X<20	20≤X<40	40≤X<60	60≤X<80	80≤X<100
劳资关系	0≤X<20	20≤X<40	40≤X<60	60≤X<80	80≤X<100
员工关系	0≤X<20	20≤X<40	40≤X<60	60≤X<80	80≤X<100
员工决策参与度	0≤X<20	20≤X<40	40≤X<60	60≤X<80	80≤X<100
人岗匹配度	0≤X<20	20≤X<40	40≤X<60	60≤X<80	80≤X<100
晋升机会	0≤X<20	20≤X<40	40≤X<60	60≤X<80	80≤X<100
职业稳定程度	0≤X<20	20≤X<40	40≤X<60	60≤X<80	80≤X<100
兴趣相符程度	0≤X<20	20≤X<40	40≤X<60	60≤X<80	80≤X<100
工作自由度	0≤X<20	20≤X<40	40≤X<60	60≤X<80	80≤X<100
工作压力	80≤X<100	60≤X<80	40≤X<60	20≤X<40	0≤X<20
职业归属感	0≤X<20	20≤X<40	40≤X<60	60≤X<80	80≤X<100

（二）确定经典域和节域

以“工作特征”中的指标为例，其他指标的计算过程相同。根据表 4-1

确定工作特征及其下属指标的经典域和节域，工作特征中的指标的经典域如下：

$$R_{01}(Q_1)=\begin{bmatrix} p & u1 & <0,\ 20> \\ & u2 & <0,\ 20> \\ & u3 & <0,\ 20> \\ & u4 & <0,\ 20> \\ & u5 & <0,\ 20> \\ & u6 & <0,\ 20> \end{bmatrix} \qquad R_{02}(Q_1)=\begin{bmatrix} u1 & <20,\ 40> \\ u2 & <20,\ 40> \\ u3 & <20,\ 40> \\ u4 & <20,\ 40> \\ u5 & <20,\ 40> \\ u6 & <20,\ 40> \end{bmatrix}$$

$$R_{03}(Q_1)=\begin{bmatrix} p & u1 & <40,\ 60> \\ & u2 & <40,\ 60> \\ & u3 & <40,\ 60> \\ & u4 & <40,\ 60> \\ & u5 & <40,\ 60> \\ & u6 & <40,\ 60> \end{bmatrix} \qquad R_{04}(Q_1)=\begin{bmatrix} p & u1 & <60,\ 80> \\ & u2 & <60,\ 80> \\ & u3 & <60,\ 80> \\ & u4 & <60,\ 80> \\ & u5 & <60,\ 80> \\ & u6 & <60,\ 80> \end{bmatrix}$$

$$R_{05}(Q_1)=\begin{bmatrix} p & u1 & <80,\ 100> \\ & u2 & <80,\ 100> \\ & u3 & <80,\ 100> \\ & u4 & <80,\ 100> \\ & u5 & <80,\ 100> \\ & u6 & <80,\ 100> \end{bmatrix}$$

通过经典域，可以获得工作特征指标的节域为：

$$R_p=\begin{bmatrix} p & u1 & <0,\ 100> \\ & u2 & <0,\ 100> \\ & u3 & <0,\ 100> \\ & u4 & <0,\ 100> \\ & u5 & <0,\ 100> \\ & u6 & <0,\ 100> \end{bmatrix}$$

（三）确定待评价物元

以此次调查中的某个大学毕业生为例，其工作特征的物元为：

$$R=\begin{bmatrix} p & u1 & 49 \\ & u2 & 83 \\ & u3 & 23 \\ & u4 & 42 \\ & u5 & 96 \\ & u6 & 76 \end{bmatrix}$$

（四）计算关联度

通过公式关联度计算公式，得出该大学毕业生的工作特征各指标数据与指标等级的关联度为：

$$K_{Q1}=\begin{bmatrix} -0.37121 & -0.15305 & 0.44113 & -0.18629 & -0.38972 \\ -0.79232 & -0.72309 & -0.58463 & -0.16926 & 0.169261 \\ -0.12441 & 0.165624 & -0.41719 & -0.61146 & -0.70859 \\ -0.34472 & -0.04954 & 0.109986 & -0.29667 & -0.4725 \\ -0.95131 & -0.93508 & -0.90262 & -0.80524 & 0.19476 \\ -0.70436 & -0.60581 & -0.40872 & 0.182565 & -0.13373 \end{bmatrix}$$

（五）计算综合关联度

根据上节计算出的混合权重，依据公式(4-19)，得出综合关联度如下：

$$K_{Q1}=W_{Q11}\times K_{Q11}=[-0.0625 \quad -0.0407 \quad -0.0324 \quad -0.0313 \quad -0.0331]$$

根据上述步骤，可以计算得出该大学毕业生的薪酬福利、社会保障、劳动关系、职业发展、就业满意度的综合关联度结果如下所示：

$$K_{Q2}=[-0.0275 \quad 0.0122 \quad -0.0459 \quad -0.0891 \quad -0.1086]$$

$$K_{Q3}=[-0.0452 \quad -0.0067 \quad -0.0189 \quad -0.0419 \quad -0.0322]$$

$$K_{Q4}=[-0.0417 \quad 0.0008 \quad -0.0388 \quad -0.0568 \quad -0.0443]$$

$$K_{Q5}=[-0.0758 \quad 0.0152 \quad 0.0045 \quad -0.0641 \quad -0.1047]$$

$$K_{Q6}=[-0.1134 \quad -0.0433 \quad 0.0525 \quad -0.0500 \quad -0.1177]$$

（六）确定评价对象的一级指标关联度

由上一节的内容可知，大学毕业生就业质量指标的第一层次的评价结果是第二层次的评价矩阵，通过大学生就业质量二级指标的权重，通过公式(4-19)可以得出该大学毕业生的一级指标的综合关联度为：

$$K_{Y1}=[-0.0169 \quad -0.0036 \quad -0.0136 \quad -0.0230 \quad -0.0255]$$

$$K_{Y2}=[-0.0533 \quad -0.0091 \quad 0.0120 \quad -0.0342 \quad -0.0610]$$

（七）确定评价对象的综合关联度

$$K_p=[-0.0390\quad -0.0069\quad 0.0020\quad -0.0298\quad -0.0471]$$

从上式可看出 $\max\{k_j\}=-0.0020$，该大学毕业生就业质量总体等级为第3级。

不断重复上述步骤，可以得到该大学毕业生就业质量等级，该大学毕业生的三级指标、二级指标与一级指标的就业质量等级具体如表4-2~表4-4所示。

表4-2　某大学毕业生就业质量三级指标计算结果

指标	关联度						等级
	$j=1$	$j=2$	$j=3$	$j=4$	$j=5$	$\max k_j$	
通勤时间	-0.371 2	-0.153 1	0.441 1	-0.186 3	-0.389 7	0.441 1	3
工作强度	-0.792 3	-0.723 1	-0.584 6	-0.169 3	0.169 3	0.169 3	5
职业培训	-0.124 4	0.165 6	-0.417 2	-0.611 5	-0.708 6	0.165 6	2
职业安全	-0.344 7	-0.049 5	0.110 0	-0.296 7	-0.472 5	0.110 0	3
年休假	-0.951 3	-0.935 1	-0.902 6	-0.805 2	0.194 8	0.194 8	5
劳动合同签订	-0.704 4	-0.605 8	-0.408 7	0.182 6	-0.133 7	0.182 6	4
劳动报酬	-0.101 0	0.126 5	-0.436 7	-0.624 5	-0.718 4	0.126 5	2
职业福利	-0.351 9	-0.079 3	0.188 4	-0.270 5	-0.452 9	0.188 4	3
住房补贴	-0.384 4	-0.179 2	0.462 3	-0.158 1	-0.372 6	0.462 3	3
社会保险	-0.287 8	0.322 0	-0.161 0	-0.440 7	-0.580 5	0.322 0	2
职业年金	-0.884 4	-0.845 9	-0.768 9	-0.537 8	0.462 2	0.462 2	5
住房公积金	-0.349 3	-0.068 5	0.158 9	-0.280 4	-0.460 3	0.158 9	3
劳资关系	-0.933 3	-0.911 1	-0.866 7	-0.733 3	0.266 7	0.266 7	5
员工关系	-0.309 4	0.188 1	-0.094 1	-0.396 0	-0.547 0	0.188 1	2
员工决策参与度	-0.197 3	0.325 9	-0.337 0	-0.558 0	-0.668 5	0.325 9	2
人岗匹配度	-0.293 9	0.286 9	-0.143 5	-0.429 0	-0.571 7	0.286 9	2
晋升机会	-0.434 7	-0.246 3	0.261 1	-0.103 5	-0.358 0	0.261 1	3
职业稳定程度	-0.330 5	0.025 4	-0.012 7	-0.341 8	-0.506 4	0.025 4	2
兴趣相符程度	-0.389 0	-0.185 4	0.443 9	-0.153 7	-0.371 4	0.443 9	3
工作自由度	-0.522 4	-0.363 2	-0.044 9	0.089 7	-0.322 7	0.089 7	4
工作压力	-0.420 0	-0.226 6	0.320 1	-0.121 2	-0.362 6	0.320 1	3
职业归属感	-0.355 0	-0.091 7	0.224 6	-0.258 5	-0.443 9	0.224 6	3

表 4-3　某大学毕业生就业质量二级指标计算结果

指标	关联度						等级
	$j=1$	$j=2$	$j=3$	$j=4$	$j=5$	$\max k_j$	
工作特征	-0.062 5	-0.040 7	-0.032 4	-0.031 3	-0.033 1	-0.031 3	4
薪酬福利	-0.027 5	0.012 2	-0.045 9	-0.089 1	-0.108 6	0.012 2	2
社会保障	-0.045 2	-0.006 7	-0.018 9	-0.041 9	-0.032 2	-0.006 7	2
劳动关系	-0.041 7	0.000 8	-0.038 8	-0.056 8	-0.044 3	0.000 8	2
职业发展	-0.075 8	0.015 2	0.004 5	-0.064 1	-0.104 7	0.015 2	2
就业满意度	-0.113 4	-0.043 3	0.052 5	-0.050 0	-0.117 7	0.052 5	3

表 4-4　某大学毕业生就业质量一级指标计算结果

指标	关联度						等级
	$j=1$	$j=2$	$j=3$	$j=4$	$j=5$	$\max k_j$	
客观岗位特征	-0.062 5	-0.040 7	-0.032 4	-0.031 3	-0.033 1	-0.031 3	4
主观评价指标	-0.027 5	0.012 2	-0.045 9	-0.089 1	-0.108 6	0.012 2	2

通过计算可以得出，算例中该评价对象的总体就业质量水平为第Ⅲ级，处于可接受的水平。如表 4-3 所示，从二级指标来看，其工作特征指标处于良好状态，就业满意度处于一般水平；薪酬福利、社会保障、劳动关系以及职业发展处于较差状态。如表 4-2 所示，从三级指标来看，工作强度、年休假、职业年金、劳资关系 4 个指标处于第Ⅴ级；劳动合同签订、工作自由度两个指标处于Ⅳ级；通勤时间、职业安全、职业福利、住房补贴、住房公积金、晋升机会、兴趣相符程度、工作压力、职业归属感 9 个指标处于第Ⅲ级；职业培训、劳动报酬、社会保险、员工关系、员工决策参与度、人岗匹配度、职业稳定程度 7 个指标处于Ⅱ级，没有指标位于第Ⅰ级。

第三节　大学生群体就业质量状况分析

一、总体就业质量分析

按照 DEMATEL-ANP-Matter Element 大学生就业质量评价模型的计算程序，根据本次调研的数据，我们对样本总体就业质量指数与各项分指标进行了计算，具体如表 4-5 所示。

表 4-5　大学毕业生就业质量总体状况

指数	一级指标	得分	二级指标	指数	三级指标	得分
62.8	客观岗位特征	60.6	工作特征	56.2	通勤时间	62.4
					工作强度	67.9
					职业培训	76.0
					职业安全	59.5
					年休假	43.4
					劳动合同签订	77.7
			薪酬福利	65.4	劳动报酬	68.1
					职业福利	57.6
					住房补贴	53.0
			社会保障	54.3	社会保险	51.9
					职业年金	44.8
					住房公积金	42.7
	主观评价指标	64.3	劳动关系	68.1	劳资关系	63.9
					员工关系	70.9
					员工决策参与度	58.8
			职业发展	61.3	人岗匹配度	69.2
					晋升机会	44.1
			就业满意度	58.5	职业稳定程度	58.2
					兴趣相符程度	71.5
					工作自由度	48.5
					工作压力	79.4
					职业归属感	50.5

从表 4-5 可以看出，在本次调研中，大学生整体就业质量指数为 62.8，总体判断为处于一般水平。图 4-7 为各二级指标得分的对比情况，可以看出，劳动关系、薪酬福利得分较高，高于总体就业质量指数，社会保障、工作特征、就业满意度低于总体就业质量指数，职业发展得分与总体就业质量指数差不多。

图 4-8 显示了三级指标的得分情况与总体就业质量的对比，从三级指标来看，工作压力、劳动合同签订、职业培训、兴趣相符程度、员工关系、劳动报酬、工作强度、人岗匹配度等指标优于总体就业质量指数；住房公积金、

年休假、职业安全、晋升机会、职业年金、工作自由度、职业归属感、社会保险、住房补贴、职业福利、职业稳定程度、员工决策参与度得分低于总体就业质量指数；通勤时间和劳资关系基本与总体就业质量指数持平。在大学生就业质量指数总体不高的情况下，各个三级指标的得分参差不齐，得分较低的指标对大学生总体就业质量起到负向影响。因此，如果想要提高大学生就业质量水平，可以考虑先从这些指标入手。当然，不同的指标在不同的大学生群体当中起到的作用不同，本书将在下一节讨论该问题。

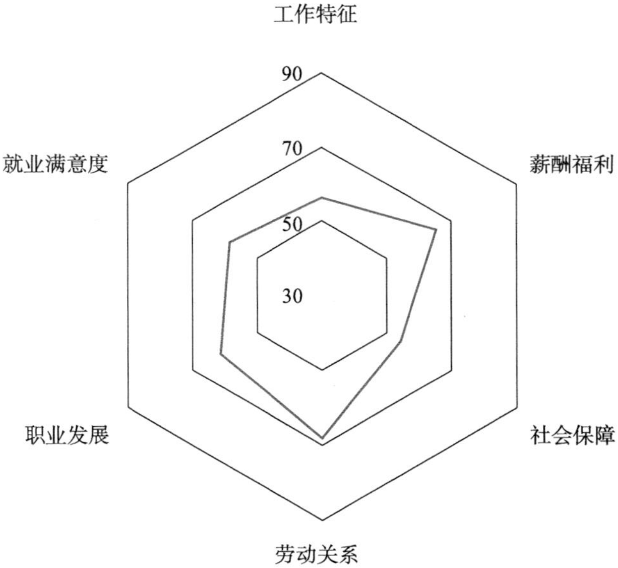

图 4-7　大学毕业生就业质量二级指标情况

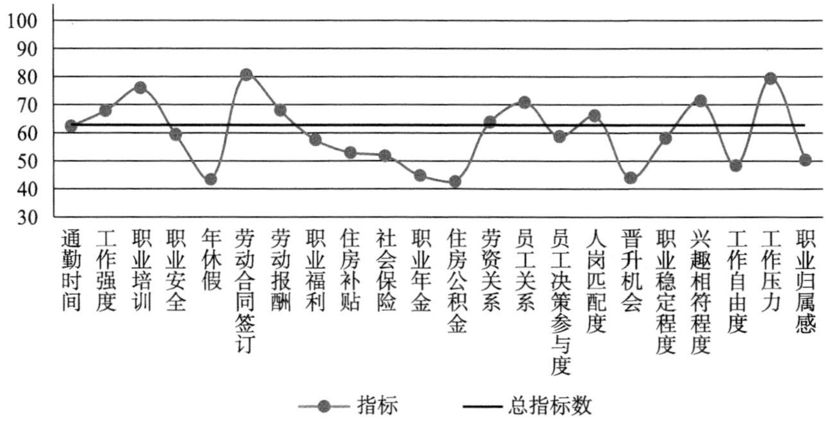

图 4-8　大学毕业生就业质量三级指标情况

从工作特征来看，得分为 56.2，处于较差水平，低于大学生总体就业质量指数，其中通勤时间得分为 62.4，工作强度得分为 67.9，职业培训得分为 76.0，职业安全得分为 59.5，年休假得分为 43.4，劳动合同签订得分为 77.7。可以看出，劳动合同签订指标得分处于良好水平，年休假处于较差水平，其他指标得分均处于一般水平。

从薪酬福利来看，得分为 65.4，处于一般水平，高于大学生总体就业质量指数。其中劳动报酬得分为 68.1，职业福利得分为 57.6，住房补贴得分为 53.0。可以看出，劳动报酬指标得分处于一般水平，职业福利与住房补贴指标得分处于较差水平。

从社会保障来看，得分为 54.3，处于较差水平，低于大学生总体就业质量指数。其中社会保险得分为 51.9，职业年金得分为 44.8，住房公积金得分为 42.7。可以看出，三级指标得分均处于较差水平。

从劳动关系来看，得分为 68.1，处于一般水平，高于大学生总体就业质量指数。其中劳资关系得分为 63.9，员工关系得分为 70.9，员工决策参与度得分为 58.8。可以看出，员工关系指标得分较高，员工决策参与指标得分较低。

从职业发展来看，得分为 61.3，处于一般水平，低于大学生总体就业质量指数。其中人岗匹配度得分为 69.2，晋升机会得分为 44.1。可以看出，人岗匹配度指标得分较高，处于一般水平，晋升机会指标处于较差水平。

从就业满意度来看，得分为 58.5，处于一般水平，低于大学生总体就业质量指数。其中职业稳定程度得分为 58.2，兴趣相符程度得分为 71.5，工作自由度得分为 48.5，工作压力得分为 79.4，职业归属感得分为 50.5。可以看出，工作压力指标得分较高，处于良好水平，兴趣相符程度与职业稳定程度处于一般水平，工作自由度与职业归属感处于较差水平。

二、群体就业质量分析

（一）不同性别的大学生就业质量分析

国内外的研究表明，女性的就业质量低于男性的就业质量，虽然我国女性劳动参与率高于国际水平，但随着我国市场经济的深入发展，我国女性参与就业的比例却越来越低。国内外学者就女性就业质量低的原因，从婚姻、家庭和社会经济地位等方面进行剖析，本书根据本次调研数据对女性就业质量进行全面的分析。

表 4-6 显示了男性大学毕业生与女性大学毕业生总体就业质量指数与各分项指标的得分情况。从总体就业质量指数来看，男性就业质量略高于女性（男性为 63.1，女性为 60.9，差值为 2.2）。独立样本 t 检验结果显示这种差异不显著（t=-0.54214，p=0.5878>0.1）。从二级指标来看，如图 4-9 所示，女大学毕业生在劳动关系指标上高于男性，其他二级指标如工作特征、薪酬福利等指标均低于男性。从三级指标来看，通勤时间、工作强度、职业培训、年休假、劳动报酬、社会保险、职业年金、住房公积金、员工关系、员工决策参与度、人岗匹配度、晋升机会、职业稳定程度、兴趣相符程度、工作自由度、工作压力、职业归属感等指标男性高于女性，职业安全、劳动合同签订、住房补贴、劳资关系等指标女性高于男性。

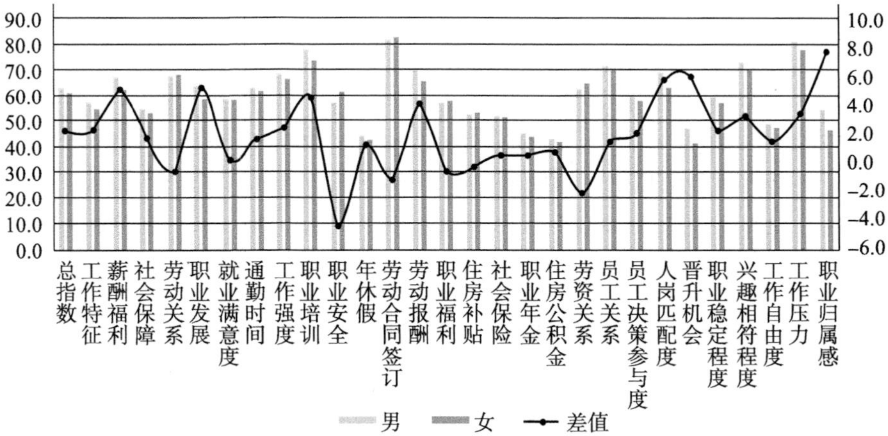

图 4-9　大学生就业质量指标在性别上的差异

表 4-6　大学生就业质量性别差异

指标	总指数	工作特征	薪酬福利	社会保障	劳动关系	职业发展
男	63.1	57.4	68.1	55.2	67.8	64.1
女	60.9	55.1	63.0	53.5	68.4	58.8
差值	2.2	2.3	5.1	1.7	-0.6	5.3
指标	就业满意度	通勤时间	工作强度	职业培训	职业安全	年休假
男	58.6	63.3	69.2	78.4	57.2	44.1
女	58.4	61.6	66.8	73.9	61.5	42.8
差值	0.2	1.7	2.4	4.5	-4.3	1.3

续表

指标	劳动合同签订	劳动报酬	职业福利	住房补贴	社会保险	职业年金
男	82.1	70.3	57.3	52.9	52.2	45.1
女	83.2	66.2	57.9	53.1	51.6	44.5
差值	-1.1	4.1	-0.6	-0.2	0.6	0.6
指标	住房公积金	劳资关系	员工关系	员工决策参与度	人岗匹配度	晋升机会
男	43.1	62.8	71.7	59.9	69.3	47.3
女	42.3	64.9	70.2	57.8	63.5	41.3
差值	0.8	-2.1	1.5	2.1	5.8	6.0
指标	职业稳定程度	兴趣相符程度	工作自由度	工作压力	职业归属感	—
男	59.4	73.2	49.3	81.2	54.6	—
女	57.1	70.0	47.8	77.8	46.9	—
差值	2.3	3.2	1.5	3.4	7.7	—

值得注意的是，在劳动报酬、职业发展、晋升机会、职业归属感与工作压力方面，男性显著高于女性，在职业安全方面，女性显著高于男性，这说明女性大学生从事工作环境的危险程度明显好于男性大学生的工作环境，工作任务较少，强度也不高。总的来说，各级政府应该及时健全就业歧视和就业保障的法律法规，明确现阶段就业质量问题，特别是女大学生的就业质量问题，推进大学毕业生就业进程法制化、公平化。

（二）不同户籍的大学生就业质量分析

我国独特的城乡二元结构，造成了具有农业户口（或高中为农业户口）的大学生在就业质量方面与城镇户口的大学生具有显著差异。相关研究显示，这种差异呈扩大化的趋势。

表 4-7 显示了城镇大学毕业生与农村大学毕业生总体就业质量指数与各分项指标的得分情况。从总体就业质量指数来看，城镇大学毕业生就业质量略高于农村大学毕业生（城镇大学毕业生为 65.1，农村大学毕业生为 53.9，差值为 11.2）。独立样本 t 检验结果显示这种差异显著（$t=3.5123$，$p=0.000<0.001$），可以认为具有城镇户籍的大学毕业生的就业质量显著好于农村大学毕业生。图 4-10 显示了城镇大学毕业生与农村大学毕业生各分项指标的就业质量情况，从二级指标来看，工作特征、薪酬福利、劳动关系与职业发展指标，城镇大学毕业生高于农村大学毕业生。而在社会保障与就业满意度方面，农村大学毕业生高于城镇大学毕业生。从三级指标看，农村大学毕业生在通勤时间、工作强度、工作压力、职业归属感方面高于城镇大学毕业生；其他

指标，如职业安全、劳动合同签订、劳资关系、员工关系等方面，城镇大学毕业生显著优于农村大学毕业生。值得注意的是，农村大学毕业生的就业满意度高于城镇大学毕业生，这与农村大学毕业生的就业期望不高有显著关系。

表 4-7　大学生就业质量户籍差异

指标	总指数	工作特征	薪酬福利	社会保障	劳动关系	职业发展
城镇户	65.1	58.4	66.1	53.7	69.7	63.8
农业户	53.9	47.7	62.7	56.5	61.8	51.6
差值	11.2	10.7	3.4	−2.8	7.9	12.2
指标	就业满意度	通勤时间	工作强度	职业培训	职业安全	年休假
城镇户	56.6	59.1	66.3	77.9	62.5	44.2
农业户	65.8	75.1	74.2	68.8	47.8	40.5
差值	−9.2	−16.0	−7.9	9.1	14.7	3.7
指标	劳动合同签订	劳动报酬	职业福利	住房补贴	社会保险	职业年金
城镇户	85.9	66.5	59.1	47.9	57.0	47.6
农业户	70.4	74.3	51.6	72.8	32.2	34.1
差值	15.5	−7.8	7.5	−24.9	24.8	13.5
指标	住房公积金	劳资关系	员工关系	员工决策参与度	人岗匹配度	晋升机会
城镇户	43.5	66.9	73.5	62.1	69.9	48.4
农业户	39.7	52.3	61.0	46.1	46.2	41.2
差值	3.8	14.6	12.5	16.0	23.7	7.2
指标	职业稳定程度	兴趣相符程度	工作自由度	工作压力	职业归属感	—
城镇户	61.7	75.7	51.3	69.1	46.8	—
农业户	44.7	55.1	37.9	88.5	64.8	—
差值	17.0	20.6	13.4	−19.4	−18.0	—

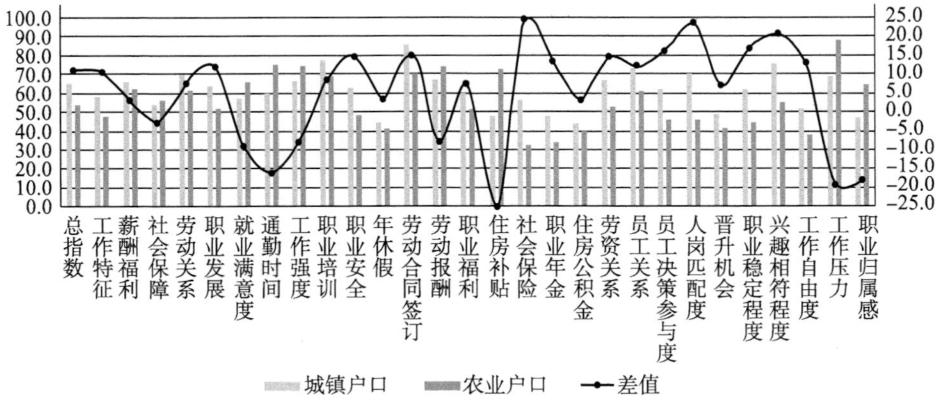

图 4-10　城镇与农村大学毕业生就业质量对比

针对以上结果，在对农村大学生的帮助方面，各高校理应综合多个方面给予广泛的帮助。可以通过提供勤工俭学机会、设置社团活动和各类比赛、举办农村大学生就业指导活动、增设创新创业活动等方式，提升农村大学生的自信和综合素质，引导他们确定恰当的就业目标，从而达到提升就业质量及竞争力的目的。

（三）党员身份对大学生就业质量影响分析

党员学生作为大学生中的优势群体，在政治素质、社会适应能力、专业素养等诸多方面都表现出了较强的就业竞争力。因此，大部分的学者认为，具有党员身份的大学毕业生的就业质量会比非党员身份的大学生的就业质量高。本书根据本次调研数据对具有党员身份的大学毕业生与非党员身份的大学毕业生的就业质量进行对比分析。

表 4-8 显示了具有党员身份的大学毕业生与非党员身份的大学毕业生就业质量总体就业质量指数与各分项指标的得分情况。从总体就业质量指数来看，党员身份的大学毕业生就业质量高于非党员身份的大学毕业生（党员身份的大学毕业生为 67.1，非党员身份的大学毕业生为 61.7，差值为 5.4）。独立样本 t 检验结果显示这种差异显著（$t=3.4991$，$p=0.000<0.001$），可以认为具有党员身份的大学毕业生的就业质量显著好于非党员身份的大学毕业生。

表 4-8 党员身份大学生与非党员身份大学生就业质量对比

指标	总指数	工作特征	薪酬福利	社会保障	劳动关系	职业发展
党员	67.1	58.4	66.1	55.7	69.7	63.8
非党员	61.7	55.6	65.2	52.4	67.7	60.6
差值	5.4	2.8	0.9	3.3	2.0	3.2
指标	就业满意度	通勤时间	工作强度	职业培训	职业安全	年休假
党员	56.6	59.1	66.3	77.9	62.5	44.2
非党员	59.0	63.3	68.3	75.5	58.7	43.2
差值	-2.4	-4.2	-2.0	2.4	3.8	1.0
指标	劳动合同签订	劳动报酬	职业福利	住房补贴	社会保险	职业年金
党员	85.9	66.5	59.1	54.4	57.0	47.6
非党员	81.8	68.5	57.2	47.9	50.5	44.1
差值	4.1	-2.0	1.9	6.5	6.5	3.5

续表

指标	住房公积金	劳资关系	员工关系	员工决策参与度	人岗匹配度	晋升机会
党员	43.5	66.9	73.5	62.1	71.9	48.4
非党员	42.5	63.1	70.2	57.9	64.7	41.2
差值	1.0	3.8	3.3	4.2	7.2	7.2
指标	职业稳定程度	兴趣相符程度	工作自由度	工作压力	职业归属感	—
党员	61.7	75.7	51.3	69.1	46.8	—
非党员	57.3	70.4	47.8	88.5	51.5	—
差值	4.4	5.3	3.5	-19.4	-4.7	—

图 4-11 显示了具有党员身份的大学毕业生与非党员身份的大学毕业生各分项指标的就业质量情况，从二级指标来看，除就业满意度指标之外，具有党员身份的大学毕业生的就业质量显著好于非党员身份大学生就业质量。从三级指标看，非党员身份的大学毕业生在通勤时间、工作强度两个方面高于具有党员身份的大学毕业生；其他指标，如劳动合同签订、劳动报酬、职业福利、住房补贴等方面，具有党员身份的大学毕业生显著优于不具有党员身份的大学毕业生。本次调研数据所得出的结论与其他学者所得出的结论相同。

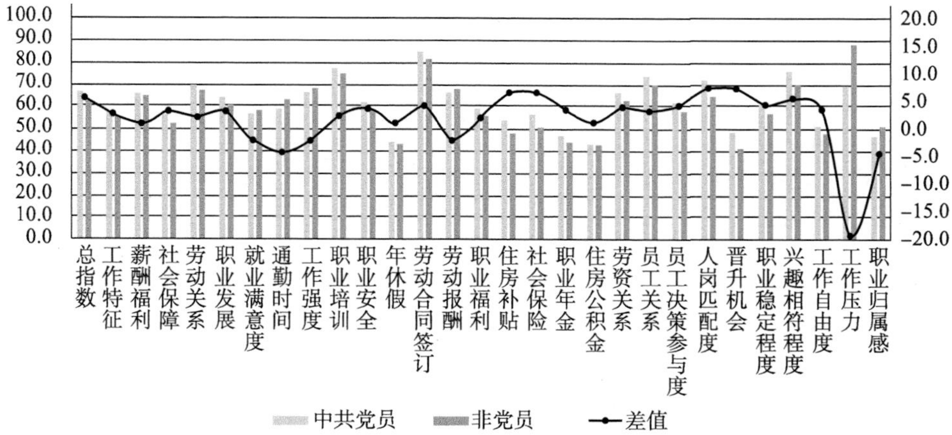

图 4-11　不同政治身份的大学毕业生就业质量对比

（四）不同地区的大学生就业质量分析

在我国经济高速发展的过程中，从计划经济到市场经济的改革不断前行，当前大学生的就业市场基本上已经打破了地区、行业、企业等部门的限制，大学生的就业公平性逐渐增强，但在改革发展过程中，由于各种条件造成地区之间的经济发展水平逐渐拉大，特别是北京、上海、广州、深圳、重庆等特大城市的经济社会发展水平显著高于其他地区，所以导致了大学生就业质量地区之间发展不均衡，致使就业过程中的制度完善程度及其落实情况水平不一，薪酬水平、职业安全、社会保障等影响就业质量的诸多因素在不同地区之间差异较大。按照研究的目的，本书将我国划分为东部、中部、西部及东北四个区域。本书根据本次调研数据对东部、中部、西部及东北四个区域的就业质量进行全面的测算。表 4-9 为大学生就业质量地区差异。

表 4-9　大学生就业质量地区差异

指标	总指数	工作特征	薪酬福利	社会保障	劳动关系	职业发展
东部	64.6	70.6	70.3	60.1	70.5	66.4
中部	62.9	56.7	65.7	56.6	66.0	63.7
东北	60.3	52.5	62.1	55.4	64.8	61.7
西部	59.7	41.5	60.1	54.6	60.4	51.8
指标	就业满意度	通勤时间	工作强度	职业培训	职业安全	年休假
东部	54.0	57.5	85.0	76.6	65.2	39.7
中部	51.8	52.8	71.2	74.3	60.2	36.2
东北	53.3	55.5	60.2	72.0	57.6	53.0
西部	53.3	64.1	57.4	71.1	56.5	47.4
指标	劳动合同签订	劳动报酬	职业福利	住房补贴	社会保险	职业年金
东部	77.5	73.4	58.4	57.7	48.3	49.1
中部	83.0	73.2	60.7	49.4	35.7	46.0
东北	77.5	66.7	52.8	51.0	37.6	45.3
西部	78.4	65.9	61.5	51.2	43.9	41.0
指标	住房公积金	劳资关系	员工关系	员工决策参与度	人岗匹配度	晋升机会
东部	61.1	59.4	71.3	57.4	76.8	45.4
中部	37.7	70.4	85.7	54.0	60.7	42.3
东北	36.2	63.5	65.3	47.4	64.2	39.1
西部	33.5	65.2	83.7	48.8	68.6	45.2
指标	职业稳定程度	兴趣相符程度	工作自由度	工作压力	职业归属感	—
东部	57.8	86.2	58.5	85.8	58.7	—
中部	62.5	65.7	45.2	80.5	50.0	—
东北	59.9	52.0	50.2	80.0	44.1	—
西部	58.5	62.1	52.3	79.0	50.9	—

图 4-12 显示了不同指标在东部、中部、东北、西部四个区域的得分情况，从二级指标来看，除就业满意度之外，指标得分均为东部最高，中部次之，东北第三，西部第四；在就业满意度方面，东部最高，中部最低，西部与东北就业满意度持平。

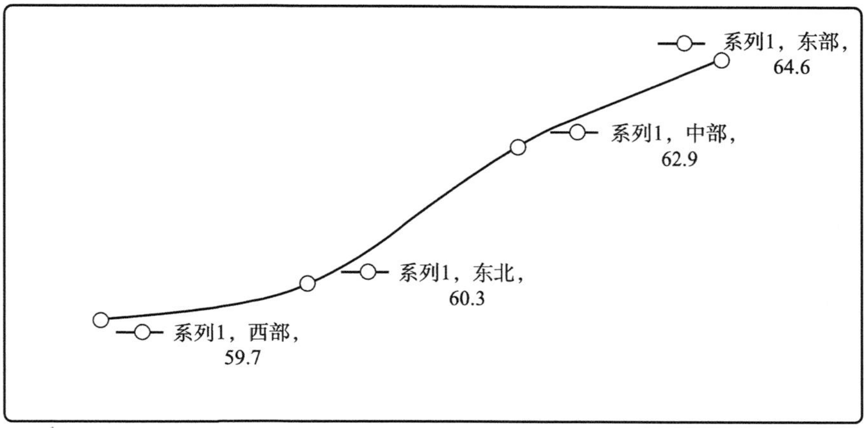

图 4-12　四个区域就业质量指数的比较

从三级指标来看，职业培训、职业安全、劳动报酬、职业年金、住房公积金、工作压力 6 个指标显示东部最高，中部次之，东北第三，西部最低；从通勤时间上看，四个地区的排序为西部、东部、东北、中部；从工作强度来看，四个地区的排序为东部、中部、东北、西部；从年休假来看，四个地区的排序为东北、西部、东部、中部；从劳动合同签订指标来看，四个地区的排序为中部、西部、东北和东部；从职业福利指标来看，四个地区的排序为西部、中部、东部、东北；从住房补贴指标来看，四个地区的排序为东部、西部、东北、中部；从社会保险指标来看，四个地区的排序为东部、西部、东北、中部；从劳资关系指标来看，四个地区的排序为中部、西部、东北、东部；从员工关系指标来看，四个地区的排序为中部、西部、东部、东北；从员工决策参与度指标来看，四个地区的排序为东部、中部、西部、东北；从人岗匹配度指标来看，四个地区的排序为东部、西部、东北、中部；从晋升机会指标来看，四个地区的排序为东部、西部、中部、东北；从职业稳定程度指标来看，四个地区的排序为中部、东北、西部、东部；从兴趣相符程度指标来看，四个地区的排序为东部、中部、西部、东北；从工作自由度指标来看，四个地区的排序为东部、西部、东北、中部；从职业归属感指标来看，四个地区的排序为东部、西部、中部、东北（见图 4-13）。总的来说，东北与西部地区的大学生就业质量相对来说还落后于东部与西部地区，东北和西部地区的政府和高校应当找出影响大学生就业质量的主要因素，“按方抓药”，提出有效解决问题的对策措施。

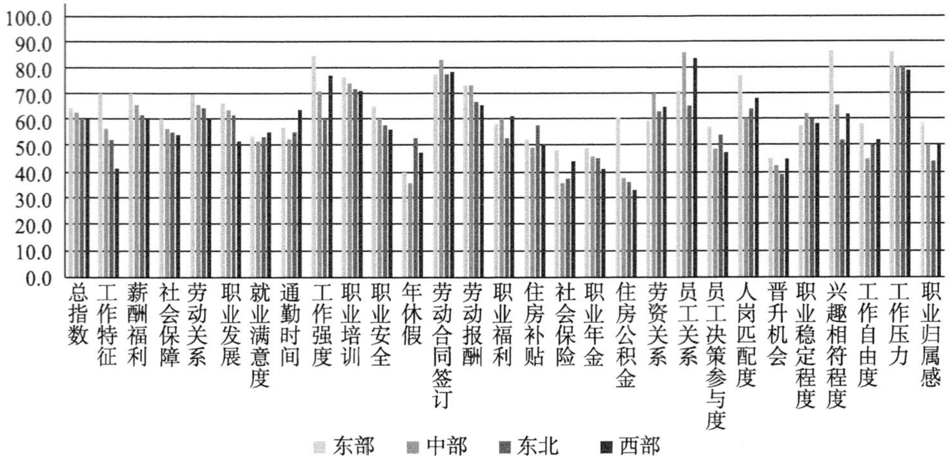

图 4-13　不司地区的大学毕业生就业质量对比

（五）不同行业的就业质量状况

由于行业、职业种类较多，不同学者采用不同的方法，若分类比较则复杂并有失直观效果，因此本书将行业划分为新兴产业与传统制造业、服务业三种，新兴产业又进一步划分为信息技术、生物技术、高端装备制造、新能源、新材料和新能源汽车 6 个行业。本书根据本次调研数据对各个行业的就业质量进行全面的测算。

表 4-10 显示了传统制造业、服务业与新兴产业三个行业的大学毕业生总体就业质量指数与各分项指标的得分情况。从总体就业质量指数来看，新兴产业最高，为 64. 3；传统制造业次之，为 63. 0；服务业第三，为 59. 8。通过单因素方差分析结果显示，三个行业的就业质量存在显著差异（$F=4.35$，$p=0.0046<0.005$），可以认为三个行业的大学毕业生就业质量存在显著差异。

表 4-10　大学生就业质量行业差异（一）

指标	总指数	工作特征	薪酬福利	社会保障	劳动关系	职业发展
新兴产业	64. 3	59. 1	70. 6	70. 8	64. 2	65. 5
传统制造业	63. 0	57. 3	64. 2	53. 2	63. 7	63. 9
服务业	59. 8	58. 2	61. 7	48. 6	70. 7	58. 2

续表

指标	就业满意度	通勤时间	工作强度	职业培训	职业安全	年休假
新兴产业	65.3	65.6	72.8	73.0	61.8	34.6
传统制造业	69.2	70.7	70.2	79.4	67.0	51.9
服务业	55.7	55.1	69.3	77.2	56.3	33.8
指标	劳动合同签订	劳动报酬	职业福利	住房补贴	社会保险	职业年金
新兴产业	83.7	78.2	62.5	51.2	53.3	54.2
传统制造业	86.2	64.8	59.8	62.1	52.7	40.1
服务业	82.0	75.2	53.8	53.8	50.9	50.1
指标	住房公积金	劳资关系	员工关系	员工决策参与度	人岗匹配度	晋升机会
新兴产业	44.2	50.5	64.6	55.4	62.7	49.4
传统制造业	39.4	54.6	81.9	63.1	59.4	40.0
服务业	38.8	73.0	67.9	60.8	62.6	46.9
指标	职业稳定程度	兴趣相符程度	工作自由度	工作压力	职业归属感	—
新兴产业	57.5	65.2	45.6	88.7	54.8	—
传统制造业	58.5	78.1	47.3	84.1	46.4	—
服务业	58.6	57.7	40.1	85.3	49.6	—

图 4-14、图 4-15 显示了不同指标在传统制造业、服务业与新兴产业三个行业的得分情况，从二级指标来看：在工作特征方面，新兴产业最高，服务业次之，传统制造业最低；在薪酬福利、社会保障与职业发展方面，新兴产业最高，传统制造业次之，服务业最低；在劳动关系方面，服务业最高，新兴产业次之，传统制造业最低；在就业满意度方面，传统制造业最高，新兴产业次之，服务业最低。

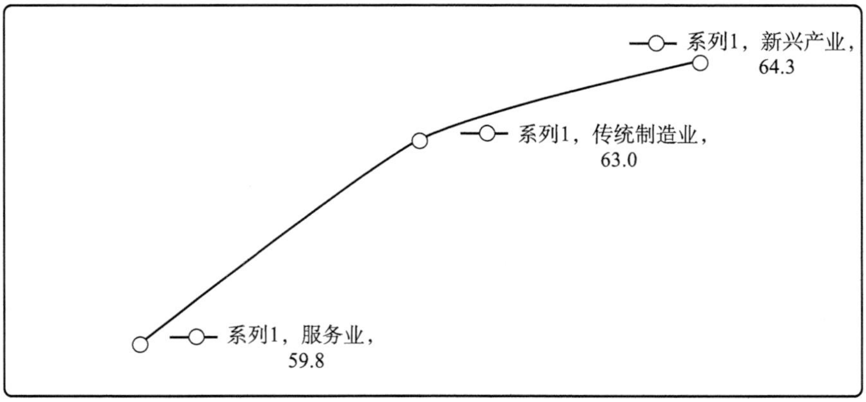

图 4-14　不同行业的大学毕业生就业质量对比

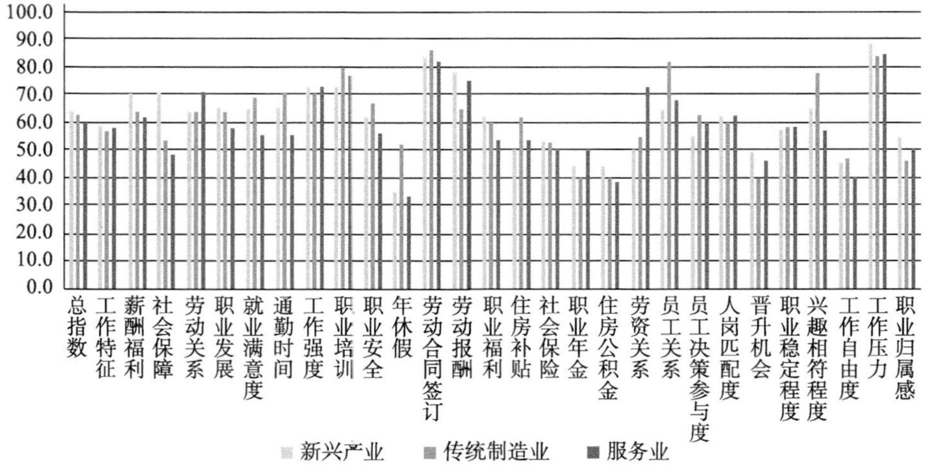

图 4-15　不同行业的大学毕业生就业质量分指标对比

从三级指标来看，工作强度、职业福利、社会保险、住房公积金 4 个指标显示新兴产业最高，传统制造业次之，服务业最低；在通勤时间、职业安全、年休假、劳动合同签订、兴趣相符程度与工作自由度 6 个指标方面，传统制造业最高，新兴产业次之，服务业最低；在劳动报酬、职业年金、人岗匹配度、晋升机会、工作压力与职业归属感 6 个指标方面，新兴产业最高，服务业次之，传统制造业最低；在职业培训、住房补贴、员工关系、员工决策参与度 4 个指标方面，传统制造业最高，服务业次之，新兴产业最低；在劳资关系与职业稳定度方面，服务业最高，传统制造业次之，新兴产业最低。

另外我们还对新兴产业内的 6 个子行业（信息技术、生物技术、高端装备制造、新能源、新材料和新能源汽车）的就业质量进行了测算。

表 4-11 显示了信息技术、生物技术、高端装备制造、新能源、新材料和新能源汽车 6 个子行业的大学毕业生总体就业质量指数与各分项指标的得分情况。从总体就业质量指数来看，信息技术最高，为 66.3；高端装备制造排第二位，为 65.0；新能源排第三名，为 64.6；新材料排四位，为 63.6；新能源汽车排第五位，为 63.5；生物技术排第六位，为 62.4。通过单因素方差分析结果显示 6 个行业的就业质量差异存在显著差异（$F=2.2$，$p=0.038<0.01$）。

表 4-11　大学生就业质量行业差异（二）

指标	总指数	工作特征	薪酬福利	社会保障	劳动关系	职业发展
信息技术	66.3	56.4	70.8	72.5	71.1	64.2
生物技术	62.4	58.5	61.5	72.6	73.0	69.5
高端装备制造	65.0	62.8	73.0	67.9	60.5	65.0

续表

指标	总指数	工作特征	薪酬福利	社会保障	劳动关系	职业发展
新能源	64.6	63.6	69.0	72.7	68.6	61.2
新材料	63.6	55.1	65.0	75.9	63.7	72.6
新能源汽车	63.5	58.6	69.4	77.2	62.8	67.6

指标	就业满意度	通勤时间	工作强度	职业培训	职业安全	年休假
信息技术	60.2	69.7	70.6	74.0	58.2	36.3
生物技术	61.4	66.9	68.9	72.1	59.3	33.1
高端装备制造	70.1	64.9	70.2	67.6	62.1	26.5
新能源	64.8	65.3	74.8	76.1	59.7	37.7
新材料	64.1	62.2	75.3	70.7	63.9	34.9
新能源汽车	60.1	61.8	75.1	73.1	64.0	38.9

指标	劳动合同签订	劳动报酬	职业福利	住房补贴	社会保险	职业年金
信息技术	85.0	79.6	58.2	56.0	61.8	47.5
生物技术	86.1	80.0	64.6	42.6	56.4	49.3
高端装备制造	89.1	80.2	58.6	54.4	49.7	40.5
新能源	80.4	73.9	60.7	55.5	53.2	49.7
新材料	82.5	76.9	60.9	50.4	51.3	43.7
新能源汽车	79.7	85.8	67.9	47.3	56.2	46.7

指标	住房公积金	劳资关系	员工关系	员工决策参与度	人岗匹配度	晋升机会
信息技术	49.2	52.8	59.9	56.1	65.3	47.8
生物技术	37.0	52.3	63.3	56.3	59.7	49.5
高端装备制造	45.2	53.0	62.7	52.3	69.5	46.4
新能源	48.2	52.1	71.1	58.4	64.6	52.0
新材料	45.1	51.0	69.5	53.3	62.4	36.4
新能源汽车	41.8	53.3	62.2	56.9	63.2	44.6

指标	职业稳定程度	兴趣相符程度	工作自由度	工作压力	职业归属感	—
信息技术	53.2	69.5	49.0	83.8	55.6	—
生物技术	55.5	62.3	51.0	89.5	54.2	—
高端装备制造	61.2	61.3	50.7	86.0	59.6	—
新能源	54.4	68.0	45.5	97.6	51.6	—
新材料	58.2	60.5	43.8	87.5	50.4	—
新能源汽车	56.2	71.7	41.0	90.8	58.5	—

总的来看，新兴产业的大学生的就业质量略高于传统制造业和服务业，这与新兴产业的人才缺口较大不无关系。从宏观上来讲，要不断提升大学生的人才培养与新兴产业发展需求的协同程度，实现大学生就业与新兴产业高质量发展的良性互动。

第五章　大学生群体就业质量追踪预警

第四章对我国大学生就业质量的基本情况进行了实证分析，得出了我国大学生就业质量的基本规律。本章在上一章的基础上进行大学生就业质量的预警分析。首先，根据大学生就业质量的指标，构建集成决策试验和评价实验室、解释结构模型与网络层次分析法三种方法的预警指标辨识方法，选择合适的指标对大学生的就业质量进行预警；其次，使用BP神经网络法对大学生就业质量进行实际预警，得出我国大学生就业质量的预警状况。

第一节　大学生群体就业质量预警指标选取

一、就业质量预警方法选取

解释结构模型（Interpretive Structural Model，ISM）由Warfield于1973年提出，它是用来研究复杂问题影响因素关系的有效方法。[①] 解释结构模型主要运用图论、群体决策与计算机技术手段，研究影响复杂问题因素之间的关联顺序，并以数量化的方式显示出来。

解释结构模型是一种概念模型，通过它可以把模糊的想法变为易于理解的直观模型，因此被大量应用在各个领域。从全球变暖等国际问题到区域经济发展甚至个人的工作生活问题等，均可使用解释结构模型。它特别适用于

① Warfield J N. On arranging elements of a hierarchy in graphic form[J]. Systems, Man and Cybernetics, IEEE Transactions on, 1973(2): 121-132.

影响因素较多、因素之间的关系相互关联的问题分析。[①②] 图 5-1 为人脑处理程序与格式化处理程序对比示意图。

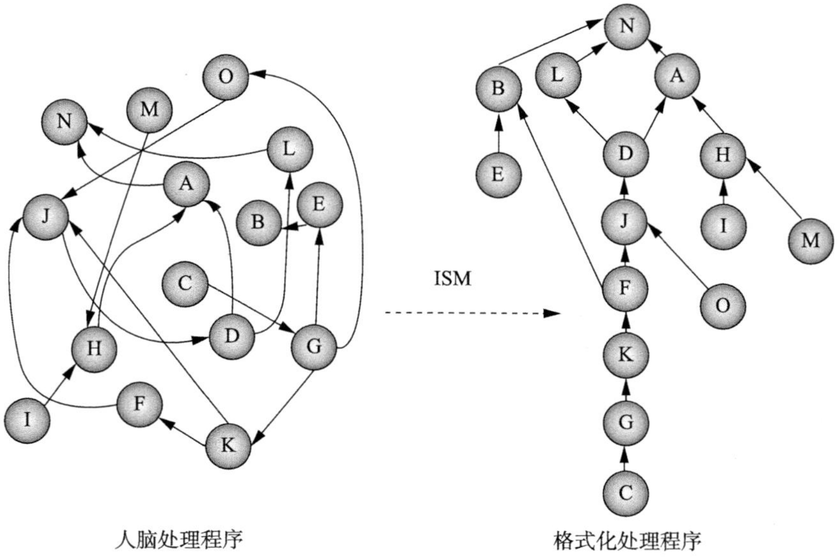

图 5-1　人脑处理程序与格式化处理程序对比

二、就业质量集成 DEMATEL-ISM-ANP 指标辨识

通过第四章与上一小节的介绍分析可知，解释结构模型、决策试验与评价实验室法与网络层次分析法 3 种方法均为分析复杂问题的有效手段，Zhou D (2006) 认为解释结构模型和决策试验与评价实验室法在某些方面是存在一致性的，同样也存在一定的互补性。[③] 在解释结构模型中，因素间关系的表述需要通过在问题有关的元素之间插入二元选项，决策试验与评价实验室法却能够以更广的范围来表示因果关系的差异，但是，决策试验与评价实验室法存在的主要问题是不能明确地界定因素间的层次和等级的结构，而解释结构模型

① Mandal A, Deshmukh S G. Vendor selection using interpretive structural modelling (ISM)[J]. International Journal of Operations & Production Management, 1994, 14(6): 52-59.

② Kuo T C, Ma H Y, Huang S H, et al. Barrier analysis for product service system using interpretive structural model[J]. The International Journal of Advanced Manufacturing Technology, 2010, 49(1-4): 407-417.

③ ZHOU D, ZHANG L, LI H. A study of the system's hierarchical structure through integration of DEMATEL and ISM[C]//Machine Learning and Cybernetics, 2006. International Conference on. IEEE, 2006: 1449-1453.

不存在这个问题。因此综合利用这两种方法能够更好地解决问题。

整合决策试验与评价实验室法和解释结构模型两种方法只能将顺序、方向和层级纳入影响问题的因素之间，但是却不能判断因素的重要性程度。在一个完整的因素关系系统中需要同时考虑因素之间的重要性和因素间的影响关系，如果只考虑因素的因果关系，就会忽视因素的重要性进而使得因素影响的程度发生改变；若只考虑因素的重要性，假如因素之间具有回馈与相互关系，那么有些不重要的因素就会错误地表现出同重要因素一样的影响关系，所以，为了更好地表示问题影响因素之间的关系，除了决策试验与评价实验室法和解释结构模型，还需要进一步整合网络层次分析法。

Wu(2008)认为网络层次分析法模型在进行系统问题分析时存在缺陷。① 例如在进行指标权重分析的时候，起初需要确定指标之间的相互影响关系，然而网络层次分析法并未给出怎样构建指标网络结构关系的办法和步骤。通过前文的分析可以得知，整合决策试验与评价实验室法和解释结构模型两种方法，可以得到指标之间的关系，并且可以将指标之间的影响关系转化为明确的网络关系，解决网络层次分析法的缺陷。

从表 5-1 看出，决策试验与评价实验室法、解释结构模型和网络层次分析法三种方法在分析系统问题上的优点与缺陷，整合决策试验与评价实验室法、解释结构模型和网络层次分析法三种方法能够弥补各自的不足，具有分析复杂问题的适应性与有效性。

表 5-1　DEMATEL、ISM 与 ANP 三种方法的优缺点

项目	DEMATEL	ISM	ANP
因果关系	⊙	⊙	
关系强度的差异	⊙		
层级结构		⊙	
网络结构	⊙	⊙	需求条件
因素的重要性			⊙

根据上述原理和过程的分析，可以提出一个系统的集成化分析模型，图 5-2即为该模型建立的基本过程，文字叙述过程如下。

① Wu W W. Choosing knowledge management strategies by using a combined ANP and DEMATEL approach[J]. Expert Systems with Applications, 2008, 35(3): 828-835.

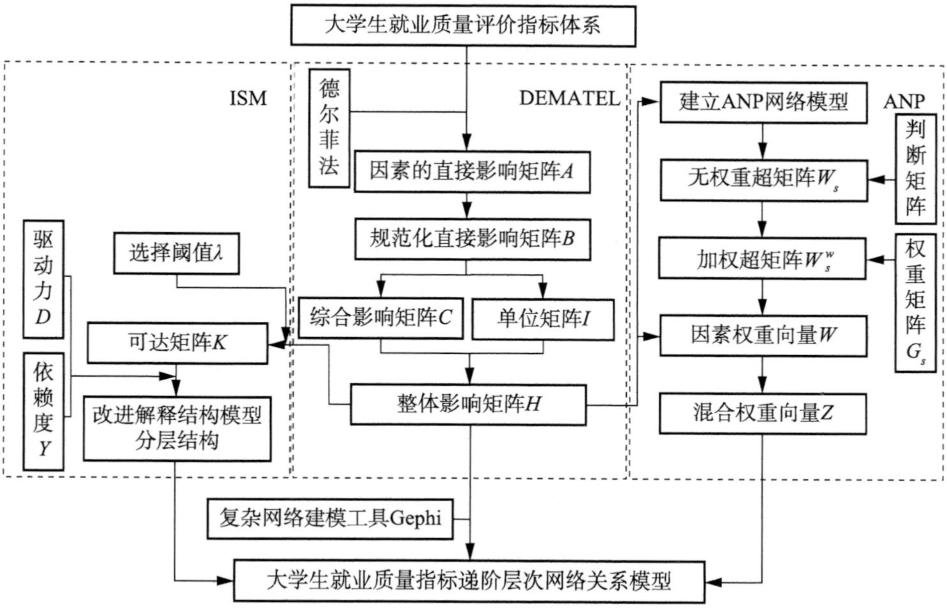

图 5-2　集成 DEMATEL-ISM-ANP 的系统分析模型

（一）确定大学生就业质量指标体系

将大学毕业生的就业质量指标记为 u_i（$i=1$，2，…，22）。

（二）构造直接影响矩阵

本书将结合发放调查问卷和采集专家意见的方法，确定指标间影响程度的大小，通过以下原则对指标间的作用进行量化处理，并构造直接影响矩阵 A：

$$a_{ij}=\begin{cases}3 & 67\%\text{以上的专家认为 } u_i \text{ 与 } u_j \text{ 有直接关系}\\ 2 & 34\%\sim66\%\text{的专家认为 } u_i \text{ 与 } u_j \text{ 有直接关系}\\ 1 & 0\sim33\%\text{的专家认为 } u_i \text{ 与 } u_j \text{ 有直接关系}\\ 0 & \text{所有专家均认为 } u_i \text{ 与 } u_j \text{ 无关系}\end{cases} \tag{5-1}$$

（三）确定综合影响矩阵

确定综合影响矩阵的首要任务是规范化步骤（二）中得到的直接影响矩阵 B，规范化公式为：

$$B=\frac{1}{\max\limits_{1\leqslant i\leqslant n}\sum\limits_{j=1}^{n}a_{ij}}A \tag{5-2}$$

在规范化直接影响矩阵 B 的基础上，进一步引入就业指标的间接作用，从而得到综合影响矩阵 C，矩阵 C 的具体表达式为：

$$C=\lim_{k\to\infty}(B+B^2+\cdots+B^k)=\lim_{k\to\infty}B\frac{1-B^{k-1}}{1-B}=B(I-B)^{-1}=[c_{ij}]_{n\times n} \tag{5-3}$$

式中，I 为单位矩阵。

（四）整体影响矩阵

在步骤（三）中，计算得出的综合影响矩阵 C 仅考虑了不同大学生就业质量评价指标间的影响程度，排除了衡量大学生就业质量指标自身的影响。为了完善这一缺陷，将通过公式的计算得到整体影响矩阵 H，其具体的表达式为：

$$H=C+I=[h_{ij}]_{n\times n} \tag{5-4}$$

式中，I 为主对角线元素全为 1 的 n 维单位阵。

（五）确定可达矩阵

步骤（四）中得到的整体影响矩阵 H，并没有排除指标间较弱的关系的存在，因此在确定可达矩阵之前，需要先设定好阈值 λ 来进行优化，并进一步计算得出综合关系矩阵 $K=[k_{ij}]_{n\times n}$：

$$k_{ij}=\begin{cases}1, & h_{ij}\geq\lambda\\ 0, & h_{ij}<\lambda\end{cases} \tag{5-5}$$

（六）解释结构建模

在进行 ISM 建模，利用可达矩阵层次实现划分时，若系统的指标很多，则会出现计算量大、操作不方便等问题。参照 Tamura 和 Akazawa（2005）提出的依据评价指标的驱动力与依赖度进行层级分析的方法。① 计算程序为：在可达矩阵 K 中，先求行元素值的和，然后和值可表示为此元素对其他元素的影响力，我们称其为驱动力 D_i；再求列元素的和，可表示为其他因素对此元素的影响程度，我们称之为依赖度 Y_j。

$$D_i=\sum_{j=1}^{n}k_{ij}(i=1, 2, \cdots, n) \tag{5-6}$$

$$Y_j=\sum_{j=1}^{n}k_{ij}(j=1, 2, \cdots, n) \tag{5-7}$$

得到各个因素的驱动力和依赖度之后，根据两个值的大小把大学生就业

① Tamura H, Akazawa K. Structural modeling and systems analysis of uneasy factors for realizing safe, secure and reliable society[J]. Journal of Telecommunications and Information Technology, 2005(3): 64-72.

质量指标体系分为四类，分别为：驱动因素、链接因素、依赖因素和独立因素。有较高的驱动力而依赖度较低的为驱动因素；拥有较低驱动力且拥有较高依赖度的为依赖因素；拥有较高的驱动力和较高依赖度的因素为链接因素；驱动力与依赖度都比较低的为独立因素。

（七）构建 ANP 模型

按照步骤（六）中得到的可达矩阵，可将其设置为 ANP 网络模型。

（八）确定无权重超矩阵

假设 ANP 网络模型控制层包含 m 个元素，并用 p_1，p_2，…，p_m 表示。同理，假设网络层共包含 n 个元素，并用 E_1，E_2，…，E_n 表示，其中每个 E_i 是由元素 e_{i1}，e_{i2}，…，e_{in_i}，$i=1$，2，…，n 组成。在专家评价过程中，依次利用控制层的元素 $p_s(s=1$，2，…，$n)$和网络层次中的元素 $e_{jk}=(k=1$，2，…，$n_j)$作为判断的准则，实现对元素组 E_i 中所有元素对 e_{jk} 的影响程度为依据进行大小的比较，根据判断的结果建立判断矩阵。再结合特征值和特征向量的计算求取权重向量$(w_{i1}^{(jk)}$，$w_{i2}^{(jk)}$，…，$w_{in_i}^{(jk)})^T$。由于 k 的取值不唯一，即 $k=1$，2，…，n_i，对每一个 k 值都需要重复以上的步骤。

当元素 i 和元素 j 间不存在任何联系时，可以得到 $W_{ij}=0$。将全部网络层元素间存在相互影响的排序向量进行系统的、有序的排列组合，可以推出准则 p_s 下的超矩阵 W_s，其中超矩阵的具体形式如公式(5-8)所示：

$$W_s=\begin{matrix} E_1 \\ E_2 \\ \vdots \\ E_n \end{matrix}\begin{pmatrix} W_{11} & W_{12} & \cdots & W_{1n} \\ W_{21} & W_{22} & \cdots & W_{2n} \\ \vdots & \vdots & \vdots & \vdots \\ W_{n1} & W_{n2} & \cdots & W_{nn} \end{pmatrix} \tag{5-8}$$

在超矩阵 W_s 的基础上，设计 ANP 的具体问卷内容，并通过计算得出无权重超矩阵 W_s。

（九）确定加权超级矩阵

进行对元素组优势程度的比较过程中，应该将 p_s 视为主要准则，将元素组 E_i 视为次要准则，得到最初的判断矩阵 G_j，为了便于运算，需要对矩阵 G_j 进行进一步的标准化处理，得到特征向量$(g_{1j}$，g_{2j}，g_{3j}，…，$g_{nj})^T$。同理，可以通过计算得到在 p_s 之下且能够体现各元素之间相互依存和相互反馈关系的权重矩阵 W_s。结合步骤（八）中得到的无权重超矩阵 W_s，计算附有权重的超矩阵 W_s^w，计算公式为：

$$W_s^w = G_s W_s \tag{5-9}$$

(十)求指标权重值

为了得到指标间更稳定更具有说服力的相互关系，需要在加权超矩阵 W_s^w 的基础上，进行极限的运算，根据运算结果进行排序，得到有明确次序的排序向量 W_s^l：

$$W_s^l = \lim_{N \to \infty} (1/N) \sum_{k=1}^{N} (W_s^w)^k \tag{5-10}$$

(十一)计算混合权重矩阵

参照 *Tamura* 所提出的计算混合影响度的计算方法,① 生成混合权重向量 Z。计算公式如式(5-11)所示。其中，W 为通过步骤(五)到(八)确定的各个大学生就业质量指标的权重向量，而 H 为步骤(三)确定的整体影响矩阵，向量 Z 则表示混合了影响度的各个指标的相对重要性，对 Z 进行标准化后就是各个指标的混合权重值。具体如式(5-11)所示。

$$Z = W + HW \tag{5-11}$$

(十二)大学生就业质量指标体系因果关系网络模型的确定

使用复杂网络分析工具 Gephi 对整合大学生就业质量指标关系与权重关系的网络图进行绘制。

三、就业质量预警模型计算

(一)确定大学生就业质量指标

将大学生就业质量指标记为 $u_i = (i = 1, 2, \cdots, 22)$。

(二)直接影响矩阵的构造

1. 采用专家法确定各就业质量指标之间的关系

为有效确定大学生就业质量指标相互之间的关系，向 15 名劳动经济学、社会学与人力资源管理研究相关的学者与从事大学生就业管理工作的高校工作人员发放专家调查问卷，各个专家根据自己的专业知识和工作经验来判断大学毕业生就业质量指标之间有无联系。专家背景如表 5-2 所示。通过汇总 15 名专家的问卷数据，根据公式(5-1)来确定各个就业质量指标间关系，建

---

① Tamura H, Akazawa K. Structural modeling and systems analysis of uneasy factors for realizing safe, secure and reliable society[J]. Journal of Telecommunications and Information Technology, 2005(3): 64-72.

立大学生就业质量指标体系的直接影响矩阵 A，该矩阵的具体格式如下所示：

$$A=\begin{pmatrix}
0&0&0&0&0&0&0&0&0&0&0&0&0&0&0&0&0&0&0&2&1&3\\
0&0&0&1&0&1&3&1&0&0&0&0&0&1&0&0&0&0&0&2&3&3\\
0&0&0&1&0&0&1&0&0&0&0&0&0&0&0&3&1&1&0&0&1&1\\
0&0&0&0&0&0&0&0&0&0&0&0&2&1&1&0&1&3&0&0&2&1\\
0&0&0&0&0&0&0&0&0&0&0&0&0&0&0&0&0&0&0&0&0&1\\
0&0&0&2&1&0&3&2&2&2&2&3&2&0&0&0&0&2&0&0&0&1\\
0&0&0&0&0&0&0&0&1&1&1&1&1&1&0&0&1&1&0&1&0&2\\
0&0&0&1&0&0&0&0&1&0&1&0&1&0&0&0&0&1&0&0&0&2\\
0&0&0&1&0&0&0&0&0&0&0&0&1&1&0&0&0&1&0&0&0&1\\
0&0&0&2&0&0&0&1&0&0&0&0&0&0&0&0&0&0&0&0&0&3\\
0&0&0&2&0&0&0&1&0&0&0&0&1&0&0&0&0&1&0&0&0&2\\
0&0&0&0&0&0&0&0&0&0&0&0&1&0&0&0&0&0&0&0&0&1\\
0&0&0&2&0&0&0&0&0&0&0&0&0&0&1&0&0&1&0&0&0&1\\
0&0&0&1&0&0&0&0&0&0&0&0&0&0&0&0&0&0&1&0&1&3\\
0&0&0&1&0&0&0&0&0&0&0&0&0&0&0&0&1&0&2&0&0&0\\
0&0&0&0&0&0&0&0&0&0&0&0&1&0&0&0&1&0&0&0&3&3\\
0&0&0&2&0&0&0&0&0&0&0&0&1&0&0&0&0&0&0&0&0&1\\
0&0&0&0&0&0&0&0&0&0&0&0&2&2&0&0&2&0&0&0&2&2\\
0&0&0&0&0&0&0&0&0&0&0&0&0&1&0&2&2&1&0&0&3&3\\
0&0&0&0&0&0&0&0&0&0&0&0&0&0&0&0&0&2&2&0&3&2\\
2&1&0&0&0&0&0&0&0&0&0&0&0&0&0&0&0&1&0&0&0&1\\
0&0&0&0&0&0&0&0&0&0&0&0&0&0&0&0&1&2&3&0&0&0
\end{pmatrix}$$

表 5-2　专家背景

受访单位	专业领域
J 大学	劳动与社会保障
高校就业指导中心	人力资源管理
政府人事部门	人力资源管理
企业资深人力资源管理专家	人力资源管理

2. 计算综合影响矩阵

结合公式(5-2)的计算，得到规范化直接影响矩阵 B：

$$
B=\left(\begin{array}{cccccccccccccccccccccc}
0.000 & 0.000 & 0.000 & 0.000 & 0.000 & 0.000 & 0.000 & 0.000 & 0.000 & 0.000 & 0.000 & 0.000 & 0.000 & 0.000 & 0.000 & 0.000 & 0.000 & 0.000 & 0.000 & 0.091 & 0.045 & 0.136 \\
0.000 & 0.000 & 0.000 & 0.045 & 0.000 & 0.045 & 0.136 & 0.045 & 0.000 & 0.000 & 0.000 & 0.000 & 0.000 & 0.045 & 0.000 & 0.000 & 0.000 & 0.000 & 0.000 & 0.091 & 0.136 & 0.136 \\
0.000 & 0.000 & 0.000 & 0.045 & 0.000 & 0.000 & 0.045 & 0.000 & 0.000 & 0.000 & 0.000 & 0.000 & 0.000 & 0.000 & 0.000 & 0.136 & 0.045 & 0.045 & 0.000 & 0.000 & 0.045 & 0.045 \\
0.000 & 0.000 & 0.000 & 0.000 & 0.000 & 0.000 & 0.000 & 0.000 & 0.000 & 0.000 & 0.000 & 0.000 & 0.091 & 0.045 & 0.045 & 0.000 & 0.045 & 0.136 & 0.000 & 0.000 & 0.091 & 0.045 \\
0.000 & 0.045 \\
0.000 & 0.000 & 0.000 & 0.091 & 0.045 & 0.000 & 0.136 & 0.091 & 0.091 & 0.091 & 0.091 & 0.136 & 0.091 & 0.000 & 0.000 & 0.000 & 0.000 & 0.091 & 0.000 & 0.000 & 0.000 & 0.045 \\
0.000 & 0.000 & 0.000 & 0.000 & 0.000 & 0.000 & 0.000 & 0.000 & 0.045 & 0.045 & 0.045 & 0.045 & 0.045 & 0.045 & 0.000 & 0.000 & 0.045 & 0.045 & 0.000 & 0.045 & 0.000 & 0.091 \\
0.000 & 0.000 & 0.000 & 0.045 & 0.000 & 0.000 & 0.000 & 0.000 & 0.045 & 0.000 & 0.045 & 0.000 & 0.045 & 0.000 & 0.000 & 0.000 & 0.000 & 0.045 & 0.000 & 0.000 & 0.000 & 0.091 \\
0.000 & 0.000 & 0.000 & 0.045 & 0.000 & 0.000 & 0.000 & 0.000 & 0.000 & 0.000 & 0.000 & 0.000 & 0.045 & 0.045 & 0.000 & 0.000 & 0.000 & 0.045 & 0.000 & 0.000 & 0.000 & 0.045 \\
0.000 & 0.000 & 0.000 & 0.091 & 0.000 & 0.000 & 0.000 & 0.045 & 0.000 & 0.000 & 0.000 & 0.000 & 0.000 & 0.000 & 0.000 & 0.000 & 0.000 & 0.000 & 0.000 & 0.000 & 0.000 & 0.136 \\
0.000 & 0.000 & 0.000 & 0.091 & 0.000 & 0.000 & 0.000 & 0.045 & 0.000 & 0.000 & 0.000 & 0.000 & 0.045 & 0.000 & 0.000 & 0.000 & 0.000 & 0.045 & 0.000 & 0.000 & 0.000 & 0.091 \\
0.000 & 0.000 & 0.000 & 0.000 & 0.000 & 0.000 & 0.000 & 0.000 & 0.000 & 0.000 & 0.000 & 0.000 & 0.045 & 0.000 & 0.000 & 0.000 & 0.000 & 0.000 & 0.000 & 0.000 & 0.000 & 0.045 \\
0.000 & 0.000 & 0.000 & 0.091 & 0.000 & 0.000 & 0.000 & 0.000 & 0.000 & 0.000 & 0.000 & 0.000 & 0.000 & 0.000 & 0.045 & 0.000 & 0.000 & 0.045 & 0.000 & 0.000 & 0.000 & 0.045 \\
0.000 & 0.000 & 0.000 & 0.045 & 0.000 & 0.000 & 0.000 & 0.000 & 0.000 & 0.000 & 0.000 & 0.000 & 0.000 & 0.000 & 0.000 & 0.000 & 0.000 & 0.000 & 0.045 & 0.000 & 0.045 & 0.136 \\
0.000 & 0.000 & 0.000 & 0.045 & 0.000 & 0.000 & 0.000 & 0.000 & 0.000 & 0.000 & 0.000 & 0.000 & 0.000 & 0.000 & 0.000 & 0.000 & 0.045 & 0.000 & 0.091 & 0.000 & 0.000 & 0.000 \\
0.000 & 0.000 & 0.000 & 0.000 & 0.000 & 0.000 & 0.000 & 0.000 & 0.000 & 0.000 & 0.000 & 0.000 & 0.045 & 0.000 & 0.000 & 0.000 & 0.045 & 0.000 & 0.000 & 0.000 & 0.136 & 0.136 \\
0.000 & 0.000 & 0.000 & 0.091 & 0.000 & 0.000 & 0.000 & 0.000 & 0.000 & 0.000 & 0.000 & 0.000 & 0.045 & 0.000 & 0.000 & 0.000 & 0.000 & 0.045 & 0.000 & 0.000 & 0.000 & 0.091 \\
0.000 & 0.000 & 0.000 & 0.000 & 0.000 & 0.000 & 0.000 & 0.000 & 0.000 & 0.000 & 0.000 & 0.000 & 0.091 & 0.091 & 0.000 & 0.000 & 0.091 & 0.000 & 0.000 & 0.000 & 0.091 & 0.091 \\
0.000 & 0.000 & 0.000 & 0.000 & 0.000 & 0.000 & 0.000 & 0.000 & 0.000 & 0.000 & 0.000 & 0.000 & 0.000 & 0.045 & 0.000 & 0.091 & 0.091 & 0.045 & 0.000 & 0.000 & 0.136 & 0.136 \\
0.000 & 0.000 & 0.000 & 0.000 & 0.000 & 0.000 & 0.000 & 0.000 & 0.000 & 0.000 & 0.000 & 0.000 & 0.000 & 0.000 & 0.000 & 0.000 & 0.000 & 0.091 & 0.091 & 0.000 & 0.136 & 0.091 \\
0.091 & 0.045 & 0.000 & 0.000 & 0.000 & 0.000 & 0.000 & 0.000 & 0.000 & 0.000 & 0.000 & 0.000 & 0.000 & 0.000 & 0.000 & 0.000 & 0.000 & 0.045 & 0.000 & 0.000 & 0.000 & 0.045 \\
0.000 & 0.000 & 0.000 & 0.000 & 0.000 & 0.000 & 0.000 & 0.000 & 0.000 & 0.000 & 0.000 & 0.000 & 0.000 & 0.000 & 0.000 & 0.000 & 0.045 & 0.091 & 0.136 & 0.000 & 0.000 & 0.000
\end{array}\right)
$$

结合利用公式(5-3)，得到全新的综合影响矩阵 C：

$$C=\begin{pmatrix}
0.006 & 0.000 & 0.000 & 0.002 & 0.000 & 0.000 & 0.000 & 0.000 & 0.000 & 0.000 & 0.000 & 0.000 & 0.003 & 0.004 & 0.000 & 0.003 & 0.013 & 0.028 & 0.030 & 0.091 & 0.066 & 0.157 \\
0.016 & 0.000 & 0.000 & 0.063 & 0.002 & 0.045 & 0.143 & 0.051 & 0.013 & 0.011 & 0.013 & 0.013 & 0.028 & 0.063 & 0.004 & 0.004 & 0.028 & 0.062 & 0.040 & 0.099 & 0.171 & 0.206 \\
0.007 & 0.000 & 0.000 & 0.055 & 0.000 & 0.000 & 0.045 & 0.000 & 0.002 & 0.002 & 0.002 & 0.002 & 0.023 & 0.012 & 0.004 & 0.138 & 0.069 & 0.072 & 0.014 & 0.003 & 0.079 & 0.094 \\
0.010 & 0.000 & 0.000 & 0.022 & 0.000 & 0.000 & 0.000 & 0.000 & 0.000 & 0.000 & 0.000 & 0.000 & 0.111 & 0.062 & 0.051 & 0.002 & 0.070 & 0.162 & 0.020 & 0.001 & 0.114 & 0.091 \\
0.000 & 0.000 & 0.000 & 0.000 & 0.000 & 0.000 & 0.000 & 0.000 & 0.000 & 0.000 & 0.000 & 0.000 & 0.001 & 0.001 & 0.000 & 0.001 & 0.003 & 0.005 & 0.007 & 0.000 & 0.001 & 0.047 \\
0.003 & 0.000 & 0.000 & 0.137 & 0.045 & 0.000 & 0.136 & 0.100 & 0.102 & 0.097 & 0.102 & 0.143 & 0.145 & 0.032 & 0.013 & 0.002 & 0.036 & 0.154 & 0.023 & 0.006 & 0.032 & 0.143 \\
0.002 & 0.000 & 0.000 & 0.025 & 0.000 & 0.000 & 0.000 & 0.004 & 0.046 & 0.045 & 0.046 & 0.045 & 0.064 & 0.057 & 0.004 & 0.002 & 0.063 & 0.078 & 0.026 & 0.046 & 0.022 & 0.140 \\
0.001 & 0.000 & 0.000 & 0.060 & 0.000 & 0.000 & 0.000 & 0.002 & 0.046 & 0.000 & 0.046 & 0.000 & 0.063 & 0.012 & 0.006 & 0.002 & 0.017 & 0.073 & 0.017 & 0.000 & 0.015 & 0.116 \\
0.001 & 0.000 & 0.000 & 0.054 & 0.000 & 0.000 & 0.000 & 0.000 & 0.000 & 0.000 & 0.000 & 0.000 & 0.057 & 0.054 & 0.005 & 0.001 & 0.013 & 0.063 & 0.012 & 0.000 & 0.015 & 0.068 \\
0.001 & 0.000 & 0.000 & 0.097 & 0.000 & 0.000 & 0.000 & 0.046 & 0.002 & 0.000 & 0.002 & 0.000 & 0.015 & 0.008 & 0.005 & 0.002 & 0.017 & 0.033 & 0.022 & 0.000 & 0.016 & 0.156 \\
0.002 & 0.000 & 0.000 & 0.102 & 0.000 & 0.000 & 0.000 & 0.046 & 0.002 & 0.000 & 0.002 & 0.000 & 0.065 & 0.013 & 0.008 & 0.002 & 0.019 & 0.078 & 0.017 & 0.000 & 0.020 & 0.117 \\
0.000 & 0.000 & 0.000 & 0.005 & 0.000 & 0.000 & 0.000 & 0.000 & 0.000 & 0.000 & 0.000 & 0.000 & 0.047 & 0.001 & 0.002 & 0.001 & 0.004 & 0.008 & 0.007 & 0.000 & 0.002 & 0.050 \\
0.002 & 0.000 & 0.000 & 0.097 & 0.000 & 0.000 & 0.000 & 0.000 & 0.000 & 0.000 & 0.000 & 0.000 & 0.016 & 0.011 & 0.051 & 0.001 & 0.017 & 0.067 & 0.014 & 0.000 & 0.018 & 0.063 \\
0.006 & 0.000 & 0.000 & 0.048 & 0.000 & 0.000 & 0.000 & 0.000 & 0.000 & 0.000 & 0.000 & 0.000 & 0.008 & 0.008 & 0.003 & 0.006 & 0.018 & 0.028 & 0.068 & 0.001 & 0.063 & 0.158 \\
0.002 & 0.000 & 0.000 & 0.052 & 0.000 & 0.000 & 0.000 & 0.000 & 0.000 & 0.000 & 0.000 & 0.000 & 0.009 & 0.008 & 0.003 & 0.009 & 0.060 & 0.018 & 0.095 & 0.000 & 0.021 & 0.026 \\
0.013 & 0.000 & 0.000 & 0.010 & 0.000 & 0.000 & 0.000 & 0.000 & 0.000 & 0.000 & 0.000 & 0.000 & 0.052 & 0.004 & 0.003 & 0.002 & 0.058 & 0.029 & 0.022 & 0.001 & 0.144 & 0.159 \\
0.002 & 0.000 & 0.000 & 0.099 & 0.000 & 0.000 & 0.000 & 0.000 & 0.000 & 0.000 & 0.000 & 0.000 & 0.062 & 0.012 & 0.007 & 0.001 & 0.018 & 0.074 & 0.016 & 0.000 & 0.019 & 0.112 \\
0.009 & 0.000 & 0.000 & 0.023 & 0.000 & 0.000 & 0.000 & 0.000 & 0.000 & 0.000 & 0.000 & 0.000 & 0.101 & 0.096 & 0.006 & 0.002 & 0.103 & 0.030 & 0.023 & 0.001 & 0.104 & 0.131 \\
0.015 & 0.000 & 0.000 & 0.015 & 0.000 & 0.000 & 0.000 & 0.000 & 0.000 & 0.000 & 0.000 & 0.000 & 0.018 & 0.055 & 0.001 & 0.094 & 0.114 & 0.080 & 0.029 & 0.001 & 0.165 & 0.189 \\
0.015 & 0.000 & 0.000 & 0.004 & 0.000 & 0.000 & 0.000 & 0.000 & 0.000 & 0.000 & 0.000 & 0.000 & 0.013 & 0.016 & 0.001 & 0.010 & 0.027 & 0.118 & 0.110 & 0.001 & 0.165 & 0.133 \\
0.092 & 0.000 & 0.000 & 0.002 & 0.000 & 0.000 & 0.000 & 0.000 & 0.000 & 0.000 & 0.000 & 0.000 & 0.006 & 0.005 & 0.000 & 0.001 & 0.009 & 0.054 & 0.010 & 0.008 & 0.012 & 0.068 \\
0.003 & 0.000 & 0.000 & 0.009 & 0.000 & 0.000 & 0.000 & 0.000 & 0.000 & 0.000 & 0.000 & 0.000 & 0.014 & 0.017 & 0.001 & 0.013 & 0.071 & 0.108 & 0.143 & 0.000 & 0.033 & 0.043
\end{pmatrix}$$

3. 获得整体影响矩阵

利用公式(5-4)的计算方法，得到整体影响矩阵 H：

$$
H=\begin{pmatrix}
1.006 & 0.003 & 0.000 & 0.002 & 0.000 & 0.000 & 0.000 & 0.000 & 0.000 & 0.000 & 0.000 & 0.000 & 0.003 & 0.004 & 0.000 & 0.003 & 0.013 & 0.028 & 0.030 & 0.092 & 0.066 & 0.158 \\
0.016 & 1.008 & 0.000 & 0.063 & 0.002 & 0.045 & 0.143 & 0.051 & 0.013 & 0.011 & 0.013 & 0.013 & 0.027 & 0.063 & 0.004 & 0.004 & 0.028 & 0.062 & 0.040 & 0.100 & 0.171 & 0.206 \\
0.007 & 0.004 & 1.000 & 0.055 & 0.000 & 0.000 & 0.046 & 0.000 & 0.002 & 0.002 & 0.002 & 0.002 & 0.023 & 0.012 & 0.003 & 0.137 & 0.068 & 0.072 & 0.014 & 0.003 & 0.079 & 0.093 \\
0.010 & 0.005 & 0.000 & 1.022 & 0.000 & 0.000 & 0.001 & 0.000 & 0.000 & 0.000 & 0.000 & 0.000 & 0.111 & 0.062 & 0.051 & 0.002 & 0.069 & 0.162 & 0.020 & 0.001 & 0.115 & 0.091 \\
0.000 & 0.000 & 0.000 & 0.000 & 1.000 & 0.000 & 0.000 & 0.000 & 0.000 & 0.000 & 0.000 & 0.000 & 0.001 & 0.001 & 0.000 & 0.001 & 0.003 & 0.005 & 0.006 & 0.000 & 0.001 & 0.047 \\
0.003 & 0.001 & 0.000 & 0.137 & 0.045 & 1.000 & 0.136 & 0.100 & 0.102 & 0.097 & 0.102 & 0.142 & 0.145 & 0.032 & 0.013 & 0.002 & 0.035 & 0.154 & 0.023 & 0.007 & 0.032 & 0.142 \\
0.002 & 0.001 & 0.000 & 0.025 & 0.000 & 0.000 & 1.000 & 0.004 & 0.045 & 0.045 & 0.045 & 0.045 & 0.063 & 0.056 & 0.004 & 0.002 & 0.062 & 0.077 & 0.026 & 0.045 & 0.022 & 0.139 \\
0.001 & 0.001 & 0.000 & 0.059 & 0.000 & 0.000 & 0.000 & 1.002 & 0.045 & 0.000 & 0.045 & 0.000 & 0.062 & 0.012 & 0.005 & 0.002 & 0.016 & 0.073 & 0.017 & 0.000 & 0.015 & 0.116 \\
0.001 & 0.001 & 0.000 & 0.054 & 0.000 & 0.000 & 0.000 & 0.000 & 1.000 & 0.000 & 0.000 & 0.000 & 0.056 & 0.054 & 0.005 & 0.001 & 0.013 & 0.063 & 0.012 & 0.000 & 0.015 & 0.067 \\
0.001 & 0.001 & 0.000 & 0.097 & 0.000 & 0.000 & 0.000 & 0.045 & 0.002 & 1.000 & 0.002 & 0.000 & 0.015 & 0.008 & 0.005 & 0.002 & 0.017 & 0.033 & 0.022 & 0.000 & 0.016 & 0.155 \\
0.002 & 0.001 & 0.000 & 0.102 & 0.000 & 0.000 & 0.000 & 0.045 & 0.002 & 0.000 & 1.002 & 0.000 & 0.064 & 0.013 & 0.007 & 0.002 & 0.019 & 0.077 & 0.017 & 0.000 & 0.020 & 0.117 \\
0.000 & 0.000 & 0.000 & 0.005 & 0.000 & 0.000 & 0.000 & 0.000 & 0.000 & 0.000 & 0.000 & 1.000 & 0.046 & 0.001 & 0.002 & 0.001 & 0.004 & 0.008 & 0.007 & 0.000 & 0.002 & 0.050 \\
0.002 & 0.001 & 0.000 & 0.097 & 0.000 & 0.000 & 0.000 & 0.000 & 0.000 & 0.000 & 0.000 & 0.000 & 1.016 & 0.011 & 0.050 & 0.001 & 0.017 & 0.067 & 0.014 & 0.000 & 0.018 & 0.062 \\
0.006 & 0.003 & 0.000 & 0.048 & 0.000 & 0.000 & 0.000 & 0.000 & 0.000 & 0.000 & 0.000 & 0.000 & 0.008 & 1.008 & 0.003 & 0.006 & 0.018 & 0.028 & 0.067 & 0.001 & 0.063 & 0.158 \\
0.002 & 0.001 & 0.000 & 0.052 & 0.000 & 0.000 & 0.000 & 0.000 & 0.000 & 0.000 & 0.000 & 0.000 & 0.009 & 0.008 & 1.003 & 0.009 & 0.059 & 0.018 & 0.095 & 0.000 & 0.021 & 0.026 \\
0.013 & 0.007 & 0.000 & 0.011 & 0.000 & 0.000 & 0.001 & 0.000 & 0.000 & 0.000 & 0.000 & 0.000 & 0.051 & 0.004 & 0.003 & 1.002 & 0.058 & 0.029 & 0.022 & 0.002 & 0.145 & 0.160 \\
0.002 & 0.001 & 0.000 & 0.099 & 0.000 & 0.000 & 0.000 & 0.000 & 0.000 & 0.000 & 0.000 & 0.000 & 0.062 & 0.012 & 0.007 & 0.001 & 1.018 & 0.074 & 0.016 & 0.000 & 0.019 & 0.112 \\
0.010 & 0.005 & 0.000 & 0.023 & 0.000 & 0.000 & 0.001 & 0.000 & 0.000 & 0.000 & 0.000 & 0.000 & 0.101 & 0.096 & 0.006 & 0.002 & 0.103 & 1.030 & 0.023 & 0.001 & 0.105 & 0.132 \\
0.015 & 0.007 & 0.000 & 0.015 & 0.000 & 0.000 & 0.001 & 0.000 & 0.000 & 0.000 & 0.000 & 0.000 & 0.018 & 0.055 & 0.001 & 0.094 & 0.114 & 0.079 & 1.029 & 0.002 & 0.166 & 0.190 \\
0.015 & 0.007 & 0.000 & 0.005 & 0.000 & 0.000 & 0.001 & 0.000 & 0.000 & 0.000 & 0.000 & 0.000 & 0.013 & 0.016 & 0.001 & 0.010 & 0.028 & 0.118 & 0.110 & 1.002 & 0.166 & 0.135 \\
0.093 & 0.046 & 0.000 & 0.004 & 0.000 & 0.002 & 0.007 & 0.002 & 0.001 & 0.000 & 0.001 & 0.001 & 0.007 & 0.008 & 0.001 & 0.001 & 0.010 & 0.057 & 0.012 & 0.013 & 1.020 & 0.076 \\
0.003 & 0.001 & 0.000 & 0.009 & 0.000 & 0.000 & 0.000 & 0.000 & 0.000 & 0.000 & 0.000 & 0.000 & 0.014 & 0.017 & 0.001 & 0.013 & 0.071 & 0.108 & 0.143 & 0.000 & 0.033 & 1.043
\end{pmatrix}
$$

4. 确定可达矩阵

根据公式(5-5)与大学生就业质量的实际情况，取 $\lambda=0.05$，获得大学生就业质量指标体系的可达矩阵 K，如表 5-3 所示。

表 5-3 可达矩阵

	J1	J2	J3	J4	J5	J6	J7	J8	J9	J10	J11	J12	J13	J14	J15	J16	J17	J18	J19	J20	J21	J22
J1	1	0	0	0	0	0	0	0	0	0	0	0	0	0	0	0	0	0	0	1	1	1
J2	0	1	0	1	0	0	1	1	0	0	0	0	0	1	0	0	0	1	0	1	1	1
J3	0	0	1	1	0	0	0	0	0	0	0	0	0	0	0	1	1	1	0	0	1	1
J4	0	0	0	1	0	0	0	0	0	0	0	0	1	1	1	0	1	1	0	0	1	1
J5	0	0	0	0	1	0	0	0	0	0	0	0	0	0	0	0	0	0	0	0	0	0
J6	0	0	0	1	0	1	1	1	1	1	1	1	1	0	0	0	0	1	0	0	0	1
J7	0	0	0	0	0	0	1	0	0	0	0	0	1	1	0	0	1	1	0	0	0	1
J8	0	0	0	1	0	0	0	1	0	0	0	0	1	0	0	0	0	1	0	0	0	1
J9	0	0	0	0	0	0	0	0	1	0	0	0	0	0	0	0	0	1	0	0	0	1
J10	0	0	0	1	0	0	0	0	0	1	0	0	0	0	0	0	0	0	0	0	0	1
J11	0	0	0	1	0	0	0	0	0	0	1	0	1	0	0	0	0	1	0	0	0	1
J12	0	0	0	0	0	0	0	0	0	0	0	1	0	0	0	0	0	0	0	0	0	1
J13	0	0	0	1	0	0	0	0	0	0	0	0	1	0	1	0	0	1	0	0	0	1
J14	0	0	0	0	0	0	0	0	0	0	0	0	0	1	0	0	0	0	1	0	1	1
J15	0	0	0	1	0	0	0	0	0	0	0	0	0	0	1	0	1	0	1	0	0	0
J16	0	0	0	0	0	0	0	0	0	0	0	0	1	0	0	1	1	0	0	0	1	1
J17	0	0	0	1	0	0	0	0	0	0	0	0	1	0	0	0	1	1	0	0	0	1
J18	0	0	0	0	0	0	0	0	0	0	0	0	1	1	0	0	1	1	0	0	1	1
J19	0	0	0	0	0	0	0	0	0	0	0	0	0	1	0	1	1	1	1	0	1	1
J20	0	0	0	0	0	0	0	0	0	0	0	0	0	0	0	0	0	1	1	1	1	1
J21	1	0	0	0	0	0	0	0	0	0	0	0	0	0	0	0	0	1	0	0	1	1
J22	0	0	0	0	0	0	0	0	0	0	0	0	0	0	0	0	1	1	1	0	0	1

5. 解释结构建模

大学生就业质量指标之间驱动力与依赖程度结果的可能性如表 5-4 所示。根据全部影响大学生就业质量指标的驱动力和依赖度的组合方式，可以将群组进行划分，划分的结果如图 5-3 所示。

表 5-4 各大学生就业指标的驱动力与依赖度

	J1	J2	J3	J4	J5	J6	J7	J8	J9	J10	J11	J12	J13	J14	J15	J16	J17	J18	J19	J20	J21	J22	驱动力
J1	0	0	0	0	0	0	0	0	0	0	0	0	0	0	0	0	0	0	0	1	1	1	3
J2	1	0	0	0	0	0	0	0	0	0	0	0	0	0	0	0	0	0	0	1	1	1	4
J3	1	0	0	0	0	0	0	0	0	0	0	0	0	0	0	0	0	0	0	1	1	1	4
J4	0	0	0	1	0	0	0	0	0	0	0	0	1	1	1	0	1	1	0	0	1	1	8
J5	0	0	0	0	1	0	0	0	0	0	0	0	0	0	0	0	0	0	0	0	0	0	1
J6	0	0	0	1	0	1	1	1	1	1	1	1	1	0	0	0	0	1	0	0	0	1	11
J7	0	0	0	0	0	0	1	0	0	0	0	0	1	1	0	0	1	1	0	0	0	1	6
J8	0	0	0	1	0	0	0	1	0	0	0	0	1	0	0	0	0	1	0	0	0	1	5
J9	0	0	0	0	0	0	0	0	1	0	0	0	0	0	0	0	0	1	0	0	0	1	3
J10	0	0	0	1	0	0	0	0	0	1	0	0	0	0	0	0	0	0	0	0	0	1	3
J11	0	0	0	1	0	0	0	0	0	0	1	0	1	0	0	0	0	1	0	0	0	1	5
J12	0	0	0	0	0	0	0	0	0	0	0	1	0	0	0	0	0	0	0	0	0	1	2
J13	0	0	0	1	0	0	0	0	0	0	0	0	1	0	1	0	0	1	0	0	0	1	5
J14	0	0	0	0	0	0	0	0	0	0	0	0	0	1	0	0	0	0	1	0	1	1	4
J15	0	0	0	1	0	0	0	0	0	0	0	0	0	0	1	0	1	0	1	0	0	0	4
J16	0	0	0	0	0	0	0	0	0	0	0	0	1	0	0	1	1	0	0	0	1	1	5
J17	0	0	0	1	0	0	0	0	0	0	0	0	1	0	0	0	1	1	0	0	0	1	5
J18	0	0	0	0	0	0	0	0	0	0	0	0	1	1	0	0	1	1	0	0	1	1	5
J19	0	0	0	0	0	0	0	0	0	0	0	0	0	1	0	1	1	1	1	0	1	1	7
J20	0	0	0	0	0	0	0	0	0	0	0	0	0	0	0	0	0	1	1	1	1	1	5
J21	1	0	0	0	0	0	0	0	0	0	0	0	0	0	0	0	0	1	0	0	1	1	4
J22	0	0	0	0	0	0	0	0	0	0	0	0	0	0	0	0	1	1	1	0	0	1	4
依赖度	3	0	0	8	1	1	2	2	2	2	2	2	9	5	3	2	8	13	5	4	10	20	

6. 建立 ANP 网络模型

将可达矩阵 K 转化为 ANP 网络结构，在该网络结构的基础上，结合超级决策软件(super decision)，建立如图 5-4 所示的网络层次分析结构模型。根据图中的结构可以看出，控制层的指标主要由客观岗位特征与主观评价指标两个指标构成，网络层由 6 个指标组所组成，具体包括：工作特征、薪酬福利、社会保障、劳动关系、职业发展、就业满意度。

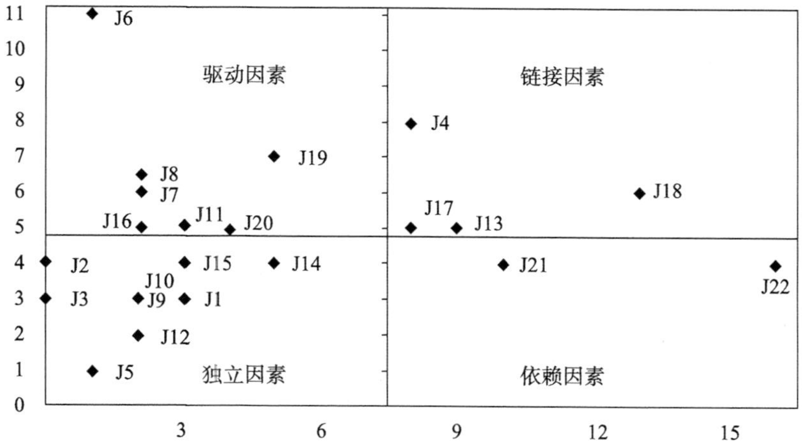

图 5-3　依据驱动力与依赖度的大学生就业质量指标体系划分群组

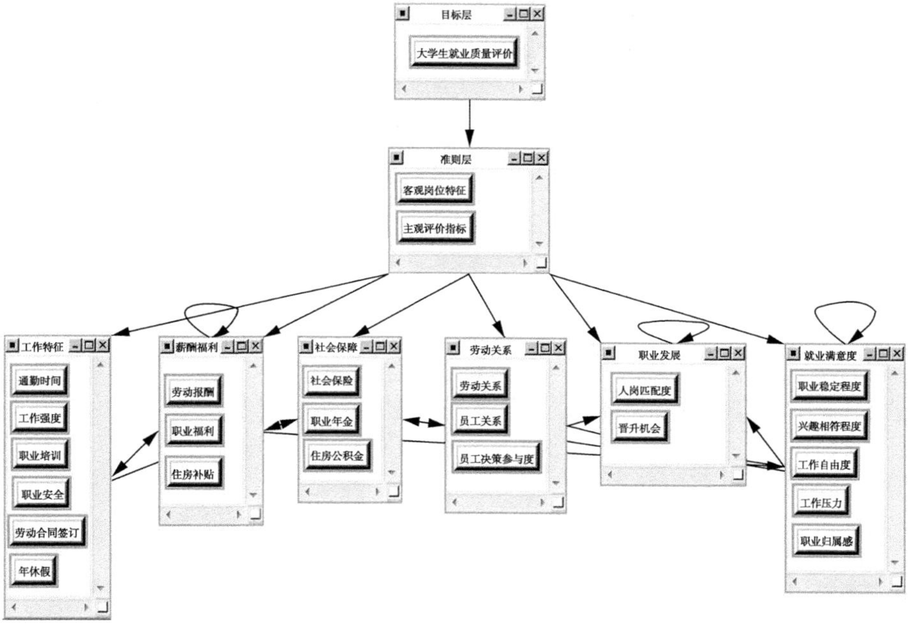

图 5-4　大学生就业质量指标的 ANP 网络模型

7. 确定无权重超矩阵

依据 ANP 网络关系模型，设计 ANP 问卷，并由 5 名高校学者和企业人力资源管理人员填写。得到问卷结果后，使用几何平均数法计算最终结果。将结果输入 Super Decision 中(如图 5-4 所示)，得到无权重超矩阵 W_s：

$$
W_s=\left(\begin{array}{cccccccccccccccccccccc}
0.000 & 0.000 & 0.000 & 0.000 & 0.000 & 0.000 & 0.000 & 0.000 & 0.000 & 0.000 & 0.000 & 0.000 & 0.000 & 0.000 & 0.000 & 0.000 & 0.000 & 0.000 & 0.000 & 0.091 & 0.045 & 0.136 \\
0.000 & 0.000 & 0.000 & 0.045 & 0.000 & 0.045 & 0.136 & 0.045 & 0.000 & 0.000 & 0.000 & 0.000 & 0.000 & 0.045 & 0.000 & 0.000 & 0.000 & 0.000 & 0.000 & 0.091 & 0.136 & 0.136 \\
0.000 & 0.000 & 0.000 & 0.045 & 0.000 & 0.000 & 0.045 & 0.000 & 0.000 & 0.000 & 0.000 & 0.000 & 0.000 & 0.000 & 0.000 & 0.136 & 0.045 & 0.045 & 0.000 & 0.000 & 0.045 & 0.045 \\
0.000 & 0.000 & 0.000 & 0.000 & 0.000 & 0.000 & 0.000 & 0.000 & 0.000 & 0.000 & 0.000 & 0.000 & 0.091 & 0.045 & 0.045 & 0.000 & 0.045 & 0.136 & 0.000 & 0.000 & 0.091 & 0.045 \\
0.000 & 0.045 \\
0.000 & 0.000 & 0.000 & 0.091 & 0.045 & 0.000 & 0.136 & 0.091 & 0.091 & 0.091 & 0.091 & 0.136 & 0.091 & 0.000 & 0.000 & 0.000 & 0.000 & 0.091 & 0.000 & 0.000 & 0.000 & 0.045 \\
0.000 & 0.000 & 0.000 & 0.000 & 0.000 & 0.000 & 0.000 & 0.000 & 0.045 & 0.045 & 0.045 & 0.045 & 0.045 & 0.045 & 0.000 & 0.000 & 0.045 & 0.045 & 0.000 & 0.045 & 0.000 & 0.091 \\
0.000 & 0.000 & 0.000 & 0.045 & 0.000 & 0.000 & 0.000 & 0.000 & 0.045 & 0.000 & 0.045 & 0.000 & 0.045 & 0.000 & 0.000 & 0.000 & 0.000 & 0.045 & 0.000 & 0.000 & 0.000 & 0.091 \\
0.000 & 0.000 & 0.000 & 0.045 & 0.000 & 0.000 & 0.000 & 0.000 & 0.000 & 0.000 & 0.000 & 0.000 & 0.045 & 0.045 & 0.000 & 0.000 & 0.000 & 0.045 & 0.000 & 0.000 & 0.000 & 0.045 \\
0.000 & 0.000 & 0.000 & 0.091 & 0.000 & 0.000 & 0.000 & 0.045 & 0.000 & 0.000 & 0.000 & 0.000 & 0.000 & 0.000 & 0.000 & 0.000 & 0.000 & 0.000 & 0.000 & 0.000 & 0.000 & 0.136 \\
0.000 & 0.000 & 0.000 & 0.091 & 0.000 & 0.000 & 0.000 & 0.045 & 0.000 & 0.000 & 0.000 & 0.000 & 0.045 & 0.000 & 0.000 & 0.000 & 0.000 & 0.045 & 0.000 & 0.000 & 0.000 & 0.091 \\
0.000 & 0.000 & 0.000 & 0.000 & 0.000 & 0.000 & 0.000 & 0.000 & 0.000 & 0.000 & 0.000 & 0.000 & 0.045 & 0.000 & 0.000 & 0.000 & 0.000 & 0.000 & 0.000 & 0.000 & 0.000 & 0.045 \\
0.000 & 0.000 & 0.000 & 0.091 & 0.000 & 0.000 & 0.000 & 0.000 & 0.000 & 0.000 & 0.000 & 0.000 & 0.000 & 0.000 & 0.045 & 0.000 & 0.000 & 0.045 & 0.000 & 0.000 & 0.000 & 0.045 \\
0.000 & 0.000 & 0.000 & 0.045 & 0.000 & 0.000 & 0.000 & 0.000 & 0.000 & 0.000 & 0.000 & 0.000 & 0.000 & 0.000 & 0.000 & 0.000 & 0.000 & 0.000 & 0.045 & 0.000 & 0.045 & 0.136 \\
0.000 & 0.000 & 0.000 & 0.045 & 0.000 & 0.000 & 0.000 & 0.000 & 0.000 & 0.000 & 0.000 & 0.000 & 0.000 & 0.000 & 0.000 & 0.000 & 0.045 & 0.000 & 0.091 & 0.000 & 0.000 & 0.000 \\
0.000 & 0.000 & 0.000 & 0.000 & 0.000 & 0.000 & 0.000 & 0.000 & 0.000 & 0.000 & 0.000 & 0.000 & 0.045 & 0.000 & 0.000 & 0.000 & 0.045 & 0.000 & 0.000 & 0.000 & 0.136 & 0.136 \\
0.000 & 0.000 & 0.000 & 0.091 & 0.000 & 0.000 & 0.000 & 0.000 & 0.000 & 0.000 & 0.000 & 0.000 & 0.045 & 0.000 & 0.000 & 0.000 & 0.000 & 0.045 & 0.000 & 0.000 & 0.000 & 0.091 \\
0.000 & 0.000 & 0.000 & 0.000 & 0.000 & 0.000 & 0.000 & 0.000 & 0.000 & 0.000 & 0.000 & 0.000 & 0.091 & 0.091 & 0.000 & 0.000 & 0.091 & 0.000 & 0.000 & 0.000 & 0.091 & 0.091 \\
0.000 & 0.000 & 0.000 & 0.000 & 0.000 & 0.000 & 0.000 & 0.000 & 0.000 & 0.000 & 0.000 & 0.000 & 0.000 & 0.045 & 0.000 & 0.091 & 0.091 & 0.045 & 0.000 & 0.000 & 0.136 & 0.136 \\
0.000 & 0.000 & 0.000 & 0.000 & 0.000 & 0.000 & 0.000 & 0.000 & 0.000 & 0.000 & 0.000 & 0.000 & 0.000 & 0.000 & 0.000 & 0.000 & 0.000 & 0.091 & 0.091 & 0.000 & 0.136 & 0.091 \\
0.091 & 0.045 & 0.000 & 0.000 & 0.000 & 0.000 & 0.000 & 0.000 & 0.000 & 0.000 & 0.000 & 0.000 & 0.000 & 0.000 & 0.000 & 0.000 & 0.000 & 0.045 & 0.000 & 0.000 & 0.000 & 0.045 \\
0.000 & 0.000 & 0.000 & 0.000 & 0.000 & 0.000 & 0.000 & 0.000 & 0.000 & 0.000 & 0.000 & 0.000 & 0.000 & 0.000 & 0.000 & 0.000 & 0.045 & 0.091 & 0.136 & 0.000 & 0.000 & 0.000
\end{array}\right)
$$

8. *确定加权超级矩阵*

将影响大学生就业质量的元素间的比较矩阵数值导入Super Decision 软件中，利用该软件计算出权重超矩阵 G_s，结合公式(5-9)计算出加权超级矩阵 W^w_s。

$$
W_s^w=\begin{pmatrix}
0.094 & 0.094 \\
0.026 & 0.026 \\
0.018 & 0.018 \\
0.121 & 0.121 \\
0.135 & 0.135 \\
0.000 & 0.000 \\
0.223 & 0.223 \\
0.208 & 0.208 \\
0.000 & 0.000 \\
0.000 & 0.000 \\
0.000 & 0.000 \\
0.000 & 0.000 \\
0.036 & 0.036 \\
0.000 & 0.000 \\
0.000 & 0.000 \\
0.000 & 0.000 \\
0.000 & 0.000 \\
0.017 & 0.017 \\
0.123 & 0.123 \\
0.000 & 0.000 \\
0.000 & 0.000 \\
0.000 & 0.000
\end{pmatrix}
$$

9. 求解极限矩阵，获得权重值

由公式(5-11)可得，在本书只有一个准则的情况下，在对超矩阵取极限后得到的稳定矩阵 W 中，每一列中的元素即代表目标的相对权重大小，即评价大学毕业生就业质量的各个指标的权重大小，根据计算得出 W 的具体取值为：

W=(0.0151 0.0177 0.0229 0.026 0.0113 0.0289 0.1249 0.0396 0.0025 0.0454 0.0224 0.0352 0.023 0.0359 00461 0.1283 0.0877 0.0686 0.0709 0.05250.0304 0.0646)^T

10. 计算混合权重矩阵

通过计算得到混合权重后的关系矩阵 Z：

Z=(0.0139 0.025 0.0206 0.0273 0.0109 0.0243 01164 0.0424 0.0082 0.047 0.0209 0.0351 0.0213 0.0391 0.0446 0.116 0.1 0.0692 0.0528 0.0353 0.0603 0.0695)^T

11. 大学生就业质量指标关系网络模型的确定

利用复杂网络分析软件 Gephi 绘制整合大学生就业质量指标关系与权重的关系网络图，该网络图的具体形状如图 5-5 所示。图中纵轴的含义是大学生

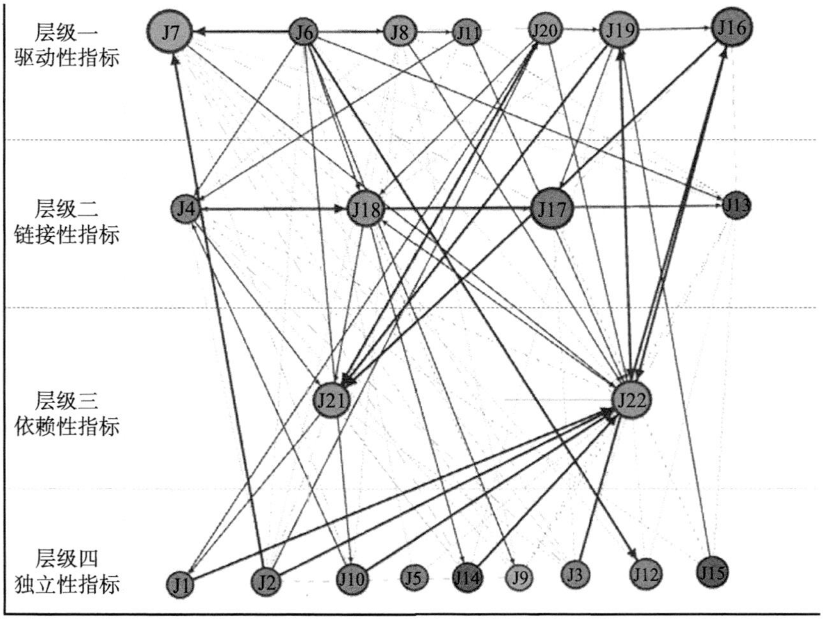

图 5-5 大学毕业生就业质量指标层次网络结构模型

就业质量的各个等级结构，不同大小的圆圈代表着不同重要程度的指标，圆圈之间的链接线条的形状代表着因素间相互影响程度的大小。

四、就业质量预警指标选取

从图 5-5 中可以看出，大学生就业质量指标体系有多层次网络结构的特征，需应用系统论的方法辨识其关键就业质量指标，以提高大学生就业质量预警的准确性。

大学生就业质量指标可分成驱动性指标、链接性指标、依赖性指标、独立性指标四个等级层次，且彼此之间存在明显的因果关系。驱动性指标主要包括劳动报酬（J7）、劳动合同签订（J6）、职业福利（J8）、职业年金（J11）、工作自由度（J20）、兴趣相符程度（J19），这 6 个指标是最根本的影响大学生就业质量的指标，因素之间也存在着相互影响、相互反馈等错综复杂的关系；链接性指标主要包括职业安全（J4）、晋升机会（J17）、职业稳定程度（J18）与劳资关系（J13），这 4 个指标是最容易引起变动的指标，系统内任何指标的变动，都将影响到这些指标因素，这些指标的变动也将对其就业质量指标产生涟漪作用；第三层为依赖性指标，主要包括工作压力（J21）与职业归属感（J22），这 2 个指标在系统中容易受到其他指标变动的影响；第四层要素为独立性指标，包括通勤时间（J1）、工作强度（J2）、社会保险（J10）、年休假（J5）、员工关系（J14）、住房补贴（J9）、职业培训（J3）、住房公积金（J12）与员工决策参与度（J15），这些就业质量指标彼此之间相互独立，既不会受到其他指标的强烈影响，也不会明显地影响其他指标。

大学毕业生就业质量指标的重要程度各不相同，将存在混合权重的关系矩阵 a_1 标准化，并根据标准化后的数值大小进行排序，具体如表 5-5 所示。由表 5-5 可知，劳动报酬、人岗匹配度、晋升机会、职业归属感、职业稳定程度、工作压力、兴趣相符程度、社会保险、员工决策参与度、职业福利、员工关系、工作自由度是大学生就业质量的主要指标，在大学生就业质量的预警中，主要关注的点应该侧重这几个方面。

表 5-5 就业质量排序

编号	名称	权重	排序
J7	劳动报酬	0.116 4	1
J16	人岗匹配度	0.116 0	2
J17	晋升机会	0.100 0	3
J22	职业归属感	0.069 5	4
J18	职业稳定程度	0.069 2	5
J21	工作压力	0.060 3	6
J19	兴趣相符程度	0.052 8	7
J10	社会保险	0.047 0	8
J15	员工决策参与度	0.044 6	9
J8	职业福利	0.042 4	10
J14	员工关系	0.039 1	11
J20	工作自由度	0.035 3	12
J12	住房公积金	0.035 1	13
J4	职业安全	0.027 3	14
J2	工作强度	0.025 0	15
J6	劳动合同签订	0.024 3	16
J13	劳资关系	0.021 3	17
J11	职业年金	0.020 9	18
J3	职业培训	0.020 6	19
J1	通勤时间	0.013 9	20
J5	年休假	0.010 9	21
J9	住房补贴	0.008 2	22

整合总体来看，影响大学毕业生就业质量指标间的关系密切，且指标程度的重要性与指标的复杂程度存在正向关系。指标的链接越多、链接强度越强，代表其混合关系的权重越高。在预警过程中，既要考虑指标的重要性，又要考虑到该指标对其他指标的关联关系。

基于以上分析，我们选取层级较高和权重高的指标以及作为大学生就业质量的预警指标，具体包括：劳动报酬（J7）、职业福利（J8）、人岗匹配度（J16）、工作自由度（J20）、兴趣相符程度（J19）、职业安全（J4）、晋升机会

(J17)、职业稳定程度(J18)、工作压力(J21)、职业归属感(J22)、员工决策参与度(J15)。

第二节　大学生群体就业质量预警模型

一、大学生就业质量预警的原则

预警，就是指为预防出现某些具有负面影响的事件，提前制定反映被预警对象的指标，并对指标进行监测，根据指标情况判断可能出现的警情。本书中所指的大学毕业生就业质量预警经过严格的统计过程与手段，把对毕业生就业影响的因素作为衡量指标，对其进行检测并展开监控，通过对检测结果的信息数据的分析，根据预警的情况对大学毕业生的就业质量进行预报。

预警模型的建构主要原则如下。

（一）系统化原则

首先，所建立的大学毕业生就业预警指标体系应当是一个体系。所选取的指标必须要具备全面性，换而言之，把对大学生就业质量产生影响的各种因素考虑在内，同时也要考虑到指标之间是否存在关联性，因此在指标设计时要严格考虑不同指标之间的联系，切忌顾此失彼，但同时也要避免指标之间评价内容的重复，要使评价指标不重不漏，使大学生就业质量能够通过预警指标体系真实、全面地反映出来。

（二）动态性原则

这里的动态性原则指的是对就业质量预警指标的动态观测。预警要在对预警指标数据分析的基础上，研究指标的发展趋势。此外，预警的动态性还要反映在所建立的模型要根据社会经济的情况，动态调整监测的指标。

（三）灵敏性原则

灵敏性原则指的是通过所构建的就业质量预警体系指标的选取能够准确、无误、有效地反映出大学生就业质量形势的变化。

（四）简单实用

预警是一种提前的警示，换而言之，其能够在事件发生之前就传递出有用的预警信息。这也要求设计的指标和等级要简单实用，使相关的管理者和使用者一看就明白，能够使用相关信息，即要求预警的信号要准确，判断要简单。

（五）定性与定量相结合的原则

所谓就业预警指标的定性分析，是对大学毕业生就业质量发展变化的原因与趋势进行分析和探讨。而定量分析是对大学生就业质量趋势大小与程度的判断。所以，在大学毕业生就业质量预警的研究过程中，应将定性研究与定量研究结合起来进行利用。

二、大学生就业质量预警信号与等级

所谓预警信号，就是对预警对象的预警等级的显示，也就是预警等级和预警信号的对应显示，预警对象的预警等级有几级，对应的预警信号就相应有几级。在预警信号中，大家最为熟悉的就是天气预报的预警信号。为了简便易懂，本书借用天气预报的预警信号。我国七类气象灾害的预警信号如表 5-6所示。

表 5-6　典型气象灾害预警信号对比表

灾害类型	信号划分				划分依据
	蓝色	黄色	橙色	红色	
台风					强度、时间
暴雨					降雨量、时间
高温	/				最高气温、时间
大风					平均风力、时间
雾霾	/				能见度、时间
雷电	/				出现雷电的可能性、时间
冰雹	/	/			出现冰雹的可能性、时间

在天气预报的预警信号中，用不同的颜色来表示灾害带来的损失强度，由强到弱依次用红色、橙色、黄色、蓝色表示，根据时间长短的不同将灾害划分为七类，其中 24 小时内带来的灾害往往用来定义最小影响，而最短的定

义时间为 1 小时内的灾害，往往是巨大的。

我国是一个非常尊重教育的国家，老百姓非常乐于让自己的孩子接受大学教育，一方面是基于人力资本的考量，另一方面是对非人力资源积累的精神层面的追求，因而，无关乎家庭，也不管对经济改善与否，老百姓对大学教育往往充满了期望。此外，大学毕业生是社会的中坚力量，大学生对就业的满意程度，会直接影响社会的基础。因此，本书将大学生就业质量预警等级采用与气象灾害预警信号统一但又有区别的标准进行划分，将其划分为 4 个等级且分别采用绿色、黄色、橙色、红色依次表示警情的等级，大学生就业质量预警等级、信号表示以及定性的说明如表 5-7 所示。

表 5-7 大学毕业生就业质量等级与预警信号说明

等级	预警表示	指标说明	数值
Ⅰ	绿色	大学毕业生就业质量情况处于正常波动范围内	[0.6，1.0]
Ⅱ	黄色	大学毕业生就业质量一般，需要改善	[0.4，0.6]
Ⅲ	橘色	大学毕业生就业质量较差，需要引起重视，需要改善	[0.2，0.4]
Ⅳ	红色	大学毕业生就业质量很差，急需改变	[0.0，0.2]

三、基于 BP 神经网络的大学生就业质量预警模型

根据上一节的界定，大学毕业生就业质量预警是在设定的预警等级之下，确定当前就业质量所属的等级范围，在类别上属于模式识别的范围。当前模式识别的主要技术包括：统计方法、语义识别、模糊数学、神经网络法等。[①] 在第四章就业质量评价研究过程中与本章关键预警指标的选取过程中，我们已经通过 DEMATEL-ANP-Matter Element 评价模型来计算大学毕业生的就业质量，通过 DEMATEL-ISM-ANP 来选择预警指标，得到描述其大学毕业生就业质量的结果向量。在预警过程中，采用现今比较成熟的 BP 神经网络方法来进行预警。

人工神经网络是综合神经科学、统计学、物理学、计算机科学等学科的一种综合性的技术。[②] 使用人工神经网络技术不需要了解输入与输出模式之间

① 李金宗．模式识别导论[M]．北京：高等教育出版社，1994.

② 刘洪，何光军．基于人工神经网络方法的上市公司经营失败预警研究[J]．会计研究，2004(2)：44-48.

的对应联系，只要拥有充足样本利用人工神经网络进行训练，就能得到输入与输出的映射关系。

采用人工神经网络的方法，把大学毕业生预警等级划分的结果作为训练样本。其中就业质量的预警指标数据作为输入向量，预警等级作为输出向量，经过人工神经网络的训练，构建大学毕业生就业质量指标和预警等级对应关系的网络模型。训练好网络模型后，我们只要给定大学毕业生就业质量预警指标的评分情况，运用人工神经网络模型就能自动得出预警等级的结果。人工神经网络方法无须预定指标的权重，仅使用当前就业质量等级划分的成果，即可有效地解决大学生就业质量预警等级划分工作中存在的问题。

BP 神经网络是被广泛应用的人工神经网络的一种，它是按照误差反向传播算法进行训练的前馈网络。① 一般而言，BP 神经网络具有 3 层或 3 层以上无反馈、层内无连接结构的前向网络。具体的网络模型可以参照图 5-6。图 5-7 为 BP 神经网络训练流程图。

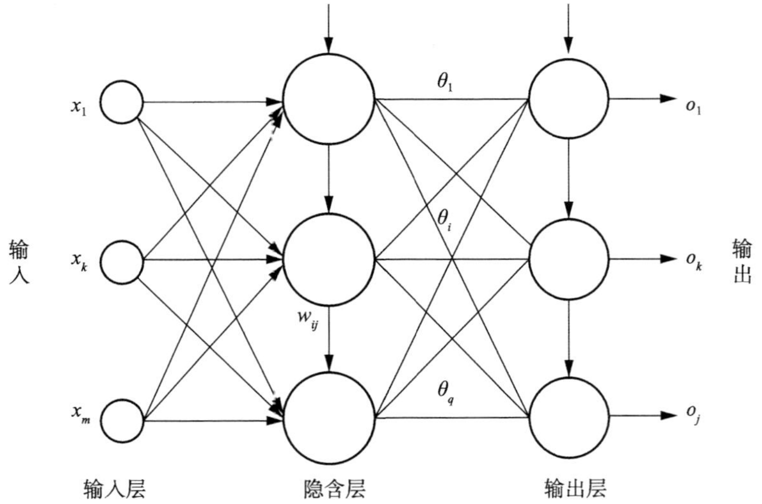

图 5-6　BP 网络结构图

① 高洪深，陶有德．BP 神经网络模型的改进[J]．系统工程理论与实践，1996，16(1)：67-71.

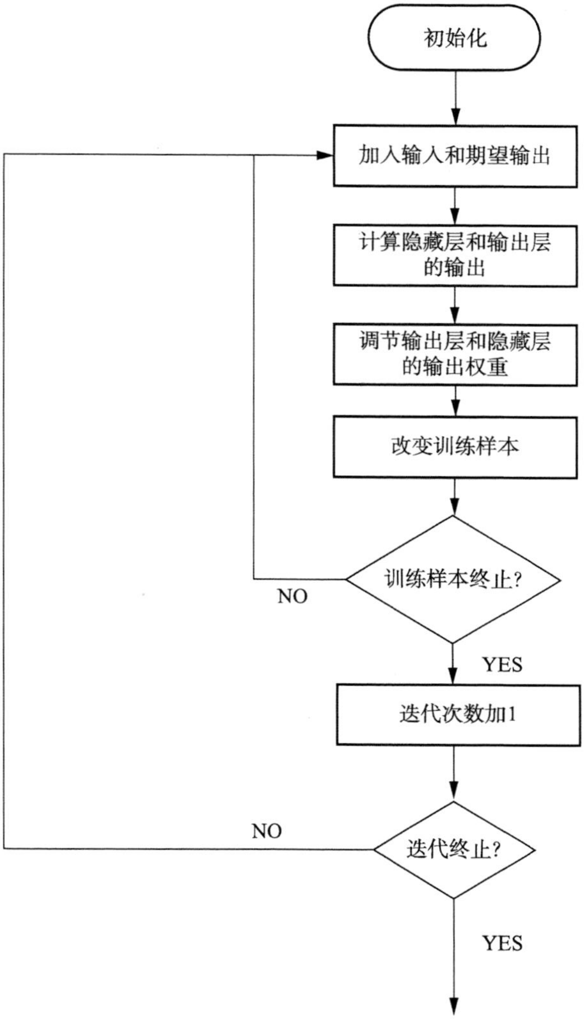

图 5-7　BP 神经网络训练流程图

(一) 确定 BP 人工神经网络层数

BP 人工神经网络一般由输入层、隐含层和输出层组成。我们根据 Kolmogorov 定理和映射的最小二乘逼近定理可以得出具有足够数量隐含层神经元的三层前向网络，可以在给定精度的情况下逼近任意实值连续函数。[①] 所以本书是构建的基于 3 层网络模型的 BP 神经网络模型。

① 陈小前，罗世彬，王振国，等 . BP 神经网络应用中的前后处理过程研究[J]. 系统工程理论与实践，2002，22(1)：65-70.

（二）确定输入层和输出层神经元数

通过如何解决问题和如何存储数据的方式来确定输入量，然后在 BP 人工神经网络模型中输入各变量指标。输出量是指神经网络训练的期望输出值。

（三）确定隐含层节点数

对 BP 人工神经网络，增加隐含层神经元数可提高模型的精度，通常情况下运用一个隐含层可实现，这样的做法比直接加入多个隐含层更为简单。我们评价某个 BP 神经网络的好坏，第一是看模型的精度，第二就是看模型的训练时间。① 一般而言，如果中间层的神经元太少，效率会较低，需要进行训练的次数太多，一般也不易得到较高的模型精度。而如果隐含层神经元个数较多，就会产生过拟合的问题。为了解决这个问题，我们采用经验公式来确定隐含层神经元数。

（1）隐含层神经元个数的经验公式是：

$$N=\sqrt{n+m}+a \tag{5-12}$$

其中，N 表示隐含层神经元数量，n 表示输入层神经元数量，m 表示输入层神经元数量，a 通常是介于 1 到 10 之间的常数。

（2）样本集用于训练最初确定的隐含神经元数量不同的网络，通常采取训练结果均方误差最小网络的隐含层节点数为最终确定值。

（四）在 MATLAB 中进行模型训练得到 BP 神经网络

确定好 BP 神经网络的层数和隐含层的神经元个数之后，在 MATLAB 中使用训练样本对 BP 神经网络进行训练，得到本研究的 BP 神经网络模型。

（五）数据归一化处理并计算

一般采用将训练样本与测试样本归一化的方式来加快网络模型的收敛速度，即，使样本数值介于[0，1]。我们进行数据的归一化的方式主要包括：标准化法、重新定标法、变换法和比例缩放法等。本书对数据的归一化处理采用的是比例压缩法，运用 Sigmoid 类函数作为 BP 人工神经网络的激励函数，该函数的收敛速度在自变量处于饱和区时较慢，因此，通过把输入与输出数据转换到[0.1，0.9]或[0.2，0.8]之间的方式来提高 Sigmoid 类函数的变化

① 李松，刘力军，翟曼．改进粒子群算法优化 BP 神经网络的短时交通流预测[J]．系统工程理论与实践，2012，32(9)：2045-2049.

梯度，从而实现网络模型较快的收敛速度，进而改进网络模型性能。

第三节　大学生群体就业质量预警实证分析

一、大学生就业质量模型训练

（一）输入层和输出层神经元数的确定

通过前面的论述，选择职业安全（Y1）、劳动报酬（Y2）、职业福利（Y3）、员工决策参与度（Y4）、人岗匹配度（Y5）、晋升机会（Y6）、职业稳定程度（Y7）、兴趣相符程度（Y8）、工作自由度（Y9）、工作压力（Y10）、职业归属感（Y11）11 个指标进行考虑，因此，输入层神经元数等于预警因子数量，即输入层神经元数为 11。

输出层为预警结果。根据上文的论述，预警值分为Ⅰ级～Ⅳ级共 4 个类别。本书将预警等级用数值表示，即 1、2、3、4，分别对应预警等级的Ⅰ级、Ⅱ级、Ⅲ级、Ⅳ级，输出层选用一个神经元，使用 0～1 的数值表示。

（二）隐含层节点数的确定

依据上一节中隐含层的经验公式，计算得到隐含层节点数应该在 5～14，具体的以本书中的某次实验为例，实验结果如表 5-8 所示。

表 5-8　网络训练均方误差

隐含层神经元个数	5	6	7	8	9
MSE	0.090 0	0.084 4	0.047 3	0.093 6	0.083 7
隐含层神经元个数	10	11	12	13	14
MSE	0.088 8	0.021 1	0.026 6	0.092 1	0.069 4

通过表 5-8 可知，当 MSE 值最小时，模型的中间隐含层神经元个数为 11，而此时实际输出与期望输出最接近且误差序列收敛，预测效果最佳，因而本书将采用隐含层神经元个数为 11 的 BP 神经网络模型。

（三）在 MATLAB 中进行模型训练得到相应的网络

BP 人工神经网络模型的训练效果由在数量上训练样本和检验样本的分配而决定，而且在效果上模型训练显现出递减的边际效应。换而言之，初始阶段增大模型的样本量能够有效改良模型，而随着样本量越来越多并达到一定规模，此时训练效果很难提高，并且过多的样本量还会带来另一种问题，即模型训练时间较长。因此，在本书中利用正交训练法确定了 50 组训练样本，具体如表 5-9 所示，其中的大学毕业生就业质量预警分值依靠现有数据和专家意见获得。

表 5-9　神经网络训练样本

	Y1	Y2	Y3	Y4	Y5	Y6	Y7	Y8	Y9	Y10	Y11	预警值
样本 1	0.100	0.100	0.100	0.100	0.100	0.100	0.100	0.100	0.100	0.100	0.100	0.100
样本 2	0.100	0.300	0.300	0.300	0.300	0.300	0.300	0.300	0.300	0.300	0.300	0.100
样本 3	0.100	0.500	0.500	0.500	0.500	0.500	0.500	0.500	0.500	0.500	0.500	0.100
样本 4	0.100	0.700	0.700	0.700	0.700	0.700	0.700	0.700	0.700	0.700	0.700	0.300
样本 5	0.100	0.900	0.900	0.900	0.900	0.900	0.900	0.900	0.900	0.900	0.900	0.800
样本 6	0.300	0.100	0.300	0.500	0.700	0.900	0.100	0.300	0.500	0.700	0.900	0.500
样本 7	0.300	0.300	0.500	0.700	0.900	0.100	0.300	0.500	0.700	0.900	0.100	0.300
样本 8	0.300	0.500	0.700	0.900	0.100	0.300	0.500	0.700	0.900	0.100	0.300	0.500
样本 9	0.300	0.700	0.900	0.100	0.300	0.500	0.700	0.900	0.100	0.300	0.500	0.500
样本 10	0.300	0.900	0.100	0.300	0.500	0.700	0.900	0.100	0.300	0.500	0.700	0.300
样本 11	0.500	0.100	0.500	0.900	0.300	0.700	0.700	0.100	0.500	0.900	0.300	0.300
样本 12	0.500	0.300	0.700	0.100	0.500	0.900	0.900	0.300	0.700	0.100	0.500	0.300
样本 13	0.500	0.500	0.900	0.300	0.700	0.100	0.100	0.500	0.900	0.300	0.700	0.500
样本 14	0.500	0.700	0.100	0.500	0.900	0.300	0.300	0.700	0.100	0.500	0.900	0.500
样本 15	0.500	0.900	0.300	0.700	0.100	0.500	0.500	0.900	0.300	0.700	0.100	0.500
样本 16	0.700	0.100	0.700	0.300	0.900	0.500	0.900	0.500	0.100	0.700	0.300	0.500
样本 17	0.700	0.300	0.900	0.500	0.100	0.700	0.100	0.700	0.300	0.900	0.500	0.800
样本 18	0.700	0.500	0.100	0.700	0.300	0.900	0.300	0.900	0.500	0.100	0.700	0.800
样本 19	0.700	0.700	0.300	0.900	0.500	0.100	0.500	0.100	0.700	0.300	0.900	0.500
样本 20	0.700	0.900	0.500	0.100	0.700	0.300	0.700	0.300	0.900	0.500	0.100	0.800
样本 21	0.900	0.100	0.900	0.700	0.500	0.300	0.700	0.500	0.300	0.100	0.900	0.800
样本 22	0.900	0.300	0.100	0.900	0.700	0.500	0.900	0.700	0.500	0.300	0.100	0.800
样本 23	0.900	0.500	0.300	0.100	0.900	0.700	0.100	0.900	0.700	0.500	0.300	0.800
样本 24	0.900	0.700	0.500	0.300	0.100	0.900	0.300	0.100	0.900	0.700	0.500	0.500

续表

	Y1	Y2	Y3	Y4	Y5	Y6	Y7	Y8	Y9	Y10	Y11	预警值
样本 25	0.900	0.900	0.700	0.500	0.300	0.100	0.500	0.300	0.100	0.900	0.700	0.800
样本 26	0.100	0.100	0.100	0.700	0.900	0.700	0.500	0.300	0.900	0.300	0.500	0.500
样本 27	0.100	0.300	0.300	0.900	0.100	0.900	0.700	0.500	0.100	0.500	0.700	0.500
样本 28	0.100	0.500	0.500	0.100	0.300	0.100	0.900	0.700	0.300	0.700	0.900	0.500
样本 29	0.100	0.700	0.700	0.300	0.500	0.300	0.100	0.900	0.500	0.900	0.100	0.500
样本 30	0.100	0.900	0.900	0.500	0.700	0.500	0.300	0.100	0.700	0.100	0.300	0.500
样本 31	0.300	0.100	0.300	0.100	0.500	0.500	0.300	0.700	0.900	0.900	0.700	0.500
样本 32	0.300	0.300	0.500	0.300	0.700	0.700	0.500	0.900	0.100	0.100	0.900	0.500
样本 33	0.300	0.500	0.700	0.500	0.900	0.900	0.700	0.100	0.300	0.300	0.100	0.500
样本 34	0.300	0.700	0.900	0.700	0.100	0.100	0.900	0.300	0.500	0.500	0.300	0.500
样本 35	0.300	0.900	0.100	0.900	0.300	0.300	0.100	0.500	0.700	0.700	0.500	0.500
样本 36	0.500	0.100	0.500	0.500	0.100	0.300	0.900	0.900	0.700	0.300	0.700	0.300
样本 37	0.500	0.300	0.700	0.700	0.300	0.500	0.100	0.100	0.900	0.500	0.900	0.300
样本 38	0.500	0.500	0.900	0.900	0.500	0.700	0.300	0.300	0.100	0.700	0.100	0.500
样本 39	0.500	0.700	0.100	0.100	0.700	0.900	0.500	0.500	0.300	0.900	0.300	0.500
样本 40	0.500	0.900	0.300	0.300	0.900	0.100	0.700	0.700	0.500	0.100	0.500	0.300
样本 41	0.700	0.100	0.700	0.900	0.700	0.100	0.300	0.900	0.300	0.500	0.500	0.800
样本 42	0.700	0.300	0.900	0.100	0.900	0.300	0.500	0.100	0.500	0.700	0.700	0.800
样本 43	0.700	0.500	0.100	0.300	0.100	0.500	0.700	0.300	0.700	0.900	0.900	0.300
样本 44	0.700	0.700	0.300	0.500	0.300	0.700	0.900	0.500	0.900	0.100	0.100	0.800
样本 45	0.700	0.900	0.500	0.700	0.500	0.900	0.100	0.700	0.100	0.300	0.300	0.800
样本 46	0.900	0.100	0.900	0.300	0.300	0.900	0.500	0.700	0.700	0.500	0.100	0.500
样本 47	0.900	0.300	0.100	0.500	0.500	0.100	0.700	0.900	0.900	0.700	0.300	0.500
样本 48	0.900	0.500	0.300	0.700	0.700	0.300	0.900	0.100	0.100	0.900	0.500	0.800
样本 49	0.900	0.700	0.500	0.900	0.900	0.500	0.100	0.300	0.300	0.100	0.700	0.800
样本 50	0.900	0.900	0.700	0.100	0.100	0.700	0.300	0.500	0.500	0.300	0.900	0.500

如图 5-8 所示，在 MATLAB 中构建一个 11 输入、1 输出，隐含层节点数量为 11 个的 BP 人工神经网络，模型设置最大的训练次数为 300 000 次，模型的训练目标精度为 0.000 1，学习速率为默认值。

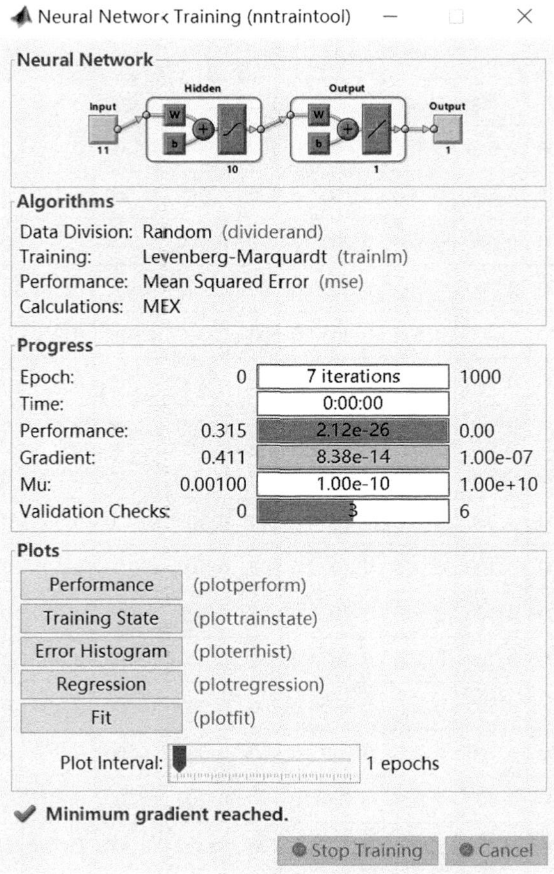

图 5-8　MATLAB 的相关参数设定

利用 MATLAB 软件对现有网络进行训练，可以获得的训练成果如图 5-9 所示。

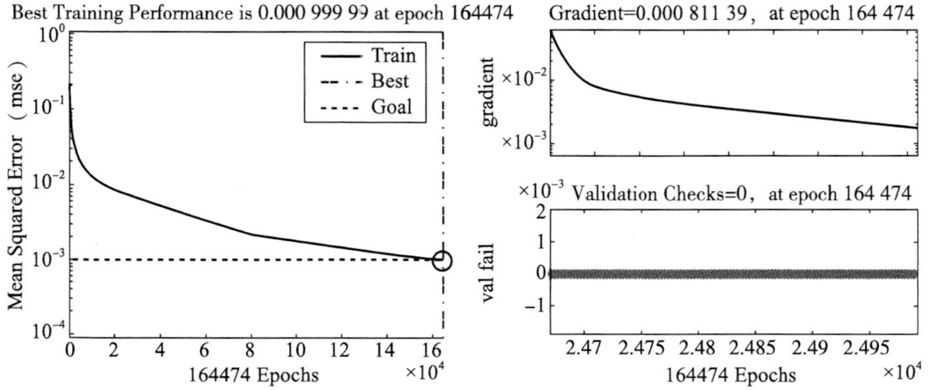

图 5-9　MATLAB 训练过程的变化趋势

如图 5-10 所示，结合软件仿真得到拟合程度 R = 0. 96 974，以及上图中数据点与拟合线的分布状况可以得知，该 BP 神经网络的训练基本完成，达到了我们需要的程度，可以进行实际应用。

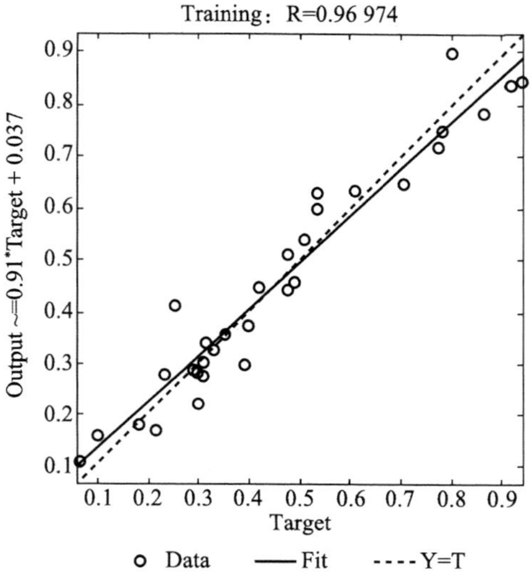

图 5-10　BP 神经网络的拟合效果

二、大学生就业质量预警结果分析

根据上面训练得出的神经网络，计算不同群体的大学毕业生就业质量预警情况。

根据第四章中获得的不同群体的就业质量状况，标准化后如表 5-10 所示，输入到训练好的网络中，结果如表 5-11 所示。

表 5-10　各大学毕业生群体就业质量标准化得分

	Y1	Y2	Y3	Y4	Y5	Y6	Y7	Y8	Y9	Y10	Y11
总体	0. 595	0. 681	0. 576	0. 588	0. 692	0. 441	0. 582	0. 715	0. 485	0. 794	0. 595
男	0. 572	0. 703	0. 573	0. 599	0. 693	0. 473	0. 594	0. 732	0. 493	0. 812	0. 572
女	0. 615	0. 662	0. 579	0. 578	0. 635	0. 413	0. 571	0. 700	0. 478	0. 778	0. 615
党员	0. 625	0. 665	0. 591	0. 621	0. 719	0. 484	0. 617	0. 757	0. 513	0. 691	0. 625
非党员	0. 587	0. 685	0. 572	0. 579	0. 647	0. 412	0. 573	0. 704	0. 478	0. 885	0. 587
城镇	0. 625	0. 665	0. 573	0. 621	0. 699	0. 484	0. 617	0. 757	0. 513	0. 691	0. 625
农村	0. 478	0. 743	0. 579	0. 461	0. 462	0. 412	0. 447	0. 551	0. 379	0. 885	0. 478
新兴产业	0. 618	0. 782	0. 625	0. 554	0. 627	0. 494	0. 575	0. 652	0. 456	0. 887	0. 618

续表

	Y1	Y2	Y3	Y4	Y5	Y6	Y7	Y8	Y9	Y10	Y11
传统制造业	0.670	0.648	0.598	0.631	0.594	0.400	0.585	0.781	0.473	0.841	0.670
服务业	0.563	0.752	0.538	0.608	0.627	0.469	0.586	0.577	0.401	0.853	0.563
东部地区	0.652	0.734	0.584	0.574	0.768	0.454	0.578	0.862	0.585	0.858	0.652
中部地区	0.602	0.732	0.607	0.488	0.607	0.423	0.625	0.657	0.452	0.805	0.602
东北地区	0.576	0.667	0.528	0.540	0.642	0.391	0.599	0.520	0.502	0.800	0.576
西部地区	0.565	0.659	0.615	0.474	0.686	0.452	0.585	0.621	0.523	0.790	0.565

表 5-11　大学毕业生群体就业质量预警结果

群体	评价结果	预警等级	预警信号
总体	0.637 9	Ⅰ	绿色
男	0.691 8	Ⅰ	绿色
女	0.601 7	Ⅰ	绿色
党员	0.718 0	Ⅰ	绿色
非党员	0.603 4	Ⅰ	绿色
城镇	0.702 8	Ⅰ	绿色
农村	0.491 6	Ⅱ	黄色
新兴产业	0.726 5	Ⅰ	绿色
传统制造业	0.651 2	Ⅰ	绿色
服务业	0.549 2	Ⅱ	黄色
东部地区	0.759 4	Ⅰ	绿色
中部地区	0.615 2	Ⅰ	绿色
东北地区	0.390 4	Ⅲ	橘色
西部地区	0.565 2	Ⅱ	黄色

根据表 5-11 的计算结果来看，当前，我国大学毕业生的就业质量的预警结果为 0.637 9，预警等级为Ⅰ级，处于可接受状态，但是其评价数值并不高，比临界值稍高一点，这说明虽然总体来看处于可接受状态，但是就业质量状况并不是太好，大学生个体的各个就业指标并非都处于良好状态，其中职业安全、职业福利、员工决策参与度、晋升机会、职业稳定程度、工作自由度、职业归属感等预警指标处于黄色状态，其他指标处于绿色状态。各级政府和高校应当密切关注处于黄色状态的指标，并采取切实可行的措施，以免造成就业质量的恶化。

从本次调研数据可知，从性别来看，我国男性大学毕业生的就业质量预警结果为0.691 8，预警等级为Ⅰ级；女性大学毕业生的就业质量预警结果为0.601 7，稍低于男性大学毕业生，预警等级为Ⅰ级，处于临界值的边缘。男女大学毕业生的预警等级均为Ⅰ级，从预警等级上来看，男性大学毕业生与女性大学毕业生无明显差异。从预警指标上来看，男性大学生的职业安全、职业福利、员工决策参与度、晋升机会、职业稳定程度、工作自由度、职业归属感等预警指标处于Ⅱ级，需要引起重视；而女大学生的职业福利、员工决策参与度、晋升机会、职业稳定程度、工作自由度等预警指标处于黄色状态，需要引起重视。

从政治身份来看，具有党员身份的大学毕业生的就业质量预警数值为0.718 0，预警等级为Ⅰ级，预警信号为绿色；不具有党员身份的大学毕业生就业质量的预警数值为0.603 4，处于临界值的边缘，预警等级为Ⅰ级，预警信号为绿色。从预警等级上来看，具有党员身份的大学毕业生与不具有党员身份的大学毕业生无明显差异。从预警指标来看，具有党员身份的大学生的职业福利、员工决策参与度、工作自由度等指标处于Ⅱ级，即黄色预警状态；不具有党员身份大学生的职业安全、职业福利、员工决策参与度、晋升机会、职业稳定程度、兴趣相符程度、工作自由度、职业归属感等指标处于Ⅱ级，需要引起重视。总体而言，非党员身份大学毕业生的就业质量需要密切关注。

从户籍来看，城镇大学毕业生就业质量的预警数值为0.702 8，预警等级为Ⅰ级，预警信号为绿色；农村大学毕业生就业质量的预警数值为0.491 6，预警等级为Ⅱ级，预警信号为黄色，需要引起重视，并采取措施进行改善。从预警指标上来看，城镇户口的大学生的职业福利、晋升机会、工作自由度、工作压力等预警指标处于Ⅱ级，需要引起关注；而农村户口的大学生的职业安全、职业福利、员工决策参与度、人岗匹配度、晋升机会、职业稳定程度、兴趣相符程度、职业归属感处于Ⅱ级，需要引起关注，值得注意的是，工作自由度这一预警指标处于Ⅲ级，预警信号为橘色，需要引起高度重视。总体而言，不同户籍出身的大学毕业生的预警等级具有显著差异，农村大学毕业生就业质量问题需要引起重视，政府和高校应当从各个方面对农村大学生给予帮助。

如图5-11所示，从行业来看，从事新兴产业的大学毕业生的就业质量预警数值为0.726 5，预警等级为Ⅰ级，预警信号为绿色；从事传统制造业的大学毕业生的就业质量预警数值为0.651 2，预警等级为Ⅰ级，预警信号为绿色；从事服务业的大学毕业生就业质量的预警数值为0.549 2，预警等级为Ⅱ级，预警信号为黄色，需要引起重视。从预警等级上来看，从事不同行业的大学毕业生的预警等级具有差异。从事新兴产业与传统制造业的大学毕业生就业质量的预警等级为Ⅰ级，从事服务业的大学毕业生的就业质量的预警等级为Ⅱ级。从预警指标上来看，从事新兴产业的大学生的员工决策参与度、晋升机会、职业稳定程度、工作自由度等指标处于Ⅱ级，预警信号为黄色，需要引起重视；从事传统制造业的大学生的职业福利、人岗匹配度、晋升机会、职业稳定程度、工作自由度等指标处于Ⅱ级，预警信号为黄色，需要引起重视；从事服务业的大学生的职业安全、职业福利、晋升机会、职业稳定程度、兴趣相符程度、工作自由度、职业归属感等指标处于Ⅱ级，预警信号为黄色，需要引起关注。

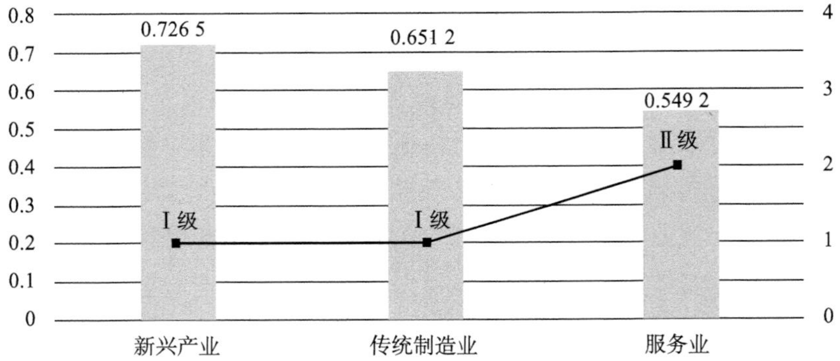

图5-11　不同行业的大学毕业生预警情况

如图5-12所示，从区域来看，东部地区的大学毕业生的就业质量预警数值为0.759 4，预警等级为Ⅰ级，预警信号为绿色；中部地区的大学毕业生的就业质量预警数值为0.615 2，预警等级为Ⅰ级，预警信号为绿色；东北地区的大学毕业生的就业质量的预警数值为0.390 4，预警等级为Ⅲ级，预警信号为橘色，需要引起高度重视；西部地区的大学毕业生的就业质量的预警数值为0.565 2，预警等级为Ⅱ级，预警信号为黄色，需要引起重视。从预警指标来看，东部地区的大学毕业生的职业福利、员工决策参与度、晋升机会、职业稳定程度、工作自由度等指标处于Ⅱ级，预警信号为黄色，需要引起关注；中部地区的大学毕业生的员工决策参与度、晋升机会、工作自由度等指标处于Ⅱ级，预警信号为黄色，需要引起关注；东北部地区的大学毕业生的职业安全、职业福利、员工决策参与度、职业稳定程度、兴趣相符程度、工作自由度、职业归属感等指标处于Ⅱ级，预警信号为黄色，需要引起关注，值得注意的是，晋升机会这一预警指标处于Ⅲ级，预警信号为橘色，需要引起高度重视；西部地区的大学毕业生的职业安全、员工决策参与度、人岗匹配度、晋升机会、职业稳定程度、工作自由度、职业归属感等指标处于Ⅱ级，预警信号为黄色，需要引起关注。总体而言，不同区域的大学毕业生的预警等级具有差异。东部地区与中部地区的大学毕业生就业质量的预警等级为Ⅰ级，西部地区的大学毕业生的就业质量的预警等级为Ⅱ级，而东北地区的大学毕业生就业质量的预警等级为Ⅲ级，需要引起高度重视。

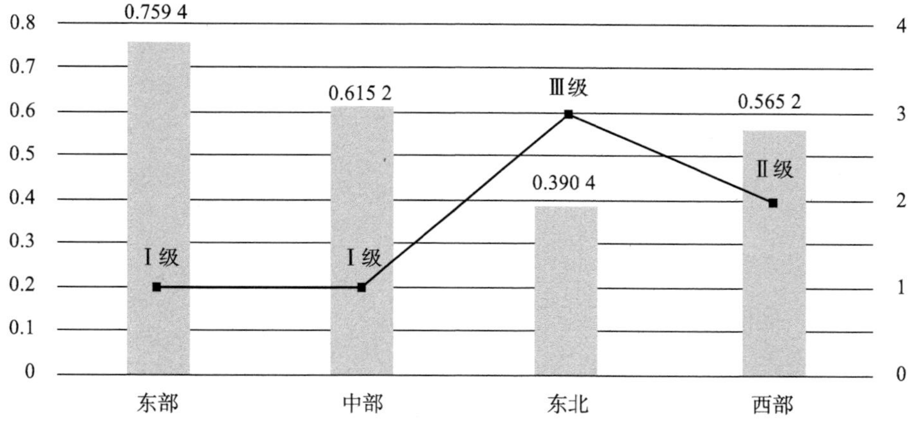

图 5-12　不同区域的大学毕业生预警情况

第三部分

区域就业状况调查研究

第六章　城镇劳动力就业状况调查研究

第一节　调查研究基本概况

一、调查对象

全面把握当前城乡劳动力资源及其就业、失业原因和结构分布等状况，可为政府准确判断就业形势，制定和调整就业政策，加强就业服务提供可靠依据。我们以 A 省为例，2016 年，对 A 省城乡劳动力就业失业状况进行了抽样调查。调查主要对 A 省城乡劳动力资源基本状况以及性别结构、年龄结构、文化结构等进行数据采集。抽样调查以户为单位进行，既调查家庭户，也调查集体户。调查对象是抽中户中在调查时点居住在本户的 16 岁以上 60 岁以下人口，以及本户人口中离开本乡镇、街道不满半年且 16 周岁以上 60 周岁以下人口，其中现役军人、在押犯人、在校学生、退休人员不调查。

本次抽样调查城镇劳动力(包括外来常住人口)为 11 710 人，其中经济活动人口 7 503 人；抽样调查农村劳动力 6 922 人，其中正在外出务工人员 2 874 人，没外出务工人员 4 048 人。

二、抽样方法与结果

(一)抽样方案

根据本次抽样调查的任务要求和统计科学原理，本次抽样调查在样本量确定在 95%的置信度下按抽样绝对误差不超过 3%的要求进行计算，至少需要抽取样本量：$n=\frac{u_a^2p(1-p)}{d^2}$，其中 d 为抽样绝对误差取 0.03，u_a 在置信度为

0.95 时为 1.96，$p\times(1-p)$ 最大取 0.25。综合数据准确度、操作可行性等因素，考虑到在调查实施中通常会存在各种现实原因造成的无回答等情况。最终本次抽样调查的样本容量确定为 5 400 户，最终有效问卷率控制在 90%以上。

（二）抽样方法

在考虑实际条件和限制的情况下，本调查采用分层、等距与随机相结合的混合抽样方法，较好地实现了抽样的科学性和可操作性。具体的抽样程序分成以下几个步骤。

1. 抽样单位

采用四阶段抽样法，各阶段的抽样单位为：

第一阶段：以县（市、区）为初级抽样单位，共抽取 35 个县（市、区）作为一级抽样单位；

第二阶段：以街道或乡镇为二级抽样单位，每个初级抽样单位中抽出 2 个街道或乡镇，共 70 个作为二级抽样单位；

第三阶段：以社区、行政村为三级抽样单位，在每个二级抽样单位中抽出一个社区或行政村，共 70 个作为三级抽样单位；

第四阶段：以家庭住户为最终抽样单位，在每个三级抽样单位中抽出 100 个住户，共 7000 户作为最终抽样单位。

2. 抽样步骤

一级抽样单位县（市、区）的选取：采用分层、等距抽样的方法。

将总人口数达到 400 万人以上的 11 个市的 109 个县（市、区）按照市辖区（35 个）、市（25 个）、县（49 个）划分为三个抽样框，按照等概率的方法计算出每个抽样框抽取的个数，市辖区抽取 11 个，市抽取 8 个，县抽取 16 个，

（1）准备抽样框：在 Excel 表格中分别准备各抽样框县（市、区）的名单，按照行政区划排序，并依次编号 1～N，实施等距抽样。

（2）计算抽样步距：抽样步距＝每个抽样框的县（市、区）数/该抽样框拟调取的县（市、区）数，如果不是整数，就采用收尾法进位取整。

（3）确定抽样起点：抽样起点确定为第一个县（市、区）。

（4）确定其他抽样点：第 2 个抽样点为“抽样起点+抽样步距”；第 3 个抽样点为“第 2 个抽样点+抽样步距”，依此类推。

（5）确定中选的县（市、区）。将 3 个抽样框选中的县（市、区）汇总，构

成一级抽样单位 35 个县(市、区)。

二级抽样单位(街道/乡镇)的选取：采取简单随机抽样方法中的抽签法。

按照行政序列，将一级抽样单位中第一个县(市、区)所辖的街道或乡镇编号，再准备与该县(市、区)所辖街道或乡镇数量相等且大小相同的号签，把编号写在号签上，将号签放在一个容器中搅拌均匀，每次从中抽取一个号签，抽两次得到 2 个二级抽样单位。其他县(市、区)依此类推，共抽取 70 个二级抽样单位。

三级抽样单位(社区/行政村)的选取：参照二级抽样单位的抽签法，每个街道或乡镇抽取一个社区或行政村，共抽取 70 个构成三级抽样单位。

四级抽样单位(家庭户)的选取：采取等距抽样的方法。

(1)准备住户抽样框。

住户抽样框可用该社区或行政村所有住宅(包括住人的地下室)的门牌号码登记表，也可用住户登记表，按顺序编号($1\sim M$，M 为住宅或住户总数)。

(2)计算抽样步距：抽样步距 L=住户(住宅)总数/调查户数 100，如果不是整数，就采用收尾法进位取整。

(3)确定抽样起点：采用抽签法或随机数表法抽取。

抽签法：准备 L 个大小相同的号签，在号签上分别写上 1、2、…、L，将号签放在一个容器中搅拌均匀，从容器中里拿出 1 个号签，看上面的数字是什么，住宅(住户)登记表上相应序号的住户就是第一个被抽中的住户(随机起点)。

随机数表法：从随机数表中任意选择一个与步距 L 位数相同的数(必须是表中相邻的数字组成)。如果这个数小于步距 L，则这个数就是随机起点；如果这个数大于步距 L，则这个数除以步距 L 所得的余数为随机起点。

(4)确定其他调查户：第二个被抽中的住户序号=随机起点(第一个被抽中的住户序号)+步距 L，第三个被抽中的住户序号=随机起点$+2\times L$，……，第 n 个被抽中的住户序号=随机起点$+(n-1)\times L$。

(三)抽样结果

本次抽样调查采取多阶段抽样方法。第一，根据可操作性与代表性原则，经过简单随机抽样、聚类分析及社会经济发展状况等综合考量，共抽取了 8 个县级单位，分别来自 J 市、Q 市、D 市、T 市、Z 市、B 市、L 市和 Y 市。

第二，分别从抽中的 8 个县级单位中，根据简单随机抽样再分别抽取 2 个街道或乡镇，共抽取 16 个街道或乡镇。第三，按照等距抽样方法，在每个被抽中的街道或乡镇中，再分别随机抽取 4 个社区居委会和村委会，这样共抽取到 32 个村委会和 32 个居委会。第四，根据社区规模大小的不同，从每个社区中再随机抽取 60~120 户。本次抽样调查时点自 2016 年 1 月开始，历时 40 天完成全部数据采集工作，实际共完成有效家庭样本 5 205 户，有效问卷率达 96%。

首先，根据科学性、代表性与可操作性原则，经过聚类分析、简单随机抽样等综合考量，抽取了 8 个县级单位，分别来自 J 市、Q 市、D 市、T 市、Z 市、B 市、L 市、Y 市等地市。

其次，根据随机抽样抽签法，在这 8 个县级单位中，再抽取 9 个街道和 7 个乡镇。

再次，按照等距抽样方法，在每一个被抽中的街道或乡镇中再分别随机抽取 4 个社区居委会或村委会。

最后，每个居委会计划抽样 100 户，要求完成 80 户；每个村委会计划抽样 110 户，要求完成 90 户，共计完成城镇居民户数 2 880 户，乡村居民户数 2 520 户。该阶段抽取的方法均采取等距抽样法。在调查完本村居全部户数后，如果个别村居的居民户数小于计划抽取样数的，不足部分选择相邻同类型的村居，按照等距抽取差额部分。个别村居由于行政区划调整或合村并建等原因发生重大调整时，按照等距方式重新抽取相应村居进行补充(见表 6-1)。

表 6-1　抽样概况一览表

县级单位	街道/乡镇(抽签法)	村/居(等距抽样)	户(等距抽样)
(J 市)××区(17 个街道)	××路街道(9 个居委会)	××社区居委会	100/80
		××社区居委会	100/80
		××社区居委会	100/80
		××社区居委会	100/80
	××街道(8 个居委会)	××社区居委会	100/80
		××社区居委会	100/80
		××社区居委会	100/80
		××社区居委会	100/80

续表

县级单位	街道/乡镇（抽签法）	村/居（等距抽样）	户（等距抽样）
（Q市）××市（3个街道，8个镇）	××街道（19个居委会，57个村委会）	××社区居委会	100/80
		××社区居委会	100/80
		××社区居委会	100/80
		××社区居委会	100/80
	××镇（66个村委会）	××村委会	110/90
		××村委会	110/90
		××村委会	110/90
		××村委会	110/90
（D市）××区（6个街道，4个镇）	××街道（16个居委会，1个村委会）	××社区居委会	100/80
		××社区居委会	100/80
		××社区居委会	100/80
		××社区居委会	100/80
	××街道（14个居委会，6个村委会）	××社区居委会	100/80
		××社区居委会	100/80
		××社区居委会	100/80
		××社区居委会	100/80
（T市）××区（5个街道，3个乡镇）	××街道（19个居委会，1个村委会）	××社区居委会	100/80
		××社区居委会	100/80
		××社区居委会	100/80
		××社区居委会	100/80
	××街道（16个街道，12个村委会）	××社区居委会	100/80
		××社区居委会	100/80
		××社区居委会	100/80
		××社区居委会	100/80
（Z市）××县（2个街道，10个乡镇）	××镇（97个村委会）	××村委会	110/90
		××村委会	110/90
		××村委会	110/90
		××村委会	110/90
	××镇（52个村委会）	××村委会	110/90
		××村委会	110/90
		××村委会	110/90
		××村委会	110/90

续表

县级单位	街道/乡镇（抽签法）	村/居（等距抽样）	户（等距抽样）
（B市）××县（3个街道，12个镇）	××街道（21个村委会）	××村委会	110/90
		××村委会	110/90
		××村委会	110/90
		××村委会	110/90
	××镇（127个村委会）	××村委会	110/90
		××村委会	110/90
		××村委会	110/90
		××村委会	110/90
（L市）××市（4个街道，12个镇）	××街道（9个居委会）	××社区居委会	100/80
		××社区居委会	100/80
		××社区居委会	100/80
		××社区居委会	100/80
	××镇（30个村委会）	××村委会	110/90
		××村委会	110/90
		××村委会	110/90
		××村委会	110/90
（Y市）××县（1个街道，17个乡镇）	××镇（48个村委会）	××村委会	110/90
		××村委会	110/90
		××村委会	110/90
		××村委会	110/90
	××镇（43个村委会）	××村委会	110/90
		××村委会	110/90
		××村委会	110/90
		××村委会	110/90

说明：
1. 本次抽样共涉及A省3个市辖区，2个县级市，3个县；9个街道，7个镇；36个居委会，28个村委会。

三、调研团队

（一）调研团队组成

本次调研团队共有9名老师和120名来自××大学和××大学的在校生。9

位老师中教授2名，副教授4名，讲师3名，其中具有博士学位的共6名。在组织培训、调查准备及调查实施过程中，这9位老师丰富的调研经验和严谨的工作态度确保了本次大规模抽样调查工作的顺利完成。在抽样调查的过程中，各调查小组当天对问卷进行严格的审核，做到“自查+互查+带队老师复查”。调查团队中15名硕士研究生与3位老师一起开展问卷总复核工作，为问卷录入与数据分析做好充分准备。抽样调查团队组织20名访员，前后历时近2周，完成了问卷数据录入工作。

（二）调研员基本要求

调研员在调研时，在与受访者交流的态度和方式上要做到以下9点。

(1)以非正式的方式与受访者交流。在访问过程中，访问员应该使用自然且有亲和力的语气与受访者进行交谈，避免过于生硬和书面化的用语。

(2)调动受访者的参与积极性。访问员可以在调查中营造轻松愉快的氛围，让受访者乐于回答所提出的问题。

(3)耐心听取或记录受访者的回答。访问员不要急于获得数据信息而催促受访者在选项中进行选择，也不要忽略受访者的解释和说明。

(4)不要让受访者感到是在接受盘问或是在进行测验。访问员应强调，选项没有对错之分，根据受访者的真实情况和个人观点回答提问即可。

(5)保持中立。访问员的主要工作是记录，而不是改变或影响数据的收集。因此，在访问过程中，请勿通过语言、手势、表情流露出惊讶、赞成或反对的态度。

(6)摒除刻板印象。在访问中，访问员不应带着某些刻板印象进行入户调查。比如按照受访者的收入、教育水平或家庭环境来妄加猜测或判断其回答问题的方式和所选答案。

(7)亲切而平等地对待所有受访者。请勿因为受访者的性别、年龄、职业、家庭环境、宗教信仰和个人观点干扰访问过程中访问员的访问态度。

(8)在提出问题或等待受访者回答问题时，请勿提出自己的建议或观点。

(9)掌握访问的主动权。请勿就受访者提及的无关话题进行交流。

调研员在问卷调查时的一些注意事项：

(1)入户时，不要以“对不起，可以占用您一点时间吗?”或者“您是否有空参与我们的问卷调查?”等语句开场，而要用肯定句，如“我们是……，正在做一项访问。我们想问您一些问题……”或“我们想占用您一点时间……”等。

另外，请主动出示访问员证，如有必要也可以把项目负责单位的联系电话告知受访者，以消除其疑虑。

（2）在与受访者接触时，避免使用“调查”二字，因为在很多情况下，这个词会让人们联想到警方或检方的调查取证，从而使其有所避讳，拒访率提高，所以在入户自我介绍时最好使用“访问”“研究”等词。

（3）在受访者拒访时，可以向其说明，此次调查工作对今后政府制定惠民政策会有很大帮助，让拒访者意识到接受访问、提供相关信息与他们的生活息息相关。同时，也需要向其强调调查数据的保密性。这里，请勿提及其他访问或其他受访者，尤其不要用其他受访者的合作事例来向受访者施加压力。

（4）在访问开始之前，受访者也许会询问一些关于调查内容、抽样方式、访问时间长度等问题，请事先预做了解并如实回答。但如果对方问及其他受访者的情况，请表达尊重个人隐私的态度，并巧妙地回避这类问题。

（5）如果访问时有其他人在场，并对受访者有所影响，访问员可以礼貌地向他们解释，受访者是通过科学的抽样方法抽选，此次调查只能记录其个人意见，这样才可以保证调查信息准确性，如果其他人对此有兴趣，可以在访问结束后再与受访者交谈。

（6）访问过程中，请使用中性的词语提问。比如，“您在未来五年内是否会考虑购房?”就是一个中性的问题；但如果问道“您五年内考虑购房，是不是?”，便成了一种有倾向性的提问方式，好像在期待或诱导受访者做出“是”的回答。此外，不要在提问的同时带出某个选项或在问题后面加上自己猜测的答案。例如，“您拖着不去看医生的主要原因是不是付不起医药费?”这个问题明显就带有倾向性和访问员的主观猜测。在有关社会态度和个人观点的访谈中，类似访问失误尤其需要注意。因此，请务必按照问卷上的问法念读问题。

（7）对多选题，请务必读出所有的选项或向受访者出示答题卡，再等待受访者的回答，不要只读某一选项或部分选项，否则会对受访者产生暗示作用。

（8）如果受访者给出的回答不太明确，可以用中立的语句进行追问。比如，“您能再解释一下吗?”，而不要妄自揣测受访者的意思。请注意，当受访者答“还行”“一般”“还可以”这类模棱两可的词语时，恰当的做法是用“您说的‘还行’是什么意思?”这种方式追问，而不要说“您的意思是‘不好’吗?”。因为许多受访者会乐于迎合访问员的观点，所以带有主观倾向性的追问往往并不能使其表达个人的真实想法，应当避免这种情况的发生。

(9)有时候，受访者会表现出不耐烦，常常说“不知道”或给出前后矛盾、毫不相关的答案，甚至直接拒绝回答。在发生这种情况时，访问员要想方设法重新抓住受访者的兴趣点，并使其意识到此次访谈的重要性。在访问过程中，要保持礼貌、亲切的态度。若接收到的答复过于敷衍，也请进行耐心的追问。

(10)如果有些题目受访者不愿作答，比如收入、婚姻及个人生活等，访问员要尽量消除他们的疑虑，强调信息的保密性，并且向其解释这个问题的普遍性和重要性。如果受访者依然拒绝回答，访问员可以继续询问下一题。在得到其他题目的答案后，再回过头来就刚才拒答的问题重新进行巧妙的询问，但要注意把握分寸，实在无法说服受访者时，也不必强迫其作答。

(11)如果发现受访者的回答前后不一致，则需要立即进行确认。

(12)平等地对待所有受访者，尤其不要对无业、收入低、文化程度低、年纪大的群体抱持刻板印象，主观认为他们会倾向于选择某些选项。访问员需要耐心、细心地倾听和记录每个受访者的真实回答。

(13)讲话清晰、缓慢，不必急躁，这样有利于受访者尤其是老年人和外来群体理解访问题目。提问后，也请给受访者足够的思考时间，请勿催促其作答。如果受访者有其他安排，访问时间不充裕，可以改约其他时间继续访谈。

(14)请务必用清晰的笔记记录受访者的回答，这样可以避免数据录入时出现差错。

(15)如果发现特殊或有价值的信息，而问卷上并未提及，可以将其记录在“其他”之后或问卷的空白处。

(16)如果访问被迫中止或受访者不在家，可以安排重访。

(17)结束访问时，需要仔细核查问卷及其他材料，如果发现错误或出入，请与受访者核实。在对受访者表示感谢后，请尽快离开访问地点，不要和受访者做无关的攀谈。

(18)访问中遇到的问题要及时向督导员汇报，不要擅自处理。

（三）调研员问卷培训

(1)该份问卷同时包含有城市与乡村子问卷，内容较少，访员一般在10~20分钟即可完成。调查问卷中的调查项目按人填报。填报的项目有姓名、性别、年龄、户口性质、健康状况、婚姻状况、受教育程度、技术等级、受培训情况、是否为取得收入而工作、工作性质、工作单位或经营活动类型、行业类型、是否签订劳动合同、未工作原因、是否想工作、是否寻找工作、未寻找工作原因、当前能否工作、不能工作的原因、参加社会保险情况等 30 个项目。

(2)此次调查的对象是户内 16 周岁以上 60 周岁以下所有人口。需要同时询问该家庭户中符合如下条件的所有成员：居住在本户的 16 周岁以上 60 周岁以下人口以及本户人口中离开本乡镇、街道不满半年且 16 周岁以上 60 周岁以下人口。但现役军人、在押犯人、在校学生、退休人员不调查(只收集基本信息)，在调查时点前死亡的人口不调查，港澳台和外籍人员不调查。

比较特殊的情况有以下几种，需要单独说明。

没有工作经历的在校学生、现役军人的受访者，只了解“个人基本情况”部分后就结束(注意：结束访问的只是 16~60 岁的在校学生或现役军人，家庭中其他符合条件的调查对象还需要继续询问或代答)；内退未工作、离退休未工作、丧失劳动能力的人，只了解“个人基本情况”部分和“就业状态”部分后就结束(注意：结束访问的只是这类人，家庭中其他符合条件的调查对象还需要继续询问或代答)；不愿外出务工的只了解“个人基本情况”部分后就结束(注意：结束访问的只是这类人，家庭中其他符合条件的调查对象还需要继续询问或代答)。

(3)问卷针对被调查家庭内每位受访者而设计，要求家庭成员中 16 周岁以上 60 周岁以下人口都要回答。较快速的询问方式是针对一个问题同时询问家庭中符合调查条件的所有人员。当然，也可一个一个地询问。如果家庭成员中符合调查条件的人口有多人，但只有一个人在家，也可让其代答。根据家庭人口规模及以往经验，家庭中符合要求的调查对象基本上集中在 1 人或 2 人。

第二节 城镇劳动力就业基本概况

一、城镇劳动参与率及其分布

(一)劳动参与率总体水平

本次抽样调查城镇劳动力(包括外来常住人口)为 11 710 人，经济活动人口 7 503 人，非经济活动人口 4 207 人，失业人员 323 人，就业人员 7 180 人。根据本次抽样调查，A 省城镇劳动参与率[①]总体水平为 64.07%，见表 6-2。

① 统计口径包含城镇户籍人口与居住在城镇半年以上农业户籍人口，指城镇常住人口，计算公式为：城镇劳动参与率=(城镇经济活动人口/城镇劳动力资源)×100%。

表 6-2 劳动参与率与调查失业率情况

	劳动参与率	调查失业率
性别	64.07	4.31
男	71.96	2.41
女	55.94	6.82
年龄段		
16~19岁	24.27	4.35
20~29岁	71.79	1.59
30~39岁	80.17	4.34
40~49岁	66.56	5.98
50~59岁	38.72	4.98
60岁及以上	12.50	20.0
文化程度		
初中及以下	54.13	3.79
高中	62.96	6.16
大中专、技校、职校毕业生	86.20	5.72
大学及以上	80.45	1.95
健康状况		
健康	67.02	3.79
一般	46.28	7.65
体弱	33.68	14.58
有重病	29.61	24.44
有残疾	33.80	20.83
技术与技能人才		
无	61.03	4.37
初级技工(1~3级工)	73.99	4.95
中级技工(4~6级工)	81.15	5.69
高级技工(7~8级工)	90.63	2.59
技师	87.64	7.69
高级技师	82.05	0.00
初级专业技术职称	91.09	4.35
中级专业技术职称	94.10	1.48
高级专业技术职称	90.83	0.92

（二）分组别劳动参与率情况

(1)分性别组看，男性劳动参与率为71.96%，比女性劳动参与率高16%。

(2)分年龄组看，处于中间年龄组的劳动参与率高，处于两端的16~19岁与50~59岁年龄组劳动参与率较低。

(3)分文化程度组看，大中专、技校、职校毕业生、大学及以上文化程度的劳动参与率超过了80%；高中文化程度的劳动参与率为62.96%；而初中及以下文化程度的劳动参与率为54.13%。可以发现，劳动参与率与文化程度呈现显著的正相关。

(4)分健康组看，身体健康的劳动参与率为67.02%；身体一般情况的劳动参与率为46.28%；体弱的与身体有残疾的劳动参与率基本持平，分别为33.68%和33.8%，身体有重病的劳动参与率最低，为29.61%。

(5)分技术与技能人才情况看，技术与技能人才的劳动参与率为85.99%，其中专业技术人才的劳动参与率为92.46%，技能人才的劳动参与率为80.99%；非技术与技能人才的劳动参与率为61.03%。在技能人才类别中，初级技工(1~3级工)的劳动参与率最低，为73.99%；高级技工(7~8级工)的劳动参与率最高，为90.63%。在专业技术人才类别中，初级、中级、高级专业技术职称的劳动参与率分别为91.09%、94.10%、90.83%。

二、城镇劳动力调查失业率及其分布

（一）城镇劳动力调查失业率总体水平

根据本次抽样调查，A省城镇调查失业率①总体水平为4.31%，见表6-2。

（二）分组别调查失业率情况

(1)分性别组看，城镇女性调查失业率高于男性，分别为6.82%和2.41%。

(2)分年龄组看，20~29岁年龄段的调查失业率最低，为1.59%；60岁及以上年龄段最高，为20%。其余年龄段的调查失业率差别不大。

(3)分文化程度组看，大学及以上文化程度的调查失业率仅为1.95%，在所有组别中失业率最低；高中文化程度的调查失业率最高，为6.16%；大中专、技校、职校毕业生的调查失业率较高，为5.72%；初中及以下文化程度

① 统计口径为城镇常住人口调查失业率，计算公式为：城镇调查失业率=(城镇失业人口/城镇经济活动人口)×100%，其中城镇经济活动人口=城镇就业人口+城镇失业人口。

的调查失业率为3.79%。分文化程度组看，呈现“两头低、中间高”的态势，说明高学历可以极大地降低失业率，社会对低学历的体力劳动者需求较大，处于学历中间层者面临较大的失业风险。

（4）分健康组看，经济活动人口中，身体健康人员的调查失业率最低，为3.79%；身体一般状况人员的调查失业率为7.65%；体弱人员的调查失业率较高，为14.58%；身体有重病、有残疾人员的调查失业率最高，分别达到了24.44%、20.83%。失业率与身体健康程度呈现显著的负相关。

（5）分技术与技能人才情况看，技术与技能人才的调查失业率为3.66%，非技术与技能人才的调查失业率为4.37%，前者比后者低了0.71%。其中技能人才的调查失业率为4.85%，专业技术人才的调查失业率为2.31%，专业技术人才的调查失业率比技能人才的调查失业率显著低了2.54%。在技能人才类别中，高级技师的调查失业率为0，实现完全充分就业，高级技工（7~8级工）的调查失业率较低，为2.59%；初级技工（1~3级工）、中级技工（4~6级工）以及技师的调查失业率相对较高，分别为4.95%、5.69%和7.69%。在专业技术人员类别中，拥有高级专业技术职称的调查失业率最低，为0.92%；拥有中级专业技术职称的调查失业率为1.48%；拥有初级专业技术职称的调查失业率相对较高，为4.35%。

第三节　城镇劳动力就业、失业、培训与保险分析

一、城镇劳动力就业分析

（一）就业失业登记比重

本次抽样调查中，进行过就业失业登记的比重为31.9%，其中“只进行过就业登记”的比重为24.8%；“只进行过失业登记”的比重仅有6.1%；“没有进行过就业失业登记”的比重为57.2%；“不清楚就业失业登记”的比重为11.0%。

分性别看，男性和女性“只进行过就业登记”的比重分别为14.0%和10.8%，其他类别如失业登记等性别分布结构没有呈现出显著差异。

分年龄组看，进行过就业失业登记的人口主要集中在30~39岁与40~49岁年龄段，分别为12.1%和11.1%（见图6-1）。

分文化程度看，大学及以上文化程度的在“只进行过就业登记”中比例最

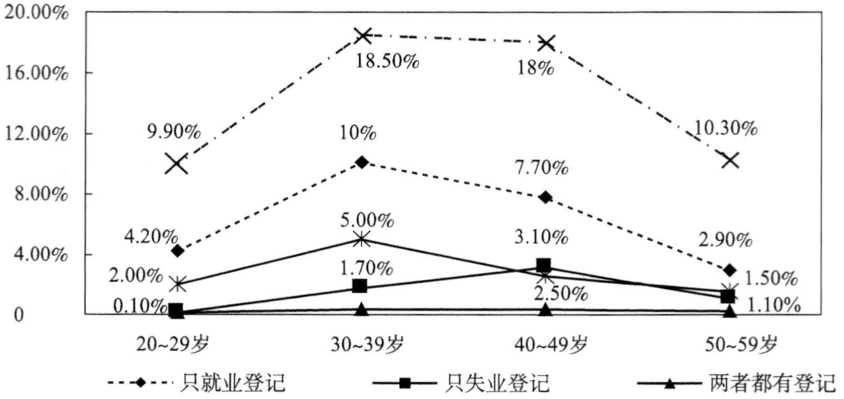

图 6-1　分年龄段城镇就业失业登记比重

高，为 9. 7%；大中专、技校、职校毕业生在“只进行过失业登记”中所占比例最高，为 2. 1%；初中及以下文化程度的在“两者都没有登记过”以及“不清楚就业失业登记”中占比最高，分别为 23. 5%、3. 6%；大中专、技校、职校毕业生所占比例较高，分别为 16. 3%、3. 6%（见图 6-2）。

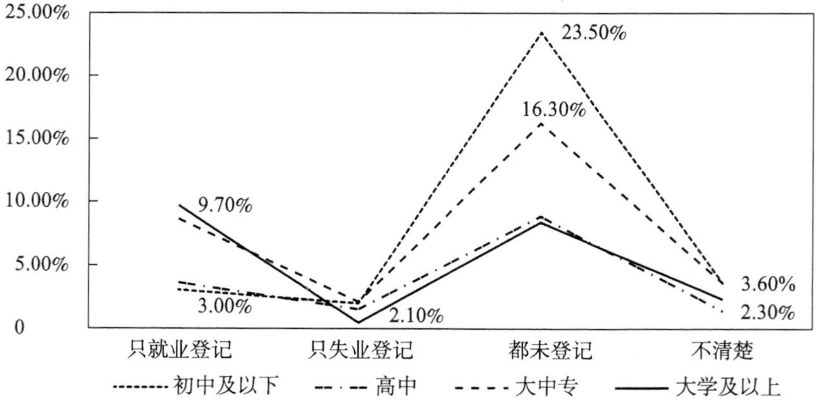

图 6-2　分文化程度城镇就业失业登记比重

分健康组看，身体健康人员在就业失业登记的各个类别中所占比重最高。

分技术与技能人才组看，非技术与技能人才人员在就业失业登记的各个类别中所占比重均最高。分职业技能培训情况看，经历过职业技能培训的在“只进行过就业登记”中的比例为 15. 5%，比没有经过职业技能培训人员高 5. 5%；而在“只进行过失业登记”中，经历过职业技能培训的比例为 2. 4%，比没有经历过职业技能培训人员低 1. 4%；没有经过职业技能培训的在“两者都没有登记过”所占比例最高，为 41. 4%，比经历过职业技能培训人员高 27%（见图 6-3）。

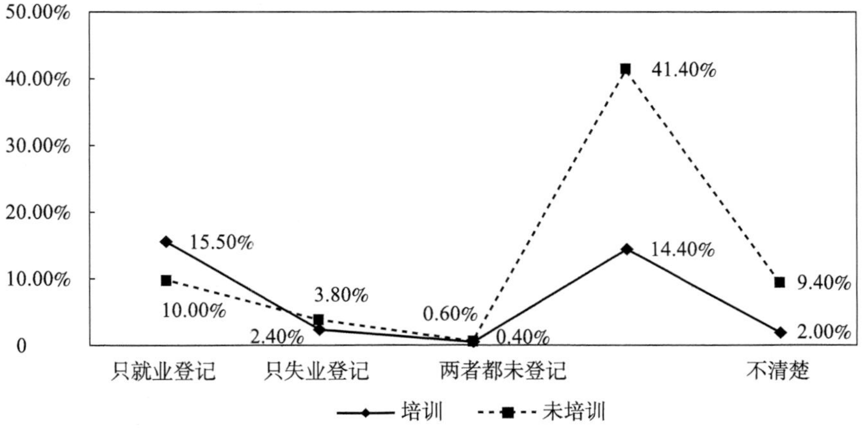

图 6-3　分技术与技能人才城镇就业失业登记比重

分创业培训情况看，没有经历过创业培训的在就业失业登记的各个类别中所占比重均为最高，这主要是由于经历过创业培训人员总体数量较少导致的（见图 6-4）。

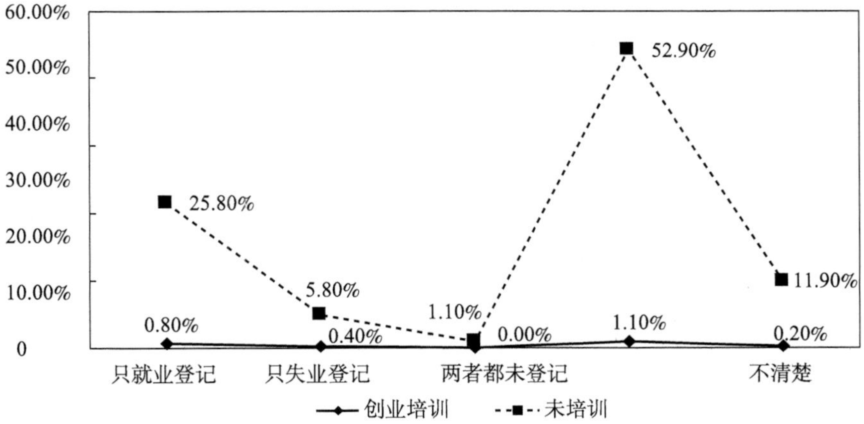

图 6-4　分创业培训城镇就业失业登记比重

（二）工作性质

本次抽样调查显示，就业人员工作性质分布中企业占比最高，为 47.2%；民办非企业与私营企业主占比较低，为 1.0%，家庭帮工仅为 0.4%；事业单位和个体工商户占比相近；党政群机关（含参公事业单位）与自营劳动者所占比例都较低，不到 10%。

分性别看，在党政群机关（含参公事业单位）中，男性就业人员所占比为

4.5%，比女性高 2%；在企业中，男性就业人员占比 27.7%，比女性高 8.2%；在个体工商户、自营劳动者与私营企业主类别中，男性就业人员占比分别为 8.0%、3.2%和 0.8%，比女性分别高 1.1%、1.1%和 0.4%。

在事业单位、民办非企业、慈善机构以及其他类别中，男性与女性之间基本持平，不存在显著性差异；而在社会团体与家庭帮工（钟点工和住家工）类别中，女性就业比例显著高于男性。

分年龄段来看，在党政群机关（含参公事业单位）中，30~39 岁与 40~49 岁年龄段所占比例相对较高，分别为 2.5%和 2.2%；在事业单位中，30~39 岁与 40~49 岁年龄段所占比例相对较高，分别为 5.4%和 4.1%；在企业中，20~29 岁、30~39 岁与 40~49 岁年龄段所占比例相对较高，分别为 10.1%、19.4%和 12.5%；从事民办非企业的就业人员，主要集中在 20~39 岁年龄段；从事社会团体的就业人员，主要集中在 30~59 岁年龄段；从事个体工商户的就业人员和私营企业主，主要集中在 30~49 岁年龄段（见图 6-5）。

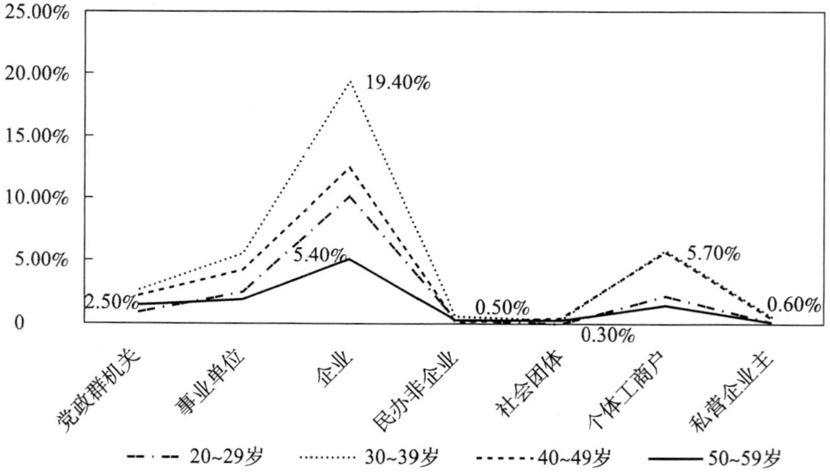

图 6-5　分工作性质不同年龄段各自所占比重

分文化程度来看，党政群机关（含参公事业单位）与事业单位的就业人员中，大学及以上文化程度的占比最高，分别为 3.9%和 7.2%；在企业工作的就业人员中，大中专、技校、职校毕业生占比最高，为 17.7%，紧随其后的是初中及以下与大学及以上文化程度的就业人员，占比分别为 10.5%与 11.4%；从事个体工商户的主要集中在大学文化程度以下人员，共占 13.8%（占个体工商户类别总数的比例为 13.8%/14.9%=92.62%）；而在私营企业主类别中，大学及以上文化程度的就业人员占比最高，为 0.4%（占私营企业主类别总数的比例为 0.4%/1.2%=33.33%）（见图 6-6）。

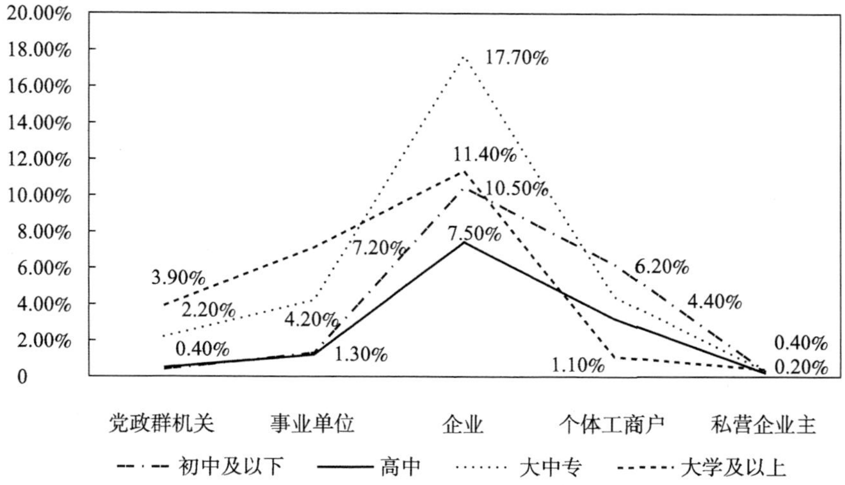

图 6-6　分工作性质不同文化程度各自所占比重

从职业技能培训情况来看，在党政群机关（含参公事业单位）与事业单位工作的就业人员，经历过职业技能培训的比例高于没有经历过技能培训的就业人员，而在企业工作的就业人员（47.2%）中，经历过职业技能培训的比例为 20.3%，没有经过职业技能培训的比例为 26.9%，前者占企业工作类别总数的比例为 43.0%（见图 6-7）。

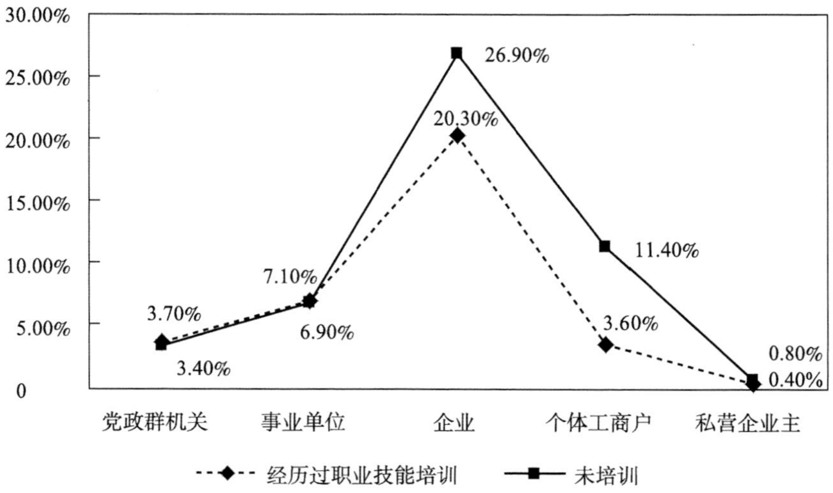

图 6-7　分工作性质是否进行职业培训所占比重

（三）工作单位或经营类型

就业人员工作单位或活动经营类型的总体分布情况如下：在私营经济与个体经济的就业比例较高，约为20%；在事业单位与国有企业的就业的比重比较接近，约为14%；在股份有限公司、机关团体以及其他类别中就业比例大约为7%；在有限责任公司、集体企业以及外资/合资企业中就业比例相对较少，约为2%。

分性别看，男性就业人员在国有企业、集体企业、个体经济、私营企业、机关/团体、股份有限公司及有限责任公司类别中占比显著高于女性，而在外资/合资企业、事业单位及其他类别中不存在性别上的显著性差异。

分年龄段看，在国有企业、集体企业、机关/团体、事业单位、个体经济中就业人员主要分布在30~49岁年龄段中；私营经济、外资/合资企业的就业人员主要分布在30~39岁年龄段中；股份有限公司、有限责任公司的就业人员主要分布在20~49岁年龄段中（见图6-8）。

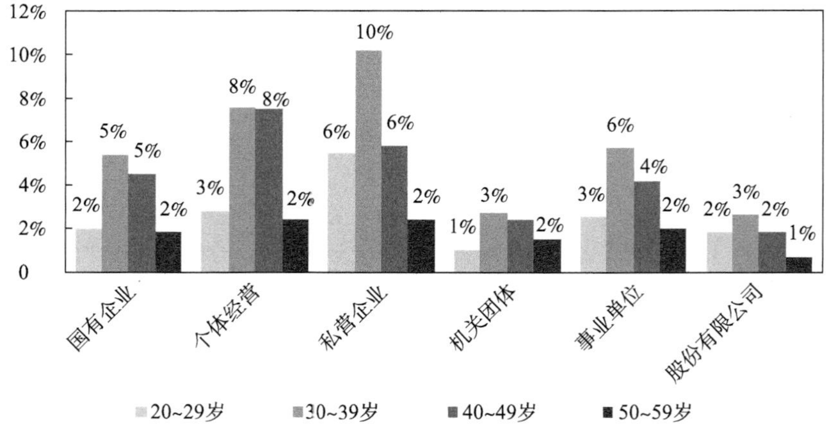

图6-8 分年龄就业人员工作单位或活动经营类型分布

分文化程度看，高中及以下文化程度的就业人员主要集中在个体经济与私营企业中；初中及以下文化程度的就业人员在个体经济与私营企业中占比最高，分别为9%和7%，占个体经济从业人员（20.3%）与私营企业从业人员（24.0%）的46.31%和29.58%；大中专、技校、职校毕业生主要集中在私营企业、个体经济以及国有企业中，分别占总体就业人员的8%、5%和5%，占私营企业从业人员（24.0%）、个体经济从业人员（20.3%）及国有企业从业人员（13.7%）的34.58%、26.60%和40.88%；大学及以上文化程度的就业人员主要分布在机关/团体、事业单位、私营企业、国有企业及个体经济中，在机关/团体、事业单位类别内部占比最高，分别达到 52.78%（7.6/14.4）和 50.67%（3.8/7.5）（见图 6-9）。

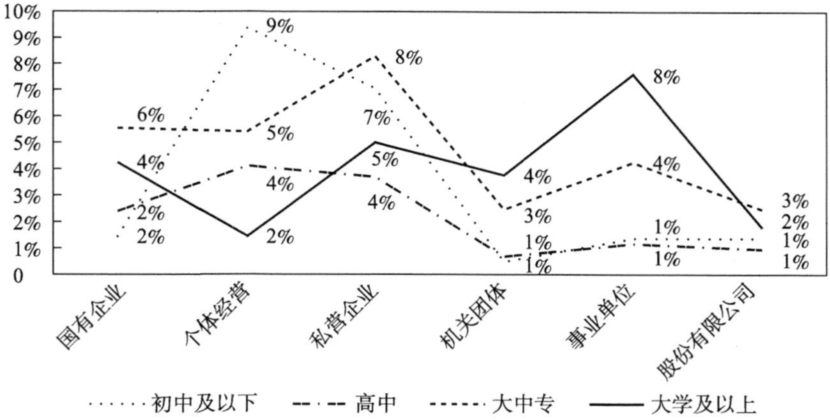

图 6-9　分文化程度就业人员工作单位或活动经营类型分布

从技术与技能人才情况来看，非技术与技能人才主要集中在个体经济与私营经济领域；技能人才类别中，主要集中在国有企业、事业单位、私营企业与个体经济领域；专业技术人才主要集中在国有企业、事业单位、私营企业、股份有限公司领域，其中主要集中在事业单位领域，占比为 38.35%。

从职业技能培训情况来看，经过职业技能培训的就业人员在国有企业、事业单位就业比例高于未经过职业技能培训的就业人员，而没有经过职业技能培训的就业人员集中在个体经济与私营经济领域（见图 6-10）。

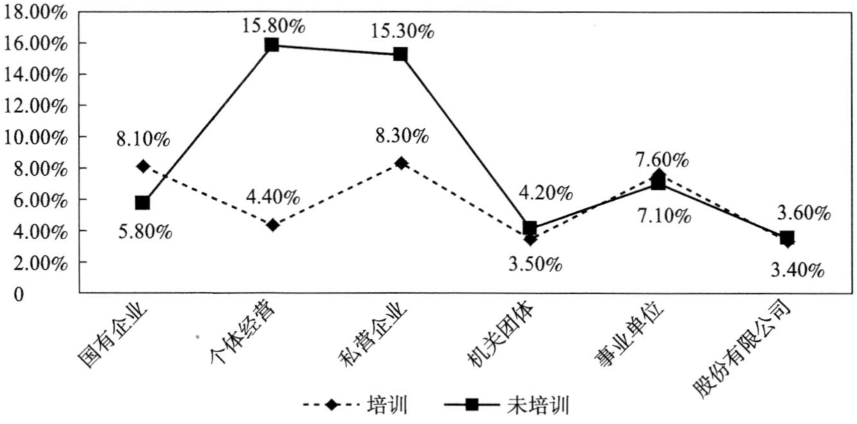

图 6-10　分创业培训就业人员工作单位或活动经营类型分布

（四）行业分布

从行业分布看，城镇常住人口就业人员主要集中在批发和零售业（14.8%）、制造业（13.5%）、公共管理和社会组织（11.0%），以及居民服务和其他服务业（9.8%），这四个行业的就业人员共占就业人员总数接近一半。

从产业分布看，就业人员主要集中在第三产业就业，其所占比例达到71.1%；从事第二产业的比例为26.9%；从事第一产业比例仅为2.0%。因此大力发展第三产业，是提高城镇劳动力就业的主要途径。

分性别看，女性在批发和零售业、住宿餐饮业、教育行业、卫生、社会保障和社会福利业，以及文化、体育和娱乐业中比男性就业比例高，在其他行业中所占比例均低于男性（见图6-11）。

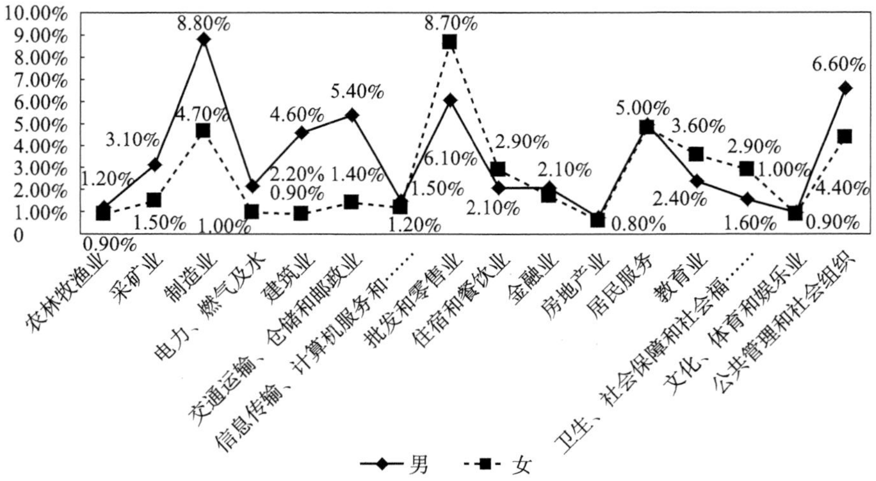

图6-11　分性别就业人员不同行业分布所占比重

综上所述，分年龄段看，不同行业的主要从业人员主要集中在30~49岁年龄段中。分文化程度看，初中及以下人员主要从事制造业、批发和零售业、居民服务和娱乐业以及交通运输、仓储和邮政业；大学及以上文化程度主要从事公共管理和社会组织、教育业、金融业和制造业。从技术与技能人才情况看，非技术与技能人才就业人员主要从事批发和零售业、制造业、居民服务和其他服务业。从职业技能培训情况看，经历过职业技能培训的就业人员主要从事公共管理和社会组织、制造业、水利、环境和公共设施管理业，而没有经历过职业技能培训的就业人员主要从事批发和零售业、制造业、居民服务和其他服务业。

（五）就业渠道

城镇常住人口就业人员就业渠道分布状况如下：自己应聘/应招方式占50.7%；自主创业方式占比14.8%；亲戚朋友推荐占比12.0%；公开招考与其他方式分别为9.2%和10.2%；利用公共就业（人才）服务机构介绍获得工作的比例为1.0%。

分性别看，男性在自主创业、公共就业（人才）服务机构介绍、亲戚朋友推荐、自己应聘/应招、劳务派遣机构派遣及其他方式上获取工作岗位的比例均高于女性，而在公开招考方式获取工作的比例上，女性高于男性。

分年龄段看，通过自己应聘/应招以及公开招考方式获取工作岗位主要集中在20~29岁年龄段中，通过自主创业、亲戚朋友推荐方式获取工作岗位主要集中在30~49岁年龄段中，而通过公共就业（人才）服务机构介绍方式获取工作岗位主要集中在40~49岁年龄段中（见图6-12）。

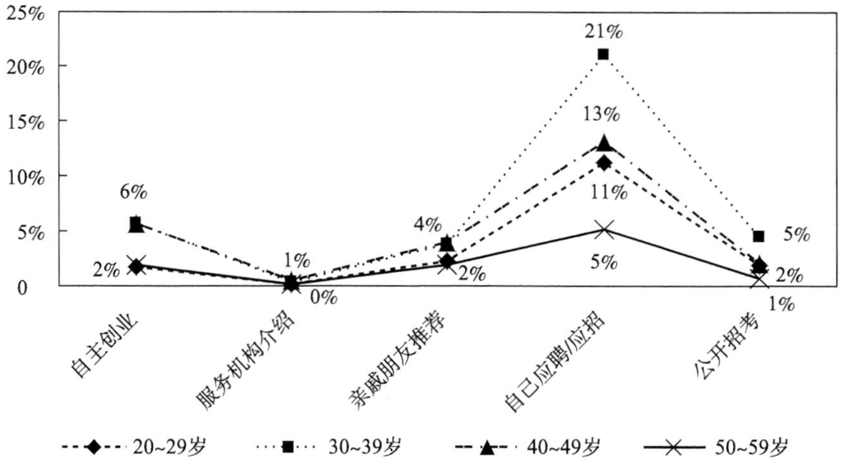

图6-12　分年龄就业人员就业渠道分布

分文化程度看，通过自主创业、公共就业（人才）服务机构介绍以及亲戚朋友介绍获取工作岗位的，主要集中在初中及以下文化程度中；通过自己应聘/应招、公开招考方式获取工作岗位的，主要集中在大中专、技校、职校毕业生以及大学及以上文化程度中（见图6-13）。

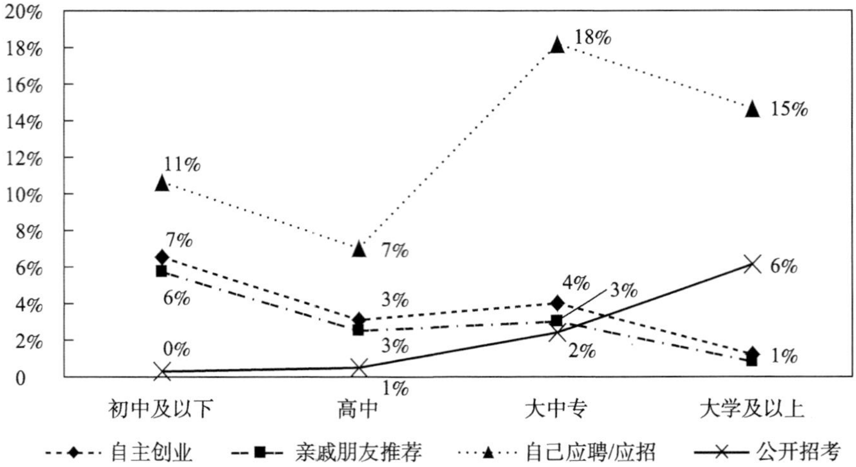

图 6-13　分文化程度就业人员就业渠道分布

从技术与技能培训情况看，非技术与技能人才人员主要通过自己应聘/应招、自主创业以及亲戚朋友推荐方式获取工作岗位。没有经历过职业技能培训人员在就业渠道上，在自主创业、公共就业(人才)服务机构介绍、亲戚朋友推荐、自己应聘/应招、劳务派遣机构派遣方式上相对比例高于经历过职业技能培训的人员，而在公开招考方式上低于经历过职业技能培训的人员(见图 6-14)。

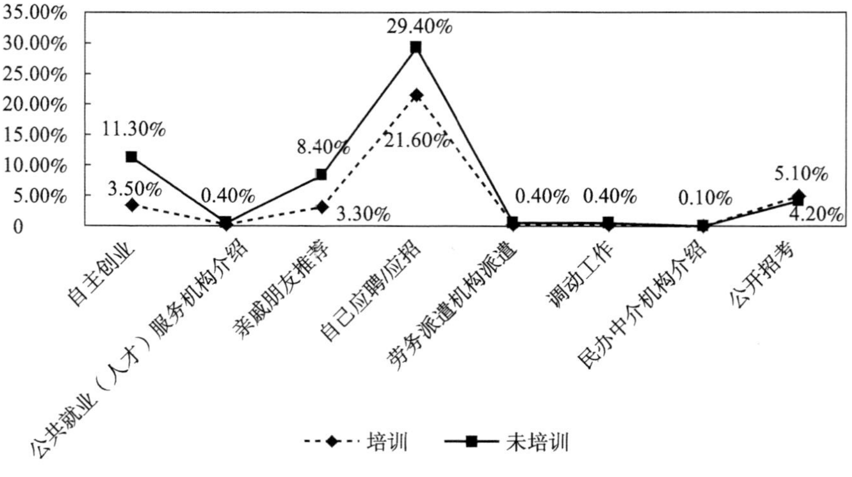

图 6-14　分职业技能培训就业人员就业渠道分布

（六）劳动合同签订

城镇常住人口就业人员①中签订劳动合同的比例为 62. 5%。在签订的劳动合同中，调研发现签订无固定期限劳动合同比例为 58. 4%。在签订了固定期限劳动合同的就业人员中，签订 5 年以上的比例仅为 6. 5%；3~5 年的比例最多为 55. 8%；签订 3 年以下劳动合同的比例为 37. 6%。

分性别看，男性签订劳动合同的比例为 35. 3%，女性签订劳动合同的比例为 27. 2%，男性比女性高 8. 1%（见图 6-15）。

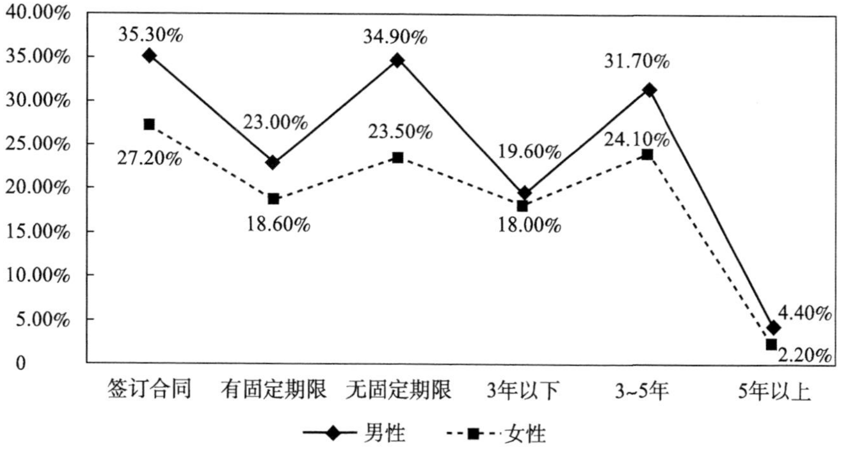

图 6-15　分性别签订劳动合同情况

在签订劳动合同类型中，男性签订固定期限劳动合同、无固定期限合同的比例分别为 23. 0%、34. 9%，女性则分别为 18. 6%、23. 5%，男性比女性分别高 4. 4%和 11. 4%，在签订无固定期限劳动合同的比例上，性别差距较大。在签订固定期限合同的性别差异上，3 年以下的男性比女性高 1. 6%，3~5 年的男性比女性高 7. 6%，5 年以上的男性比女性高 2. 2%。

分年龄段看，签订劳动合同的就业人员主要集中在 20~49 岁年龄段，占比为 55. 8%。在签订劳动合同类型上，签订了有固定期限劳动合同的就业人员也主要集中在 20~49 岁年龄段，占比为 38. 7%；而签订了无固定期限劳动合同的就业人员主要集中在 30~59 岁，占比为 53. 2%。在固定期限合同的签订期限上，签订了 3 年以下的就业人员主要集中在 30~49 岁，占比为 26. 9%；签订了 3~5 年的主要集中在 20~49 岁，占比为 52. 4%；签订了 5 年以上的主

---

① 就业人员中包含灵活就业人员。

要集中在 30~49 岁，占比为 5.6%(见图 6-16)。

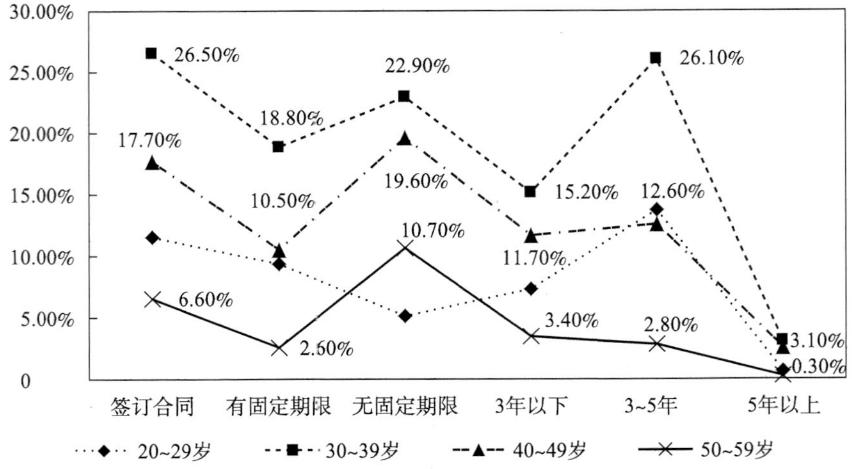

图 6-16 分年龄签订劳动合同情况

分文化程度看，在签订劳动合同的就业人员中，大中专、技校、职校毕业生及大学以上文化程度的共占 46.6%，而高中与初中及以下文化程度的仅占 15.8%，前者比后者高出 30.8%；在签订固定期限劳动合同中，中专、技校、职校毕业生以及大学以上文化程度的共占 30.2%，而高中与初中及以下文化程度的仅占 11.3%，前者比后者高出 18.9%；在签订无固定期限劳动合同中，中专、技校、职校毕业生以及大学以上文化程度的共占 44.4%，而高中与初中及以下文化程度的仅占 14.1%，前者比后者高出 30.3%；在签订 3 年以下、3~5 年及 5 年以上的固定期限劳动合同中，中专、技校、职校毕业生以及大学以上文化程度的合计比例分别为 24.6%、43.5%，而高中与初中及以下文化程度的合计比例分别为 12.8%、12.5%，前者比后者分别高出 21.8%、31%。从是否签订劳动合同、签订劳动合同类型及其固定期限合同时长情况看，文化程度相对高的就业人员均显著高于文化程度相对较低的就业人员(见图 6-17)。

从技术与技能人才情况看，非技术与技能人才签订劳动合同的比例为 40.2%，占非技术与技能人才被调查人数总体比例(73.4%)的 54.77%，技术与技能人才签订劳动合同的比例为 22.1%(40.2%~62.4%)，占技术与技能人才被调查人数总体比例(26.5%)的 83.77%，非技术与技能人才在签订劳动合同相对比例上低于技术与技能人才 29%(图 6-18)。

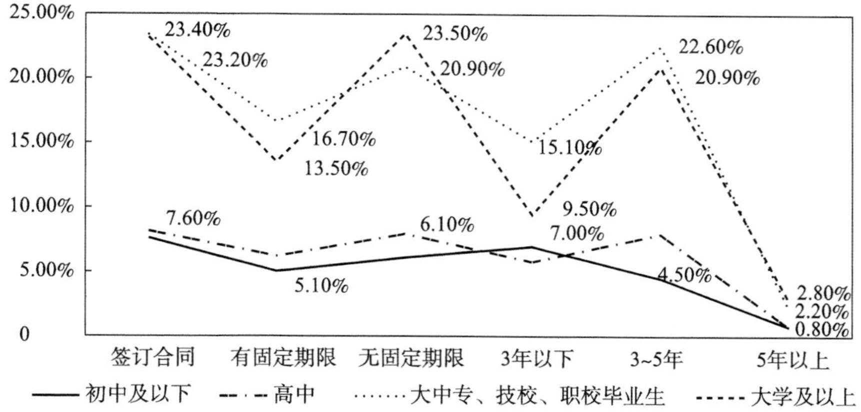

图 6-17　分文化程度签订劳动合同情况

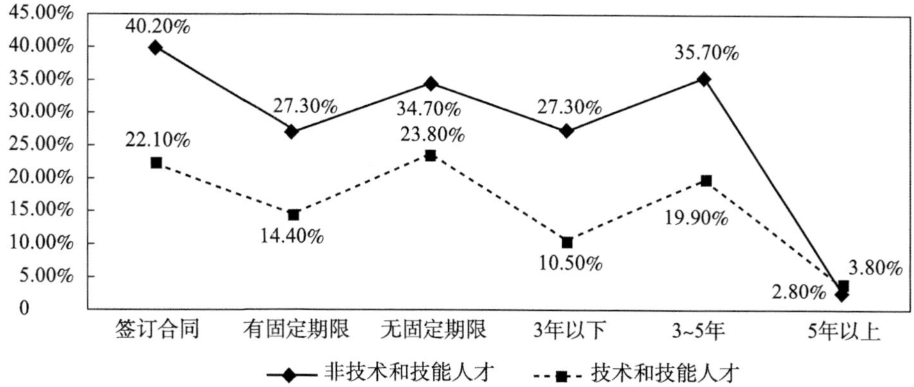

图 6-18　分技术和技能人才签订劳动合同情况

从职业技能培训看，经历过职业技能培训的就业人员签订劳动合同的比例为 79.65%(32.1/40.3)，没有经历过职业技能培训的就业人员签订劳动合同的比例为 52.93%(32.1/59.7)，前者比后者显著高出 26.72%(见图 6-19)。

（七）就业收入

城镇常住人口就业人员平均月收入集中在 2 001~4 000 元等级段中，占比 44.1%，就业人员平均月收入在 1 000~2 000 元与 4 001~6 000 元两个等级段中所占比例相差不大，分别为 23.5%与 21.2%，在低于 1 000 元与大于 6 000 元的两个等级段中所占比例相差不大，分别为 5.0%与 6.3%，就业人员的平均月收入结构整体上呈现正态分布(见图 6-20)。

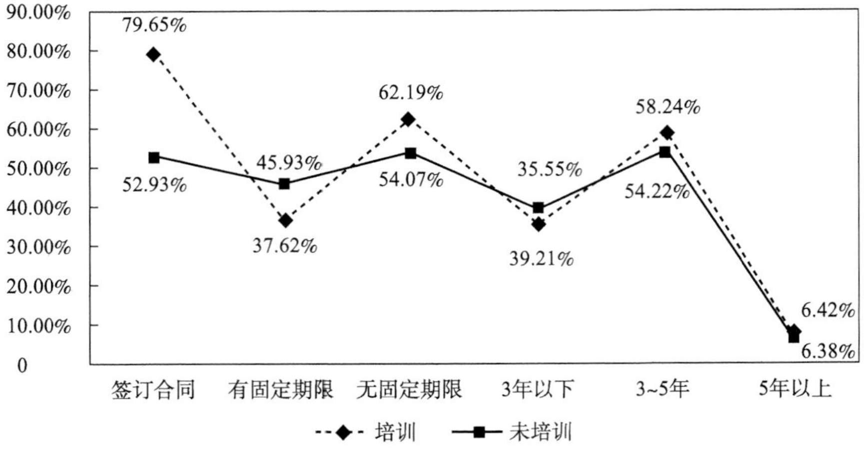

图 6-19　分职业技能培训签订劳动合同情况

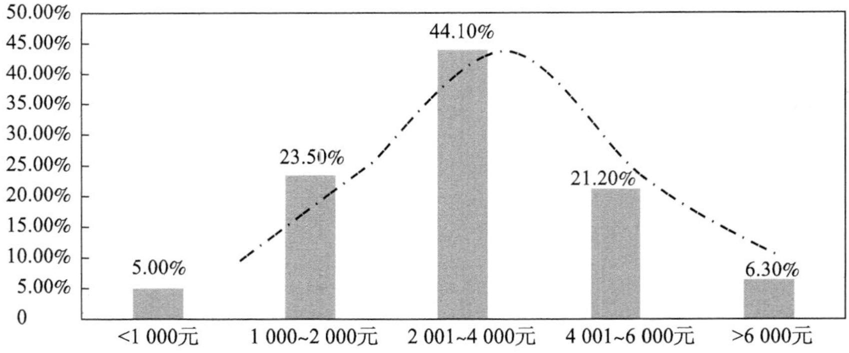

图 6-20　分等级城镇就业收入

分性别看，男性就业者的平均月收入水平显著高于女性，在低于 1 000 元与 1 000~2 000 元两个等级段中，女性占比高于男性，在 2 001~4 000 元、4 001~6 000元以及 6 000 元以上的三个等级段中，女性占比均显著低于男性（见图 6-21）。分年龄段看，低于 1 000 元的主要集中在 40~59 岁年龄段中，高于 1 000 元的主要集中在 30~49 岁年龄段中（见图 6-22）。

分文化程度看，低于 1 000 元与 1 000~2 000 元的主要集中在初中及以下文化程度中；2 001~4 000 元的主要集中在大中专、技校、职校毕业生中；4 001~6 000 元以及 6 000 元以上的主要集中在大学以上文化程度中，收入水平与文化程度呈现显著的正相关关系（见图 6-23）。

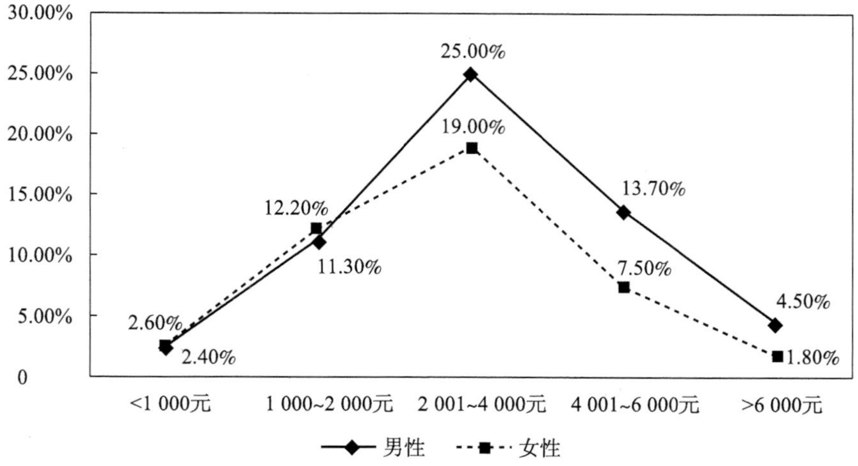

图 6-21 分性别不同等级城镇就业收入情况

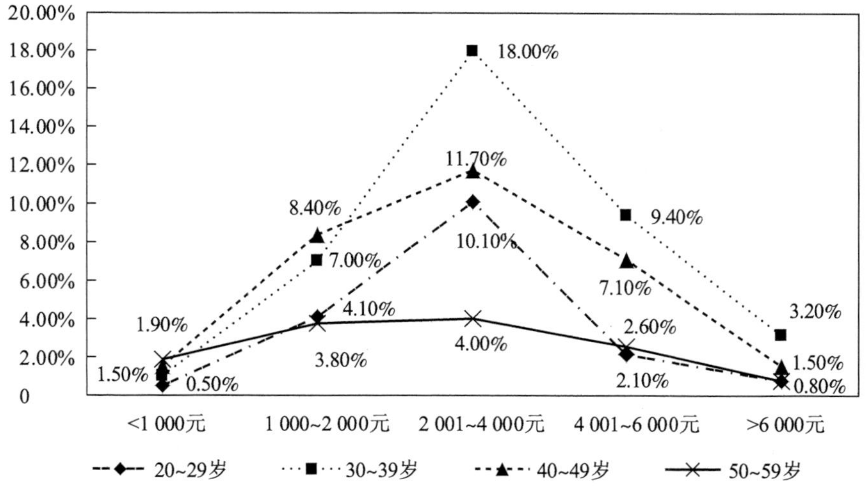

图 6-22 分年龄段不同等级城镇就业收入情况

从技术与技能人才看，非技术与技能人才的月平均收入主要集中在 1 000~2 000元与 2 001~4 000 元等级段中，专业技术与技能人才的月平均收入主要集中在 2 001~4 000 元和 4 001~6 000 元的等级段中（见图 6-24）。

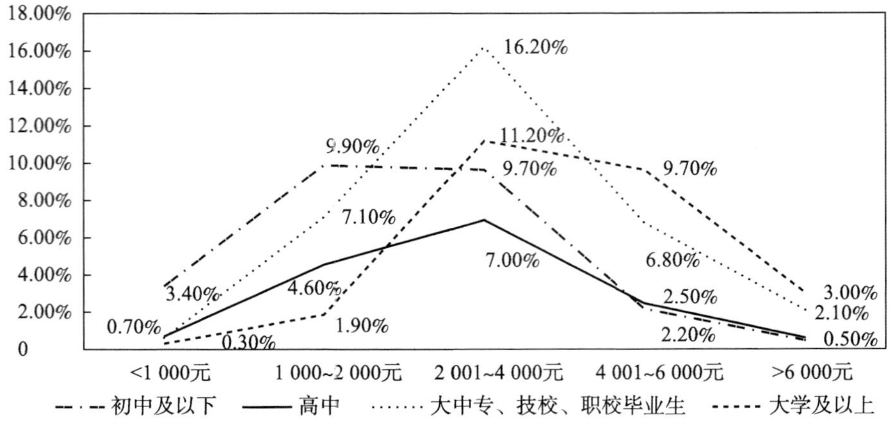

图 6-23 分文化程度不同等级城镇就业收入情况

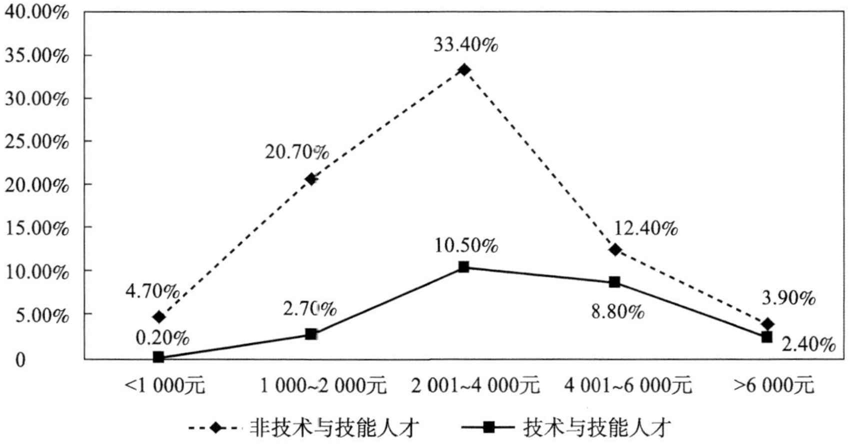

图 6-24 分技术与技能在不同等级城镇就业收入情况

从工作性质看，党政群机关(含参公事业单位)、事业单位的月平均收入水平集中在 2 001~4 000 元和 4 001~6 000 元的等级段中；企业就业人员的月平均收入水平集中在 1 000~2 000 元、2 001~4 000 元以及 4 001~6 000 元三个等级段中；民办非企业、社会团体以及个体工商户的月平均收入集中在 1 000~2 000 元和 2 001~4 000 元两个等级段中；私营企业主的月平均收入集中在4 001~6 000元和 6 000 元以上的等级段中；家庭帮工的月平均收入较低，主要集中在 1 000 元以下与 1 000~2 000 元两个等级段中(见图 6-25)。

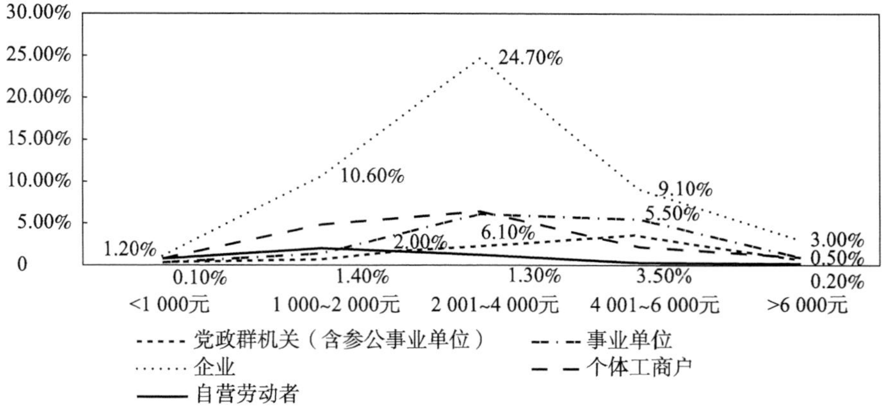

图 6-25　分工作性质不同等级城镇就业收入情况

从工作单位或经营活动类型看，国有企业、机关/团体与事业单位的月平均收入主要集中在 2 001 ~ 4 000 元和 4 001 ~ 6 000 元两个等级段中；集体企业、个体经济与私营企业的月平均收入主要集中在 1 000 ~ 2 000 元、2 001 ~ 4 000元两个等级段中；外资/合资企业、股份有限公司、有限责任公司的月平均收入主要集中在 2 001 ~ 4 000 元等级段中。

从工作单位或经营活动行业看，大部分行业平均月收入集中在 2 001 ~ 4 000 元等级段中；建筑业、交通运输、仓储和邮政业、批发和零售业以及住宿和餐饮业平均月收入集中在 1 001 ~ 2 000 元和 2 001 ~ 4 000 元两个等级段中；而金融业、教育业、公共管理与社会组织行业平均月收入集中在 2 001 ~ 4 000 元和 4 001 ~ 6 000 元两个等级段中。

二、城镇劳动力失业分析

（一）失业时间

城镇劳动力失业人员中超过两年以上占比最高达 60. 4%；未出去工作或从未工作的比例也达到了 11. 3%。在三个月以内失业的比例为 8. 3%，超过三个月但不到半年的比例为 4. 7%；失业时间在半年到一年的占比为 8. 7%；失业时间超过一年但不到两年的为 6. 6%。由此可见，两年以上都没有工作的长期失业人员占据了大多数，达到 70%多。

从性别看，最近一次失业距现在时间 2 年以上的男性比例为 19. 7%，女性比例达 40. 8%，超过 2 年的失业比例女性达男性的两倍，说明女性失业要严重得多(见图 6-26)。

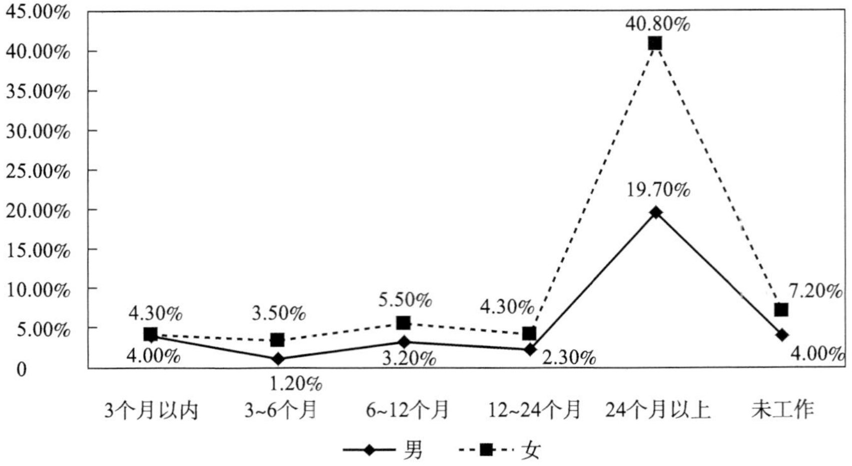

图 6-26　分性别城镇失业人员失业时间分布情况

分年龄段看，城镇失业人员中超过 2 年的长期失业主要分布在 40~49 岁年龄段中。从文化程度分组看，失业人员主要分布在大学以下文化程度，其中初中及以下文化程度失业比例最高。从技术与技能人才分组看，非技术与技能人才超过 2 年的长期失业的比例高达 52. 0%。由此可见超过 2 年的长期失业问题主要集中在女性、40~49 岁人员、低学历以及非技术和技能群体中(见图 6-27)。

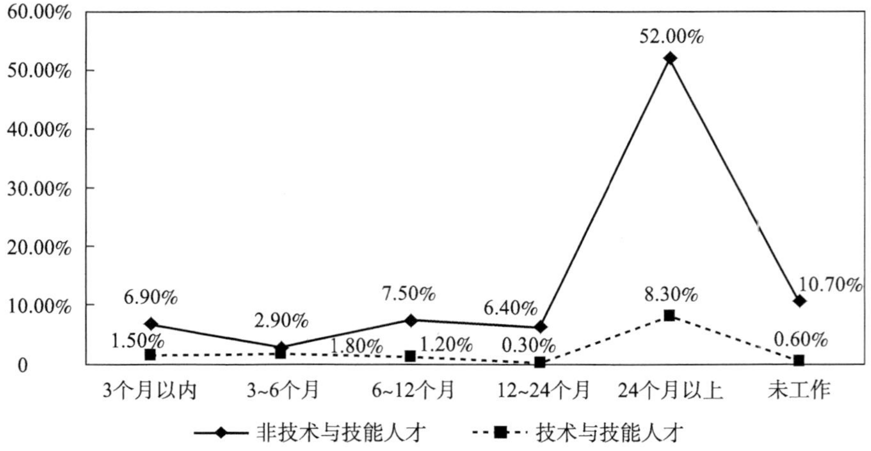

图 6-27　分技术和技能失业人员失业时间分布情况

（二）失业前工作单位或经营活动类型

城镇常住人口失业前工作单位或经营活动类型主要集中在私营企业，占比为 28. 4%；国有企业、个体经济及集体企业中占比分别为 18. 6%、16. 2% 和 14. 2%，机关/团体、事业单位、外资/合资企业、股份有限公司、有限责任公司中所占比例较低。

分性别看，失业前工作单位或经营活动类型中女性占比超过六成的分别是国有企业 63. 44%（11. 8/18. 6）、个体经济 79. 01%（12. 8/16. 2）、私营企业 67. 96%（19. 3/28. 4）、外资/合资企业 79. 41%（2. 7/3. 4）、事业单位 100. 0%（2. 0/2. 0）以及股份有限公司 71. 93%（4. 1/5. 7），在集体企业、机关/团队、有限责任公司中与男性占比基本持平（见图 6-28）。

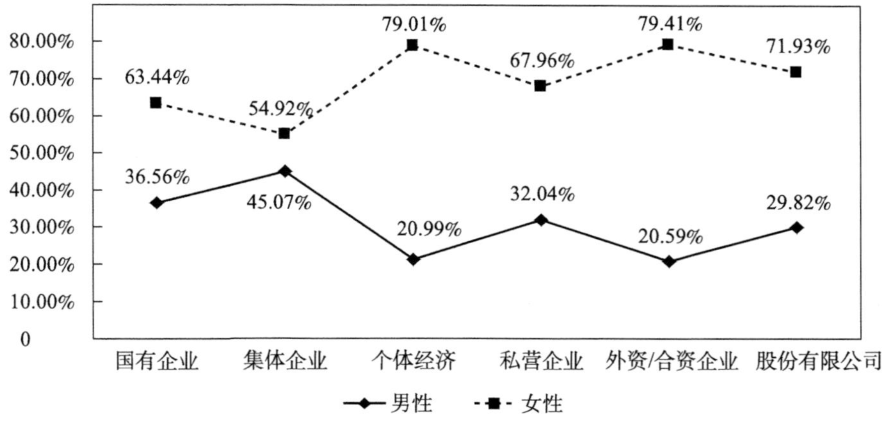

图 6-28　分性别城镇常住人口失业前工作单位或经营活动类型

分年龄段看，30~39 岁年龄段人员失业前主要集中在个体经济、私营企业、外资/合资企业和股份有限公司领域；40~49 岁年龄段人员失业前主要集中在国有企业和集体企业领域（见图 6-29）。

初中及以下文化程度的失业人员失业前主要集中在国有企业、集体企业、个体经济与私营企业领域；高中文化程度的失业人员失业前主要集中在国有企业和私营企业领域；大中专、技校、职校文化程度的失业人员主要集中在国有企业、个体经济与私营企业领域；大学及以上文化程度的失业人员失业前主要集中在私营企业领域（见图 6-30）。

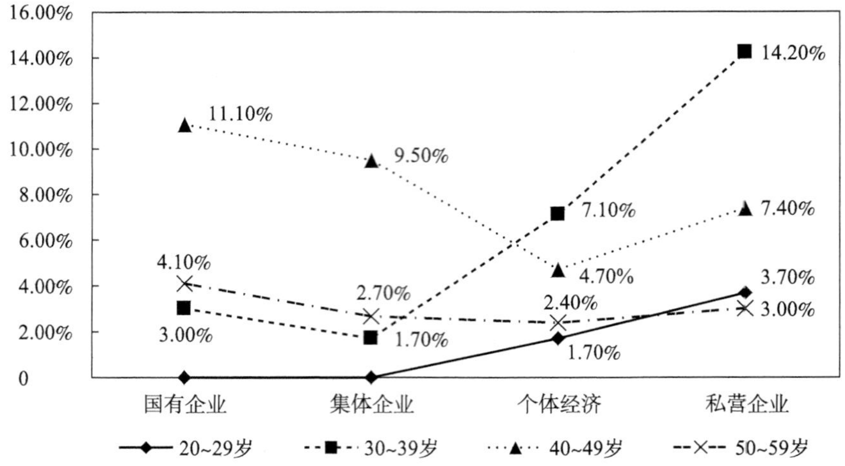

图 6-29　分年龄城镇常住人口失业前工作单位或经营活动类型

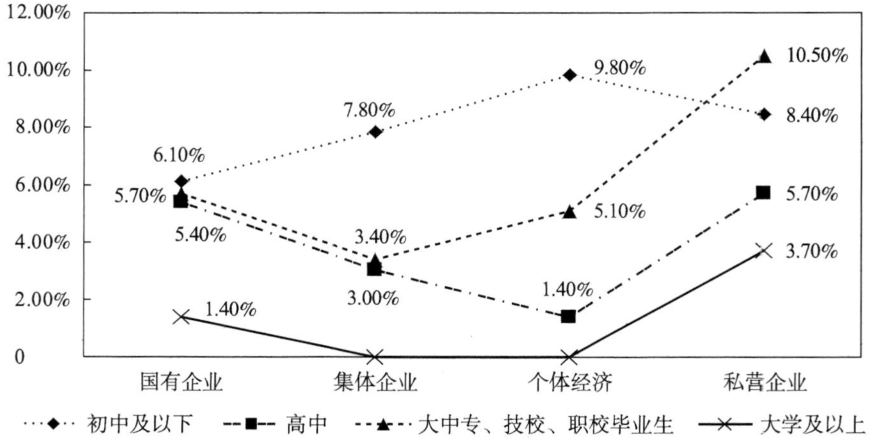

图 6-30　分文化城镇常住人口失业前工作单位或经营活动类型

非技术与技能人才失业前主要集中在国有企业、集体企业、个体经济与私营企业领域。经历过职业技能培训的失业人员失业前主要集中在私营经济与国有企业领域，没有经历过职业技能培训的失业人员失业前主要集中在国有企业、集体企业、个体经济与私营企业领域（见图 6-31）。

（三）失业前行业分布

城镇常住人口失业前工作单位或经营活动行业主要集中在制造业，达 39. 1%；批发和零售业占比为 18. 7%；居民服务和其他服务业占比为 12. 6%；住宿和餐饮业、交通运输、仓储和邮政业、金融业也有一定分布。

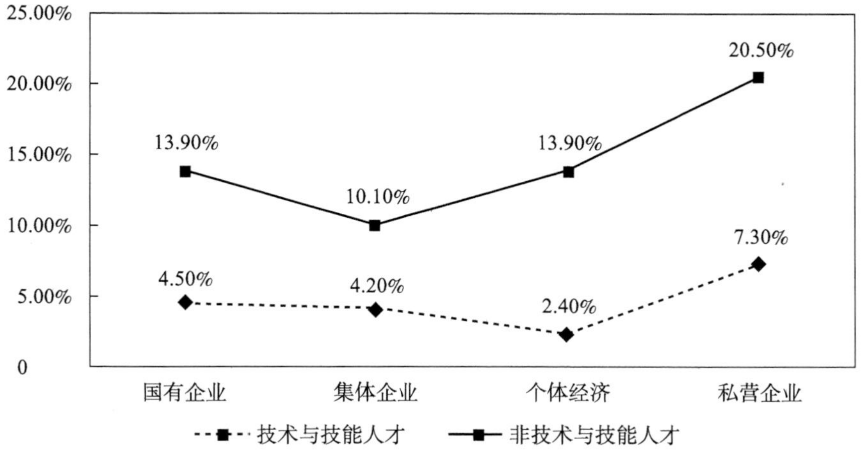

图 6-31　分技术与技能城镇常住人口失业前工作单位或经营活动类型

分性别看，男性失业前工作单位或经营活动行业主要分布在制造业，占比为 14. 6%；女性失业前主要分布在制造业占比为 24. 5%、批发和零售业占比为 15. 0%、居民服务和其他服务业占比为 9. 9%（见图 6-32）。

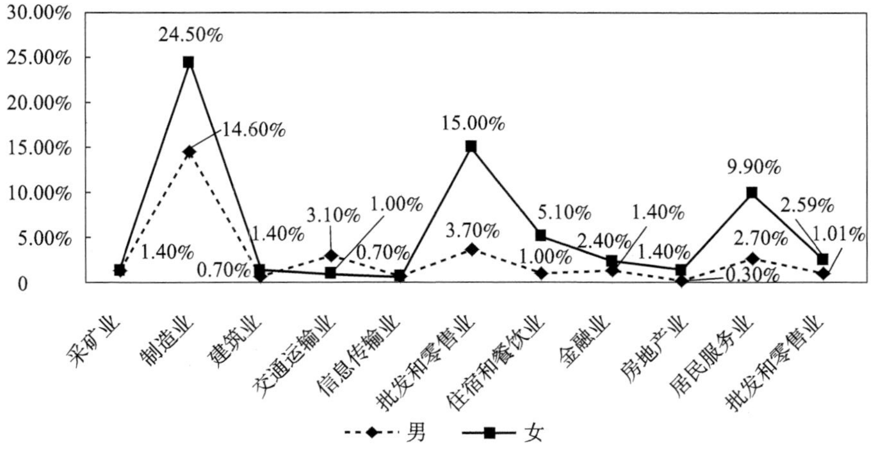

图 6-32　分性别城镇常住人口失业前行业分布情况

分年龄段看，20~29 岁年龄段失业人员失业前工作单位或经营活动行业，主要分布在批发和零售业、居民服务和其他服务业；30~39 岁年龄段失业人员主要分布在制造业、批发和零售业；40~49 岁和 50~59 岁年龄段失业人员主要分布在制造业、批发和零售业、居民服务和其他服务业（见图 6-33）。

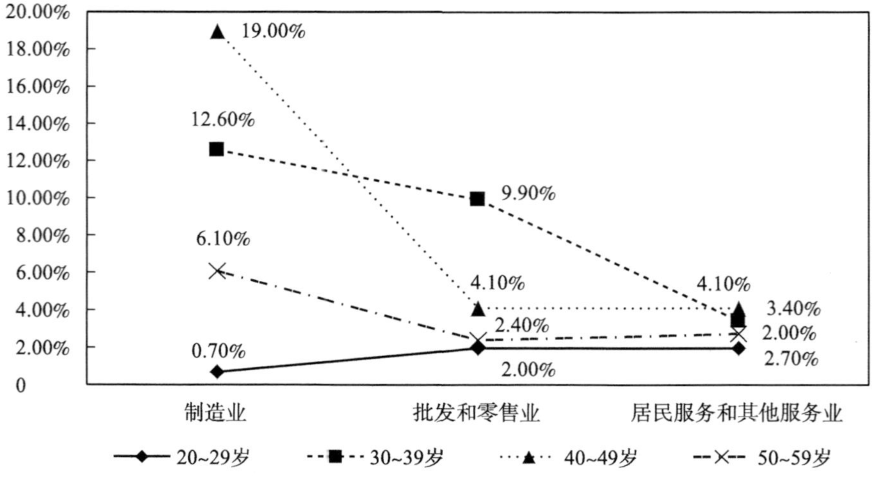

图 6-33　分年龄城镇常住人口失业前行业分布情况

分文化程度看，大学以下文化程度的失业人员，失业前工作单位或经营活动行业主要分布在制造业、批发和零售业；大学及以上文化程度的失业人员失业前工作单位或经营活动行业主要分布在金融业、制造业、批发和零售业、居民服务和其他服务业、教育业（见图 6-34）。

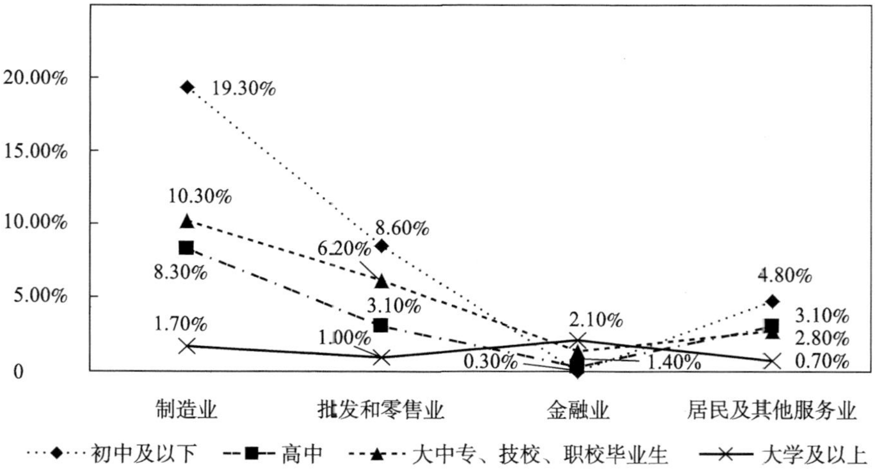

图 6-34　分文化程度城镇常住人口失业前行业分布情况

非技术与技能人才失业前工作单位或经营活动行业，与大学以下文化程度的失业人员一样，主要分布在制造业、批发和零售业。

没有经过职业技能培训的失业人员失业前工作单位或经营活动行业主要

分布在制造业、批发和零售业、居民服务和其他服务业；经过职业技能培训的失业人员失业前工作单位或经营活动行业主要分布在制造业、批发和零售业、金融业（见图 6-35）。

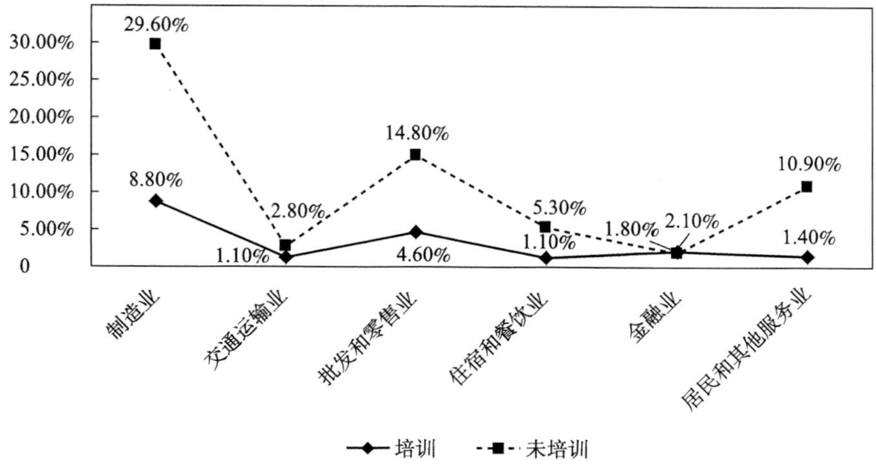

图 6-35　分培训情况城镇常住人口失业前行业分布情况

（四）失去工作的主要原因

有一半的失业人员是因为企业关闭破产，以及自己提出解除劳动合同这两个原因而失业；其次是单位提出解除劳动合同，占比为 13.6%。除此之外，权益难以保障或受损、劳动合同到期终止、创业失败等原因也会导致就业人员失去工作。

值得注意的是，选择“其他”原因失业的大多是女性失业人员，基本上可归于自愿失业[①]范畴，她们大多数是由于照顾家庭需要，或者由于自己身体原因而选择暂时不外出工作，实际上她们承担了更多的家庭责任。在“其他”原因失业人员中，自己主动提出解除劳动合同占比为 23.1%。如果把权益受损或难以保障导致的失业也纳入自愿失业范畴，自愿失业所占比例将超过一半。

分性别看，女性失业原因主要是“其他”（大多数是由于家庭原因而选择暂

① 自愿失业概念最初是由英国著名经济学家阿瑟·塞西尔·庇古（A. C. Pigou）提出的。现代经济学家在分析失业原因时所使用的自愿失业概念指工人由于不接受现行的工资或比现行工资稍低的工资而出现的失业现象，比如萨克里顿（J. R. Shackleton）在定义自愿失业时认为：如果自愿失业者宁愿选择不工作也不愿参加他（她）们能获得的可胜任的工作，因为工资或其他工作条件同不工作的选择相比，缺乏吸引力，这样产生的失业现象就叫作自愿失业。

时放弃工作），占比为 20.4%；自己提出解除劳动合同，占比为 17.7%；企业关闭破产，占比为 16.0%。由此可见，较高比例的自愿失业主要是由于女性所引起的。相对男性而言，女性在“其他”、自己提出解除劳动合同、企业关闭破产、权益难以保障或受损等方面的原因上，所占比例显著较高（见图 6-36）。

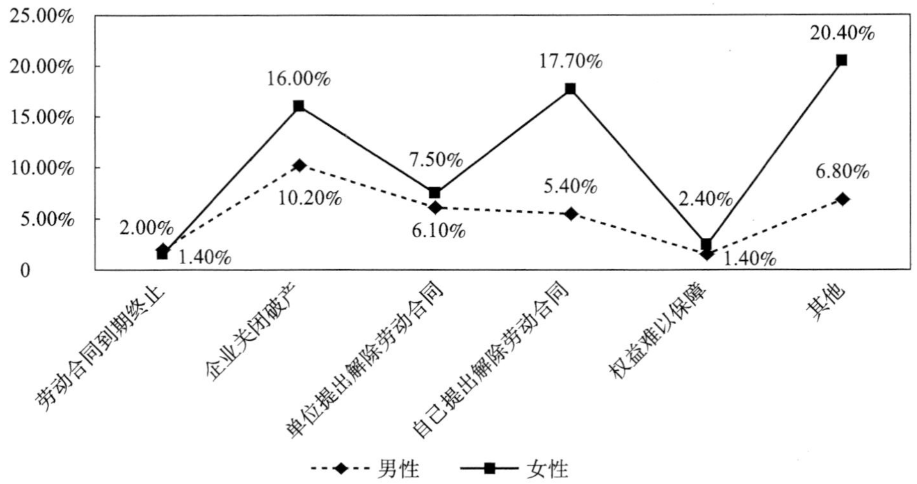

图 6-36　分性别失业人员失去工作的主要原因分布情况

分年龄段看，20~29 岁年龄段人员失业原因主要是自己提出解除劳动合同和权益难以保障或受损（扣除“其他”原因后，下同），两项合计占该年龄段总体比例的 41.46%（3.4%/8.2%），说明“85 后~90 后”的青年失业中有相当大的比例是属于自愿性失业。30~39 岁年龄段的失业原因主要集中在自己提出解除劳动合同、企业关闭破产与单位提出解除劳动合同，其中自己提出解除劳动合同的占该年龄段总体比例的 33.96%（12.6%/37.1%）；由于企业关闭破产以及单位提出解除劳动合同所导致的非自愿性失业共占该年龄段总体比例的 22.91%（8.5%/37.1%），由此可见，30~39 岁年龄段的失业原因中自愿性失业比例依然较高。40~49 岁、50~59 岁年龄段的失业原因主要集中在企业关闭破产与单位提出解除劳动合同上，分别占相应年龄段总体比例的 54.36%（21.8%/40.1%）和 57.35%（7.8%/13.6%），由此可见，“4050 人员”失业原因主要属于非自愿失业（见图 6-37）。

分文化程度看，高中与初中及以下文化程度的失业人员最主要原因是企业关闭破产，大中专、技校、职校毕业生和大学以上文化程度的最主要原因是自己提出解除劳动合同（见图 6-38）。

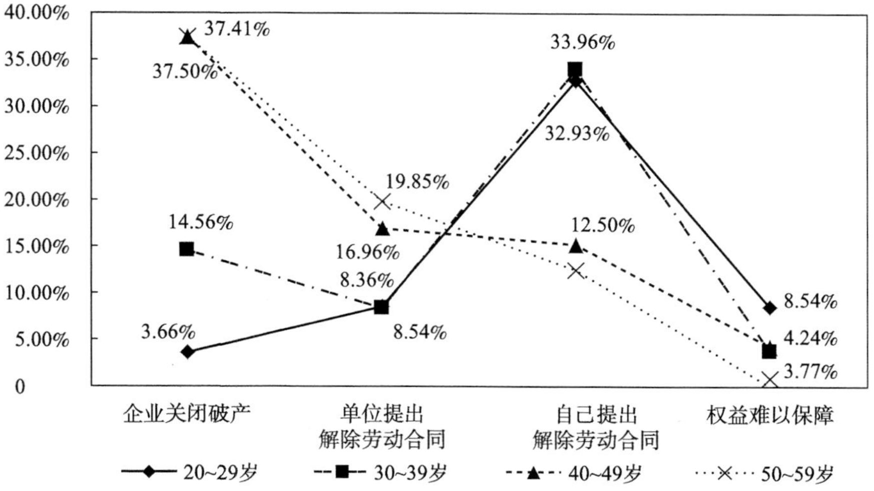

图 6-37　分年龄失业人员失去工作的主要原因分布情况

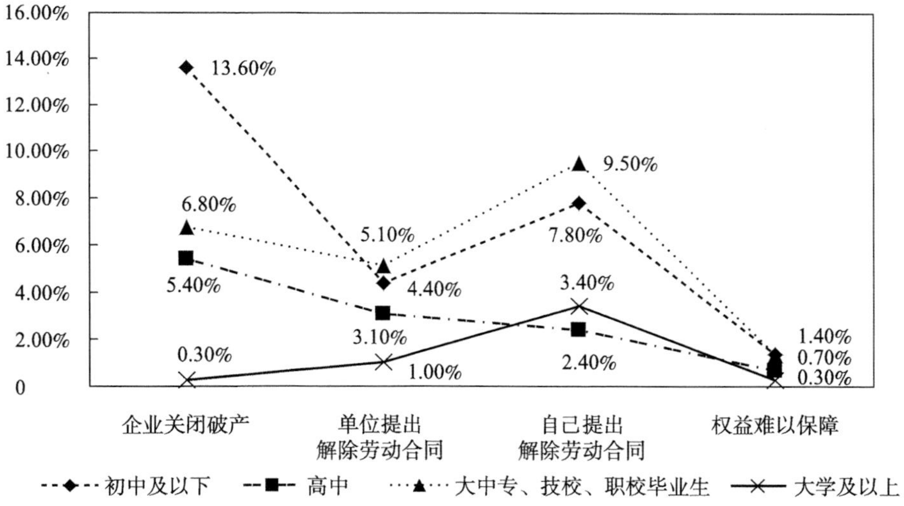

图 6-38　分文化失业人员失去工作的主要原因分布情况

非技术与技能人才中失业人员的主要原因有企业关闭破产、单位提出解除劳动合同以及自己提出解除劳动合同。

经历过职业技能培训的失业人员失业的主要原因有企业关闭破产以及自己提出解除劳动合同；没有经历过职业技能培训的失业人员失业的主要原因有企业关闭破产、单位提出解除劳动合同以及自己提出解除劳动合同（见图 6-39）。

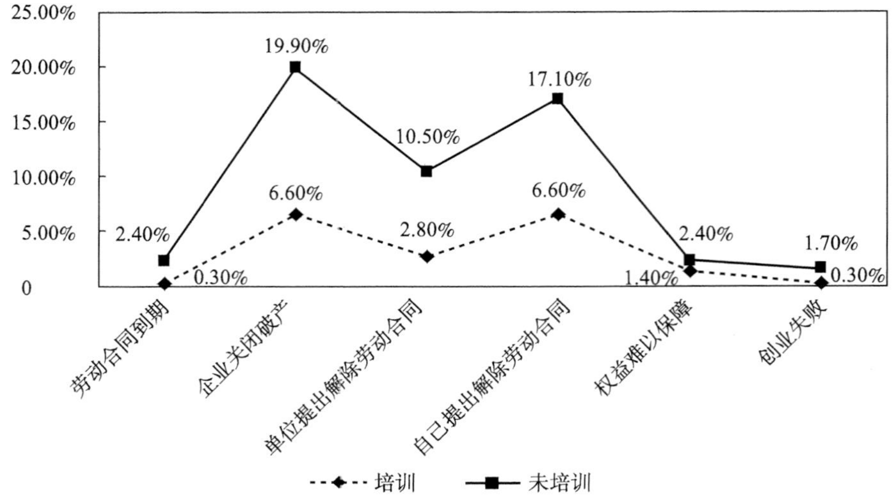

图 6-39　分是否经历过职业培训人员失去工作的主要原因分布情况

（五）就业创业愿望

对当前处在失业状态的人员调研发现，他们就业愿望强烈，其中有96.9%的人想就业。分性别看，处在失业状态的女性更有就业愿望，有65.9%的女性有就业愿望，而男性的就业愿望仅有31.0%。

分年龄段看，处于年龄中间阶段的40~49岁年龄段有就业愿望的比例最高，为39.6%；30~39岁年龄段有就业愿望的比例也达到34.1%；而年龄较大的50~59岁年龄段有就业愿望的比例仅为14.2%。

分文化程度看，文化程度越低，就业的愿望越强烈。初中及以下文化程度有就业愿望的为42.3%；而大学及以上文化程度有就业愿望的仅为6.3%。从各自组内百分比来看，初中及以下、高中、技校、职校、大中专毕业生有就业意愿的组内百分比较高，大学及以上文化程度有就业意愿组内百分比较低（见图6-40）。

非技术与技能人才失业人员的就业意愿占比83.3%，组内百分比为96.6%。没有经历过职业技能培训的就业意愿占比75.6%，经历过职业技能培训的就业意愿占比为21.2%，各自的组内百分比分别为97.0%和95.9%。由此可见，目前处在失业状态人员的就业意愿较高。

处在失业状态的人员中有创业愿望的近40%。分性别看，有意思的是处在失业状态的女性创业愿望比例远远高于男性。从女性组内来看，女性有创业愿望有38.3%；从男性组内来看，男性有创业愿望的为41.1%。

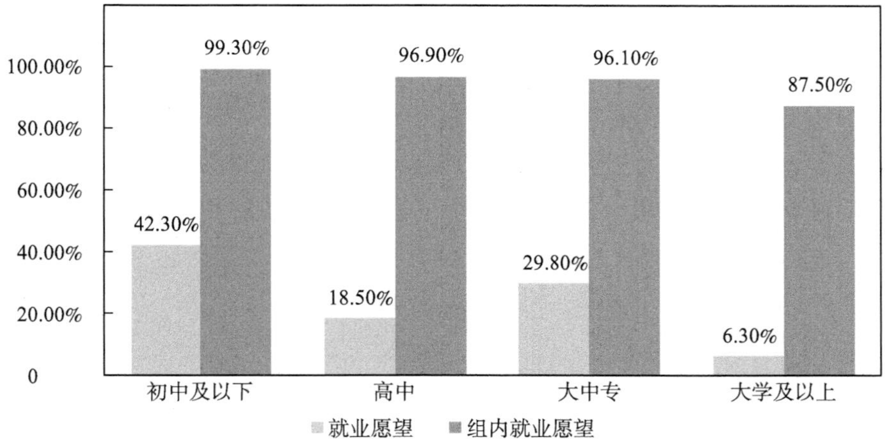

图 6-40 分文化程度失业人员就业愿望分布

分年龄段看，50~59 岁年龄段有创业愿望的比例较低。

分文化程度看，大学及以上文化程度创业愿望最低仅仅有 2.4%，初中及以下文化程度以及大中专、技校、职校毕业生有创业愿望的为 13.9%。

非技术与技能人才失业人员的创业愿望占比 32.8%，组内百分比为 38.1%。没有经历过职业技能培训的创业愿望占比 29.6%，经历过职业技能培训的创业愿望占比为 9.1%，各自的组内百分比分别为 38.6%和 39.1%。

（六）找工作的意愿方式

调查显示，失业人员寻找工作的意愿方式中，主要是通过委托亲戚朋友、通过街道居委会、通过职业介绍机构登记的方式，占比分别为 27.0%、19.9%和 11.7%，其余主要通过招聘会和网络应聘方式（见图 6-41）。

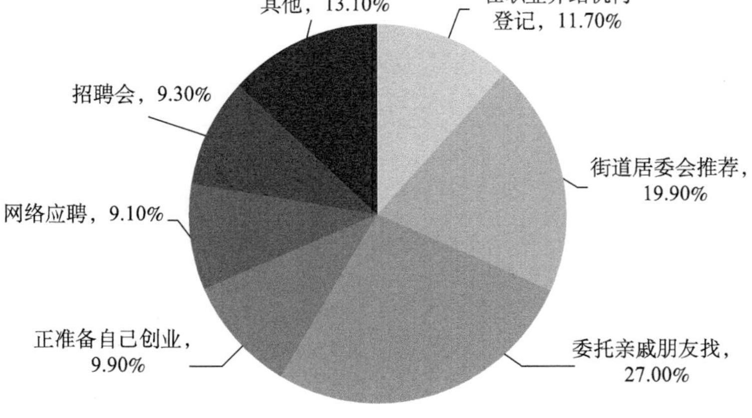

图 6-41 失业人员寻找工作的意愿方式分布

分性别看，男女之间在寻找工作意愿方式的分布结构上基本一致，不存在显著的性别差异（见图6-42）。

分年龄段看，40～49岁、50～59岁年龄段的失业人员寻找工作的意愿方式主要为职业介绍机构登记、街道居委会推荐、委托亲戚朋友；20～29岁、30～39岁年龄段的失业人员寻找工作意愿方式在自主创业、网络应聘、招聘会方式上选择的相对比重显著高于40～49岁、50～59岁年龄段的失业人员（见图6-43）。

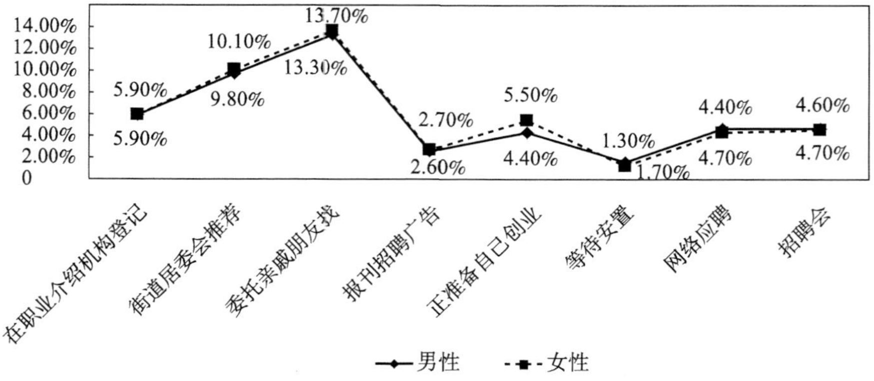

图6-42　分性别失业人员寻找工作的意愿方式分布

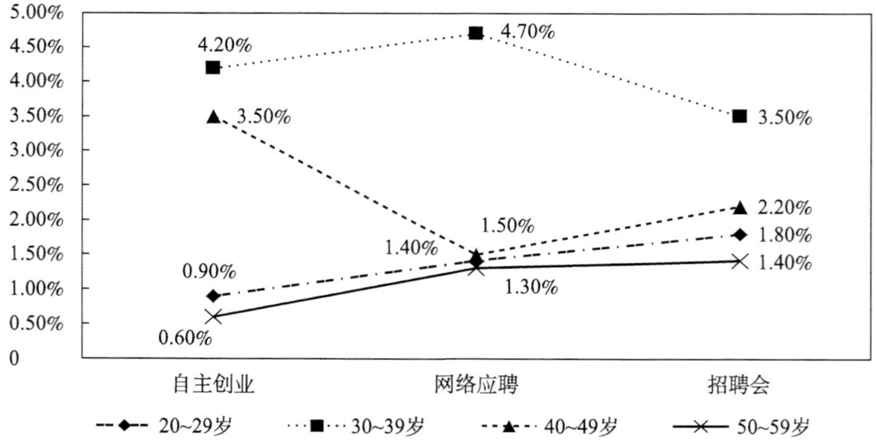

图6-43　分年龄失业人员寻找工作的意愿方式分布

分文化程度看，高中文化程度及以下的失业人员主要通过职业介绍机构、街道居委会推荐、委托亲戚朋友等方式；大中专、技校、职校毕业生及大学及以上文化程度的失业人员寻找工作意愿方式主要是通过自主创业、网络应聘、招聘会方式寻找工作(见图 6-44)。

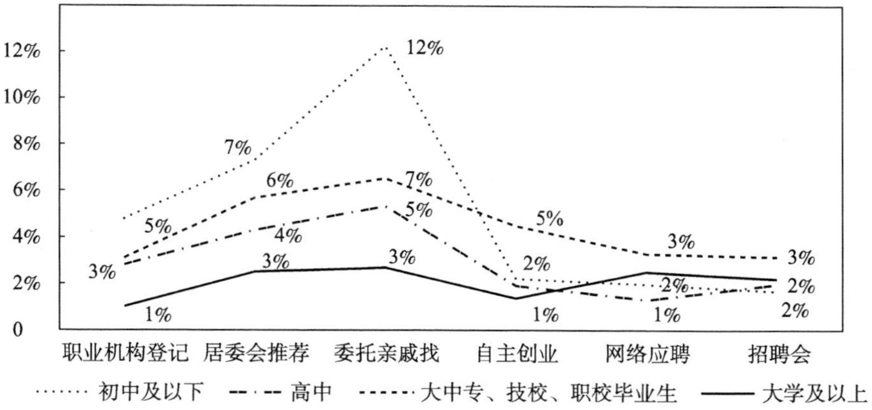

图 6-44　分文化程度失业人员寻找工作的意愿方式分布

三、城镇劳动力培训分析

(一) 劳动力接受培训总体概况

全部被调查者中接受过职业技能培训的比例较低，为 20.5%；接受过创业培训的分析比例更低，仅为 2.2%。

分性别看，男性接受过职业技能培训的比例略高于女性，分别为 11.7% 和 8.8%。

分年龄段看，30～39 岁年龄段接受过职业技能培训的比例最高；40～49 岁年龄段接受过职业技能培训的比例次之；接受过创业培训的主要集中于 50 岁以下的劳动力中(见图 6-45)。

分文化程度看，大中专、技校、职校毕业生接受职业技能培训的比例最高为 6.6%；初中及以下文化程度次之为 5.8%；接受过创业培训的初中及以下文化程度的比例最高，高中文化程度接受创业培训的比例最低(见图 6-46)。

全部被调查者中非技术与技能人才中接受过职业技能的组内比例仅为 14.9%；技能人才、专业技术人才接受过职业技能培训的组内比例均超过 50%。这说明没有技术与技能的人员，接受的职业技能培训比例越低。

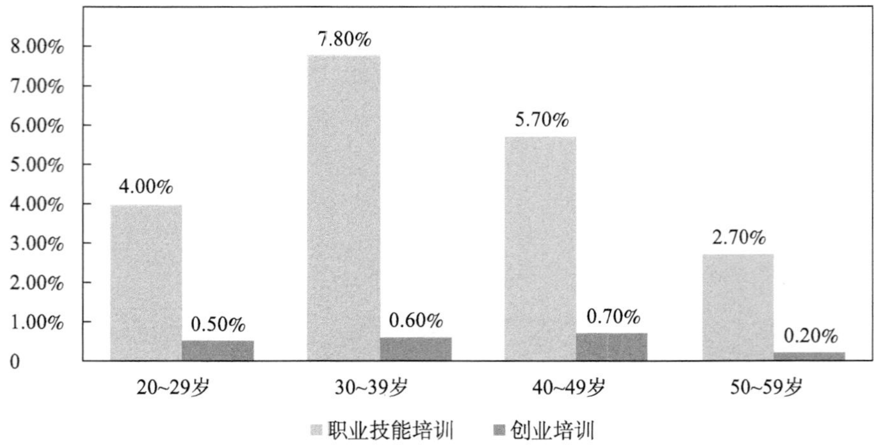

图 6-45　分年龄接受过职业技能培训、创业培训总体概况

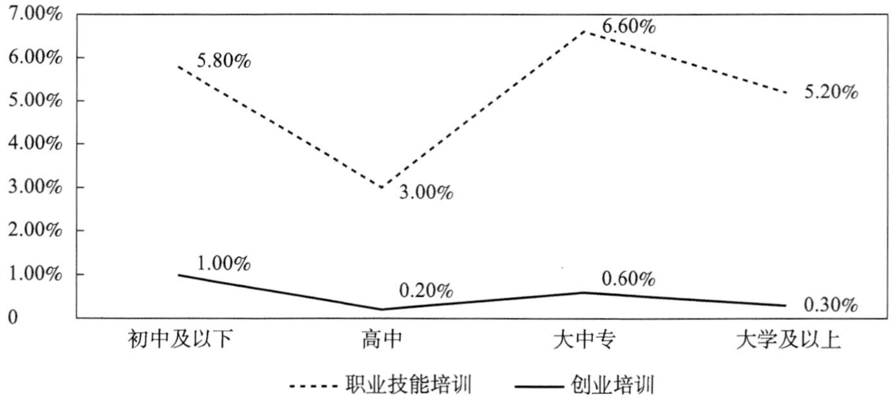

图 6-46　分文化程度接受过职业技能培训、创业培训总体概况

（二）就业人员接受培训

就业人员中接受过职业技能培训的比例为 28. 9%，绝大部分都没有接受过职业技能培训；接受过创业培训的比例更低，仅为 2. 7%。

分性别看，男性比女性接受过职业技能培训的比例较高，分别为 16. 9%和 11. 9%；男性和女性接受过创业培训的比例都不到 2%（见图 6-47）。

分年龄段看，接受过职业技能培训与创业培训的就业人员主要集中在20~29岁、30~39 岁和 40~49 岁三个年龄段中。

分文化程度看，大中专、技校、职校毕业生和大学及以上的接受职业技能培训的比例最高，分别为 9. 7%和 8. 4%；高中文化程度的就业人员接受过

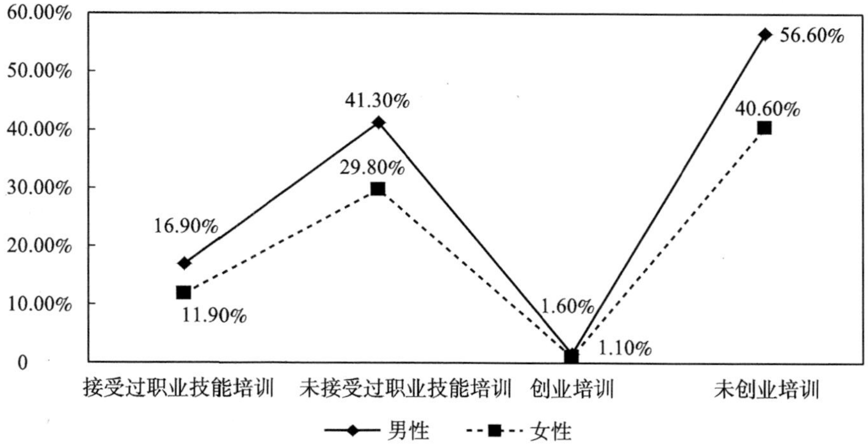

图 6-47　分性别就业人员接受过职业技能培训、创业培训情况

职业技能培训的比例最低，为 4. 1%。就业人员中专业技术与技能人才中接受过职业技能培训的组内比例远远超过非技术与技能人才，两者分别为 60%和 21. 3%。

（三）失业人员接受培训

失业人员中绝大部分都没有接受过职业技能培训，接受过培训的仅为 22. 1%；失业人员中接受过创业培训的比例更低，仅为 2. 1%。

分性别看，女性接受过职业技能培训和创业培训的比例较高，分别为 15. 1%和 1. 7%；男性接受过职业技能培训和创业培训的比例分别为 7. 1%和 0. 3%（见图 6-48）。

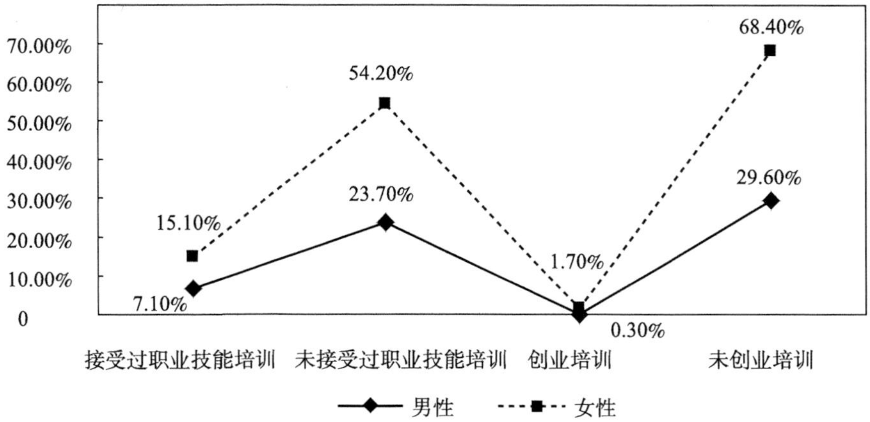

图 6-48　分性别失业人员接受过职业技能培训、创业培训情况

分年龄段看，接受过职业技能培训与创业培训的失业人员均主要集中在30~39岁和40~49岁两个年龄段中。

分文化程度看，失业人员为大中专、技校、职校毕业生的，接受过职业技能培训的比例最高，为11.7%，初中及以下、高中、大学及以上文化程度的失业人员接受过职业技能培训的比例较低；大中专、技校、职校毕业生文化程度的失业人员接受过创业培训的比例最高，为1.4%，高中、初中及以下文化程度的失业人员接受过创业培训的比例均为0.3%，大学及以上文化程度的失业人员都没有接受创业培训。

失业人员中非技术与技能人才接受过职业技能的组内比例为18.8%。除中级技工外，技能人才各类别中的组内比例均超过30%，专业技术人才各类别中组内比例均超过40%。

四、城镇劳动力社会保险参与分析

（一）养老保险参与及其分布

城镇人口（包含常住人口，下同）养老保险参保率为89.9%，其中男性为47.9%，女性为42.0%；30~39岁和40~49岁两个年龄段参保率较高，分别为32.8%和28.7%；

从目前工作性质看，民办非企业、个体工商户、自营劳动者及家庭帮工行业参保率相对偏低，低于九成，其他单位相对较高，超过了九成。从目前工作单位或经营活动类型看，个体经济与私营经济相对偏低，国有企业、集体企业、外资/合资企业、机关/团体、事业单位等相对较高，达到了九成以上。

从目前工作单位或经营活动行业看，建筑业、批发和零售业、住宿和餐饮业、房地产业、居民服务和其他服务业养老保险参保率相对偏低，其他行业参保率超过了九成。

表6-3　参加养老保险比例统计

	是（%）	否（%）	不清楚（%）	总计（%）
一、性别	89.9	8.2	1.9	100.0
男	47.9	4.4	0.9	53.2
女	42.0	3.8	0.9	46.8
二、年龄段	89.9	8.2	1.9	100.0
16岁-19岁	0.2	0.2	0.0	0.4

续表

	是(%)	否(%)	不清楚(%)	总计(%)
20 岁-29 岁	13.2	2.9	0.5	16.6
30 岁-39 岁	32.8	2.8	0.8	36.4
40 岁-49 岁	28.7	1.7	0.4	30.7
50 岁-59 岁	14.9	0.6	0.2	15.7
60 岁及以上	0.1	0.0	0.0	0.1
三、文化程度	89.9	8.2	1.9	100.0
初中及以下	26.4	3.2	0.7	30.3
高中	14.1	1.3	0.3	15.7
大中专、技校、职校毕业生	27.6	3.0	0.6	31.2
大学及以上	21.9	0.7	0.2	22.8
四、健康状况	90.0	8.2	1.9	100.0
健康	81.2	7.5	1.7	90.5
一般	5.4	0.5	0.1	6.0
体弱	1.8	0.1	0.0	1.8
有重病	1.0	0.0	0.0	1.1
有残疾	0.3	0.1	0.0	0.4
丧失劳动能力	0.1	0.0	0.0	0.2
五、技术与技能人才	89.9	8.2	1.9	100.0
无	68.5	7.5	1.7	77.6
初级技工(1-3 级工)	2.9	0.3	0.0	3.3
中级技工(4-6 级工)	3.5	0.1	0.0	3.6
高级技工(7-8 级工)	1.9	0.1	0.0	2.1
技师	1.3	0.0	0.0	1.4
高级技师	0.5	0.0	0.0	0.6
初级专业技术职称	3.4	0.1	0.0	3.5
中级专业技术职称	5.5	0.1	0.0	5.6
高级专业技术职称	2.2	0.0	0.0	2.3
六、目前工作性质	89.9	8.0	2.1	100.0
党政群机关(含参公事业单位)	6.8	0.0	0.0	6.8
事业单位	13.5	0.2	0.2	13.9
企业	43.3	3.2	1.1	47.5

续表

	是(%)	否(%)	不清楚(%)	总计(%)
民办非企业	0.9	0.1	0.1	1.1
社会团体	1.0	0.0	0.0	1.0
慈善机构	0.0	0.0	0.0	0.0
个体工商户	12.5	2.2	0.5	15.1
私营企业业主	1.1	0.0	0.0	1.2
自营劳动者	4.4	0.9	0.0	5.2
家庭帮工(钟点工和住家工)	0.3	0.1	0.0	0.4
其他	6.2	1.3	0.2	7.6
七、目前工作单位或经营活动类型	90.1	7.9	2.0	100.0
国有企业	13.4	0.1	0.1	13.7
集体企业	2.6	0.1	0.1	2.7
个体经济	16.9	3.1	0.4	20.4
私营企业	20.6	2.8	0.7	24.1
外资/合资企业	1.6	0.0	0.0	1.7
机关/团体	7.2	0.1	0.0	7.3
事业单位	14.0	0.3	0.2	14.5
股份有限公司	6.3	0.2	0.3	6.7
有限责任公司	2.3	0.1	0.0	2.4
求学/服役	0.0	0.0	0.0	0.1
其他	5.0	1.1	0.2	6.3
八、目前工作单位或经营活动行业	90.3	7.7	2.1	100.0
农林牧渔业	2.0	0.0	0.0	2.0
采矿业	4.6	0.0	0.0	4.6
制造业	12.3	0.9	0.3	13.5
电力、燃气及水的生产和供应业	3.1	0.1	0.0	3.2
建筑业	4.8	0.6	0.0	5.5
交通运输、仓储和邮政业	6.1	0.6	0.1	6.8
信息传输、计算机服务和软件业	2.5	0.1	0.0	2.7

续表

	是(%)	否(%)	不清楚(%)	总计(%)
批发和零售业	11.9	2.3	0.6	14.8
住宿和餐饮业	4.3	0.5	0.1	4.9
金融业	3.5	0.1	0.1	3.7
房地产业	1.1	0.1	0.0	1.3
租赁和商务服务业	1.5	0.1	0.0	1.7
科学研究、技术服务和地质勘察业	1.4	0.0	0.0	1.5
水利、环境和公共设施管理业	0.7	0.0	0.0	0.7
居民服务和其他服务业	8.2	1.2	0.3	9.7
教育业	5.5	0.4	0.1	6.0
卫生、社会保障和社会福利业	4.4	0.2	0.0	4.6
文化、体育和娱乐业	1.7	0.1	0.0	1.9
公共管理和社会组织	10.6	0.1	0.0	10.8

（二）医疗保险参与及其分布

城镇人口医疗保险参保率为91.0%，其中男性为47.3%，女性为43.7%。从目前工作性质看，民办非企业、个体工商户、私营企业业主、自营劳动者参保率相对偏低；党政群机关(含参公事业单位)、事业单位、企业等相对较高，超过了九成。从目前工作单位或经营活动类型看，个体经济与私营经济相对偏低；国有企业、集体企业、外资/合资企业、机关/团体、事业单位等相对较高，达到了九成以上。

从目前工作单位或经营活动行业看，农林牧渔业参保率最低，刚达到七成；制造业、交通运输、仓储和邮政业、批发和零售业、住宿和餐饮业、居民服务和其他服务业、文化、体育和娱乐业参保率超过了八成，但不足九成；其他行业参保率超过了九成。

表6-4　参加医疗保险比例统计

	是	否	不清楚	总计(%)
一、性别	91.0	7.2	1.8	100.0
男	47.3	4.1	0.9	52.3
女	43.7	3.1	0.9	47.7

续表

	是	否	不清楚	总计(%)
二、年龄段	91.0	7.2	1.8	100.0
16岁-19岁	0.3	0.1	0.0	0.4
20岁-29岁	14.0	1.8	0.5	16.3
30岁-39岁	32.8	2.3	0.8	35.9
40岁-49岁	28.0	2.1	0.3	30.4
50岁-59岁	15.7	1.0	0.2	16.8
60岁及以上	0.1	0.0	0.0	0.1
三、文化程度	90.9	7.3	1.8	100.0
初中及以下	26.5	4.0	0.8	31.3
高中	14.6	0.9	0.3	15.8
大中专、技校、职校毕业生	28.0	2.1	0.6	30.6
大学及以上	21.8	0.3	0.2	22.3
四、健康状况	91.0	7.2	1.8	100.0
健康	82.1	6.3	1.7	90.2
一般	5.5	0.6	0.1	6.1
体弱	1.7	0.2	0.0	1.8
有重病	1.1	0.0	0.0	1.2
有残疾	0.4	0.0	0.0	0.4
丧失劳动能力	0.3	0.0	0.0	0.3
五、技术与技能人才	90.9	7.3	1.8	100.0
无	69.9	6.6	1.6	78.1
初级技工(1-3级工)	3.0	0.2	0.0	3.2
中级技工(4-6级工)	3.3	0.1	0.1	3.5
高级技工(7-8级工)	1.9	0.1	0.0	2.0
技师	1.3	0.1	0.0	1.4
高级技师	0.5	0.0	0.0	0.5
初级专业技术职称	3.3	0.1	0.0	3.4
中级专业技术职称	5.4	0.0	0.0	5.5
高级专业技术职称	2.2	0.0	0.0	2.3
六、目前工作性质	89.9	8.0	2.1	100.0
党政群机关(含参公事业单位)	6.8	0.1	0.0	6.9

续表

	是	否	不清楚	总计(%)
事业单位	13.6	0.2	0.2	13.9
企业	43.7	2.8	1.2	47.6
民办非企业	1.0	0.1	0.1	1.1
社会团体	1.0	0.0	0.0	1.0
慈善机构	0.0	0.0	0.0	0.0
个体工商户	12.3	2.5	0.5	15.2
私营企业业主	1.0	0.2	0.0	1.2
自营劳动者	4.3	1.0	0.0	5.3
家庭帮工(钟点工和住家工)	0.4	0.0	0.0	0.4
其他	5.9	1.2	0.2	7.3
七、目前工作单位或经营活动类型	90.0	7.9	2.1	100.0
国有企业	13.3	0.2	0.1	13.6
集体企业	2.5	0.2	0.1	2.7
个体经济	16.5	3.5	0.4	20.5
私营企业	20.9	2.4	0.8	24.1
外资/合资企业	1.6	0.0	0.0	1.7
机关/团体	7.2	0.1	0.0	7.4
事业单位	14.0	0.3	0.2	14.5
股份有限公司	6.4	0.1	0.2	6.8
有限责任公司	2.3	0.1	0.0	2.4
求学/服役	0.1	0.0	0.0	0.1
其他	5.2	0.9	0.2	6.3
八、目前工作单位或经营活动行业	90.1	7.8	2.1	100.0
农林牧渔业	1.4	0.6	0.0	2.0
采矿业	4.6	0.0	0.0	4.6
制造业	12.0	1.2	0.3	13.5
电力、燃气及水的生产和供应业	3.1	0.1	0.1	3.2
建筑业	4.9	0.5	0.0	5.5
交通运输、仓储和邮政业	5.9	0.8	0.1	6.8

续表

	是	否	不清楚	总计(%)
信息传输、计算机服务和软件业	2.5	0.1	0.1	2.7
批发和零售业	12.6	1.7	0.6	14.8
住宿和餐饮业	4.1	0.7	0.1	4.9
金融业	3.5	0.1	0.1	3.7
房地产业	1.2	0.0	0.1	1.3
租赁和商务服务业	1.6	0.1	0.0	1.7
科学研究、技术服务和地质勘察业	1.4	0.1	0.0	1.5
水利、环境和公共设施管理业	0.7	0.0	0.0	0.7
居民服务和其他服务业	5.7	0.2	0.1	6.0
教育业	4.4	0.2	0.0	4.6
卫生、社会保障和社会福利业	1.6	0.2	0.0	1.9
文化、体育和娱乐业	10.7	0.1	0.0	10.8
公共管理和社会组织	91.0	7.2	1.8	100.0

（三）失业保险参与及其分布

城镇人口失业保险参保率为76.4%①，其中男性为41.7%，女性为34.8%；30~39岁和40~49岁两个年龄段参加失业保险比例较高，分别为29.3%和23.6%；大中专、技校、职校毕业生以及大学及以上文化程度参加失业保险比例较高，分别为24.6%和21.6%。

从性别、年龄段、文化程度组内百分比看，男性为77.1%，女性为75.6%；20~29岁为68.1%，30~39岁为78.9%，40~49岁为77.3%，50~59岁为78.8%；大学及以上文化程度最高，为91.4%，初中及以下文化程度、高中文化程度、大中专、技校、职校毕业生参保比例较低。

从目前工作性质看，党政群机关（含参公事业单位）、事业单位、慈善机

① 在询问被调查者关于失业保险与工伤保险参保时，由于存在着一些被调查者不清楚单位是否为自己缴纳了失业保险与工伤保险的情况，本次抽样调查对失业保险与工伤保险的参保率存在着低估的风险。对外出务工人员而言，也存在着类似的低估风险。

构失业保险参保率相对较高，超过了九成；企业、私营企业主达到或接近八成；社会团体、民办非企业、自营劳动者超过了五成，但不足七成；个体工商户、家庭帮工行业最低，接近五成。从目前工作单位或经营活动类型看，国有企业、外资/合资企业、机关/团体、事业单位等相对较高，达到了九成以上；个体经济与私营经济相对偏低，其中个体经济最低，刚达到五成。

从目前工作单位或经营活动行业看，失业保险超过八成的行业有：农林牧渔业、采矿业、制造业、电力、燃气及水的生产和供应业、信息传输、计算机服务和软件业、金融业、科学研究、技术服务和地质勘察业、水利、环境和公共设施管理业、教育业、卫生、社会保障和社会福利业、文化、体育和娱乐业、公共管理和社会组织；参保率达到七成，但不足八成的行业有：建筑业、交通运输、仓储和邮政业、住宿和餐饮业、房地产业、租赁和商务服务业；参保率不足七成的行业有：批发和零售业、居民服务和其他服务业，其中批发和零售业参保率最低，不足六成。

表 6-5　参加失业保险比例统计

	是	否	不清楚	总计(%)
一、性别	76.4	20.8	2.8	100.0
男	41.7	10.8	1.6	54.0
女	34.8	10.0	1.2	46.0
二、年龄段	76.4	20.7	2.8	100.0
16岁-19岁	0.3	0.2	0.0	0.5
20岁-29岁	11.8	4.7	0.8	17.3
30岁-39岁	29.3	6.8	1.1	37.1
40岁-49岁	23.6	6.3	0.7	30.5
50岁-59岁	11.4	2.7	0.3	14.5
60岁及以上	0.1	0.0	0.0	0.1
三、文化程度	76.4	20.7	2.8	100.0
初中及以下	19.3	8.9	1.1	29.2
高中	11.0	4.0	0.5	15.4
大中专、技校、职校毕业生	24.6	6.3	0.8	31.7
大学及以上	21.6	1.6	0.5	23.7
四、健康状况	76.5	20.7	2.8	100.0
健康	71.0	18.5	2.6	92.1

续表

	是	否	不清楚	总计(%)
一般	3.5	1.6	0.2	5.3
体弱	1.0	0.4	0.0	1.4
有重病	0.7	0.1	0.0	0.8
有残疾	0.2	0.2	0.0	0.3
丧失劳动能力	0.1	0.0	0.0	0.1
五、技术与技能人才	76.4	20.8	2.8	100.0
无	55.9	18.9	2.5	77.2
初级技工(1-3 级工)	2.3	0.7	0.1	3.1
中级技工(4-6 级工)	3.0	0.5	0.2	3.6
高级技工(7-8 级工)	1.9	0.2	0.0	2.1
技师	1.3	0.1	0.0	1.5
高级技师	0.6	0.0	0.0	0.6
初级专业技术职称	3.4	0.2	0.0	3.6
中级专业技术职称	5.6	0.2	0.0	5.8
高级专业技术职称	2.3	0.0	0.0	2.4
六、目前工作性质	76.9	20.1	3.0	100.0
党政群机关(含参公事业单位)	6.8	0.1	0.1	6.9
事业单位	13.2	0.5	0.3	14.0
企业	39.4	7.1	1.5	47.9
民办非企业	0.6	0.4	0.1	1.1
社会团体	0.7	0.3	0.0	1.0
慈善机构	0.0	0.0	0.0	0.0
个体工商户	7.4	7.1	0.7	15.2
私营企业业主	0.9	0.3	0.0	1.2
自营劳动者	3.1	2.0	0.1	5.2
家庭帮工(钟点工和住家工)	0.2	0.2	0.0	0.4
其他	4.6	2.2	0.2	7.0
七、目前工作单位或经营活动类型	77.2	19.9	2.9	100.0
国有企业	13.0	0.4	0.2	13.6
集体企业	2.2	0.4	0.1	2.7

续表

	是	否	不清楚	总计(%)
个体经济	10.5	9.2	0.7	20.4
私营企业	17.4	5.8	1.1	24.2
外资/合资企业	1.6	0.0	0.0	1.7
机关/团体	6.8	0.5	0.0	7.4
事业单位	13.7	0.5	0.3	14.5
股份有限公司	5.9	0.6	0.2	6.7
有限责任公司	2.1	0.3	0.0	2.4
求学/服役	0.0	0.0	0.0	0.1
其他	4.1	2.1	0.2	6.3
八、目前工作单位或经营活动行业	77.5	19.5	3.0	100.0
农林牧渔业	1.7	0.2	0.1	2.0
采矿业	4.4	0.1	0.0	4.5
制造业	10.9	2.3	0.4	13.6
电力、燃气及水的生产和供应业	2.9	0.3	0.1	3.3
建筑业	4.1	1.4	0.1	5.5
交通运输、仓储和邮政业	5.2	1.4	0.2	6.8
信息传输、计算机服务和软件业	2.3	0.3	0.1	2.7
批发和零售业	8.5	5.6	0.7	14.8
住宿和餐饮业	3.5	1.3	0.1	4.9
金融业	3.2	0.3	0.2	3.7
房地产业	1.0	0.3	0.0	1.3
租赁和商务服务业	1.2	0.4	0.0	1.6
科学研究、技术服务和地质勘察业	1.2	0.2	0.1	1.5
水利、环境和公共设施管理业	0.7	0.0	0.0	0.7
居民服务和其他服务业	5.9	3.4	0.4	9.7
教育业	5.2	0.7	0.1	6.0

续表

	是	否	不清楚	总计(%)
卫生、社会保障和社会福利业	4.0	0.4	0.1	4.6
文化、体育和娱乐业	1.5	0.3	0.0	1.9
公共管理和社会组织	10.1	0.6	0.1	10.8

（四）工伤保险参与及其分布

城镇人口工伤保险参保率为56.3%，其中男性为32.0%，女性为24.3%；从年龄段看，30~39岁年龄段参加工伤保险比例最高为23.4%；从文化程度看，文化程度越高参加该保险的比例越高，大学及以上文化程度，大中专、技校、职校毕业生，高中文化程度，初中及以下文化程度参保比例分别为21.5%、20.5%、7.6%和6.7%。

从目前工作性质看，党政机关（含参公事业单位）、事业单位、慈善机构工伤保险参保率相对较高，接近或超过了九成；个体工商户、自营劳动者、家庭帮工行业最低，不足两成。从目前工作单位或经营活动类型看，国有企业、外资/合资企业、机关/团体、事业单位、股份有限公司相对较高，达到了八成以上；个体经济与私营经济相对偏低，其中个体经济最低，不足两成。

从目前工作单位或经营活动行业看，工伤保险参保率最高的行业是采矿业，为96.7%；接近或超过八成的行业有：制造业、电力、燃气及水的生产和供应业、信息传输、计算机服务和软件业、金融业、科学研究、技术服务和地质勘察业、水利、环境和公共设施管理业、教育业、卫生、社会保障和社会福利业、文化、体育和娱乐业、公共管理和社会组织；参保率不足七成的行业有：农林牧渔业、制造业、建筑业、交通运输、仓储和邮政业、批发和零售业、住宿和餐饮业、房地产业、租赁和商务服务业、居民服务和其他服务业，其中参保率最低的行业有：农林牧渔业、批发和零售业、住宿和餐饮业、居民服务和其他服务业，仅为三成左右。

表6-6　参加工伤保险比例统计

	是	否	不清楚	总计(%)
一、性别	56.3	40.4	3.5	100.0
男	32.0	21.2	1.9	55.0
女	24.3	19.2	1.5	45.0

续表

	是	否	不清楚	总计(%)
二、年龄段				
16 岁-19 岁	0.2	0.3	0.0	0.4
20 岁-29 岁	9.8	6.9	0.9	17.5
30 岁-39 岁	23.4	12.8	1.3	37.5
40 岁-49 岁	16.1	13.3	0.8	30.2
50 岁-59 岁	6.9	7.0	0.4	14.3
60 岁及以上	0.0	0.1	0.0	0.1
三、文化程度				
初中及以下	6.7	20.7	1.3	28.6
高中	7.6	7.2	0.5	15.3
大中专、技校、职校毕业生	20.5	10.2	1.1	31.8
大学及以上	21.5	2.2	0.5	24.2
四、健康状况				
健康	54.1	35.5	3.2	92.8
一般	1.7	3.1	0.1	5.0
体弱	0.2	1.0	0.0	1.2
有重病	0.2	0.5	0.0	0.7
有残疾	0.1	0.2	0.0	0.3
五、技术与技能人才				
无	37.0	36.9	2.9	76.9
初级技工(1-3 级工)	1.9	1.2	0.1	3.2
中级技工(4-6 级工)	2.7	0.8	0.2	3.6
高级技工(7-8 级工)	1.7	0.3	0.0	2.1
技师	1.1	0.3	0.1	1.4
高级技师	0.5	0.1	0.0	0.6
初级专业技术职称	3.2	0.4	0.0	3.7
中级专业技术职称	5.6	0.3	0.0	6.0
高级专业技术职称	2.3	0.1	0.0	2.5
六、目前工作性质				
党政群机关(含参公事业单位)	6.5	0.4	0.1	7.0
事业单位	12.6	1.1	0.4	14.1

续表

	是	否	不清楚	总计(%)
企业	33.9	12.5	1.8	48.1
民办非企业	0.5	0.5	0.1	1.1
社会团体	0.6	0.5	0.0	1.0
慈善机构	0.0	0.0	0.0	0.0
个体工商户	2.7	11.8	0.8	15.3
私营企业业主	0.6	0.6	0.0	1.2
自营劳动者	0.5	4.5	0.1	5.1
家庭帮工(钟点工和住家工)	0.0	0.4	0.0	0.4
其他	1.4	5.0	0.2	6.6
七、目前工作单位或经营活动类型				
国有企业	12.7	0.7	0.2	13.6
集体企业	2.0	0.6	0.1	2.7
个体经济	3.4	16.2	0.8	20.4
私营企业	12.8	10.1	1.2	24.1
外资/合资企业	1.5	0.2	0.0	1.7
机关/团体	6.4	0.9	0.1	7.4
事业单位	13.0	1.0	0.4	14.5
股份有限公司	5.5	1.0	0.3	6.7
有限责任公司	1.9	0.6	0.0	2.4
求学/服役	0.0	0.0	0.0	0.1
其他	1.3	4.8	0.2	6.3
八、目前工作单位或经营活动行业				
农林牧渔业	0.6	1.3	0.0	2.0
采矿业	4.4	0.1	0.0	4.6
制造业	8.8	4.3	0.4	13.5
电力、燃气及水的生产和供应业	2.6	0.5	0.1	3.3
建筑业	2.8	2.6	0.1	5.5
交通运输、仓储和邮政业	3.7	2.9	0.2	6.8

续表

	是	否	不清楚	总计(%)
信息传输、计算机服务和软件业	2.1	0.5	0.1	2.7
批发和零售业	5.0	9.0	0.8	14.8
住宿和餐饮业	1.5	3.1	0.2	4.9
金融业	3.0	0.4	0.2	3.7
房地产业	0.9	0.4	0.0	1.3
租赁和商务服务业	1.0	0.7	0.0	1.7
科学研究、技术服务和地质勘察业	1.1	0.3	0.1	1.5
水利、环境和公共设施管理业	0.6	0.1	0.0	0.7
居民服务和其他服务业	3.4	5.7	0.5	9.7
教育业	4.7	1.1	0.2	6.0
卫生、社会保障和社会福利业	3.6	0.9	0.1	4.6
文化、体育和娱乐业	1.4	0.4	0.0	1.9
公共管理和社会组织	9.4	1.3	0.1	10.8

（五）生育保险参与及其分布

城镇人口生育保险参保率为55.5%，其中男性为31.5%，女性为24.0%；30~39岁年龄段参保比例最高为23.3%，40~49岁年龄段参保比例次之，为15.7%；参保比例与文化程度成反比，大学及以上文化程度参保比例最高，为21.5%。初中及以下文化程度参保比例最低，为6.3%。

从目前工作性质看，党政群机关(含参公事业单位)、事业单位、慈善机构生育保险参保率相对较高，接近或超过了九成；个体工商户、自营劳动者、家庭帮工行业最低，不足两成；工伤保险参保率也不足两成。从目前工作单位或经营活动类型看，国有企业、外资/合资企业、机关/团体、事业单位、股份有限公司相对较高，达到了八成以上；个体经济与私营经济相对偏低，其中个体经济最低，不足两成。

从目前工作单位或经营活动行业看，生育保险参保率接近或超过八成的行业有：采矿业、电力、燃气及水的生产和供应业、信息传输、计算机服务和软件业、金融业、科学研究、技术服务和地质勘察业、水利、环境和公共设施管理业、教育业、卫生、社会保障和社会福利业、公共管理和社会组织；参保率仅三成左右的行业有：农林牧渔业、批发和零售业、住宿和餐饮业、居民服务和其他服务业。

表 6-7 参加生育保险比例统计

	是	否	不清楚	总计(%)
一、性别	55.5	40.7	3.8	100.0
男	31.5	21.4	2.2	55.0
女	24.0	19.3	1.6	45.0
二、年龄段				
16 岁-19 岁	0.2	0.3	0.0	0.4
20 岁-29 岁	9.7	6.9	0.9	17.5
30 岁-39 岁	23.3	12.8	1.4	37.5
40 岁-49 岁	15.7	13.5	0.9	30.2
50 岁-59 岁	6.7	7.1	0.5	14.3
60 岁及以上	0.0	0.1	0.0	0.1
三、文化程度				
初中及以下	6.3	21.0	1.3	28.7
高中	7.4	7.3	0.6	15.3
大中专、技校、职校毕业生	20.3	10.2	1.3	31.8
大学及以上	21.5	2.2	0.6	24.2
四、健康状况				
健康	53.5	35.7	3.5	92.8
一般	1.6	3.1	0.2	5.0
体弱	0.2	1.0	0.0	1.2
有重病	0.2	0.5	0.0	0.7
有残疾	0.1	0.2	0.0	0.3
五、技术与技能人才				
无	36.7	37.0	3.2	76.9
初级技工(1-3 级工)	1.8	1.3	0.1	3.2
中级技工(4-6 级工)	2.6	0.8	0.2	3.6
高级技工(7-8 级工)	1.7	0.4	0.0	2.1
技师	1.1	0.3	0.1	1.4

续表

	是	否	不清楚	总计(%)
高级技师	0.5	0.1	0.0	0.6
初级专业技术职称	3.2	0.4	0.1	3.7
中级专业技术职称	5.5	0.4	0.1	6.0
高级专业技术职称	2.3	0.1	0.0	2.5
六、目前工作性质				
党政群机关(含参公事业单位)	6.5	0.4	0.1	7.0
事业单位	12.4	1.2	0.5	14.1
企业	33.4	12.8	1.9	48.2
民办非企业	0.5	0.5	0.1	1.1
社会团体	0.5	0.5	0.0	1.0
慈善机构	0.0	0.0	0.0	0.0
个体工商户	2.7	11.7	0.9	15.3
私营企业业主	0.6	0.6	0.0	1.2
自营劳动者	0.5	4.5	0.1	5.1
家庭帮工(钟点工和住家工)	0.0	0.4	0.0	0.4
其他	1.4	5.0	0.2	6.6
七、目前工作单位或经营活动类型				
国有企业	12.5	0.8	0.3	13.6
集体企业	1.9	0.7	0.1	2.7
个体经济	3.5	16.0	0.9	20.4
私营企业	12.5	10.3	1.4	24.2
外资/合资企业	1.5	0.2	0.0	1.7
机关/团体	6.4	0.9	0.1	7.4
事业单位	12.8	1.2	0.5	14.5
股份有限公司	5.5	1.0	0.3	6.8
有限责任公司	1.8	0.6	0.0	2.4
求学/服役	0.0	0.0	0.0	0.1
其他	1.2	4.9	0.2	6.3
八、目前工作单位或经营活动行业				
农林牧渔业	0.6	1.3	0.1	2.0
采矿业	4.4	0.2	0.0	4.6
制造业	8.5	4.6	0.5	13.6

续表

	是	否	不清楚	总计(%)
电力、燃气及水的生产和供应业	2.6	0.5	0.1	3.3
建筑业	2.8	2.7	0.1	5.5
交通运输、仓储和邮政业	3.6	3.0	0.3	6.8
信息传输、计算机服务和软件业	2.1	0.5	0.1	2.7
批发和零售业	5.0	8.8	0.9	14.8
住宿和餐饮业	1.6	3.1	0.2	4.9
金融业	3.0	0.5	0.2	3.7
房地产业	0.9	0.4	0.0	1.3
租赁和商务服务业	0.9	0.7	0.0	1.7
科学研究、技术服务和地质勘察业	1.1	0.3	0.1	1.5
水利、环境和公共设施管理业	0.6	0.1	0.0	0.7
居民服务和其他服务业	3.4	5.8	0.6	9.7
教育业	4.6	1.1	0.2	6.0
卫生、社会保障和社会福利业	3.6	0.8	0.1	4.6
文化、体育和娱乐业	1.4	0.4	0.1	1.9
公共管理和社会组织	9.3	1.3	0.1	10.8

第四节　城镇劳动力就业调查主要结论

一、劳动参与率不高

本次抽样调查城镇劳动力资源（包括外来常住人口）为 11 710 人，经济活动人口 7 503 人，非经济活动人口 4 207 人，失业人员 323 人，就业人员 7 180 人。根据本次抽样调查，A 省城镇劳动参与率①总体水平为

① 统计口径包含城镇户籍人口与居住在城镇半年以上农业户籍人口，指城镇常住人口，计算公式为：城镇劳动参与率=（城镇经济活动人口/城镇劳动力资源）×100%。

64.07%。分性别组看，女性劳动参与率比男性低了16.02%；分年龄组看，30~39岁年龄组的劳动参与率最高，为80.17%；分文化程度组别看，高中以下文化程度的劳动参与率较低，大中专、技校、职校毕业生的劳动参与率最高，为86.2%，大学及以上文化程度的劳动参与率达到80.45%，高中文化程度的劳动参与率为62.96%，而初中及以下文化程度的劳动参与率最低，为54.13%。总体而言，劳动参与率与文化程度呈现显著的正相关关系。

二、接受培训比例低

全部被调查者中接受过职业技能培训的比例为20%，接受过创业培训的比例仅为2.2%。分性别看，女性接受过职业技能培训的比例为8.8%；男性接受过职业技能培训的比例为11.7%，男性略高于女性。全部被调查者中接受过职业技能培训的比例为20.5%。总之，抽样调查显示，接受过职业技能培训的人比例较低，接受创业培训的人更少。这里面有劳动力自身原因，也有公共培训供给不足的因素。

三、参加保险比例较低

城镇人口(包含常住人口，下同)养老保险参保率为89.9%，其中男性为47.9%，女性为42.0%；从目前工作性质看，民办非企业、个体工商户、自营劳动者以及家庭帮工行业参保率相对偏低，低于九成，其他单位相对较高，超过了九成。从目前工作单位或经营活动类型看，个体经济与私营经济相对偏低，国有企业、集体企业、外资/合资企业、机关/团体、事业单位等相对较高，达到了九成以上。城镇人口医疗保险参保率为91.0%，其中男性为47.3%，女性为43.7%；参加城镇人口失业保险参保率、城镇人口生育保险参保率和城镇人口工伤保险参保率较低，分别为76.4%，55.5%和56.3%。

第七章　农村外出务工劳动力就业状况调查研究

第一节　农村外出务工劳动力就业概况

本次抽样调查农村劳动力共计 6 922 人，其中外出务工人员 2 874 人，没有外出务工人员 4 048 人，在没有外出务工人员中，有机会愿意外出务工人员 1 184 人，不愿意外出务工人员 2 907 人。

一、外出务工人员比例及其分布

在抽样劳动力中，外出务工人员占比为 41. 3%。分性别看，男性外出务工人员比例高于女性，分别为 26. 4%和 14. 9%（见图 7-1）。

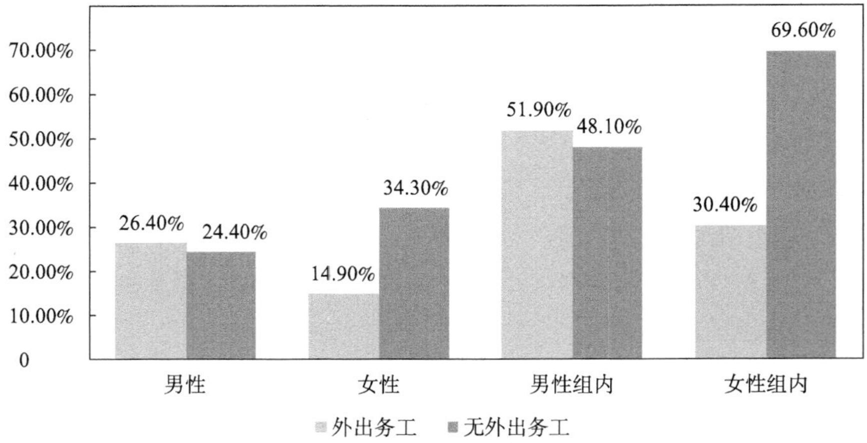

图 7-1　分性别外出务工人员比例及其分布

分年龄段看，外出务工人员的年龄主要集中在 20~29 岁和 30~39 岁两个阶段，所占比例分别为 12. 2%和 13. 0%。

分文化程度看，外出务工人员的文化教育水平整体偏低。外出务工人员主要集中在初中及以下文化程度群体，占外出务工人员总体的 80. 43%。

二、外出务工意愿及其分布

在没有外出务工人员中，如果有机会大约有三分之一的人员愿意外出务工。分性别看，有外出务工意愿的男性反而比女性低 2%(见图 7-2)。

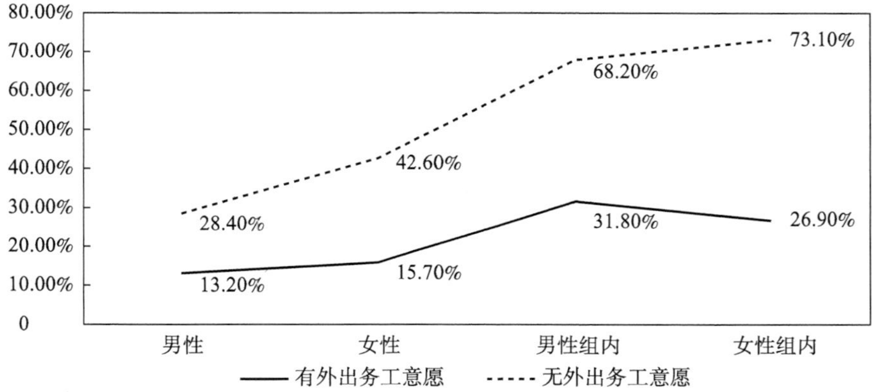

图 7-2　分性别外出务工意愿及其分布结构

分年龄段看，40~49 岁年龄段外出务工意愿最强，为 9. 3%，20~29 岁年龄段外出务工意愿最低，为 5. 3%；从年龄段的组内百分比看，50~59 岁年龄段最低，为 21. 8%，20~29 岁、30~39 岁和 40~49 岁三个年龄段外出务工意愿较高，为 30%左右(见图 7-3)。

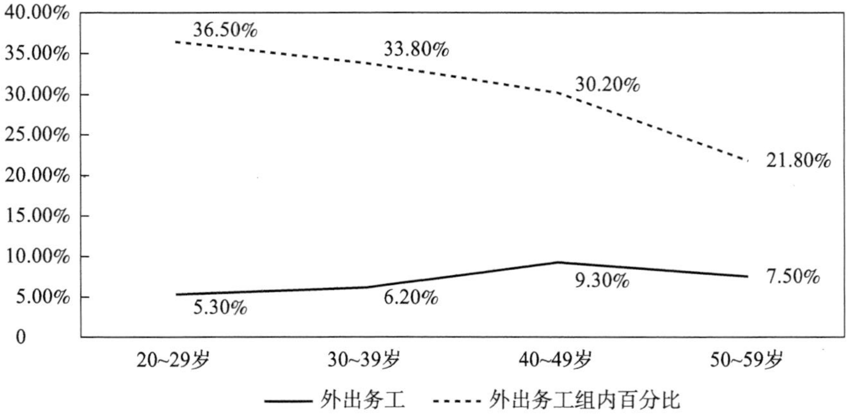

图 7-3　分年龄外出务工及组内百分比意愿及其分布结构

分文化程度看，初中及以下文化程度有外出务工意愿的比例最高，为25.4%，高中及高中以上外出务工意愿比较低；从文化程度组内百分比看，大中专、技校、职校毕业生有外出务工的意愿为44.1%，初中及以下文化程度、高中、大学文化程度愿意外出务工的组内百分比都不到30%。

第二节　农村外出劳动力务工与社会保险

一、农村外出劳动力就业分析

（一）外出务工的原因

在对愿意外出务工人员调研发现，主要原因是本地提供就业岗位较少和本地工资偏低，分别占比为41.2%和36.5%；另外的原因主要有本地就业或创业环境较差和个人技术得不到发挥(见图7-4)。

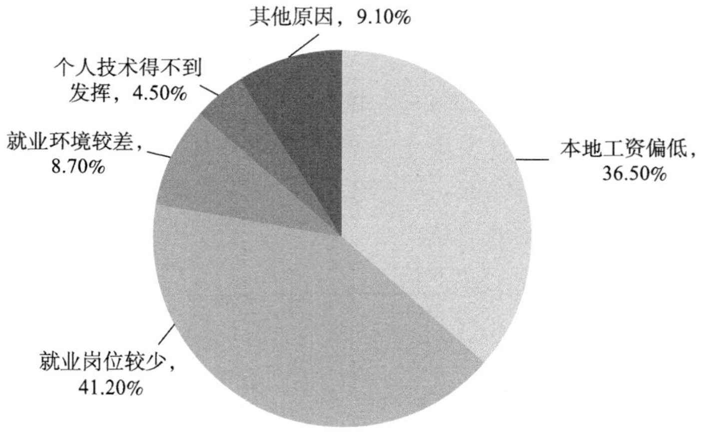

图7-4　农村劳动力外出务工原因分布

从性别、年龄段以及文化程度总计百分比以及组内百分比分析，愿意外出务工主要是因为本地工资偏低和提供就业岗位较少，这说明外出务工人员具有“被迫性”。另外，本地的就业或创业环境较差也是一项重要原因。

（二）不愿意外出务工的原因

不愿意外出务工人员的比例高达 71.1%。农村劳动力不愿意外出务工的主要原因有：在家务农、不想外出务工，年龄大，有固定的工作，自己创业和体弱多病，分别占 27.4%、17.0%、10.7%、7.5%、7.2%，合计占比 69.8%（见图 7-5）。

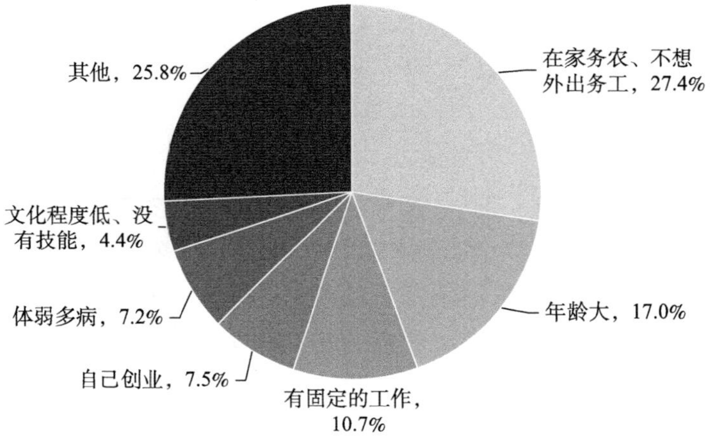

图 7-5 农村劳动力不愿意外出务工原因分布

根据以上分析，农村劳动力之所以不愿意外出务工，主要是因为家里有农活需要做，或者年龄太大导致外出找不到工作机会。组内百分比结构分布大体一致，没有呈现显著性差异现象。

（三）务工的地区选择

针对务工人员，务工地区分布情况如下：在本乡镇（村）和本县务工的比例最高，分别为 28.0%和 26.3%，省外务工的占比为 14.6%，其余为在本县外但是在本省内务工。由此可见，在本县、本乡镇（村）就近务工的比例超过了一半，达到 54.3%。

从性别上看，省外务工的男性占比远高于女性，分别为 10.1%和 4.4%。从性别组内百分比看，男性在省外与省内市外两个方面的相对占比，都显著超过女性；而女性在本乡镇（村）组内相对比例显著超过了男性。这充分说明，女性与男性相比，更多地选择了在本乡镇（村）务工（见图 7-6）。

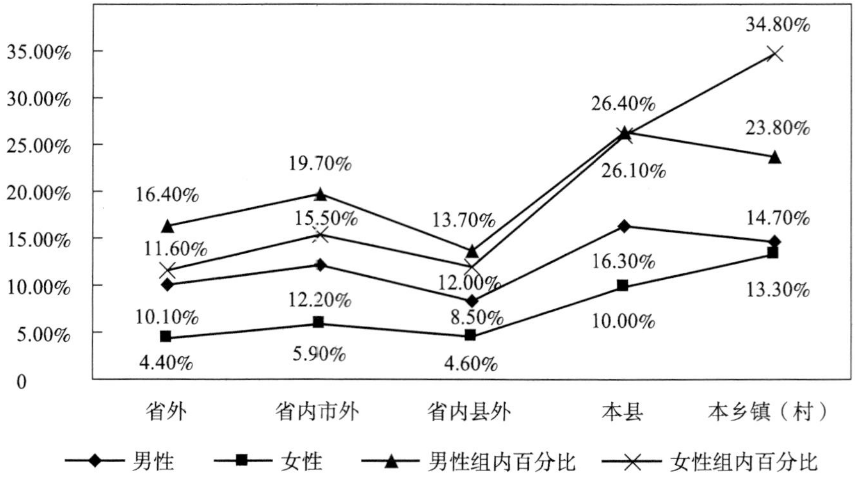

图 7-6　分性别农村劳动力务工的地区选择

从年龄段看，年龄越大越偏好于在本乡镇务工，40～59 岁年龄段中选择本乡镇(村)务工的相对比例就显著高于 20～39 岁年龄段，同时 20～39 岁年龄段中选择省外、省内市外的相对比例又高于 40～59 岁年龄段(见图 7-7)。

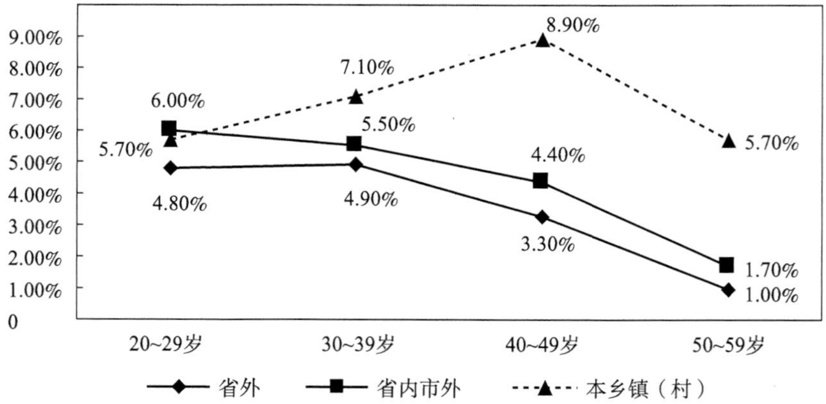

图 7-7　分年龄段农村劳动力务工的地区选择

从文化程度看，文化程度低的劳动力偏好于就近务工。高中及以下文化程度的务工人员选择本乡镇(村)务工的相对比例高，而高中以上文化程度的务工人员选择市外务工的相对比例显著高(见图 7-8)。

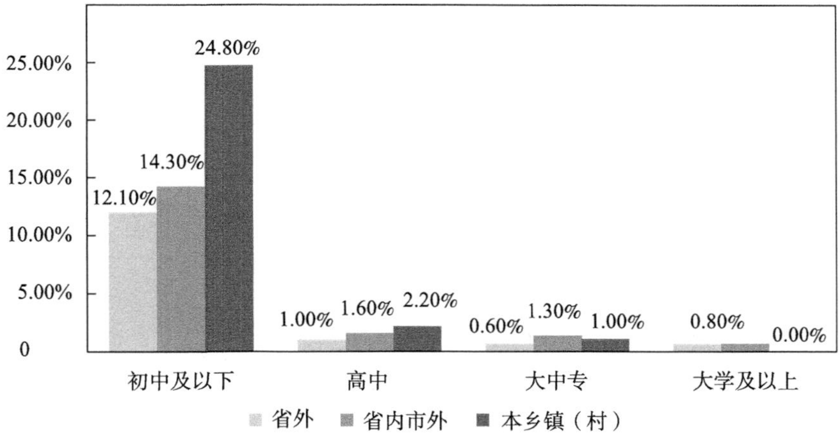

图 7-8　分文化程度农村劳动力务工的地区选择

针对现在没有外出务工且愿意外出务工人员，其所喜欢的务工地区主要是本县内，占比达 77%。由于没有外出务工人员主要是低学历者，这又一次说明受教育文化程度低的劳动力偏好于在本地就近就业。

综合以上分析，从性别、年龄段、文化程度及各自组内百分比分布看，呈现的特点是：女性、年龄较大、文化程度较低的劳动力更多选择本乡镇务工。

（四）没有找到工作的原因

针对愿意外出务工而没有找到合适工作的人员，主要原因集中在如下三个方面：学历不够、没有技术、年龄偏大。由于自己学历低没有达到企业要求找不到工作的占比为 21. 7%；由于自己没有掌握企业要求的相关技术找不到工作的占比为 18. 4%；自己年龄较大不符合企业要求的占比 16. 5%。由于企业方面的原因有三项：企业支付的工资过低、企业的工作环境较差、企业的劳动强度过大。还有 36. 3%的人员愿意外出务工而没有找到合适工作的原因是要照顾家庭、体弱多病等。

（五）务工单位性质

针对现在务工人员调研发现，务工单位性质主要集中在个体私营、灵活就业和个体私营业主，分别占比为 48. 1%、22. 1%和 12. 5%。

从性别、年龄段与文化程度看，女性在灵活就业领域相对比率低于男性，在个体私营领域相对比率高于男性(见图 7-9)。

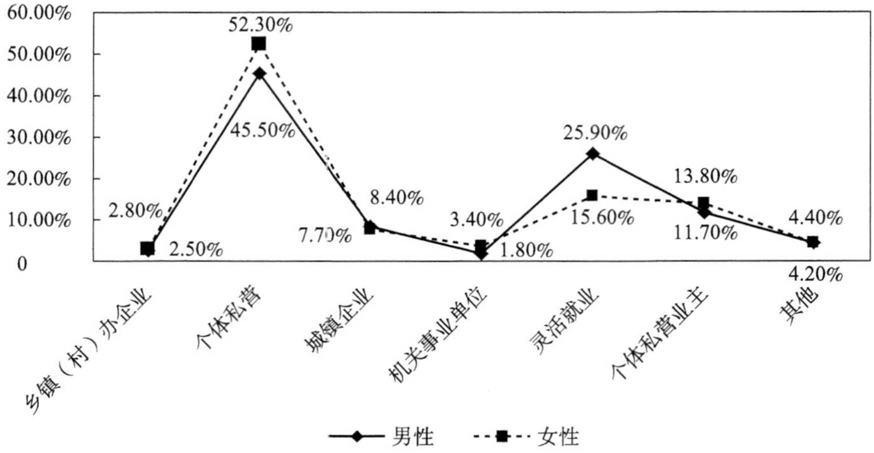

图 7-9　分性别组内百分比务工人员务工单位性质分布

年龄越大，在个体私营领域的相对比重越低，而在灵活就业领域的相对比重越高，说明年龄较大而不好找到雇主。同时文化程度越高，在城镇企业、机关事业单位等领域就业的相对比重越高；文化程度越低，以灵活就业方式和在私营企业就业的相对比重越高(见图 7-10)。

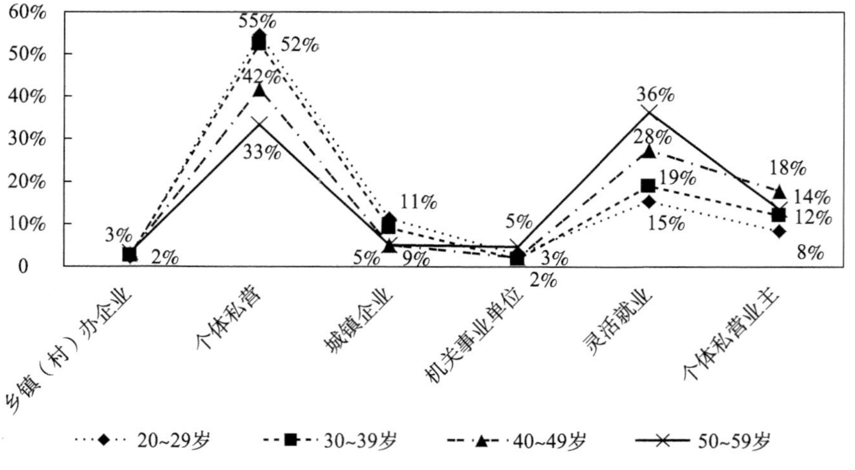

图 7-10　分年龄组内百分比务工人员务工单位性质分布

（六）务工行业分布

针对现在外出务工人员，其目前工作单位或经营活动行业分布主要集中在农林牧渔业和制造业，两者占比分别为 31.5%和 24.0%；其次主要分布在建筑业、批发和零售业、居民服务和其他服务业、交通运输、仓储和邮政业、住宿和餐饮业(见图 7-11)。

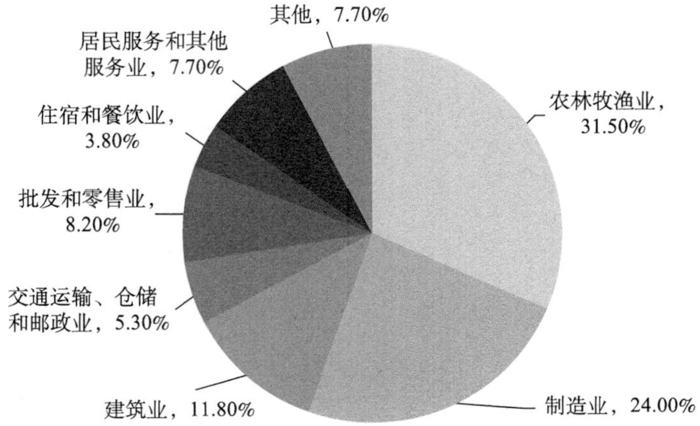

图 7-11　外出务工人员务工行业分布

从产业分布来看，外出务工人员在三次产业中分布较为平均，在第二产业的比例最高，为 38.0%，从事第一产业和第三产业的比例接近。

从性别、年龄段与文化程度总计百分比分布看，各组别的务工行业分布也主要集中在上述领域。从性别组内百分比看，女性从事第一产业的比例较高、第二产业的比例较低；男性相反，从事第一产业的比例低，从事第二产业的比例较高。

从年龄段组内百分比看，20~29 岁、30~39 岁、40~49 岁、50~59 岁各年龄段内部务工领域从事第一产业的比例分别为 11.4%、16.5%、36.1%和 65.5%；各年龄段从事第二产业的比例分别为 45.8%、46.2%、37.0%和 20.7%；各年龄段从事第三产业的比例分别为 42.8%、37.3%、26.9%和 13.8%。这表明第一产业主要吸引年龄较大的务工人员，而第二产业与第三产业对青年务工人员吸引力较大(见图 7-12)。

从文化程度组内百分比看，初中及以下从事第一产业的比例最高，为 34.2%，高中，大学及以上各文化程度务工领域从事第一产业的比例最低，为 1.2%；文化程度在从事第二产业的比例没有呈现显著性差异；初中及以下、高中和大学及以上文化程度，从事第三产业的比例也依次增高，由此可见，务工人员中文化程度越高，从事第一产业的比例相对越低，从事第三产业的比例相对越高(见图 7-13)。

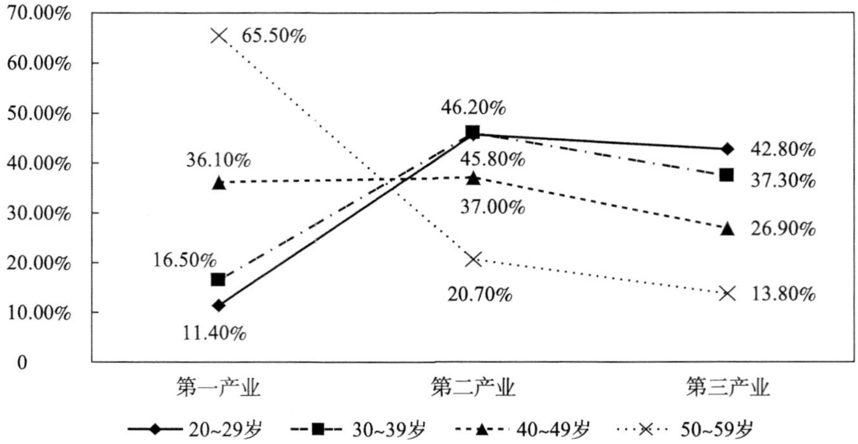

图 7-12 分年龄外出务工人员务工产业分布

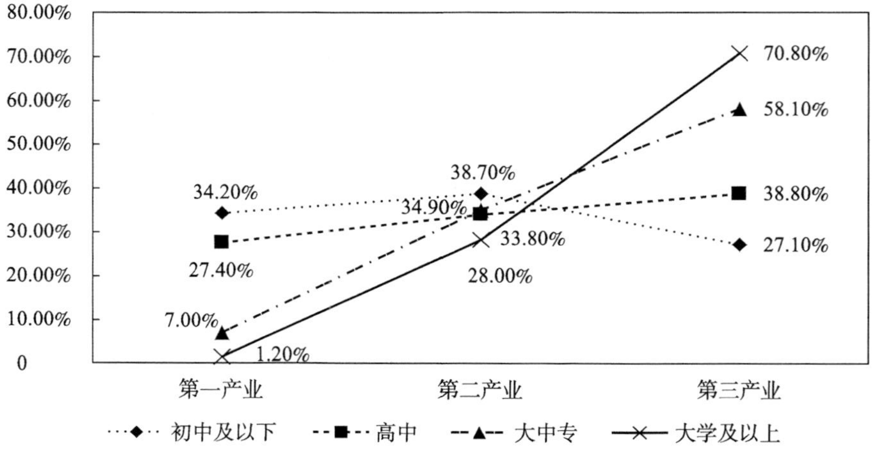

图 7-13 分文化程度外出务工人员务工产业分布

（七）务工时间

外出务工人员连续外出务工的时间呈两头大、中间小的“哑铃式”分布，外出务工时间 3 个月内的占比为 25.4%，两年以上的超过一半，达到 50.5%。

从性别、年龄段、文化程度总计百分比，以及从各自类别的组内百分比看，男女组内百分比分布结构基本一致，两者没有显著性差异；30~39 岁年龄段连续外出务工 3 个月以内和 24 个月以上的相对比例较低，而在 6 个月~12 个月的相对占比较高；大中专、技校、职校毕业生连续外出务工 3 个月以内的比例相对较低，而在 6 个月~12 个月以及 24 个月以上的比例相对较高（见图 7-14）。

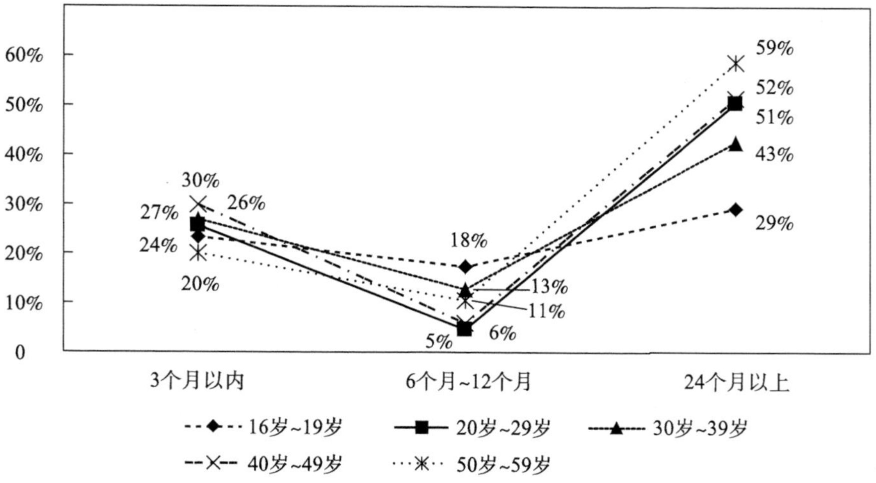

图 7-14　分年龄外出务工人员连续外出务工的时间分布

(八) 劳动合同签订

调研发现，仅有 17.9%的务工人员与正在务工的单位签订了劳动合同，其中签订了劳动合同的男性务工人员大约有 2/3，女性务工人员大约有 1/3。分年龄段看，在签订劳动合同人员中，由 20~29 岁年龄段的占 7.6%，降低到 50~59 岁年龄段的 0.8%；从文化程度分析，在签订劳动合同人员中，初中及以下文化程度占比最高，为 10.0%，其余文化程度分别约占 2%。整体看，外出务工人员签订劳动合同的比例较低。

从各类组内百分比分布看，男性务工人员、年龄越小、文化程度越高签订劳动合同的比例相对越高。

在外出务工人员未签订劳动合同的原因分布中，有 54.3%没有签订的原因是单位不给签订，自己不想签的比例仅为 7.5%，自己和单位都不想签的比例为 17.7%，其他原因占比为 20.5%。可见，未签订合同的主要原因是单位不想签订，合计占比达 71%。

(九) 务工收入

外出务工人员实际月收入较低，低于 1 000 元的占比达 31.1%，4 000 元以上的占比仅有 7.1%。

分性别看，务工实际月收入低于 1 000 元的女性占比 21.1%，远高于男性的 9.9%，2 001~4 000 元月收入女性为 11.4%，远低于男性的 25.1%；从性别组内百分比看，女性月收入低于 1 000 元的相对比例为 45.5%，2 001~4 000 元的相对比例为24.6%，而男性分别为18.5%和47.0%。女性月收入总体上显著低于男性(见图7-15)。

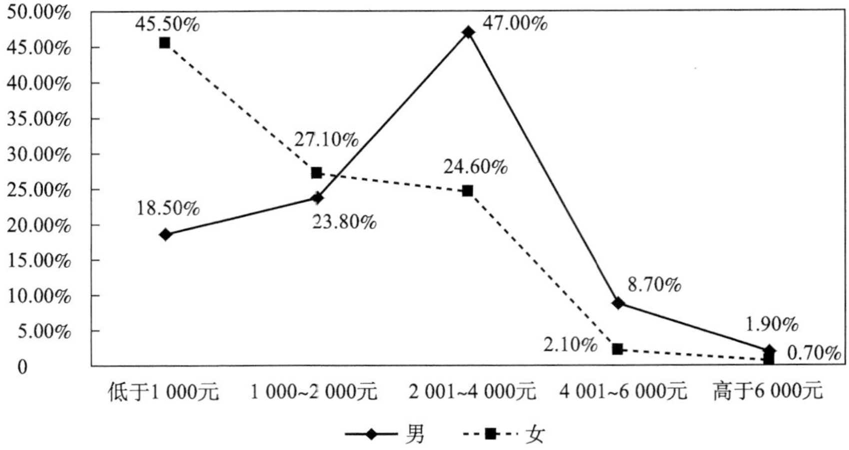

图7-15　分性别组内百分比务工人员实际月收入分布

从年龄段组内百分比看，40~49岁、50~59岁年龄段低于1 000元月收入的相对比例分别为33.2%和59.9%，远高于20~29岁、30~39岁年龄段的15.0%和19.0%；而40~49岁、50~59岁年龄段实际月收入2 001~4 000元的相对比例分别为33.2%和13.8%，远低于20~29岁、30~39岁年龄段的52.8%和45.1%。

从文化程度组内百分比看，文化程度越高，低于1 000元收入的相对比例越呈现显著下降态势，而高于2 000元收入的相对比例呈现显著上升态势(见图7-16)。

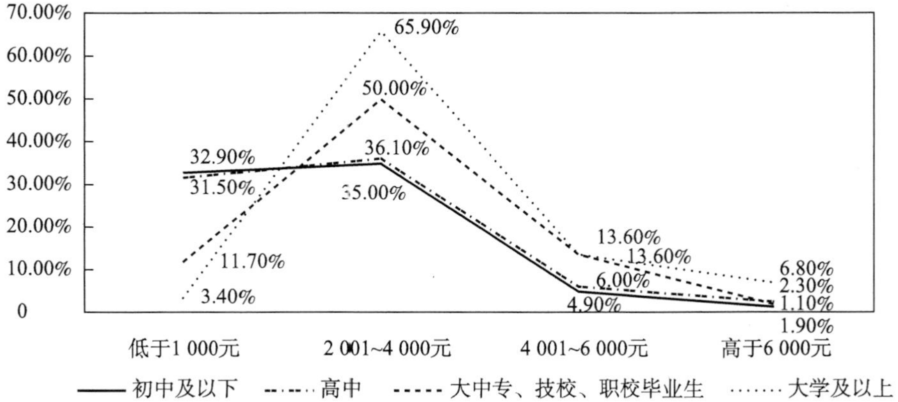

图7-16　分文化程度组内百分比务工人员实际月收入分布

(十)第一次外出务工

目前外出务工人员中，第一次外出务工的比例为36.3%，其中男性比女性约高5%；从年龄段分析，年轻人占比较多，40岁以上的仅有11.2%；从文化程度看，第一次外出务工人员文化程度较低，绝大部分都是初中及以下文化程度；属于第一次外出务工的人员中，95%的属于非技术与技能人才，84.7%的人员没有接受过职业培训，97.3%的人员没有接受过创业培训。这说明，绝大多数第一次外出务工人员，没有技术和技能，也没有接受过职业技能培训或创业培训。

从性别组内百分比看，属于第一次外出务工的女性相对比例高于男性；从年龄段组内百分比看，随年龄段上升呈现显著下降态势；从文化程度组内百分比看，随着文化程度的提高呈现显著上升态势(见表7-1)。

表7-1 是否是第一次外出务工

	是(%)	否(%)	总计(%)
性别	36.3	63.7	100.0
男	20.1	43.2	63.3
女	16.2	20.5	36.7
年龄段	36.5	63.5	100.0
16~19岁	1.7	0.8	2.6
20~29岁	12.1	17.2	29.3
30~39岁	11.5	19.6	31.1
40~49岁	8.1	18.3	26.4
50~59岁	3.1	7.5	10.5
60岁及以上	0.0	0.1	0.1
文化程度	36.4	63.6	100.0
初中及以下	27.1	53.5	80.7
高中	3.6	5.2	8.8
大中专、技校、职校毕业生	3.9	3.6	7.4
大学及以上	1.8	1.3	3.1

续表

	是(%)	否(%)	总计(%)
健康状况	36.3	63.7	100.0
健康	34.0	58.5	92.6
一般	1.7	3.7	5.5
体弱	0.3	0.9	1.2
有重病	0.1	0.2	0.4
有残疾	0.1	0.2	0.3
技术与技能人才	36.3	63.7	100.0
无	34.6	60.4	95.0
初级技工(1~3级工)	0.8	1.3	2.1
中级技工(4~6级工)	0.4	1.2	1.5
高级技工(7~8级工)	0.1	0.5	0.5
技师	0.1	0.2	0.3
高级技师	0.0	0.1	0.1
初级专业技术职称	0.2	0.1	0.3
中级专业技术职称	0.1	0.1	0.1
高级专业技术职称	0.0	0.0	0.1
接受过职业技能培训	36.1	63.9	100.0
是	6.2	9.1	15.3
否	29.9	54.8	84.7
接受过创业培训	36.2	63.8	100.0
是	1.0	1.8	2.7
否	35.2	62.1	97.3

（十一）外出务工途径选择

外出务工人员本次外出务工的主要途径：有近一半外出务工人员是通过老乡和亲戚朋友推荐；大约有1/4是自己到劳动力市场寻找务工机会；大约

有 1/10 选择通过自主创业而就业。其余外出务工的渠道主要是，自己通过报纸、电视、广播等查找招工信息、用人单位入村招工、通过政府或中介有组织的劳务输出等(见表 7-2)。

表 7-2　本次外出务工的途径

	通过老乡和亲戚朋友推荐(%)	用人单位入村招工(%)	自己到城市的劳动力市场找机会(%)	自己通过报纸、电视、广播等查找招工信息(%)	通过电脑上网查找招工信息(%)	通过政府或中介有组织的劳务输出(%)	自主创业(%)	总计(%)
性别	49.4	5.1	25.3	6.8	2.2	1.5	9.6	100.0
男	32.9	2.7	16.7	3.6	1.3	1.0	5.7	63.9
女	16.4	2.5	8.6	3.2	0.9	0.5	3.9	36.1
年龄段	49.5	5.1	25.3	6.8	2.2	1.5	9.6	100.0
16~19 岁	1.7	0.1	0.7	0.1	0.1	0.0	0.0	2.7
20~29 岁	13.3	0.9	8.8	2.6	1.2	0.5	1.6	28.9
30~39 岁	14.9	1.6	7.9	2.2	0.8	0.7	3.4	31.4
40~49 岁	13.9	1.6	5.4	1.2	0.1	0.2	3.8	26.3
50~59 岁	5.6	0.9	2.6	0.6	0.1	0.0	0.8	10.6
60 岁及以上	0.1	0.0	0.0	0.0	0.0	0.0	0.0	0.1
文化程度	49.4	5.2	25.4	6.9	2.2	1.5	9.6	100.0
初中及以下	42.4	4.4	20.0	5.1	1.1	0.9	7.6	81.5
高中	3.8	0.5	2.5	0.7	0.1	0.1	1.2	8.9
大中专、技校、职校毕业生	2.7	0.3	1.8	0.8	0.5	0.3	0.7	7.0
大学及以上	0.6	0.0	1.2	0.3	0.4	0.1	0.1	2.6
健康状况	49.3	5.1	25.3	6.9	2.2	1.5	9.6	100.0
健康	45.2	4.7	24.0	6.4	2.2	1.4	8.8	92.7
一般	2.9	0.4	1.1	0.4	0.0	0.1	0.5	5.4
体弱	0.8	0.1	0.1	0.0	0.0	0.0	0.2	1.2
有重病	0.2	0.0	0.0	0.0	0.0	0.0	0.1	0.4
有残疾	0.3	0.0	0.0	0.0	0.0	0.0	0.0	0.3

续表

	通过老乡和亲戚朋友推荐(%)	用人单位入村招工(%)	自己到城市的劳动力市场找机会(%)	自己通过报纸、电视、广播等查找招工信息(%)	通过电脑上网查找招工信息(%)	通过政府或中介有组织的劳务输出(%)	自主创业(%)	总计(%)
技术与技能人才	49.3	5.2	25.4	6.8	2.2	1.4	9.7	100.0
无	47.4	4.8	24.1	6.4	1.9	1.3	9.4	95.3
初级技工(1~3级工)	0.9	0.1	0.5	0.1	0.1	0.1	0.1	2.0
中级技工(4~6级工)	0.5	0.1	0.4	0.1	0.1	0.0	0.1	1.5
高级技工(7~8级工)	0.2	0.0	0.1	0.1	0.0	0.1	0.0	0.5
技师	0.2	0.0	0.0	0.0	0.0	0.0	0.0	0.2
高级技师	0.0	0.0	0.1	0.0	0.0	0.0	0.0	0.1
初级专业技术职称	0.0	0.1	0.1	0.0	0.0	0.0	0.0	0.3
中级专业技术职称	0.0	0.0	0.1	0.0	0.0	0.0	0.0	0.1
高级专业技术职称	0.0	0.0	0.0	0.0	0.0	0.0	0.0	0.0
接受过职业技能培训	49.4	5.2	25.2	6.9	2.3	1.4	9.7	100.0
是	6.4	1.0	4.1	0.8	0.6	0.6	1.6	15.0
否	43.0	4.3	21.1	6.1	1.7	0.9	8.1	85.0
接受过创业培训	49.6	5.3	24.7	7.0	2.3	1.5	9.6	100.0
是	0.9	0.1	0.8	0.1	0.2	0.2	0.5	2.9
否	48.7	5.2	23.9	6.9	2.1	1.3	9.1	97.1

(十二)外出务工人员职业技能培训与创业培训

外出务工人员务工前接受过专门的职业技能培训的比例为 11.2%，其中男性为女性的 2 倍(见表 7-3)。

表 7-3 务工前是否接受过专门的职业技能培训

	是(%)	否(%)	总计(%)
性别	11.2	88.8	100.0
男	7.4	44.3	51.7
女	3.8	44.5	48.3
年龄段	11.2	88.8	100.0
16~19 岁	0.3	1.6	1.8
20~29 岁	4.3	18.9	23.2
30~39 岁	3.8	21.2	25.0
40~49 岁	2.4	24.8	27.2
50~59 岁	0.5	22.0	22.5
60 岁及以上	0.0	0.3	0.3
文化程度	11.3	88.7	100.0
初中及以下	7.0	77.2	84.1
高中	1.2	7.2	8.4
大中专、技校、职校毕业生	2.3	3.1	5.4
大学及以上	0.8	1.3	2.1
健康状况	11.2	88.8	100.0
健康	10.6	76.9	87.5
一般	0.5	7.6	8.1
体弱	0.0	2.8	2.8
有重病	0.0	1.0	1.1
有残疾	0.1	0.4	0.5
技术与技能人才	11.2	88.8	100.0
无	9.0	86.8	95.9
初级技工(1~3 级工)	0.8	1.1	1.9
中级技工(4~6 级工)	0.6	0.7	1.3
高级技工(7~8 级工)	0.3	0.0	0.3
技师	0.2	0.0	0.2
高级技师	0.0	0.0	0.1
初级专业技术职称	0.1	0.0	0.2
中级专业技术职称	0.1	0.0	0.1
高级专业技术职称	0.0	0.0	0.0

从组内百分比看，男性外出务工人员务工前接受过专门的职业技能培训的比例显著高于女性，年龄越小接受过专门的职业技能培训的比例越高，高中以上文化程度接受过专门的职业技能培训的比例显著较高。外出务工人员务工前接受过创业培训的比例很低，仅有2.3%。

外出务工人员中愿意参加各类职业技能培训的比例为62.6%，其中初中及以下文化程度为84%。

从性别组内百分比看，外出务工人员无论是男性还是女性，大多都愿意参加各类职业技能培训。从年龄段组内百分比看，40岁以下务工人员愿意接受各类职业技能培训的相对比例显著高于40岁以上的务工人员。从文化程度组内百分比看，高中以上文化程度的外出务工人员更加愿意接受各类职业技能培训。

外出务工人员中不愿意参加职业技能培训的最主要原因是太忙没有时间、培训耽误赚钱、培训效果不好等。

从性别组内百分比看，男性与女性不愿意参加各类职业技能培训原因的相对比例分布没有显著性差异。

从年龄段组内百分比看，20~29岁与30~39岁年龄段选择“没时间”与“耽误挣钱”作为主要原因的相对比例显著高于40~49岁与50~59岁年龄段的务工人员，30~39岁与40~49岁年龄段选择“效果不好”作为主要原因的相对比例显著低于20~29岁与50~59岁年龄段的务工人员。

从文化程度组内百分比看，高中以上文化程度的外出务工人员选择“没时间”作为主要原因的相对比例显著高于高中及以下文化程度的外出务工人员，大学以下文化程度的外出务工人员选择“效果不好”的相对比例显著低于大学及以上文化程度的外出务工人员。

二、农村外出务工劳动力参加社会保险分析

（一）养老保险

外出务工人员养老保险参保率为88.9%，其中男性为45.4%，女性为43.5%，从年龄段看，20~29岁、30~39岁、40~49岁和50~59岁各约占20%；初中及以下文化程度占比最高为61.4%，大学及以上文化程度占比最低为5.6%，高中文化程度以及大中专、技校、职校毕业生各为10%左右。从性别、年龄段、文化程度组内百分比看，没有呈现显著性差异（见表7-4）。

表 7-4　参加养老保险比例统计

	是(%)	否(%)	不清楚(%)	总计(%)
性别	88.9	9.4	1.7	100.0
男	45.4	4.8	1.0	51.2
女	43.5	4.6	0.7	48.8
年龄段	89.0	9.2	1.7	100.0
16~19 岁	0.4	0.2	0.0	0.6
20~29 岁	23.4	3.5	0.4	27.3
30~39 岁	22.8	2.2	0.7	25.8
40~49 岁	19.5	2.0	0.6	22.1
50~59 岁	22.4	1.4	0.0	23.8
60 岁及以上	0.5	0.0	0.0	0.4
文化程度	88.8	9.5	1.7	100.0
初中及以下	61.4	6.8	0.7	69.1
高中	11.9	1.2	0.1	13.3
大中专、技校、职校毕业生	9.8	1.2	0.9	11.9
大学及以上	5.6	0.1	0.0	5.7
健康状况	88.9	9.4	1.7	100.0
健康	78.4	8.7	1.7	88.9
一般	6.3	0.1	0.0	6.5
体弱	2.7	0.4	0.0	3.2
有重病	0.6	0.0	0.0	0.7
有残疾	0.5	0.1	0.0	0.7
技术与技能人才	88.9	9.4	1.7	100.0
无	80.9	9.0	1.4	91.3
初级技工(1~3 级工)	3.3	0.0	0.1	3.5
中级技工(4~6 级工)	1.4	0.2	0.0	1.6
高级技工(7~8 级工)	1.2	0.0	0.1	1.4
技师	0.5	0.0	0.0	0.5
高级技师	0.4	0.0	0.0	0.4
初级专业技术职称	0.6	0.1	0.1	0.9
中级专业技术职称	0.5	0.0	0.0	0.4

（二）医疗保险

外出务工人员医疗保险参保率达 92.0%，其中男性和女性各约占 50%；各年龄分布也较为均匀。从性别、年龄段、文化程度组内百分比看，没有呈现显著性差异（见表 7-5）。

表 7-5 参加医疗保险比例统计

	是（%）	否（%）	不清楚（%）	总计（%）
性别	92.0	5.9	2.1	100.0
男	46.7	3.1	1.2	51.0
女	45.3	2.8	0.9	49.0
年龄段	92.0	5.9	2.1	100.0
16~19 岁	0.6	0.0	0.0	0.6
20~29 岁	24.5	2.1	0.6	27.2
30~39 岁	23.2	1.8	0.9	25.9
40~49 岁	20.4	1.0	0.6	22.0
50~59 岁	22.8	1.0	0.0	23.8
60 岁及以上	0.5	0.0	0.0	0.5
文化程度	91.9	6.0	2.1	100.0
初中及以下	63.9	4.2	1.0	69.1
高中	12.5	0.6	0.1	13.3
大中专、技校、职校毕业生	10.1	1.0	0.9	11.9
大学及以上	5.5	0.1	0.1	5.7
健康状况	92.0	5.9	2.1	100.0
健康	80.9	5.9	2.1	88.9
一般	6.4	0.0	0.0	6.5
体弱	3.1	0.0	0.0	3.2
有重病	0.6	0.0	0.0	0.7
有残疾	0.6	0.0	0.0	0.7
技术与技能人才	92.0	5.9	2.1	100.0
无	83.9	5.7	1.7	91.3
初级技工（1~3 级工）	3.3	0.0	0.1	3.4
中级技工（4~6 级工）	1.5	0.1	0.0	1.6
高级技工（7~8 级工）	1.2	0.0	0.1	1.4
技师	0.5	0.0	0.0	0.5
高级技师	0.4	0.0	0.0	0.4
初级专业技术职称	0.6	0.1	0.1	0.9
中级专业技术职称	0.5	0.0	0.0	0.5

（三）失业保险

外出务工人员失业保险参保率仅为25.4%，其中男性和女性分别为15.2%和10.2%（见表7-6）。从性别组内百分比看，男性和女性分别为29.8%和20.9%；从年龄段组内百分比看，年龄越大比例越低，由20~29岁的46.8%降低到50~59岁的2.1%；从文化程度组内百分比看，大学及以上文化程度占比为80.4%，初中及以下文化程度占比最低为16.2%。

表7-6　参加失业保险比例统计

	是（%）	否（%）	不清楚（%）	总计（%）
性别	25.4	70.5	4.1	100.0
男	15.2	33.7	2.2	51.1
女	10.2	36.9	1.8	48.9
年龄段	25.5	70.5	4.1	100.0
16~19岁	0.0	0.6	0.0	0.6
20~29岁	12.8	13.5	1.0	27.3
30~39岁	8.5	15.4	2.0	25.8
40~49岁	3.7	17.5	0.9	22.1
50~59岁	0.5	23.0	0.2	23.7
60岁及以上	0.0	0.5	0.0	0.5
文化程度	25.6	70.5	4.0	100.0
初中及以下	11.2	55.8	2.1	69.1
高中	3.1	9.8	0.4	13.3
大中专、技校、职校毕业生	6.7	3.7	1.5	11.9
大学及以上	4.6	1.1	0.0	5.7
健康状况	25.4	70.5	4.1	100.0
健康	24.6	60.4	3.9	88.9
一般	0.6	5.7	0.1	6.4
体弱	0.1	2.9	0.0	3.1
有重病	0.0	0.6	0.0	0.6
有残疾	0.1	0.5	0.0	0.6

续表

	是(%)	否(%)	不清楚(%)	总计(%)
技术与技能人才	25.5	70.5	4.1	100.0
无	21.4	66.3	3.7	91.2
初级技工(1~3 级工)	0.9	2.5	0.1	3.5
中级技工(4~6 级工)	1.0	0.6	0.0	1.6
高级技工(7~8 级工)	1.0	0.2	0.1	1.4
技师	0.4	0.1	0.0	0.5
高级技师	0.2	0.1	0.0	0.4
初级专业技术职称	0.4	0.4	0.1	0.9
中级专业技术职称	0.2	0.2	0.0	0.5

（四）工伤保险

外出务工人员工伤保险参保率为 26.0%，其中男性和女性分别为 15.1% 和 10.8%，39 岁以下总计为 21.8%；初中及以下文化程度为 11.7%，大中专、技校、职校毕业生次之，为 6.5%。从性别、年龄段、文化程度组内百分比看，男性略高于女性；年龄越低参保比例越高，20~29 岁为 12.8%，30~39 岁为 9.0%；文化程度越高比例越高，大学及以上文化程度为 4.6%，而初中及以下文化程度仅为 11.7%(见表 7-7)。

表 7-7　参加工伤保险比例统计

	是(%)	否(%)	不清楚(%)	总计(%)
性别	26.0	69.8	4.2	100.0
男	15.1	33.6	2.3	51.1
女	10.8	36.2	1.8	48.9
年龄段	26.0	69.8	4.2	100.0
16~19 岁	0.0	0.6	0.0	0.6
20~29 岁	12.8	13.3	1.1	27.2
30~39 岁	9.0	14.9	2.0	25.9
40~49 岁	3.6	17.5	1.0	22.1
50~59 岁	0.6	22.9	0.1	23.7
60 岁及以上	0.0	0.5	0.0	0.5

续表

	是(%)	否(%)	不清楚(%)	总计(%)
文化程度	26.1	69.8	4.1	100.0
初中及以下	11.7	55.3	2.1	69.2
高中	3.4	9.6	0.4	13.3
大中专、技校、职校毕业生	6.5	3.9	1.6	11.9
大学及以上	4.6	1.0	0.0	5.6
健康状况	26.0	69.8	4.2	100.0
健康	25.0	59.9	4.1	88.9
一般	0.7	5.5	0.1	6.5
体弱	0.1	3.0	0.0	3.2
有重病	0.0	0.6	0.0	0.7
有残疾	0.1	0.5	0.0	0.7
技术与技能人才	26.0	69.8	4.2	100.0
无	21.7	65.8	3.8	91.3
初级技工(1~3级工)	0.9	2.5	0.1	3.4
中级技工(4~6级工)	1.1	0.5	0.0	1.6
高级技工(7~8级工)	1.1	0.1	0.1	1.4
技师	0.4	0.1	0.0	0.5
高级技师	0.2	0.1	0.0	0.4
初级专业技术职称	0.4	0.4	0.1	0.9
中级专业技术职称	0.2	0.2	0.0	0.5

（五）生育保险

外出务工人员生育保险参保率为25.4%，其中男性略高于女性，分别为15.0%和10.3%。从性别、年龄段、文化程度组内百分比看，男性比女性高8%，分别为29.3%和21.2%；年龄越大，参加生育保险的比例越低，由20~29岁的47.3%降低到50~59岁的1.6%；文化程度越高参加生育保险的比例越高，大学及以上文化程度为4.6%，而初中及以下文化程度仅为11.7%(见表7-8)。

表 7-8　参加生育保险比例统计

	是(%)	否(%)	不清楚(%)	总计(%)
性别	25. 4	70. 6	4. 1	100. 0
男	15. 0	34. 1	2. 1	51. 2
女	10. 3	36. 5	2. 0	48. 8
年龄段	25. 4	70. 5	4. 1	100. 0
16~19 岁	0. 0	0. 6	0. 0	0. 6
20~29 岁	12. 8	13. 3	1. 0	27. 1
30~39 岁	8. 5	15. 4	2. 0	25. 9
40~49 岁	3. 7	17. 4	1. 0	22. 1
50~59 岁	0. 4	23. 3	0. 1	23. 8
60 岁及以上	0. 0	0. 5	0. 0	0. 5
文化程度	25. 5	70. 5	4. 0	100. 0
初中及以下	10. 9	56. 0	2. 2	69. 2
高中	3. 1	9. 8	0. 4	13. 3
大中专、技校、职校毕业生	6. 8	3. 7	1. 4	11. 9
大学及以上	4. 6	1. 0	0. 0	5. 6
健康状况	25. 4	70. 6	4. 1	100. 0
健康	24. 5	60. 6	3. 8	88. 9
一般	0. 6	5. 5	0. 2	6. 5
体弱	0. 1	3. 0	0. 0	3. 2
有重病	0. 0	0. 6	0. 0	0. 7
有残疾	0. 1	0. 5	0. 0	0. 7
技术与技能人才	25. 4	70. 5	4. 1	100. 0
无	21. 4	66. 3	3. 6	91. 3
初级技工(1~3 级工)	0. 9	2. 5	0. 1	3. 5
中级技工(4~6 级工)	1. 0	0. 6	0. 0	1. 6
高级技工(7~8 级工)	0. 9	0. 2	0. 2	1. 4
技师	0. 4	0. 1	0. 0	0. 5
高级技师	0. 2	0. 1	0. 0	0. 3
初级专业技术职称	0. 4	0. 4	0. 1	0. 9
中级专业技术职称	0. 2	0. 2	0. 0	0. 4

第三节 城乡劳动力就业状况调查主要结论

一、劳动参与率缓慢下降

本次抽样调查城镇劳动参与率为64.07%，总体水平偏低。[①] 经过分析发现主要有以下几个原因：由于我国经济发展水平的不断提高，人民的需求日益多元化，会出现闲暇替代劳动现象；另外随着我国教育事业的快速发展，[②] 在校本科生和研究生等学生数量日益增长，更多的学生享受到了接受高等教育的机会，会大大提高参加劳动的年龄，加上社会保障制度的不断完善等，都会促使劳动参与率水平下降。本次抽样调查显示，女性群体、年龄50岁以上群体、低学历群体等三类群体劳动参与率相对偏低。女性群体劳动参与率比男性低16%；[③] 50~59岁年龄组的劳动参与率显著低于其他年龄段劳动人口的参与率水平；初中及以下文化程度人口的劳动参与率仅为54.13%，显著低于其他文化程度人口的劳动参与率水平。

二、就业形势基本稳定

本次抽样调查A省城镇失业率为4.31%，就业形势基本保持稳定。[④] 然而，在当前我国经济发展进入新常态，经济增长速度由高速向中高速换挡，发展动力由过去依靠资源和低成本劳动力等生产要素的大量投入，转向以创新驱动经济发展。在“三去一降一补”即去产能、去库存、去杠杆、降成本和

---

① 有研究人员根据第六次人口普查数据测算，2010年全国16岁以上的劳动参与率为70.96%，城镇劳动参与率为64.29%，A省16岁以上的劳动参与率为75.48%，城镇劳动参与率约为70%。参见劳动力供给变化趋势与实现更加充分就业问题研究课题组（报告执笔人为人力资源和社会保障部劳动科学研究所曹佳）：《我国劳动参与率变化分析》，《中国劳动》2012年第11期。

② 值得一提的是，劳动参与率的下降在很大程度上反映出近年来A省教育事业的快速发展状况，义务教育与高等教育的快速发展客观上能够显著降低劳动参与率。

③ 全国的情况基本上也是如此。根据“五普”和“六普”数据，分性别进行比较，“五普”和“六普”均表现为男性的劳动参与率高于女性的劳动参与率，且男女之间劳动参与率的差距呈现明显的扩大趋势：“五普”的男性劳动参与率为84.32%，比女性高出12.8个百分点；“六普”的男性劳动参与率为78.16%，比女性高出14.43个百分点。参见劳动力供给变化趋势与实现更加充分就业问题研究课题组（报告执笔人为人力资源和社会保障部劳动科学研究所曹佳）：《我国劳动参与率变化分析》，《中国劳动》2012年第11期。

④ 本次A省城镇调查失业率比2015年A省城镇登记失业率3.35%高出0.96个百分点。

补短板的供给侧改革宏观背景下，今后一段时期稳定就业压力将有所增大。本次抽样调查显示，有长期失业、隐性失业和自愿失业等人群需要特别关注：一是长期失业，调查表明失业人员中最近一次失去工作距现在两年以上的比例为60.4%，长期失业不但是社会劳动力资源的浪费，也会对家庭带来一定的经济压力，对失业本人造成精神上的困扰。长期失业人员家庭很可能会转变为贫困户。另外长期失业人员主要集中在女性、40～49岁年龄段、低学历群体中，他们大都没有一定的技术和技能。二是隐性失业，调查显示失业人员失业前主要在个体、私营与国有企业工作。随着当前经济增速的降低，以及所有制改革力度的不断加大，尤其在一些经营效益不好、产能过剩的劳动密集型行业，不充分就业现象将会增加。这些企业会通过采取降低员工的工资、缩短工作时间等方式应对市场需求与供给不均衡的矛盾，这将导致隐性失业增加。隐性失业如果不能及时改变，将逐渐显性化，并且有可能最终转换为长期失业。三是自愿失业情况，调查发现选择自己提出解除劳动合同的比例不到1/4。自愿失业群体主要集中在女性群体、20～29岁年龄段的青年群体。他们失业的原因各种各样，但都有着“自身”的特殊情况，因而不想或者说不愿就业。

三、接受培训比例偏低

本次抽样调查中，接受过职业技能培训的占全部被调查者的1/5，接受过创业培训的比例仅为2%。城镇就业人员中接受过职业技能培训的比例远远高于农村外出务工人员。值得注意的是，城镇失业人员中，接受过职业技能培训的比例也达到了22.1%，说明职业技能培训效果还不够理想。外出务工人员中有较强烈的意愿参加各类技能培训，比例为62.6%。在不愿意参加职业技能培训的外出务工人员中，有各种“客观”原因，如有一半的人员是因为“没时间”参加培训。总体来看，城乡劳动力接受职业技能培训比例偏低、接受创业培训比例更低，农村外出务工人员更有意愿参加职业技能培训。

四、养老保险与医疗保险参保比例较高

本次抽样调查显示，城镇人口养老保险参与率为89.9%、医疗保险参与率为91.0%。从工作性质看，民办非企业、自营劳动者中养老保险和医疗保险参与率相对偏低，其他单位相对较高，超过了九成。从目前工作单位或经营活动类型看，个体经济与私营经济相对偏低，其他领域相对较高，达到了

九成以上。从工作单位或经营活动行业看，农林牧渔业、建筑业、批发和零售业、住宿和餐饮业、居民服务和其他服务业养老和医疗保险参与率相对偏低，其他行业参与率超过了九成。然而，调查表明，城镇人口失业保险、工伤保险、生育保险参与率相对偏低，分别为76.4%、56.3%和55.5%，还有待进一步提升。

五、农村劳动力外出务工意愿不强

本次抽样调查显示外出务工人员比例还不到一半。在没有外出务工人员中，占比高达70%的人员为不愿意外出务工，如果有机会愿意外出的比例不到1/3,也就是说有2/3的人员即使有外出务工机会仍不会外出务工。不愿意外出务工人员主要原因是在家务农、不想外出务工等。尽管中国城市化进程仍在快速推进，但由于在城镇就业生活成本高、压力大，享受不到城镇居民在教育和医疗等方面的待遇，在相当长一段时期内农村剩余劳动力向城镇转移意愿降低。对农村外出劳动力务工地分布调查显示，外出务工地本地就近就业趋势明显，在本县、本乡镇(村)务工的比例达到了54.3%。现在没有外出务工且愿意外出务工人员中，有高达77.0%的人员更偏好选择在本县内务工。

六、务工人员就业领域多元化

本次抽样调查中，务工人员目前工作单位或经营活动行业分布日趋多元化，务工人员产业结构分布日趋均衡。从产业分布结构看，只有在第二产业的比例较高，为38.0%，第一产业和第三产业的比例接近①。进一步的分析结果表明，年龄大小与产业呈倒挂现象，年龄越小越倾向于在第三产业工作，年龄越大越倾向于在第一产业工作。随着经济社会的发展以及务工人员文化程度的不断提高，年龄较大的务工人员相对有更多的农业劳动技能，新生代务工人员则具有一定的文化程度和学习能力，这种技能的差异化，促进了务工人员就业领域的多元化，优化了在行业产业间的结构分布。

---

① 根据A省统计局发布的《A统计年鉴》测算，就业人员三次产业构成由2008年的37.4∶31.6∶31.0优化为2013年的34.1∶33.7∶32.2，第一产业就业人员比例显著下降，第二、第三产业就业人员比例显著上升。本次抽样调查的务工人员产业分布结构基本与A省就业人员的产业分布趋势相吻合，产业分布结构优化明显。

七、务工人员权益保障问题比较突出

外出务工人员的权益保障问题比较突出，主要表现为四低：一是务工人员签订劳动合同的比例偏低。务工人员与务工企业或单位签订了劳动合同的比例不到1/5。其中务工人员想签而单位不给签的比例超过了一半。二是务工人员实际收入水平相对较低。调查发现，务工人员实际月收入超过4 000元的仅占7.1%，低于2 000元的多达一半。三是务工人员参加失业保险与工伤保险的比例低。本次抽样调查显示，参加医疗保险和劳动保险的比例较高，外出务工人员失业保险参与率和工伤保险参与率仅为1/4。四是外出务工人员务工前接受过职业技能培训的比例偏低。本次抽样调查中，外出务工人员务工前接受过专门的职业技能培训的比例仅为11.2%。当前，外出务工人员中愿意参加各类职业技能培训的比例高达62.6%，公共服务需求较为强烈，因此需要进一步加大外出务工人员的职业技能培训、创业培训等各项公共服务供给。

第四部分
高质量就业的协同治理研究

第八章　高质量就业协同治理路径设计

当前我国实现高质量就业尚需解决以下难题：一是我国每年新增劳动力1 500万人左右，尤其是高校毕业生就业持续保持高压态势。由于科技不断进步，在就业总量没有减少的背景下，短期内很容易出现就业岗位减少现象。二是传统就业服务虽然在解决就业数量问题等方面卓有成效，但服务理念、服务手段等仍相对落后，缺少解决就业质量问题的经验，也缺乏大幅提高劳动者素质的有效做法。三是就业歧视现象在一定范围内仍然存在，阻碍了劳动力和人才的流动，创新创业中最活跃因素——人的潜力没有得到最大限度发挥。四是高质量就业没有带来收入的同步提高，未能在生产方式现代化和经济结构调整方面发挥作用。五是劳资矛盾日益凸显，和谐劳动关系的构建以及劳动者合法权益的保护成为就业质量综合治理中亟待解决的突出问题。六是我国高校毕业生的知识结构、技能水平与创新能力还远不能适应新产业的迫切需求，与当前的产业升级结构存在着明显的不匹配现象，难以满足高质量就业的迫切需求，我国高等教育人才培养体系面临着突出的挑战。

第一节　高质量就业制约因素分析

一、劳动者人力资本水平较低

已有研究表明，制约提高劳动力收入的主要因素是人力资本的积累，人力资本提升能够明显改善就业质量（任义科等，2015），增强劳动者就业稳定性，增加就业机会（赵耀辉，1997）。劳动力的流动性依赖于人力资本含量的高低（杨志勇等，2012），流动性越强获得更高收入水平的机会越多。

当前我国劳动者人力资本总体水平较低，严重制约了就业质量的提升。

本书所进行的区域就业质量调查分析数据显示，“只进行过就业登记”的劳动者当中，只有 9.7%的劳动者具有大学及以上文化程度；“只进行过失业登记”的劳动者中，2.1%为大中专、技校和职校毕业生。

城镇劳动者中，技术与技能人才的劳动参与率为 85.99%，其中专业技术人才的劳动参与率为 92.46%，技能人才的劳动参与率为 80.99%，非技术与技能人才的劳动参与率为 61.03%。在技能人才类别中，初级技工(1~3 级工)的劳动参与率最低，为 73.99%，高级技工(7~8 级工)的劳动参与率最高，为 90.63%。在专业技术人才类别中，初级、中级、高级专业技术职称的劳动参与率分别为 91.09%、94.1%、90.83%。可以看出，技术等级高的劳动者更容易获得就业机会。

从失业情况来看，一般是学历越高者失业率越低。城镇居民大学及以上文化程度和初中及以下文化程度的调查失业率较低，分别为 1.95%和 3.79%，高中文化程度和大中专、技校、职校文化程度的调查失业率较高，分别为 6.16%和 5.72%，呈“两头低、中间高”的态势。在技能人才类别中，高级技师的调查失业率为 0，实现完全就业，高级技工(7~8 级工)的调查失业率较低，为 2.59%，初级技工(1~3 级工)、中级技工(4~6 级工)以及技师的调查失业率相对较高，分别为 4.95%、5.69%、7.69%。在专业技术人员类别中，拥有高级专业技术职称的调查失业率最低，为 0.92%，拥有中级专业技术职称的调查失业率为 1.48%，拥有初级专业技术职称的调查失业率相对较高，为 4.35%。

农村外出务工人员的人力资本与城镇劳动者相比更不理想。调查显示，农村外出务工人员中初中及初中以下学历者占比高达 86.9%，高中学历者占比 9.0%，大中专、技校、职校学历者占比 3.6，大学学历者占比 0.5%。

提高人力资本水平的主要方法是教育和培训(蔡舫，2016)，而教育和培训需要劳动者具备较强的支付能力。由于部分劳动者收入不高，有限的收入仅够维持生计而无力投资于人力资本，因此投资的不足会制约高素质劳动力供应和产业升级以及劳动力报酬的增加(蒙丹，2010)，如此便形成了恶性循环，亟待相关各方的积极参与以实现协同治理。

二、用人单位劳动用工管理不规范

具体表现在一些用人单位为规避责任和义务，未能积极与劳动者签订劳动合同，一旦劳动者的合法权益受到损害，则难以得到有效保障，增加了劳动者的维权难度；另一方面，部分用人单位基于降成本的理念，不愿意为劳动者缴纳“五险一金”，在职业病防护、工作安全保护、工作环境等方面舍不得投入，增加了劳动者的劳动风险。我们的调研结果显示，无论是城镇人口还是农村外出务工人员，养老保险和医疗保险参保率普遍较高，而劳动保险参保率普遍偏低，可能的原因是养老保险和医疗保险属于社会保险，政府的干预提高了参保率，这一现象表明就业质量的提升需要政府规制的有效供给。

在养老保险方面，调研结果显示，城镇人口（包含常住人口，下同）养老保险参保率为 89.9%，其中男性占比为 47.9%，女性占比为 42.0%；20~29 岁的人员占比为 13.2%，30~39 岁的人员占比为 32.8%，40~49 岁的人员占比为 28.7%，50~59 岁的人员占比为 14.9%。男性参保率为 90.0%，女性参保率为 89.9%，20~29 岁人员参保率为 79.3%，30~39 岁人员参保率为 90.2%，40~49 岁人员参保率为 93.3%，50~59 岁人员参保率为 94.8%。

从目前工作性质看，民办非企业、个体工商户、自营劳动者以及家庭帮工行业参保率相对偏低，低于九成，其他单位相对较高，超过了九成。从目前工作单位或经营活动类型看，个体经济与私营经济的参保率相对偏低；国有企业、集体企业、外资/合资企业、机关/团体、事业单位等的参保率相对较高，达到了九成以上。从目前工作单位或经营活动行业看，建筑业、批发和零售业、住宿和餐饮业、房地产业、居民服务和其他服务业养老保险参保率相对偏低，其他行业参保率超过了九成。

在医疗保险方面，城镇人口医疗保险参保率为 91.0%，男性参保率为 90.4%，女性参保率为 91.6%，20~29 岁的人员参保率为 85.9%，30~39 岁的人员参保率为 91.4%，40~49 岁的人员参保率为 92.1%，50~59 岁的人员参保率为 93.1%。

从目前工作性质看，民办非企业、个体工商户、私营企业主、自营劳动者参保率相对偏低，党政群机关（含参公事业单位）、事业单位、企业等的参保率相对较高，超过了九成。从目前工作单位或经营活动类型看，个体经济与私营经济的参保率相对偏低，国有企业、集体企业、外资/合资企业、机关/团体、事业单位等的参保率相对较高，达到了九成以上。从目前工作单位或经营活动行业看，农林牧渔业参保率最低，刚达到七成；制造业、交通运输、仓储和邮政业、批发和零售业、住宿和餐饮业、居民服务和其他服务业、文化、体育和娱乐业参保率超过了八成，但不足九成；其他行业参保率超过了九成。

三、劳动者自我保护意识不强

由于劳动者受教育水平较低，导致缺乏法律常识，不知自身利益受到损害，更不了解维护自身利益的法律途径。另外，在劳动力市场处于买方市场的情况下，居于弱势地位的劳动者缺少争取自身利益的底气，只能默默忍受如过度加班和拖欠工资等侵权行为。

在劳动保险方面，调查显示，城镇常住人口就业人员中未签订劳动合同的高达37.5%。已签合同中有固定期限的为41.6%，其中签订期限为3年以下的、3~5年的和5年以上的比例分别为37.6%、55.8%和6.5%。

在失业保险方面，城镇人口失业保险参保率为76.5%，其中男性占比为41.7%，女性占比为34.8%；20~29岁人员参保率为11.8%，30~39岁人员参保率为29.3%，40~49岁人员参保率为23.6%，50~59岁人员参保率为11.4%。20~29岁人员参保率为68.1%，30~39岁人员参保率为78.9%，40~49岁人员参保率为77.3%，50~59岁人员参保率78.8%。从目前工作性质看，党政群机关(含参公事业单位)、事业单位、慈善机构失业保险参保率相对较高，超过了九成；企业、私营企业主参保率达到或接近八成，社会团体、民办非企业、自营劳动者参保率超过了五成，但不足七成；个体工商户、家庭帮工行业最低，参保率接近五成。从目前工作单位或经营活动类型看，国有企业、外资/合资企业、机关/团体、事业单位等相对较高，参保率达到了九成以上；个体经济与私营经济相对偏低，其中个体经济最低，参保率刚达到五成。从目前工作单位或经营活动行业看，失业保险超过八成的行业有：农林牧渔业，采矿业，制造业、电力、燃气及水的生产和供应业，信息传输、计算机服务和软件业，金融业，科学研究、技术服务和地质勘察业，水利、环境和公共设施管理业，教育业，卫生、社会保障和社会福利业，文化、体育和娱乐业，公共管理和社会组织；参保率达到七成，但不足八成的行业有：建筑业、交通运输、仓储和邮政业、住宿和餐饮业、房地产业、租赁和商务服务业；参保率不足七成的行业有：批发和零售业、居民服务和其他服务业，其中批发和零售业参保率最低，不足六成。

外出务工人员失业保险参保率为25.6%，其中男性占比为15.2%，女性占比为10.2%；20~29岁人员为12.8%，30~39岁人员为8.5%，40岁以上人员为4.2%；初中及以下文化程度参保率为11.2%，高中、大中专、技校、职校毕业生参保率为9.8%，大学及以上文化程度参保率为4.6%。从性别、年龄段、文化程度组内百分比看，男性参保率为 29.8%，女性参保率为 20.9%，20~29 岁人员参保率为 46.8%，30~39 岁人员参保率为 32.9%，40 岁以上人员参保率为 18.9%；初中及以下文化程度人员参保率为 16.2%，高中、大中专、技校、职校毕业生参保率为 79.7%，大学及以上文化程度参保率为 80.4%。工伤保险城镇人口工伤保险参保率为 56.3%，其中男性参保率为 32.0%，女性参保率为 24.3%；20~29 岁人员参保率为 9.8%，30~39 岁人员参保率为 23.4%，40 岁以上人员参保率 23%。

外出务工人员工伤保险参保率为 26.0%，其中男性参保率为 15.1%，女性参保率为 10.8%；20~29 岁人员参保率为 12.8%，30~39 岁人员参保率为 9.0%，40~49 岁人员参保率为 3.6%，50~59 岁人员参保率为 0.6%。

从目前工作性质看，党政群机关（含参公事业单位）、事业单位、慈善机构工伤保险参保率相对较高，接近或超过了九成；个体工商户、自营劳动者、家庭帮工行业最低，不足两成。从目前工作单位或经营活动类型看，国有企业、外资/合资企业、机关/团体、事业单位、股份有限公司相对较高，达到了八成以上；个体经济与私营经济相对偏低，其中个体经济最低，不足两成。从目前工作单位或经营活动行业看，工伤保险参保率最高的行业是采矿业，为 96.7%；接近或超过八成的行业有：制造业，电力、燃气及水的生产和供应业，信息传输、计算机服务和软件业，金融业，科学研究、技术服务和地质勘察业，水利、环境和公共设施管理业，教育业，卫生、社会保障和社会福利业，文化、体育和娱乐业，公共管理和社会组织；参保率不足七成的行业有：农林牧渔业、制造业等；参保率最低的行业有：农林牧渔业、批发和零售业、住宿和餐饮业、居民服务和其他服务业，仅为三成左右。

四、政府监管责任落实不到位

为了解决劳动者子女教育、社会保险跨省转移、劳动者进城落户和职业培训等方面的问题，中央和地方出台了一系列政策，保障了劳动者就业质量提升，但由于存在打击力度不够和执行不到位问题，拖欠工资、超时劳动等现象屡禁不止。本书调查显示，城镇居民中，在党政群机关（含参公事业单位）与事业单位工作的就业人员，经历过职业技能培训的比例高于没有经历过技能培训的就业人员，而在企业工作的就业人员（47.2%）中，经历过职业技能培训的比例为 20.3%，没有经过职业技能培训的比例为 26.9%，前者占企业工作类别总数的比例为 43.0%。

五、产业结构调整给就业质量提升带来挑战

产业结构调整涉及传统产业改造升级以及产业空间重新布局等多个方面。产业结构调整可以带给本地劳动者就业机会、工资收入以及舒适的工作环境，但同时也有新的问题产生并影响了就业质量的提升。第一，要求劳动者具备发展新职业的能力。产业结构调整在短期内肯定会带来较大就业压力，劳动者必须寻找新的就业岗位，这加大了劳动者就业压力。产业结构调整必然将一批传统产业淘汰，劳动者只能转移就业行业或岗位，职业发展面临挑战；产业结构调整必然出现一批新兴产业，要求劳动者素质相应提高，造成结构性失业。第二，对劳动者生活环境带来了挑战。产业转型升级必然出现新建成一批产业园区、产业基地、创新中心等，但配套的教育、医疗、住房、交通等短时间内难以满足到此落户或经商的劳动者的需求。另外，商户集中落户产业园区、产业基地、创新中心会抬高周边的租房价格，这些都会影响就业质量的提升。

本书调研了传统制造业、服务业与新兴产业三个行业的大学毕业生总体就业质量指数与各分项指标的得分情况。从总体就业质量指数来看，新兴产业最高，为 64.3；传统制造业次之，为 63.0；服务业第三，为 59.8。通过单因素方差分析，结果显示三个行业的就业质量存在显著差异（$F=4.35$，$p=0.0046<0.005$），可以认为三个行业的大学毕业生就业质量存在显著差异。

从就业质量的二级指标来看：在工作特征方面，新兴产业最高，服务业次之，传统工业最低；在薪酬福利、社会保障与职业发展方面，新兴产业最高，传统工业次之，服务业最低；在劳动关系方面，服务业最高，新兴产业次之，传统工业最低；在就业满意度方面，传统工业最高，新兴产业次之，服务业最低。

从就业质量的三级指标来看，工作强度、职业福利、社会保险、住房公积金 4 个指标显示新兴产业最高，传统工业次之，服务业最低；在通勤时间、职业培训、年休假、劳动合同签订、住房补贴、员工关系、员工决策参与程度、兴趣相符程度与工作自由度 9 个指标方面，传统工业最高，新兴产业次之，服务业最低；在劳动保障、职业年金、人岗匹配度、晋升机会、工作压力与职业归属感 6 个指标方面，新兴产业最高，服务业次之，传统工业最低；在劳资关系与职业稳定度方面，服务业最高，传统工业次之，新兴产业最低。

另外，对新兴产业内的6个子行业（信息技术、生物、高端装备制造、新能源、新材料和新能源汽车）的就业质量进行了测算。结果显示信息技术、生物、高端装备制造、新能源、新材料和新能源汽车6个子行业的大学毕业生总体就业质量指数与各分项指标的得分情况。从总体就业质量指数来看，信息技术最高，为66.3；高端装备制造排第二位，为65.0；新能源排第三位，为64.6；新材料排第四位，为63.6；新能源汽车排第五位，为63.5；生物排第六位，为62.4。通过单因素方差分析，结果显示6个行业的就业质量差异存在显著差异（$F=2.2$，$p=0.038<0.01$）。

从性别组内百分比看，女性从事第一、二、三产业的相对比例分别为44.6%、26.0%、29.4%；男性从事第一、二、三产业的相对比例分别为20.2%、48.0%、31.8%。由此可见，女性务工主要集中在第一产业领域，男性主要集中在第二产业领域。从年龄段组内百分比看，20~29岁、30~39岁、40~49岁、50~59岁各年龄段内部务工领域从事第一产业的比例分别为129.5%；各年龄段从事第二产业的比例分别为149.7%；各年龄段从事第三产业的比例分别为42.8%、37.3%、26.9%、13.8%。从文化程度组内百分比看，初中及以下，高中，大中专、技校、职校毕业生和大学及以上各文化程度内部务工领域从事第一产业的比例分别为34.2%、27.4%、7.0%、1.2%，从事第二产业的比例分别为38.7%、33.8%、34.9%、28.0%，从事第三产业的比例分别为27.1%、38.8%、58.1%、70.8%，由此可见，务工人员中文化程度越高，从事第一产业的比例相对越低，从事第三产业的比例相对越高。

第二节　协同治理主体及其职能

一、协同治理主体

基于协同治理应当具有的四个特点，即系统机制的动态适应、主体资格的多元平等、自组织行为的能动互补、权力运行的多维互动。本书认为协同治理是指政府主体、社会主体和市场主体共同作用、相互协调，有效处理公共事务的过程中实现协同的过程，偏重于在形成共识的基础上采取行动，以达到理想的结果。结合本课题的研究内容，将高质量就业多维主体界定为：政府、市场（用人单位、劳动者、平台组织）、社会（教育机构、中介组织、平台组织）。

二、协同治理主体职能

（一）政府职能

政府在整个协同治理机制中居于核心地位，其职能的发挥对整个协同治理的效果至关重要。其主要职能初步界定如下。

1. 就业政策的有效供给

政府应当通过政策指导，实行市场校准，有效传导需求；建立竞争机制，优化资源配置；拓宽培训经费渠道，丰富教育供给。政府在解决地区性就业运行与发展的各种问题时，需要根据不同问题的特点，具体问题具体分析并进行分散式调控。中央政府与省级政府在具体的调控措施中要根据自身调控权限的不同，担任不同的角色，省级政府要做到“省域规划、指导与保障”；中央政府要做到“整体规划、指导与保障”，由此可以充分发挥中央和地方两个调控主体的作用，实现分层、分级调控就业。

对中央政府而言，涉及全国性就业的重大问题，需要适时颁布与出台相关法律，完善市场调节机制，形成“有效市场”。政府可以借助制定发展战略和中长期发展规划，推进改革优化教育体制，完善劳动力信息统计和信息指导等措施，对就业进行全国性的统一调控。

2. 就业供需信息的适时发布

首先，政府应当充分利用自身资源优势，构建劳动力供需关系动态数据库，及时发布劳动力供需信息，预测供需发展趋势，为劳动力培养单位的人才培养提供前瞻性信息与指导。政府把就业指标作为政府决策的重要依据并引入政府决策中去，离不开高质量的劳动力市场信息，离不开高水平的劳动力市场统计体系。另外，自然失业率与经济增长、价格水平存在明显的联动关系，因此政府在制定就业政策时，要充分利用相关经济学原理，准确把握调控政策的力度与方向。因此，就业主管部门主动参与到就业政策的宏观调控中去，一是有利于将更加完善、精确的劳动力市场信息及时纳入相应的决策机制中，二是有利于落实针对调整劳动力市场指标的调控政策。在调控中，首先要把握好就业政策入场和出场的时机，降低政策的执行成本。根据前人的研究成果来看，多数就业政策往往只是针对失业的现象，并没有分析造成失业的本质。简而言之，为解决因为需求不足导致的周期性失业，需要具有短期管理性质的就业政策，也就是就业政策的推出与退出，要根据失业率和自然失业率之间的缺口情况相机而动。由于这个过程需要及时、准确的监控失业率和自然失业率两大指标作为依据，所以，要建立有效的检测体系。其次，要减少短期就业平衡政策对劳动政策长期有效运行的损害。比如，劳动政策既要追求高参与率，也要追求低失业率，高参与率和低失业率并存是劳动力市场繁荣的重要体现。要避免高参与率这种短期就业平衡政策带来的高失业率。

3. 加强宏观调控

政府在教育方面的宏观调控，对合格劳动者的培养举足轻重。首先是招生计划调控。招生是教育的起始环节和教育调控机制的源头。当前我国普遍实行的是指令性招生计划，主要特点是政府在很大程度上把控招生权力，从而使得培养单位调控空间较小，无法很好地平衡教育各方的诉求。在一些发达国家，招生权力并不由政府把控，而是由高校直接面向市场，能够加强对需求信息的敏感性，并能及时准确地做出招生规模和招生学科的调整。因此，对我国教育调控机制改革的研究不容忽视。比如，如何将政府的招生调控权力下放到培养单位，建立基于需求—供给的招生模式，具体来说，将招生计划由原来自上而下变成自下而上，将统一下达招生指标改为培养单位根据劳动力需求制订招生计划，并进行学科专业目录调整。西方教育发达的国家，学科专业目录只为现存学科进行总体概括，在此基础上由社会组织发挥专业评估作用，形成“多维力量”。

（二）市场职能分析

市场治理主体包含用人单位、劳动者等多方利益相关者，在多方治理的关系中，各方治理主体的职能分别如下。

1. 用人单位职能分析

其一，人才需求预测。用人单位应当研究如何结合新旧动能转换视域下企业发展的要求，提前研判社会需求变化，进而做好人才需求研判，及早做好人才招聘、培养和储备。其二，订单式培养。学校和用人单位应当思考如何共同努力来完成教学素材和内容的提供，根据行业和用人单位的发展方向和整体形势及时制定便于理解的教学内容，将学生学习和提高过程与用人单位岗位的需求进行对接，以岗位能力需求制订相应的教育内容和计划，做到有的放矢，让学生完成实习教育。其三，现有人员培训。学校和用人单位应当思考在促进更高要求和更完善就业的发展进程中，用工单位怎样激发劳动者主动参加职业教育和技能培训积极性，积极搭建用工单位和各职业院校及培训机构的合作交流平台。研究怎样围绕用工单位企业文化，开创性地实践“对员工最好的福利就是培训”的培训观，实实在在地转变培训方式，使得各项培训活动能够有效地开展；积极主动地抓好各级各类人员的职业培训，促进员工素质的多方位发展，让员工形成终身培训的思维习惯；优化各种培训管理制度使之健全，有规律地发现并解决员工培训存在的各类问题，制定实施远期规划和年度计划。

2. 劳动者职责分析

熟练应用职业技能，增强就业的核心竞争力。只有对单位有价值、能够辛勤工作的员工才能得到用工单位的青睐。所谓有价值，是指员工拥有一定的工作能力和经验，或者经过一段时间的岗位锻炼能够独立出色地完成岗位任务。为了迎合用工单位的用人要求，大学生在学生时代就要注重专业知识学习以及职业技能的培养，积极地参加社会实践，促进知识的转化，提高实践能力。另外，落后的就业观念急需转变。大学生就业选择和所在地区的经济水平有很大的关系，经济发达地区能提供更多的就业机会、更好的薪酬福利，而经济欠发达地区就业机会则相对较少，就业的层次和晋升的空间也相对较差。我国各地区间经济发展的不平衡造就了大学生毕业后更愿意选择在经济发达地区就业，虽然这些地区同时意味着优越的工作条件和更好的发展前景，但相应地也要求学生有更高的素质同时面临更加残酷的竞争。中西部地区和偏远地区，对应届生缺少相应的工作吸引力。除此之外，传统就业观念影响了相当数量的应届生，这些毕业生优先选择公务员、事业单位，对非公有制单位和中小型的民营企业兴趣不大。大学生就业难也受自身因素影响，如心理素质不强，缺乏吃苦耐劳的精神或缺乏专业技术技能，缺少自信、妄自菲薄、不敢毛遂自荐，缺乏坚忍的精神等。

（三）社会职能分析

1. 加强引导就业观念和评估就业质量

就业难问题由来已久并为社会广泛关注，但在经济快速发展的今天，由于社会热点层出不穷，就业难话题难以持续引起公众的关注，需要通过媒体对就业问题进行广泛宣传。

2. 开发就业岗位和培训就业能力

社会组织作为劳动力接收单位应当从内部深挖潜力，提供更多的就业岗位。同时，负责劳动力培训的社会组织应当积极开展符合社会需求的劳动技能培训，增强劳动者的就业能力。

3. 发挥非正式社会组织的作用

来自各行各业的非正式社会组织的成员可以提供丰富的就业信息，可以通过聚会等方式共享组织成员间就业信息，帮助解决就业问题。

4. 教育机构职能分析

教育机构应当思考如何适应产业结构的转型升级。随着经济的高速发展，教育机构应根据社会的实际需求设立专业课程科目与课程体系，与此同时，全面推动用人单位与高校之间的合作办学，进而满足相关产业在用工方面的现实需求，缓解技能型劳动力的缺乏；提高下岗人员再次就业的技能培训强度，更好地实现教育中介机构与用人单位在技能培训方面与学校教育的互补。从另一个方面来看，实现精英教育的高质量发展，提高人力资本的投资回报率。其一，培训过程中注重统筹推进就业技能、岗位技能和创业技能的培训，同时加快推进并完善劳动者终身职业技能培训体系构建。其二，培养学生的创新意识。未来的教育必须改变对知识单纯的传授，转而注重创新思维的培养。其三，培养学生的学习能力、专业能力、批判性思考能力、有效沟通能力和动手能力。

（四）平台组织职责分析

1. 对平台要实行严格的审核与监管制度

以增值服务和广告为营收点的企业性质，决定了平台型企业必须要学会如何对平台内企业的社会责任行为进行有效控制，途径就是利用平台的门槛机制和监督惩戒机制。一般情况下，平台型企业或者组织分为资源型平台公司、流程型平台公司、产品型平台公司三种。就准入门槛机制而言，平台型企业通过设置合理的准入门槛进而对进入平台的双边市场用户进行严格的审核，这在规避社会责任异化行为上尤其有效。通过设置的门槛将缺乏资质的用户排除在平台之外，合理有效地避免了因企业社会责任异化行为而给平台价值带来严重伤害的行为。

2. 对平台要进行考核认证

平台型企业是通过大数据手段分析用户的交易行为。通过大数据分析可以对口碑好与差的企业进行区分，进而进行针对性的考核认证。对那些在交易过程中积累了良好社会口碑的企业进行平台认证，对口碑差的企业则取消平台认证，目的是要有效地防范被认证用户的机会主义行为，避免因为双边用户产生的社会责任异化行为影响平台整体的社会声誉。

3. 合理化设计声誉激励机制

平台型企业对双边用户的社会责任管理的划分依据主要是：在交易过程中产生的无形商品声誉，及由声誉产生的商品评分评级与成交数量额度。就商品声誉而言，商品评论是其中的核心依据。尽管商品评分评级和商品评论均属于用户方的主观评价，是一种对该商品掺杂了个人感情色彩的事后评价，但仍然具有很大的参考价值，商品评分评级结果及商品评论等信息也是用户所需求的信息，这些信息让客户对商品的质量有所了解和区分。

第三节　协同治理机制分析

一、协同治理客体分析

构建新型劳动关系，只有协调好劳资关系才能为经济发展创造一个和谐稳定的发展环境。具体来说，本部分研究如下三个问题。

（一）建立劳资利益认同机制

劳资双方各自追求利益最大化已经成为当代劳动关系理论学派的主流观点。双方的利益分歧逐渐呈现固化的趋势，这样利益分配失衡就不可避免，因此想要为劳资双方打下坚实的合作基础，就必须从源头上消除利益分歧，实现利益认同。新的劳资利益认同机制必须兼顾劳动者利益保护和资本投入者的投资收益，实现和谐的劳资合作状态。

（二）寻找劳资之间利益平衡点

所谓劳资之间利益平衡点就是双方达到一种利益分配适当、关系平等的利益分配点，劳方不会损失太多，资方也不会得益太多。但是利益平衡点的实现需要政府部门的全力支持，最重要的是在构建和谐劳动关系中，发挥好宏观调控的作用。本部分将研究如何构建“劳、资、政”三方协商机制。

（三）提升劳动要素在分配中的地位

协调劳动关系问题的关键是增强劳动要素的议价能力，让劳动者共享经济发展成果。劳动是经济社会发展的基本前提，是创造财富的手段，必须让劳动者的劳动得到相应的回报，改变劳资关系中劳动者的弱势地位。

1. 就业替代问题应对

本部分研究高质量就业形势下劳动替代的形式、原因与对策，以及用人单位如何承担职工在职培训职责。现阶段，西方发达国家普遍出现低技能劳动者失业概率相对较高，就业质量较差的现象，与此同时，随着我国国民收入的增长和产业结构的升级，我国也步入其列。这个结论看似与近年颇受关注的"民工荒"、大学生失业现象，即低技能劳动者似乎供不应求，而人力资本水平较高的大学生则就业困难相矛盾。对这个现象的解释是，"民工荒"并不是低技能劳动者面向劳动力市场的总体表现。用人单位对农民工的用工方式是非常奢侈的，一般只截取其最年轻、工作生命力最旺盛的时间段。而大学生就业困难，对现阶段而言只是短期的。从产业结构升级影响就业结构的结果来看，人力资本与就业结构升级正相关，人力资本也与第三产业就业正相关，反映了在发展第三产业的过程中，越来越要求高素质的劳动者。

2. 就业创造

本部分首先分析产业结构升级对用人单位就业岗位的影响，然后分析教育机构如何响应用人单位岗位变化，培养符合用人单位需求的劳动者。首先研究产业结构升级如何影响就业规模的发展方向。从三个方面展开：高技术化、高加工度化、高附加值化性质的产业在发展过程中资本对劳动的替代效应；在产业结构升级的过程对就业的冲击效应；劳动力市场上存在着空缺岗位与求职者的匹配效率低的问题。

二、协同治理机制创新

本部分主要研究在主体协同治理过程中，通过何种机制实现某一主体对其他主体的支配。

（一）导向机制构建

解决就业问题，必须把重点放在把握住以就业为风向标这根主线上。政府、用人单位、教育机构、劳动者、社会组织和平台组织能够"六位一体"，全局调控，共同提高劳动者素质，解决就业中存在的问题。

以政府为主导构建调控机制。政府调控的目的是在符合社会整体利益和发展要求的前提下，面向社会和市场，形成并完善“自我发展、自我约束”的运行机制。所以，政府可以退出市场或者教育机构，给教育机构适当自主权，诸如在专业设置、招生、分配、人事聘用、工资奖金等方面，给学校对未来发展的独立决策权。在宏观意义上，统筹规划以就业为导向的教育机构，并对其做出战略决策，政府不再直接、强制性地约束学校。

以社会为辅助构建调控机制。国家机关应充分发挥宏观调控作用。主要调控措施包括三个方面：统一规划和协调一致，统筹高职教育的布局和改革，使其可以同其他高等教育一起发展；制定适当的政策和措施来促进教育机构改革与发展，致力于解决教育机构工作中存在的问题；建立多渠道筹措教育经费的机制，充分动员各行业积极开展教育培训。

建立以就业为导向的调控机制。把教育机构“以服务为宗旨，以就业为导向”的教育方针落实到位，全面调控，加强监督和监管力度。为保证产出效果，应建立以效果评估为主的质量评价体系。学校需制定相应的评价标准和科学的评价方法，按照学生就业率、企业用人满意率、学生满意率及工资水平等综合指标来评判学校的办学质量，根据结果来调整教学中不符合就业导向的活动。

建立以市场为前提的调控机制。市场经济应遵循价值规律和供求关系，同时在市场经济条件下，高等教育机构运行机制的参与者既包括政府、高职院校、用人单位、学生，也包括提供资金的单位及需要技术服务的单位等。

（二）多方联动机制构建

构建政府、用人单位、教育机构、劳动者、社会组织和平台组织六方联动机制。为响应高质量就业的需求，用人单位首先提前研判社会需求，并据此研判人才需求趋势，政府据此进行人才培养政策的调整，教育机构根据调整后的人才培养方案修订教育方案，劳动者接受相应的教育。

（三）激励机制构建

政府、用人单位、教育机构、劳动者、社会组织和平台组织在高质量就业协同治理中的绩效评价的结果需要与激励机制相结合，评价机制的作用才能有效发挥。尤其是对在协同治理中表现优异的用人单位和教育机构，给予相应的激励，包括政策激励（政策倾斜）和经济激励等。

第四节　高质量就业协同治理路径设计

针对当前高质量就业发展中面临的协同治理困境，本书基于协同治理、系统动力学等理论视角，探讨如何打造政府、用人单位、教育机构、劳动者、社会组织和平台组织之间协同规范、协同培养、协同保障、协同激励的多维主体协同治理路径。

一、协同规范路径构建

（一）完善高质量就业政策供给、制度设计

要实现多维主体协同规范治理，必须保证高质量就业政策供给、制度设计。政策供给不足、社会认同度不高、管理制度不健全是高质量就业面临的首要困境，制约着高质量就业的规范发展。因此，应针对当前新型就业关系管理中存在的主要问题，逐步完善政策供给、制度设计，以推动多维主体协同规范治理。

（二）明确多维主体协同治理的政策依据

在国家发展规划制定方面，借鉴部分发达国家经验，进一步加强高质量就业发展的顶层设计，制定具有系统性、阶段性的高质量就业国家发展规划，推动高质量就业的协同发展；在政策工具选择层面，推进政府与平台协同治理，利用平台大数据、人工智能等技术手段，推动政府、企业、教育机构及劳动者间的协同治理。

（三）建立健全高质量就业的统一性、规范性监测统计标准

建立健全高质量就业的统一性、规范性监测统计标准，为高质量就业劳动者的规范管理提供根本依据。可通过完善统计监测制度，完善统计标准体系，建立高质量就业的统计监测指标，以构建适应高质量就业的就业市场指数体系；丰富就业数据信息来源，进一步创新统计手段，充分利用 App 端和大数据技术进行全方位就业统计与监测分析，定期发布高质量就业总量与需求信息，提高劳动力市场的供求匹配度。

（四）建立统一、规范的新型就业关系管理标准

建立统一、规范的新型就业关系管理标准，实现劳动者就业关系的协同

规范认定。高质量就业岗位灵活度大、劳动者自由度高，与传统就业岗位存在显著差异，因此，应结合高质量就业劳动关系特点，及时调整认定方式，逐步建立统一、规范的新型就业关系管理标准。

二、协同培养路径构建

（一）建立协同育人机制

建立协同育人机制，实现高质量就业劳动者的多维主体协同培养。高质量就业对劳动者的学习力、创新力、适应力等多方面能力提出了更高要求，传统单一化的学校课堂教学模式难以满足新经济、新企业对劳动者的需求，因此，应建立政府、企业、教育机构、劳动者间的协同育人机制，以推动高质量就业劳动者的多维主体协同培养。

（二）建立新经济创业就业人员培训与指导制度

构建政府、教育机构、企业等多元主体间的合作育人机制，为创业者等高质量就业劳动者提供培训和指导，推动新企业、新经济、新就业发展。如依托政府的政策与财政支持，教育机构与企业联合为学生开设创新创业专题讲座、企业实践教学课堂等，一方面将新企业成功人士请进大学课堂，另一方面为大学生提供了解新企业、掌握新企业工作技能的学习认知平台，推动新经济创业就业人员的协同培训与指导。

（三）建立高质量就业劳动者职业技能的协同育人机制

加强职业技能培训，建立高质量就业劳动者职业技能的协同育人机制。“技能形成体系”首次出现在2017年我国印发的《新时期产业工人队伍建设改革方案》中；党的十九大报告提出，完善职业教育和培训体系，开展大规模职业技能培训。因此，应结合高质量就业的不同类型与特质，通过终身培训制度提高劳动者就业技能和职业转换能力，确保劳动者具备加入分享经济平台和电商平台的能力。具体做法如下：平台型企业提供技术培训和案例培训；加强公共培训体系建设，构建全员覆盖的终身培训和公共培训网络，最终实现劳动者就业质量的不断提升。

三、协同保障路径构建

（一）健全劳动者立法与管理保障制度

健全劳动者立法与管理保障制度，实现高质量就业劳动者的协同保障。

高质量就业者的劳动方式、劳动关系，其劳动方式、劳动关系与传统职业劳动者间存在显著差异，传统劳动关系管理法规、制度难以充分保障新型劳动关系中劳动者的根本权益，因此，应健全高质量就业劳动者的立法与管理保障制度，建立政府、企业、工会、基层党组织以及劳动者等多维主体协同治理机制，实现高质量就业劳动者基本权益的协同保障。

（二）健全高质量就业的相关法律法规制度

健全高质量就业的相关法律法规制度，为高质量就业劳动者提供法律保障。可以学习国外相关立法经验，提高劳动立法技术水平，调整劳动法律体系，提出新的法律主体概念和新的劳动关系分类，将高质量就业下的劳动保护写入劳动法，扩大劳动关系协调机制适用范围。如健全三方合同管理制度，要求借助互联网平台采用众包方式组织生产的企业，要与平台和劳动者签订构建稳定劳务关系或雇佣关系的三方合同。为高质量就业劳动者的劳动关系协调管理提供法律依据，维护高质量就业劳动者的合法权益。

（三）完善人才管理制度

完善人才管理制度，为高质量就业劳动者提供质量与职业风险保障。就业劳动者具有工作弹性大、工作地点灵活、变动性强等与传统劳动者截然不同的新特质，而目前我国的人才管理制度是基于传统就业形态设计并实施的。首先，调整现有社会保障的政策法规，将保障高质量就业人员的合法权益落实到法律层面，打破用人单位为主体的社会保障参与渠道，探索适应灵活就业人员的用工和社会保障方式。其次，建立规范、弹性的高质量就业劳动者入职评价标准，可探索政府与业内“领头羊”企业联合，以实现劳动力质量保障。再次，加强政府、新企业、专家智库及科研院所间的合作互动，兼顾经济发展和宏观经济形势，结合劳动者及其赡养人基本生活需求，包括科学制定小时最低工资标准和劳动者所必需缴纳的社会保险等；探索建立科学、合理的高质量就业劳动者失业保险制度、工伤保险制度等职业保障制度。

（四）建立高质量就业劳动者服务和维权平台

以工会、基层党组织为载体，建立高质量就业劳动者服务和维权平台，实现劳动者合法权益的协同保障。首先，创新工会组建形式与协商方式，如发展“互联网+工会”，即鼓励高质量就业劳动者网上登记入会，并接受属地地方工会业务指导，借助互联网识别劳动者的关切和诉求。其次，建立高质量就业劳动者基层党建的规范机制，以高质量就业劳动者聚集区如城市创新园区为基础，动员企业管理层党员人士，加强企业党建，充分发挥基层党组织服务和维权平台功能。

四、协同激励路径构建

建立政策、市场、文化激励机制，实现高质量就业的多维主体协同激励。

（一）完善新经济、新就业的政策供给

完善新经济、新就业的政策供给，实现高质量就业的政府与市场协同激励。一是加强对新兴业态企业配套扶持政策的制定，在信贷、准入门槛和融资等方面，通过如提供低息创业贷款，对小微企业提供税收减免等，设计创业创新发展的优惠政策；二是建立健全政府购买新兴业态企业产品与服务政策制度，如可借鉴美国政府向小微企业购买产品或服务政策，以实现政府与市场对新兴业态企业发展与劳动力需求的协同激励。

（二）建立就业市场激励机制

建立就业市场激励机制，实现高质量就业中，企业与劳动者的协同激励。市场是高质量就业发展的首要动力，建立健全高质量就业劳动者就业市场激励机制，实现对新型企业与新型劳动者的协同激励。例如：首先，要让企业成为扩大就业和创新实现高质量就业的主体；其次，充分体现弹性化和多元化的雇佣模式对就业的正向影响，鼓励企业的雇佣模式更加弹性化、多元化；以教育机构及新企业为共同载体，加强高质量就业劳动技能培训教育，一方面提升高质量就业劳动者的社会认同，另一方面，不断提升高质量就业劳动者的职业技能，推动高质量就业。

（三）加强高质量就业的正面宣传

加强高质量就业的正面宣传，实现新型就业文化价值观的多维主体协同激励。“人类是劳动创造的，社会是劳动创造的”“劳动没有高低贵贱之分，任何一份职业都很光荣，任何时候任何人都不能看不起普通劳动者”。这些都充分肯定了劳动者在社会中的伟大作用，从而调动了劳动者的生产积极性，对社会产生良性的促进作用。然而，高质量就业方式与传统就业方式相比存在巨大差异，虽然在年轻群体中兴起且发展迅速，但是中老年群体因受传统就业观念影响而难以认同。因此，要加强知识更新和劳动意识更新，政府、教

育机构、企业间建立合作宣传机制，以典型性案例、文化活动等生动形象的方式，运用电视广播、微信、微博等多元化传播媒介，围绕社会主义核心价值观，对高质量就业劳动者的工作性质、社会形象、社会意义等进行广泛宣传，促使各年龄层公众对高质量就业形成正确、积极的认知。

第九章　高质量就业协同治理策略

为研究我国就业质量状况，本书对大学生群体的就业质量进行了调查分析。结果显示，作为新增就业群体主体的大学生整体就业质量指数为62.8，总体判断为处于一般水平。从各个二级指标得分的对比情况可以看出，劳动关系、薪酬福利得分较高，高于总体就业质量指数；社会保障、工作特征、就业满意度低于总体就业质量指数；薪酬福利得分与总体就业质量指数差不多。从三级指标得分情况来看，工作压力、劳动合同签订、职业培训、兴趣相符程度、员工关系、劳动报酬、工作强度、人岗匹配度等指标优于总体就业质量指数；住房公积金、年休假、晋升机会、职业年金、工作自由度、职业归属感、社会保险、住房补贴、职业福利、职业稳定程度、员工决策参与度得分低于总体就业质量指数。在大学生就业质量指数总体不高的条件下，各个三级指标的得分参差不齐，得分较低的指标对大学生总体就业质量起到负向影响。因此，如果想要提高大学生就业质量水平，可以考虑先从这些指标入手。当然，不同的指标在不同的大学生群体当中起到的作用不同，下一节将讨论该问题。

从工作特征来看，得分为54.3，处于较差水平，低于总体大学生就业质量指数，其中通勤时间得分为62.4，工作强度得分为67.9，职业培训得分为76，职业安全得分为59.5，年休假得分为43.4，劳动合同签订得分为82.7。可以看出，劳动合同签订指标得分处于良好水平，年休假指标得分处于较差水平，其他指标得分处于一般水平。从薪酬福利来看，得分为65.4，处于一般水平，高于总体大学生就业质量指数。其中劳动报酬得分为68.1，职业福利得分为57.6，住房补贴得分为53。可以看出，劳动报酬指标得分处于一般水平，职业福利与住房补贴其他指标得分处于较差水平。从社会保障来看，得分为54.3，处于较差水平，低于总体大学生就业质量指数。其中社会保险得分为51.9，职业年金得分为44.8，住房公积金得分为42.7。可以看出，三级指标得分均处于较差水平。从劳动关系来看，得分为68.1，处于一般水平，高于总体大学生就业质量指数，其中劳资关系得分为63.9，员工关系得分为70.9，员工决策参与度得分为58.8。可以看出，员工关系指标得分较高，员工决策参与得分较低。从职业发展来看，得分为61.3，处于一般水平，低于总体大学生就业质量指数，其中人岗匹配度得分为69.2，晋升机会得分为44.1。可以看出，人岗匹配度指标得分较高，处于一般水平，晋升机会处于较差水平。从就业满意度来看，得分为58.5，处于一般水平，低于总体大学生就业质量指数，其中职业稳定程度得分为58.2，兴趣相符程度得分为71.5，工作自由度得分为48.5，工作压力得分为79.4，职业归属感得分为50.5。可以看出，工作压力指标得分较高，处于良好水平，兴趣相符程度与职业稳定程度处于一般水平，工作自由度与职业归属感处于较差水平。

为实现高质量就业的协同治理，各治理主体应当发挥各自的功能，各司其职，共同促进高质量就业。

第一节　政府规制的有效供给

一、落实就业政策，规范就业行为

就业政策的制定基于国家的宏观经济政策。我国正处于新旧动能转换及供给侧结构性改革的关键时期，为了保障就业者的就业权益，政府应结合宏观经济背景，合理制定与落实就业政策。就业政策基本保障了就业者就业，一方面，就业政策的实施可以提升就业者就业的公平度，创建和谐互助、可持续发展的就业环境。另一方面，政府可以通过就业政策的落实，健全现有的劳动力市场，在完善就业法律法规的同时，减少就业歧视的存在，从而营造健康的就业环境。

就业者在找工作时，有时也会遇到就业歧视的问题。例如某些单位在招聘公告中明确或隐晦地表达出应聘大学生应毕业于985或211院校，男士优先，城镇户口人士优先等不公平招聘要求。我国针对就业歧视已经出台了《中华人民共和国反就业歧视法》《女职工劳动保护规定》《就业促进法》等法律法规，但是这些法律内容对各种就业歧视内容的涵盖并不全面，只是规定不能存在就业歧视现象及行为，并没有对存在该现象和行为的单位提出具体的惩治措施，因此用人单位避开法律的惩戒继续实施存在歧视现象的用人政策。针对这一现象，各级政府应该及时健全反对就业歧视现象的法律法规，明确现阶段存在的就业歧视现象，并对相应的惩处措施进行详尽说明，利用法律规范用人单位的招聘制度，推进就业进程的法制化、公平化。

为保证就业政策的实施力度，推动相应政策落到实处，政府应时刻监督就业政策的实施状态。首先，政府需要出台就业政策，加大力度进行宣传。借助政府平台或官方微信等网络媒介积极地进行政策宣传，主要是在各高校进行就业政策的宣传，促使就业者及时了解就业动态，从政策中了解并维护自己的合法权益。其次，为了确保就业政策得到良好的落实，各级政府部门需要在就业政策实施的同时，对政策的精神进行深入剖析，明确政策的实施步骤，高效率、高标准地落实政策内容。最后，各级政府部门要在公平、公正、公开的基础上落实政策的实施，防止就业优惠政策被不符合要求的人非法利用，避免不正当利益的产生。各级政府需要严守资料审查的门槛，确保就业者的合法权益得到保障。

二、完善就业保障，激发就业动力

我国现存的就业政策以及劳动关系尚存在诸多问题，致使劳动者的合法权益得不到良好的保护，激化劳动者与用人单位间的矛盾，引起诸多不必要的劳动争议，阻碍了劳动者就业质量的提高。针对劳动市场现存的问题，政府需要履行自己的职能，为和谐劳动关系的构建提供必要的法律支持。

第一，各级政府需要完善现有的劳动合同制度，从源头上规范用人单位的招聘行为，使就业者就业伊始就能保障自身的合法权益。对劳动合同中的相关内容，用人单位必须严格执行，各级政府起到监督的作用，定期进行劳动合同履行状况的检查，对违反劳动合同内容的用人单位和员工进行切实的惩治，逐步提升劳动合同的权威性。

第二，各级政府需要建立完善统一的社会保险制度。社会保险制度的实施需要贯穿就业的整个过程，降低缴纳社会保险的门槛，提高缴纳的力度，进一步实现全民参保。要实现社会保障制度的高水平覆盖，需要做到：一是政府要存有充足的社会保障基金，同时积极探寻我国社会保障基金的增值保值能力。另外，政府需要通过引入基金监管机制，对投资策略的制定和实施进行监管，加强风险管理力度，实现就业保障基金的可持续增值。二是政府需要结合以往的经验，对我国用人单位的养老保险及医疗保险制度进行深化改革，尤其要保护就业者等相对灵活的就业人员的权利，进一步提升就业质量。三是为了进一步提升就业者就业质量，政府需要建立并实施更加完备的失业保险制度，提升失业保险的待遇水平。这一措施将会直接促进就业者就业，提高就业质量，增强他们就业的自信心。

第三，各级政府需要完善和监督就业保障的法律法规，推动人事改革和社会保障力度。政府的首要任务是完善我国现行就业保障制度，加快人事制度的不断改革。另外，政府需要更好地履行监督职能，即对用人单位的行政监督，检查与就业保障制度相关的法律法规是否得到真正的落实，切实维护就业者的合法权益，提升就业质量。

第四，统筹兼顾城乡就业政策，不断提高城镇基础服务水平，促进城市化发展。通过城镇化发展增加就业岗位是未来吸纳劳动力的重要途径。“十三五”规划期间，促进就业和创新就业方式，需要稳步推进城镇化进程，不断提高城镇化水平，不断完善城镇基础设施。因地适宜，体现地区发展差异性，对症下药，引导产业梯度转移，促进经济布局合理化。统筹兼顾城市和乡村，发挥劳动力资源的优势。建立科学合理的公共就业服务体系，使之能够完整覆盖城乡，提供均等的就业机会，创造良好的职业培训氛围，使务工人员能够便捷地参加职业技能培训，实现就近择业、创业。

三、加强就业培训，提高就业技能

现阶段，我国正处于新旧动能转换的关键时期，技术水平的不断创新升级加快了对传统劳动力的替代步伐，增强了对知识型、技术型人才的需求。我国劳动力市场总体素质偏低，传统劳动力占比较大，技术型人才紧缺，以致存在“就业难”与“用工荒”并存的结构性失业。为了实现技术型人力资本的高质量供给，政府需要致力于职业教育和就业技能的培训，甚至是终身培训。

加强培训的力度。面对大量就业者的初次就业，政府需要加强职业教育和培训力度，提升就业者与新职业的匹配度，促使就业者实现由高理论、低实践到高素质、高技能角色的转换，提高自身的就业质量水平，进一步优化我国就业结构。在如今经济、科技发展迅猛的时代，政府不仅要开展职业培训，还要实行终身职业培训政策，通过物质或精神奖励来激励就业者进行职业培训，依靠政府主导、用人单位及社会力量为主体的激励机制，调动就业者参与职业培训的积极性。通过就业培训的不断实施，就业者不仅能够公平地拥有受教育的权利，还可以获取与时俱进的工作能力，实现与工作要求的完美匹配，推动经济和科技的发展。

职业培训过程的管理。为了保证就业培训能够得到落实，政府还需要对职业培训过程进行标准化管理。根据《高校毕业生就业创业政策百问》政策，职业培训由各地人力资源和社会保障部门负责组织实施。相关职业培训工作主要依靠政府所认定的培训机构、技工院校或企业所属培训机构来展开。这些培训机构首先要针对不同职业的层次和要求进行分类，针对不同的类别分别设计职业培训内容，提高职业培训的效率。其次，对职业培训内容、课程安排、教学方式、师资力量、考核标准等内容进行统一化，形成科学化、规范化的职业培训模式。最后，职业培训机构按照设定好的培训模式开展相应的教学服务，就业者需充分了解到当地人力资源和社会保障部门职业培训开展情况，结合自身技能水平和工作需求，选择适宜的培训项目参加。通过政府和社会力量的激励、监督以及培训技能的考核，提高就业者就业的机会，提升就业者的就业满意度。

确立科学合理的就业技能培训制度，促进培训精准率和融合率。确立全方位的就业技能培训制度，使就业服务的可行性、精准性、有用性得到有效促进。一是发挥政府的托底作用，能够提供多样化的筹资服务。行政单位要保证行业基本培训资金的供给，持续加大就业技能培训资金的投入，与此同时也要积极引导社会力量的投入，对相关行业给予优惠政策，增加资金的投入渠道。二是搭建多元主体共同协作的平台。充分发挥市场的融合作用，出台激励政策使政府、校企事业单位、各类培训机构以及行业工会等社会组织共同参与、共同协作，最大限度发挥各自的优势，促进就业技能培训蓬勃发展。三是充分利用专业化社会组织的培训经验与技术。可以通过职业院校和培训机构对规模化和同质性的技能进行培训。专业性的培训机构发展迅速，专业性极强，已成了一股不可忽视的力量。四是积极引入市场竞争机制。对商业模式下的培训机构等各种社会资源进行竞争性质的招标、谈判及磋商等，实现市场化运作新模式。

四、培育创业环境，推动创业孵化

创新创业作为我国科技发展进步的重要基石，也是就业者就业的优先选择。为了促进就业者创业工作的实施，国家实施了相应的政策。《教育部关于做好 2018 届全国普通高等学校毕业生就业创业工作的通知》指出，为深入贯彻落实党的十九大精神和习近平主席新时代中国特色社会主义思想，需要推动就业者多渠道就业创业，努力实现就业更加高质量、更加充分。另外《国务院关于做好当前和今后一段时期就业创业工作的意见》中指出，要实现就业者就业质量的进一步提升，需要促进以创业带动就业、抓好重点群体就业创业、强化教育培训和就业创业服务政策的实施。

针对就业者，政府应出台相应的政策，鼓励其多渠道就业，积极实践“双创”计划，建立和完善就业创业的服务体系，减缓“就业难”和“用工荒”的两难局面，促进就业人员与工作职位供求的精准对接。吸引高层次人才进行创业，出台促进留学回国人员创业的优惠政策，实施创新创业基金计划，降低创业门槛，加强创业保护措施，激发就业者创业动力，提升创新创业水平，助力就业者就业质量的提升。

政府需要催促省级教育部门积极落实好创新创业优惠政策，为就业者创业提供“绿色通道”。落实好就业创业政策的具体要求，特别是落实好促进就业者就业创业的政策。在高校内要做好创业政策的宣传，充分利用广播、互联网等方式进行政策的宣读与传播，加深大学生对创业政策的认知度。另外，各教育部门需要通过创业资金补助、税收优惠、社保补贴、创业资金担保等优惠政策，结合政府的社会服务和基层公共管理工作的展开，鼓励就业者去基层参加“三支一扶”的服务项目，促进就业者在基层的中小微企业内进行就业和创业。为了进一步提高就业者创业的积极性，政府需要进一步简化就业者政策审批的办理流程，并建议指导就业者创业的部门加快相关材料的审批和资金拨付，促使创业政策的实现。

促进就业快速发展要以创新驱动为前提。对现阶段的就业环境市场，需要发挥自主创新的能力，从而进一步促进自主创业环境健康有序发展。

五、加大教育投入，提升育人水平

对就业者来说，自身的知识和技能储备在寻找工作时至关重要。因此政府需要加大对高校教育的资金支持，提升高校的教育水平，使学生在大学期间能够学习先进的专业知识，提升自身的理论和技能储备，为毕业后找工作提供更有利的条件，提升自身技能与职业的匹配度，提高就业者的就业满意度。

具体来说，政府加大教育投入的具体措施有：首先，政府应该增加高校的教育费用，吸引国内及海外的高层次专业人才到高校任教，提升高校的科研水平和教学水平，夯实大学生的理论和技能基础。其次，政府需要每年对就业者进行统计，根据就业率大小对专业进行排序。对就业率高的专业，政府应加大科研经费的支持力度，使高校继续重视该专业人才的培养；对就业率低的专业，政府应及时向高校提出预警，并根据劳动市场的客观需求调整培养方案。再次，为了激发大学生自主创业的潜力，政府应设立大学生自主创业基金，同时规范创业基金制度，简化创业的申请流程，提供集中的创业基地，并出台相应的政策，设立相关的部门，配备专门的人才切实指导大学生自主创业。同时，要确保相应的政策内容落实到每所高校，每位大学生。最后，对去基层工作的就业者提供政策和财政的优惠，通过提升工资待遇及社会保险额度来提升就业者去基层服务的积极性，提升就业者的幸福感。

六、建设信息平台，增加就业机会

加快就业信息化平台建设。在劳动力市场上，除就业者自身的人力资本作用外，社会资本作用也很大，造成了就业时不公平现象的产生，这主要是由于就业市场上信息不对称造成的。因此，政府应该发挥互联网的作用，借助微信、微博等社交平台，定期更新政府就业政策、用人单位的招聘信息、就业者的基本信息，构建就业信息化平台，实现线上、线下就业信息的结合，打造政府主导的主动服务、信息全面、供需匹配的就业信息服务平台。

就业信息化平台建设的宗旨是打造公开、透明的就业信息库。在该平台上，用人单位应及时公开所需人才的条件，高校应及时提醒应届毕业生在该平台上完善个人就业信息，政府则需要将就业政策上传到该平台。通过就业信息化平台的建设，可以丰富就业者的就业信息，提升大学生自身技能与工作岗位的关联度，并将大学生和用人单位的搜索成本和交易成本降低，同时降低了劳动力市场上信息不对称造成的损失。

对就业信息化平台的管理，应采取实名制的方法，实时检测用人单位的职位空缺状态和就业者的就业状态。借助互联网平台建立就业者就业基本信息数据库，具体措施包括：首先，要以就业政策为保障，在各省内制定就业者实名制管理办法，对管理的内容、操作流程、操作对象进行限定。其次，在各省市内建设就业信息化平台，收集就业者就业信息和用人单位的信息，加强信息平台与高校以及教育部门的合作，努力实现数据共享。最后，合理细化就业信息化平台的管理内容，实行责任到人的管理政策，提高对全省市就业状况和结构的整体把握程度，逐步为提升就业者的就业质量提供数据支持。

七、健全失业预警机制，有效预防失业风险

以大学生这一主要新增就业群体为例，当前，我国大学毕业生的就业质量的预警数值为 0.6379，预警等级为Ⅰ级，处于可接受状态，但是其评价数值并不高，比临界值稍高一点。这说明虽然总体来看处于可接受状态，但是就业质量状况并不佳，大学生个体的各就业指标并不是都良好，在性别、户籍、行业以及各个地区的大学毕业生的就业质量还存在差异。

从性别来看，我国男性大学毕业生的就业质量预警数值为 0.6918，预警等级为Ⅰ级，女性大学毕业生的就业质量预警数值为 0.6017，稍低于男性大学毕业生，预警等级为Ⅰ级，处于临界值边缘。男女大学毕业生的预警等级均为Ⅰ级，从预警等级上看，男性大学毕业生与女性大学毕业生无明显差异。

从政治身份来看，具有党员身份的大学毕业生的就业质量预警数值为 0.7180，预警等级为Ⅰ级，预警信号为绿色；不具有党员身份的大学毕业生就业质量的预警数值为 0.6034，处于临界值边缘，预警等级为Ⅰ级，预警信号为绿色。从预警等级上来看，具有党员身份的大学毕业生与不具有党员身份的大学毕业生无明显差异。

从户籍来看，城市大学毕业生就业质量的预警数值为 0.7028，预警等级为Ⅰ级，预警信号为绿色；农村大学毕业生就业质量的预警数值为 0.4916，预警等级为Ⅱ级，预警信号为黄色，需要引起重视，采取措施进行改善。从预警等级上来看，不同户籍出身的大学毕业生的预警等级具有显著差异，农村大学毕业生就业质量问题需要引起重视，应采取相应的措施进行改善。

从行业来看，从事新兴产业的大学毕业生的就业质量预警数值为 0.7265，预警等级为Ⅰ级，预警信号为绿色；从事传统制造业的大学毕业生的就业质量预警数值为 0.6512，预警等级为Ⅰ级，预警信号为绿色；从事服务业的大学毕业生就业质量的预警数值为 0.5492，预警等级为Ⅱ级，预警信号为黄色，需要引起重视。从预警等级上来看，从事不同行业的大学毕业生的预警等级具有差异。从事新兴产业与传统制造业的大学毕业生就业质量的预警等级为Ⅰ级，从事服务业的大学毕业生的就业质量的预警等级为Ⅱ级。

从区域来看，东部地区的大学毕业生的就业质量预警数值为 0.7594，预警等级为Ⅰ级，预警信号为绿色；中部地区的大学毕业生的就业质量预警数值为 0.6152，预警等级为Ⅰ级，预警信号为绿色；东北地区的大学毕业生的就业质量的预警数值为 0.3904，预警等级为Ⅲ级，预警信号为橘色，需要引

起高度重视；西部地区的大学毕业生的就业质量的预警数值为0.5652，预警等级为Ⅱ级，预警信号为黄色，需要引起重视。从预警等级上来看，不同区域的大学毕业生的预警等级具有差异。东部地区与中部地区的大学毕业生就业质量的预警等级为Ⅰ级，西部地区的大学毕业生的就业质量的预警等级为Ⅱ级，而东北地区的大学毕业生的就业质量预警等级最高，为Ⅲ级，需要引起高度重视。

总之，政府有责任强化落实就业优先战略，健全经济发展与扩大就业联动机制。为此，建立针对就业突发事件应急机制，准备好应急方案，防范个别行业与特殊群体的失业率上升带来的风险，把就业优先战略落到实处。

第二节　教育机构人才供给侧改革的推进

教育机构是培养劳动者的重要部门，是劳动者积累人力资本的基础。教育机构应积极响应国家政策的号召，例如《国家中长期教育改革与发展规划纲要（2010—2020年）》政策中，要求教育机构积极履行服务社会的义务，全面配合国家和区域经济的发展需要。具体可以分成两个方面：一方面，教育机构应该降低转专业的门槛，促使劳动者根据当时的就业形势和自身偏好进行专业的重新规划，提升大学教育的水平和效果。另一方面，教育机构需要根据专业就业率和市场需求对现有的教学内容、教学方法进行调整，注重提高教育机构的教学质量，以及提升劳动者的就业知识和技能水平。为了更加推动劳动者的就业质量提升，教育机构应该做到以下几点。

一、深化教学课程改革，适应市场专业需求

当前，劳动者报志愿的原则是学校优先，即在服从调剂的基础上，根据学生专业的填报顺序进行录取。为了提高学生对所学专业的兴趣和满意度，教育机构应该实行志愿优先的录取原则，即在选定所喜欢专业的基础上，服从调剂并按照填报学校的优先次序进行录取。通过大学录取程序的改革，劳动者可以选择自己感兴趣的或者就业前景较好的专业，促使劳动者从事自己心仪的工作，直接提升就业的满意度。

合理设置专业课程。高等院校应根据当前市场特点合理设置专业课程。现有研究证明，就业市场上专业供需比和专业社会化程度对劳动者的就业质

量的提升具有明显的影响。因此教育机构需要对当前社会所需专业人才进行统计分析，着力培养符合劳动力市场要求的专业的学生，对发展前景差或不能适应当前劳动力市场需求的专业，应该采取措施进行改善和调整，必要时进行教学内容和教学方案的改革，提高各专业人才的学习效率和技能水平，增强劳动者在寻找工作时的自信心。

提升教学质量水平。首先，在教学质量方面，教育机构应该积极探寻提升教学水平的方案，提高师资力量的水平，完善学生培养体系，形成“宽进严出”的培养模式，源源不断地为社会培养知识扎实、技能丰富的高质量劳动者。其次，教育机构应该主动探索和总结劳动力市场对人才的需求情况，根据该需求情况审视现有教学方案，强化符合市场规律的专业，改革不符合市场规律的专业，增强学生的实践能力，更好满足就业市场的需求。再次，教育机构除了加强对劳动者的知识教育外，还应该注重劳动者思想品德和心理的教育，为社会培养出高智商、高情商、高技能的复合型人才。最后，教育机构要深化劳动者就业创业的意识，加快创新创业教育改革的步伐，通过对学生培养方案、教学方法、就业实践的改革，以及学校众创空间的建设，加深劳动者对就业创业的理解，增强劳动者的创新意识，提升创造能力。

二、探寻校企合作模式，创新人才培养机制

为了提升劳动者就业技能与用人单位所需人才的耦合度，教育机构可以与用人单位进行深度合作，加强专业、培养计划、课程的设计，保持教育机构教学目标与用人单位岗位要求的一致性，即探索既能满足劳动者自身发展要求，又符合用人单位所需人才要求的校企合作模式。校企合作模式的实行，可以搭建并拓宽劳动者就业渠道，同时满足就业市场的人才需求，降低就业信息的搜索成本，在创新人才培养机制的同时提高劳动者的就业质量和效率。

探寻校企合作模式，创新人才培养机制，需要教育机构和用人单位积极合作。在专业课程设计方面，教育机构应该结合用人单位对人才的需求，促使劳动者学习与用人单位需求相契合的知识和技能。对新兴社会紧缺型人才的培养，教育机构应建立与之相匹配的新专业，并依据紧缺型人才的特点设置专业课程。在授课进度与考核方面，教育机构可以根据用人单位各阶段的运行状况，为劳动者申请切身实习的机会，提升劳动者学以致用的能力，并将实习过程中劳动者的表现作为课程考核的主要内容。在劳动者实习方面，教育机构应该与用人单位合作制订具体的实习培养方案，用人单位可以根据

所需人才的要求进行面试，确定合适的培养对象，并对实习内容和时间进行限定，在提升实习效率的同时也能提高劳动者的实践技能。在实习过程中，劳动者可以及时接触到前沿的行业信息，了解相关的职业发展动态，深化并升华所学的理论知识，利用理论结合实践加强自身人力资本的积累。

三、完善就业指导体系，转变择业就业观念

构建劳动者就业指导体系对促进劳动者顺利就业，提高就业质量有很大帮助。因此，教育机构应根据劳动者的人力和社会资本，切实完善劳动者就业指导体系。劳动者就业指导体系的构建需要配合就业市场与政策的实际情况，并依据发展规律预测劳动力市场所需人才类型，顺应劳动力市场发展的就业政策，更好地更新和完善就业指导中心的信息。

在劳动者就业指导体系的构建过程中，教育机构需要做到以下几点：首先，加强就业指导理念的构建，重视就业指导工作的实施。教育机构应该以加强大一新生的就业思想教育，规范大二学生的职业发展规划，提升大三学生的求职技能，明确大四学生的求职方向为目标，将就业指导课程贯穿劳动者的整个培养过程，加强劳动者的就业意识，提高就业质量。其次，创新教学模式，明确教学内容。教育机构应该降低集体课堂授课频率，提高学生的听课效率，在确保就业课程教学普遍化的基础上，充分听取劳动者关于就业的个性化意见，提升就业课程的时效性和有效性。在教学内容方面，教育机构应该根据最新颁布的就业政策，调整教学大纲，更新教学内容，切实提高劳动者的就业心理素质与就业观念。最后，教育机构增强对就业师资队伍的专业化、职业化建设，为劳动者就业提供切实的就业指导。增强师资队伍的建设，不仅要求教师加强基本的教育学、心理学、人力资源开发与管理、就业指导等相关的知识学习，还要通过教育机构培训加强实践经验，提升就业指导教师的综合实力。另外，就业指导人员需要密切关注政府的就业政策和社会的就业形势，及时更新课程内容，并积极邀请具有丰富专业知识的专家或大型企业人力资源部门负责人来校进行就业的讲座，全方位增强教育的教学质量。

四、建立跟踪信息档案，追踪就业动态

为了更好地加强指导劳动者就业，教育机构应以用人单位的招聘信息和基本情况为依据，建立就业动态跟踪信息档案，建设就业信息平台系统。通过该平台的建设，增大劳动者对当前市场就业信息的掌握程度，减少搜索的

时间成本。与此同时，各教育机构应该根据劳动者的真实就业情况进行登记，进行实时跟踪，建立劳动者就业动态跟踪信息档案，及时掌握劳动者就业动态信息。

劳动者的就业动态跟踪信息档案，不仅要包括劳动者就业后的信息，也要包括劳动者在校期间的学籍信息、平时表现、为人处世及性格等信息。该动态档案可以持续跟踪劳动者，直到多年后其实现就业和家庭稳定。通过对劳动者性格和行事风格的分析，并结合他们预期的工作特征以及实际的工作现状，教育机构应该在充分分析当前经济发展状况和用人单位需求的基础上，对劳动者进行科学的就业指导，促使劳动者以积极乐观的心态寻找或从事工作，此举不仅能够在一定程度上提高人才与岗位的匹配度，而且有利于提高劳动者的就业质量。

另外，各教育机构应该加强对劳动者就业动态跟踪信息档案的管理和监督，并针对劳动者就业质量成立一个专门的评估小组。借助第三方评估机构的力量对劳动者就业质量进行合理的评估，在保证就业数据完整性、真实性的基础上，积极探索培养方案和内容的改革方案。

第三节　用人单位人才需求侧结构性调整的实施

宏观经济政策的目标之一是实现充分就业。用人单位在就业中扮演重要角色，对劳动者就业质量的高低有着至关重要的作用。用人单位对劳动者就业群体的就业能力进行评价，对劳动者的薪酬待遇等起决定作用。提升就业的质量，作为用人单位可以从以下几点出发。

一、调整产业结构，扩大就业规模

产业结构的转型升级有助于经济的多样化发展，以及提供更多的就业岗位。劳动者就业质量不高，其中也和产业结构的发展不均衡有关。我国经济发展处于转型时期，产业结构的调整有助于企业提升自身的竞争力，同时，提供了更多的就岗位和就业机会。

为了在竞争日趋激烈的市场立于不败之地，企业必须适时进行产业结构调整，以适应经济发展的需要。首先，企业应该鼓励创新，只有创新才能提升企业的竞争力，为企业带来活力。科学技术是第一生产力，创新激发新技术的出现，推动第三产业更加快速发展。其次，企业应该调整产业结构，这是应对形势发展变化的迫切需要。企业的不断进步和较强的竞争力，能更好提升员工的满意度，促进就业质量的提升。最后，对服务业，政府要加快引导推进服务业的发展，吸引更多的投资方发展第三产业，从而创造就业机会。

二、优化人才配置，完善竞争机制

人才是企业发展的重要财富，为企业发展提供动力并创造价值。但是国内的一些企业对人才的需求并不是从企业的需要出发的，而是盲目地引进人才想以此抢占人才高地，实则是造成人才资源的浪费。因而企业需要优化人才配置，这于劳动者个人而言能够适得其所，实现个人的价值；于企业而言能够人尽其才，发挥个人的才能。

首先，为人才提供适合其自身发展的岗位，让员工有合理的待遇和发展空间。员工能够在适合自己的岗位上，利用自己的聪明才智创造出更大的价值，才会有更大的动力去为企业创造更多效益。

其次，要规范劳动者就业市场，促进劳动者就业市场的标准化。制定统一的市场划分标准，对劳动者就业市场规模、待遇标准等统一进行量化，形成标准，只有这样，劳动者才可按照自己的求职方向和专业特长来锁定求职范围，在庞大的就业市场中用人单位和劳动者本人才会满足各自的需求，将当前就业市场中不明确的中间环节减少，这样不仅节约了教育以及社会资源，还会促进劳动者就业市场更加秩序化，大大提高劳动者的签约率。

最后，要为劳动者创造公平的就业环境。用人单位要广纳贤才，建立公平竞争机制，利用规范的招聘渠道招聘贤才，对“走后门”等各种不良渠道坚决抵制，给予每名员工平等公正的升职加薪机会。“一分耕耘，一分收获”，只有在物质层面和精神层面上激励员工，才能使得他们更多的潜能被激发出来，从而为企业创造更多的财富。

三、优化就业环境，平衡就业生态

劳动者作为人力资源中最具有活力并掌握现代科学文化知识的群体，顺利、有效地就业，对发挥其能力、创造人才效益以及促进经济建设和社会发展都有着重要的影响。作为用人单位，提供就业环境的好坏，直接或间接地影响着劳动者的去留。因此用人单位需要优化就业环境，提供更好的就业环境。

建立“爱才惜才”的工作环境，激励员工创造效益。在吸引和留住人才方面没有条件，也要创造出一切条件，要努力争取政策上的支持，将引才局面盘活，树立新型人才观，并在如住房、待遇、工作条件、子女配偶工作安排等方面给予政策倾斜。

为各类人才发挥作用提供广阔发展空间。对工作中成绩优异、品行良好、效果显著的一流人才要及时给予提拔和重用，把最佳的人才用到最佳的位置，切实做到用当其时、重点使用，不错过人才的最佳“保鲜期”。

建立职业安全制度，确保员工的身心安全。在制度保障的条件下，可以提高企业自身的综合实力；安全的工作环境给初次就业的毕业生提供心理上的安全感；强化公司员工的安全意识，确保员工的身心健康，更好地为企业创造效益。

建立公开透明的规章制度，以保障员工的切身利益。融洽的同事关系也会促使员工可行能力的提高；晋升机会较高以及感知工作意义也能够促进我国劳动者的可行能力的提高。

四、完善薪酬福利，和谐劳动关系

薪酬福利是影响劳动者就业质量的关键性因素。要实现劳动者更高的就业质量水平，就需要完善薪酬福利，和谐劳动关系。薪酬水平和福利待遇是吸引竞聘者的重要因素，内部员工关系和谐与否关系着团队工作的效率。

第一，应该设置合理的薪酬机制。首先提高工资水平，工资是满足员工基本生活的必须，较高的工资水平对员工是激励行为，能够激发其工作的动力和创新能力，更好服务于企业的发展。其次，完善福利待遇。职业福利、住房补贴、社会保险、职业年金、住房公积金等因素对劳动者择业具有很大的影响，也决定着用人单位的员工稳定性。最后，完善公司的薪酬分配机制。设置明确合理的薪酬等级，公开透明的奖惩制度，使员工信服，留住员工。

第二，着力营造团队合作的气氛。劳资关系、员工关系、员工决策参与度都是影响团队合作的重要因素。员工之间钩心斗角必然导致公司内部员工之间关系的紧张，不利于工作的顺利开展，公司内部良好的工作氛围有利于团队和谐，工作的顺利进行，提高工作效率。

五、优化用人观念，转变用人机制

人才对企业的发展前景有着重要的作用。国内企业在选用人才时，往往过分强调学历，认为学历越高能力越强，导致人才资源的浪费。也有一些企业盲目地招聘一些高学历人才，让其长期从事一些低级的工作，或者借助高学历人才以达到提升企业形象的目的等，这就违背了人才招聘的初衷。因此，用人单位需要优化用人观念，使人才创造最大的价值。

优化用人观念，需要用人单位摒弃传统的观念，首先，需要消除就业歧视，一方面是学历歧视，一些用人单位过分强调学历在企业用人中的地位，认为较高的学历拥有更高的水平和能力；另一方面是性别歧视，就业性别歧视不利于社会的公平，会使得人才不能发挥最大的价值，不仅不利于人才自身发展，也会使企业留不住人才。用人单位应树立科学的人才观，从自身实际出发，制定公平公正的招聘标准，应该尽力避免各类歧视。

其次，用人观念应从“学历本位”向“能力本位”转变，以自身实际和发展目标为根据，对包含技术、技能人力资源在内的人才需求科学定位，科学构建各类人才的引进培养、管理使用、考核激励等用人机制，重视按照岗位选用人才。企业选人用人的关键指标体系当中应该纳入劳动者所应具有的职业素质、专业技能等能力，从而有效提升企业在市场当中的核心竞争力。

最后，树立动态调整观念。市场经济环境下，劳动者合理流动是正常现象，可以为用人单位不断补充新鲜力量。用人单位为了吸引到优秀人才，应当提供具有竞争优势的薪酬福利、岗位培训和晋升机会，同时还应该对员工保持重视、关爱和尊重，并将员工看作企业财富，重视培养储备优秀人才。人才的有效流动，有利于实现优秀人才的高质量就业，也有利于企业招聘到合适的高质量人才。

另外，用人单位可以对就业困难人员实施援助，开展精准扶贫，尤其是对长期失业及就业困难人员，进行动态检测并构建网络体系，同时进行针对性帮扶，找出导致失业的原因，制订求职计划，帮助其就业。同时政府应加强对企业的扶持力度，充分利用企业解决群体就业的能力，加大公益性岗位的开发力度，扩大政府购买公益性岗位的领域。同时，对供给侧结构改革导致失业的人员，开展跨岗位跨行业培训，推进其顺利再就业，同时妥善处理人员的劳动关系和社会保险的转移衔接工作，落实相关社会保障待遇。

第四节　劳动者个体就业生态的优化

一、调整就业心态，转变求职观念

从劳动者就业群体来看提升劳动者就业质量，劳动者自身应该调整就业心态，树立正确的就业价值观，适应竞争激烈的就业现状。

首先，应该树立正确的就业价值观和价值期望。劳动者就业中，存在对自身能力的评价和对职业的认识不够明确的情况，造成盲目择业，期待薪资待遇较高的职业，这就容易导致劳动者就业发生被骗以及能力与工作不匹配等情况。盲目的自信，一方面在择业时会遇到挫折，另一方面会打击自身择业的积极性。因而劳动者在择业时首先应该对自身有清醒认识，对自己进行客观的评价，树立客观、务实的就业观，降低过高的就业期望值，在“鱼”和“熊掌”不可兼得的情况下，先就业后择业是明智之举。

其次，转变传统的就业观，实现多元就业。转变“铁饭碗”以及大城市的就业观念，不要局限于在一二线城市就业，应有哪里需要自己就去哪里的就业观念。近年来一批新型非正规就业方式的职业正在不断地涌现，如软件开发人员和自由撰稿人等自由岗位职业出现，缓解了劳动者就业压力。劳动者要转变就业观念，注意多元的就业形态。

最后，建立合理的职业计划。作为学生群体，应该客观地意识到就业问题对家庭来说是很重要的，要积极主动地询问家庭的意见，做到个人与家庭的意见协调统一，更好地规划自身职业生涯。要认识到一个人的职业并非终生的，职业规划是不断调整的。

二、积累就业能力，实现人岗匹配

所谓就业能力，指的是“个体获得和保持工作的能力”。对劳动者就业群体来说，获得满意的工作前提是自身的能力与职业要求相匹配。提升就业能力，实现人岗匹配，一方面要积累知识。在高等教育阶段，劳动者应努力学习专业知识，为自己将来职业的发展打下坚实的专业基础，形成自我核心竞争力。另一方面劳动者要适应就业市场的需要，有意识地培养如沟通协调能力、语言表达能力、问题处理能力等通用能力。其次，劳动者不能将自己局限于象牙塔中，应积极参加学生会、社团活动组织的各项活动，参与工作实习锻炼，以增加自己的实践经验，更好地适应未来工作需要。此外，劳动者还应广泛地参与社交活动，结交更多的朋友，拓宽社会关系网络，增加社会资本积累。

三、客观评价自身，规划职业生涯

首先，要了解当前社会的经济环境和就业形式。从经济发展现状来看，第三产业的职位量占比远远高于第一产业和第二产业，就业市场对第三产业人才的需求急剧扩张，因而劳动者要关注市场发展，了解社会需要的人才。

其次，客观认识自己，合理定位自己。根据市场发展的需要和自身能力的实际情况，制定职业规划。劳动者由于缺乏清晰的职业规划，及对自身所要从事的职业缺乏明确的方向感，并且缺乏社会实践经验和对不同行业的职能与性质的认知，导致了在选择工作时较为盲目，这进一步地影响到了自身的发展和就业的质量，因此劳动者有必要正确地认识到自己的能力状况。

再次，劳动者要有意识地培养心理抗压的能力，提高自身的心理素质，逐步地消除自身心理障碍，在面对挫折和困难时不气馁、不放弃，始终保持平和的良好心态。

最后，劳动者要亲身感受社会环境的变化，积极地参与到实践活动中去，不逃避现实，积极应对挑战。要理智地处理自身与环境的关系，妥善扭转不利的局面，通过在逆境中的成长，为职业生涯发展打下良好的心理基础。

四、洞悉就业形势，提升职业技能

深入洞悉市场上的就业形势，有针对性地提升自身技能，对提高就业质量有明显的推动作用。只有根据就业形势调整自身学习战略，适应国家提高劳动力供给质量的政策，才能在快速发展的科技时代获得满意的工作。

劳动者在日常的学习生活中，要时刻通过政府、用人单位、教育机构等渠道关注就业信息。如政府公示“教育部关于做好 2018 届全国普通高等学校毕业生就业创业工作的通知关于劳动者就业的政策”，对大学毕业生积极前往城乡基层、中西部地区和艰苦边远地区就业给予鼓励，引导企业特别是中小企业吸纳教育机构毕业生就业。因此劳动者在校期间应该多关注基层工作和中小企业等用人单位的动态，提升自身相关的知识储备和实践能力。在用人单位公示的招聘信息中，会明确指出所需人才的岗位和技能要求，并且对薪资、福利待遇等状况进行说明。劳动者应该时刻关注自己心仪单位招聘信息的动态，及时把握企业所需人才的要求，考取相应的证书，加强实习锻炼提高自身竞争力。在教育机构中，每年会定期开展招聘会，劳动者应主动向招聘企业进行相关职位的咨询，了解相关职务的具体工作内容，判断工作内容是否与自身兴趣相符，进而更加明确自己未来工作的方向。

劳动者在日常的学习生活中，可以充分利用政府、用人单位、教育机构的公共资源，找准自身的兴趣所在，明确工作的具体方向。在满足用人单位需求时，将大学毕业生的求职过程随机性降低，提升自身的职业技能，提高工作后的满意程度。

参 考 文 献

[1]蔡昉．改革时期农业劳动力转移与重新配置[J]．中国农村经济，2017(10)：2-12.

[2]蔡昉．中国经济改革效应分析——劳动力重新配置的视角[J]．经济研究，2017，52(7)：4-17.

[3]蔡昉等．中国劳动与社会保障体制改革 30 年研究[M]．经济管理出版社，2008.

[4]蔡跃洲，陈楠．新技术革命下人工智能与高质量增长、高质量就业[J]．数量经济技术经济研究，2019，36(5)：3-22.

[5]陈晨，刘冠军．实现高质量就业与提升人力资本水平研究[J]．中国特色社会主义研究，2019(3)：42-50.

[6]陈晨，赵民．论人口流动影响下的城镇体系发展与治理策略[J]．城市规划学刊，2016(1)：37-47.

[7]陈建伟．周期性与结构性因素交织下就业结构性矛盾及其政策应对[J]．中国特色社会主义研究，2019(1)：2，32-38.

[8]陈振明，吕志奎．民生改善与基层治理：转产就业政策创新的"翔安样本"[J]．中国行政管理，2015(3)：116-119.

[9]程承坪，彭欢．人工智能影响就业的机理及中国对策[J]．中国软科学，2018(10)：62-70.

[10]代锋，吴克明．社会资本对大学生就业质量的利弊影响探析[J]．教育科学，2009，25(3)：62-66.

[11]单丽卿．治理视角下的就业与社会保障制度改革[J]．社会科学战线，2016(5)：206-214.

[12]丁明磊，陈宝明．科技创新促进高质量就业的思路与对策研究[J]．科学管理研究，2015，33(3)：5-8.

[13]丁守海，丁洋，吴迪．中国就业矛盾从数量型向质量型转化研究[J]．经济学家，2018(12)：57-63.

[14]丁兆罡．高校公共就业服务个人自愿供给对就业水平影响机理的实证研究[J]．运筹与管理，2015，24(3)：152-157.

[15]丁志帆，孔存玉．大学毕业生“就业难”的成因剖析与破解之道——研究回顾与展望[J]．教育与经济，2018(2)：54-61.

[16]都阳，贾朋．劳动供给与经济增长[J]．劳动经济研究，2018，6(3)：3-21.

[17]都阳．积极就业政策的新内涵[J]．劳动经济研究，2019，7(1)：8.

[18]盖庆恩，朱喜，程名望，等．要素市场扭曲、垄断势力与全要素生产率[J]．经济研究，2015，50(5)：61-75.

[19]高文书，谢倩芸．中国产业结构升级的人力资本需求研究[J]．华中师范大学学报(人文社会科学版)，2017，56(2)：41-50.

[20]高翔，田开兰，杨翠红．从供给侧探寻我国就业变化成因[J]．管理评论，2018，30(5)：187-196.

[21]郭继强，郑程，姜俪．论教育—就业结构与就业—产业结构的双联动[J]．山东社会科学，2014(2)：71-76.

[22]郭睿，周灵灵，苏亚琴，等．学历、专业错配与高校毕业生就业质量[J]．劳动经济研究，2019，7(2)：78-100.

[23]郭鑫鑫，杨河清．中国省际人才分布影响因素的实证研究[J]．人口与经济，2018(3)：47-55.

[24]何冰，周申．贸易自由化与就业调整空间差异：中国地级市的经验证据[J]．世界经济，2019，42(6)：119-142.

[25]何璇，张旭亮，李腾．区域产业结构调整升级对劳动力就业影响比较研究[J]．经济问题，2014(10)：9-13.

[26]胡磊．网络平台经济中“去劳动关系化”的动因及治理[J]．理论月刊，2019(9)：122-127.

[27]胡永远，周洋，王峰．产业结构升级是否促进了大学生就业？[J]．北京师范大学学报(社会科学版)，2018(5)：148-160.

[28]黄乾，周兴．城镇职工与农村进城务工人员收入差距的变迁及其影响因素[J]．人口研究，2015，39(1)：29-49.

[29]黄燕东，姚先国．中国行业收入不平等问题的解析[J]．当代财经，

2012(2)：24-32.

[30]黄再胜．网络平台劳动的合约特征、实践挑战与治理路径[J]．外国经济与管理，2019，41(7)：99-111，136.

[31]纪雯雯，赖德胜．人力资本配置与中国创新绩效[J]．经济学动态，2018(11)：19-31.

[32]江永红，张彬，郝楠．产业结构升级是否引致劳动力“极化”现象[J]．经济学家，2016(3)：24-31.

[32]姜献群．提升大学生就业质量的思考——韩国的经验及启示[J]．教育发展研究，2014，17：26-32.

[33]景跃军，张昀．我国劳动力就业结构与产业结构相关性及协调性分析[J]．人口学刊，2015，37(5)：85-93.

[34]俊杰．精准扶贫背景下高校贫困毕业生就业质量的异质性测度与提升策略[J]．教育与经济，2018(3)：89-96.

[35]孔微巍，廉永生，刘聪．人力资本投资、有效劳动力供给与高质量就业[J]．经济问题，2019(5)：9-18.

[36]赖德胜，苏丽锋，孟大虎等．中国各地区就业质量测算与评价[J]．经济理论与经济管理，2011(11)：88-99.

[37]赖德胜．实施扩大就业的发展战略研究[M]．北京：人民出版社，2013.

[38]赖德胜．高质量就业的逻辑[J]．劳动经济研究，2017，5(6)：6-9.

[39]李付俊，孟续铎．我国产业转型升级下的高校毕业生就业——研究回顾与展望[J]．人口与经济，2014(11).

[40]李瑾，程利敏．探析高校毕业生就业质量提升路径——基于麦可思报告数据[J]．中国青年研究，2017(10)：92-99.

[41]李振华，赵敏如，王佳硕．社会资本对区域科技孵化网络创新产出影响——基于多中心治理视角[J]．科学学研究，2016，34(4)：564-573，581.

[42]梁海艳．中国流动人口就业质量及其影响因素研究——基于2016年全国流动人口动态监测调查数据的分析[J]．人口与发展，2019，25(04)：44-52.

[43]梁祺，张宏如，苏涛永．新就业形态下孵化网络知识治理对创新孵化绩效的影响[J]．科技进步与对策，2019(17)：28-36.

[44]刘洪银．稳步城镇化与农民工就业转型协同治理机制[J]．广西社会

科学，2016(12)：153-157.

[45]刘建明．高校毕业生就业质量提升的路径分析[J]．统计与决策，2018，34(15)：120-123.

[46]刘婧，郭圣乾，金传印．经济增长、经济结构与就业质量耦合研究——基于2005—2014年宏观数据的实证[J]．宏观经济研究，2016(5)：99-105.

[47]刘洋．公共就业和人才服务机构整合研究[J]．中国行政管理，2018(10)：46-50.

[48]刘永平．基于模糊数学理论的就业质量评价体系研究[J]．北京工业大学学报(社会科学版)，2018(6)：88-96.

[49]刘宗明，李春琦．劳动交易成本、选择性路径依赖与劳动就业动态[J]．管理世界，2013(2)：18-31，187.

[50]卢海阳，杨龙，李宝值．就业质量、社会认知与农民工幸福感[J]．中国农村观察，2017(3)：57-71.

[51]罗楚亮，倪青山．资本深化与劳动收入比重——基于工业企业数据的经验研究[J]．经济学动态，2015(8)：40-50.

[52]罗黎平．协同治理视角下的产业集群韧性提升研究[J]．求索，2018(6)：43-50.

[53]罗志刚．中国城乡社会协同治理的逻辑进路[J]．江汉论坛，2018(2)：74-79.

[54]马草原，马文涛，李成．中国劳动力市场所有制分割的根源与表现[J]．管理世界，2017(11)：22-34，187.

[55]马廷奇．产业结构转型、专业结构调整与大学生就业促进[J]．中国高等教育，2013(Z3)：56-59.

[56]马永堂，徐军．发达国家促进高校毕业生就业的实践经验及对我国的启示[J]．中国行政管理，2018(7)：146-149.

[57]毛其淋，许家云．市场化转型、就业动态与中国地区生产率增长[J]．管理世界，2015(10)：7-23，187.

[58]毛宇飞，曾湘泉，祝慧琳．互联网使用、就业决策与就业质量——基于CGSS数据的经验证据[J]．经济理论与经济管理，2019(1)：72-85.

[59]孟大虎，苏丽锋，李璐．人力资本与大学生的就业实现和就业质量——基于问卷数据的实证分析[J]．人口与经济，2012(3)：19-26.

[60]莫荣，周宵，孟续铎．就业趋势分析：产业转型与就业[J]．中国劳动，2014(1)：4-8.

[61]潘国刚．中国“高学历失业”生成机制与治理对策[J]．税务与经济，2016(2)：34-38.

[62]乔明睿，钱雪亚，姚先国．劳动力市场分割、户口与城乡就业差异[J]．中国人口科学，2009(1)：32-41，111.

[63]乔学斌，姚文凡，赵丁海．互动与共变：高等教育结构、毕业生就业结构与产业结构相关性研究[J]．东南大学学报(哲学社会科学版)，2013，15(4)：122-126，136.

[64]屈小博，程杰．劳动力供给转变与资源配置效率的关联度[J]．改革，2017(3)：110-118.

[65]邵挺，王瑞民，王微．中国社会流动性的测度和影响机制——基于高校毕业生就业数据的实证研究[J]．管理世界，2017(2)：24-29.

[66]沈汐．从开放协调到经济治理：嬗变中的欧洲福利国家和社会政策一体化过程分析[J]．社会保障研究，2017(5)：103-112.

[67]石红梅，丁煜．人力资本、社会资本与高校毕业生就业质量[J]．人口与经济，2017(3)：90-97.

[68]宋锦．经济结构转型与劳动力市场调整[J]．东北师大学报(哲学社会科学版)，2016(4)：78-80.

[69]苏丽锋，孟大虎．强关系还是弱关系：大学生就业中的社会资本利用[J]．华中师范大学学报(人文社会科学版)，2013，52(5)：155-162.

[70]苏丽锋．我国转型期各地就业质量的测算与决定机制研究[J]．经济科学，2013(4)：41-53.

[71]孙海荣．职业生涯管理对学生就业的影响研究——基于高校毕业生就业质量的实证调查[J]．中国人力资源开发，2014(19)：84-89.

[72]孙瑜，梁潇杰．基于扎根理论的员工劳动关系满意度质性研究[J]．社会科学战线，2017(2)：257-261.

[73]谭永生．经济新常态对中国青年失业的影响及趋势研究[J]．中国青年研究，2016(9)：49，105-109.

[74]田永坡．劳动力市场发展及测量[M]．北京：中国社会科学出版社，2016.

[75]童玉芬，刘晖．京津冀高学历人口的空间集聚及影响因素分析[J].

人口学刊，2018，40(3)：5-17.

[76]王德文．人口低生育率阶段的劳动力供求变化与中国经济增长[J]．中国人口科学，2007(1)：44-52，96.

[77]王广慧．高校毕业生就业质量影响因素的经验分析[J]．教育与经济，2015(3)：31-37.

[78]王会娟，曲双石，陈锡康．城乡就业相互拉动效应模型及实证分析[J]．管理评论，2016，28(1)：3-10.

[79]王燊成，杨子强．社会生态系统理论视角下城镇低收入青年劳动力就业现状、影响因素及对策研究[J]．中国青年研究，2018(8)：57-63.

[80]王阳．我国就业质量水平评价研究——兼析实现更高质量就业的政策取向[J]．经济体制改革，2014(5)：15-19.

[81]王阳．北京市实现更高质量就业水平评价及就业政策再完善[J]．经济与管理研究，2018，39(7)：39-47.

[82]王莹莹．中国劳动力空间集聚的就业效应——基于个体就业质量的视角[J]．人口与经济，2018(4)：53-62.

[83]王韵含，高文书．中国劳动力技能回报率到底如何测度？——基于省级调查数据的实证研究[J]．北京工商大学学报(社会科学版)，2019，34(2)：22-34.

[84]王子成，杨伟国．就业匹配对大学生就业质量的影响效应[J]．教育与经济，2014(3)：44-52，57.

[85]卫平，任安然，李健．中国产业结构和就业结构的关系研究——基于协调性和冲击性视角分析[J]．经济问题探索，2015(11)：54-62.

[86]魏下海，张建武．人力资本对全要素生产率增长的门槛效应研究[J]．中国人口科学，2010(5)：48-57，111.

[87]魏下海．人力资本、空间溢出与省际全要素生产率增长——基于三种空间权重测度的实证检验[J]．财经研究，2010，36(12)：94-104.

[88]吴江，李达龙．“整体政府”理论视域下大学生就业政策的协同治理研究[J]．江苏高教，2017(11)：7-10.

[89]吴新中，董仕奇．高校毕业生就业质量评价要素及体系建构[J]．科技进步与对策，2017(4)：140-144.

[90]夏建红，矫卫红．产业与就业结构演变路径及耦合效应分析：以山东省为例[J]．经济问题，2018(10)：65-71.

[91]萧鸣政．中国人力资源服务业白皮书[M]．北京：人民出版社，2014.

[92]谢义忠，卢海陵．就业能力、求职行为对应届大学毕业生求职结果影响的追踪研究[J]．管理评论，2016，28(1)：109-120.

[93]徐璐．政府治理和谐劳动关系的基本向度及发展态势[J]．中国劳动关系学院学报，2015，29(2)：11-17.

[94]薛继亮．基于产业转型升级视角的中国就业结构转变研究[J]．财经问题研究，2017(3)：36-41.

[95]杨海波，王军．就业质量与产业结构调整关系的实证检验[J]．统计与决策，2018，34(3)：107-109.

[96]杨妮娜．协同治理：改善公共就业服务供给机制的一种路径[J]．税务与经济，2014(5)：41-45.

[97]杨伟国，邱子童，吴清军．人工智能应用的就业效应研究综述[J]．中国人口科学，2018(5)：109-119，128.

[98]叶颖蕊．绿色管理理念指导下的高校就业管理新路径[J]．管理世界，2015(3)：172-173.

[99]袁建国，程晨，后青松．政府失业治理、劳动力成本与企业盈余管理[J]．管理科学，2016，29(4)：2-16.

[100]曾湘泉，李晓曼．破解结构矛盾推动就业质量提升[J]．中国高等教育，2013，(Z2)：22-25.

[101]曾珍香，张钰琦，王梦雅．供应链社会责任协同治理责任分担机制研究[J]．工业技术经济，2019，38(8)：145-153.

[102]曾珍香，张云飞，王梦雅．供应链社会责任协同治理机制研究——基于复杂适应系统视角[J]．管理现代化，2019，39(3)：98-104.

[103]张车伟，王博雅，高文书．创新经济对就业的冲击与应对研究[J]．中国人口科学，2017(5)：2-11，126.

[104]张车伟，赵文．当前的就业形势及劳动力市场表现[J]．中国劳动，2019(5)：5-19.

[105]张车伟．中国人口与劳动问题报告[M]．北京：社会科学文献出版社，2017.

[106]张皓，吴清军．改革开放40年来政府劳动关系治理研究述评[J]．中国人力资源开发，2019，36(1)：116-128.

[107]张红彬，李孟刚．新时代共享经济的规范发展路径：创新治理的新

视角[J]. 河海大学学报(哲学社会科学版), 2018, 20(5): 35-41, 91.

[108]张金岭. 法国就业政策改革及其治理[J]. 欧洲研究, 2015, 33(1): 7, 82-98.

[109]张抗私, 李善乐. 我国就业质量评价研究——基于2000—2012年辽宁宏观数据的分析[J]. 人口与经济, 2015(6): 62-72.

[110]张抗私, 盈帅. 性别如何影响就业质量? ——基于女大学生就业评价指标体系的经验研究[J]. 财经问题研究, 2012(3): 83-90.

[111]张丽宾. 促进城乡一体化与减贫的就业政策[J]. 当代经济管理, 2014, 36(4): 44-53.

[112]张原, 沈琴琴. 平衡中国劳动力市场的灵活安全性——理论指标、实证研究及政策选择[J]. 经济评论, 2012(4): 53-67.

[113]章莉, 李实等. 中国劳动力市场就业机会的户籍歧视及其变化趋势[J]. 财经研究, 2016, 42(1): 4-16.

[114]赵晶晶, 盛玉雪. 产业转型升级背景下的我国高校毕业生失业特征研究[J]. 中国高教研究, 2016(11): 28-32

[115]赵俊英. 经济增长与大学生就业质量的非一致性分析——基于需求视角[J]. 湖北社会科学, 2015(1): 160-166.

[116]郑祁, 杨伟国. 零工经济的研究视角——基于西方经典文献的述评[J]. 中国人力资源开发, 2019, 36(1): 129-137.

[117]周学荣. 社会组织参与社会治理的理论思考与提升治理能力的路径研究[J]. 湖北大学学报(哲学社会科学版), 2018, 45(6): 109-115.

[118]周毅, 吉顺权. 网络空间多元主体协同治理模式构建研究[J]. 电子政务, 2016(7): 2-11.

[119]Aerden, K. V., Moors, G., & Katia Levecque. Measuring Employment Arrangements in the European Labour Force: A Typological Approach[J]. Social Indicators Research, 2014, 116(3): 771-791.

[120]Agovino M., Garofalo A., Marchesano K. The Effects of Employment Promotion Measures on Labour Market Participation of Disabled People: The Case of Italy[J]. Quality & Quantity, 52(1): 135-155.

[121]Agovino, M., & Rapposelli, A. Does Flexicurity Promote the Employment of Disabled People? A Panel Analysis for Italian Regional Data[J]. Quality and Quantity, 2015, 50(5): 1-21.

[122] Amsler, L. B. Collaborative Governance: Integrating Management, Politics, and Law[J]. Public Administration Review, 2016, 76(5): 700-711.

[123] Anghel, Brindusa, Sara De La Rica & Aitor Lacuesta. The Impact of the Great Recession on Employment Polarization in Spain[J]. SERIEs, 2014, 5 (2-3): 143-171.

[124] Ansell, C., & Gash, A. Collaborative Platforms as a Governance Strategy[J]. Journal of Public Administration Research and Theory, 2017, 28(1): 16-32.

[125] Ansell, C., & Torfing, J. How Does Collaborative Governance Scale? [J]. Policy & Politics, 2015, 43(3): 315-329.

[126] Arranz, J. M., García-Serrano, C., & Hernanz, V. Employment Quality: Are There Differences by Types of Contract? [J]. Social Indicators Research, 2018, 137 (1): 203-230.

[127] Autor D H, Dorn D. The Growth of Low Skill Service Jobs and the Polarization of the U. S. Labor Market [J]. NBER Working Papers, 2013, 103 (5): 1553-1597.

[128] Autor, David, David Dorn & Gordon Hanson. The China Shock: Learning from Labor-Market Adjustment to Large Changes in Trade [R]. Annual Review of Economics, 2016, 8: 205-240.

[129] Avdagic, S., & Crouch, C. Symposium Introduction: Labour Market Reforms, Employment Performance, Employment Quality, and Changing Social Risks [J]. British Journal of Industrial Relations, 2015, 53(1): 1-5.

[130] Ayala, L., & Paniagua, M. The Impact of Tax Benefits on Female Labor Supply and Income Distribution in Spain [J]. Review of Economics of the Household, 2018, 17(3): 1025-1048.

[131] Baird, J., Plummer, R., & Bodin, Ö. Collaborative Governance for Climate Change Adaptation in Canada: Experimenting with Adaptive Co-management [J]. Regional Environmental Change, 2016, 16(3): 747-758.

[132] Barnes, M. C., Haase, A. M., Scott, L. J., Linton, M. J., Bard, A. M., & Donovan, J. L., et al. Correction to: The Help for People with Money, Employment or Housing Problems (Hope) Intervention: Pilot Randomised Trial with Mixed Methods Feasibility Research [J]. Pilot and Feasibility Studies, 2018,

4(1).

[133]Basu, D., & Miroshnik, V. Tariff Policy and Employment Structure in the UK[J]. Structural Revolution in International Business Architecture, 2016, 21-49.

[134]Benería, L. Shifting the Risk: New Employment Patterns, Informalization, and Women's Work [J]. International Journal of Politics, Culture, and Society, 2001, 15, 27.

[135]Bergemann, R. The Move from Employment to Associate Consulting within the Employment Relationship[Z]. London: Palgrave Macmillan, In Talent Management of Knowledge Workers, 2010(pp. 33-53).

[136]Berloffa, G., Matteazzi, E., Mazzolini, G., Sandor, A., & Villa, P. How Can Young People's Employment Quality be Assessed Dynamically? [J]. Youth Labor in Transition, 2018, 237.

[137]Berloffa, G., Matteazzi, E., andor, A., & Villa, P. The Quality of Employment in the Early Labour Market Experience of Young Europeans[J]. Cambridge Journal of Economics, 2017, 43(6): 1549-1575.

[138]Binelli, C. Employment and Earnings Expectations of Jobless Young Skilled: Evidence from Italy[J]. Soc Indic Res, 2019, 145: 201.

[139]Blackmore, J., Gribble, C., & Rahimi, M. International Education. the Formation of Capital and Graduate Employment: Chinese Accounting Graduates' Experiences of the Australian Labour Market[J]. Critical Studies in Education, 2017, 58(1): 69-88.

[140]Bloom, N., J. Liang, J. Roberts, and Z. J. Ying. Does Working from Home Work? Evidence from a Chinese Experiment[J]. Quarterly Journal of Economics, 2015, 130(1): 165-218.

[141]Blundell R., Dias MC, Meghir C., Shaw JM. Female Labor Supply, Human Capital, and Welfare Reform[J]. Econometrica, 2016, 84: 1705-1753.

[142]Boreham, P., Povey, J., & Tomaszewski, W. Work and Social Well-being: The Impact of Employment Conditions on Quality of Life [J]. The International Journal of Human Resource Management, 2015, 27(6): 1-19.

[143]Borowczyk-Martins D., Lalé E. The Ins and Outs of Involuntary Part-time Employment[J]. IZA, Discussion Paper, 11826, 2018, 1-20.

[144]Bradley, C. J., & Wilk, A. Racial Differences in Quality of Life and

Employment Outcomes in Insured Women with Breast Cancer[J]. Journal of Cancer Survivorship, 2014, 8(1): 49-59.

[145]Cappellari, L., & Tatsiramos, K. With a Little Help from My Friends? Quality of Social Networks, Job Finding and Job Match Quality[J]. European Economic Review, 2015, 78: 55-75.

[146]Cardoso, A. R., Loviglio, A., & Piemontese, L. Misperceptions of Unemployment and Individual Labor Market Outcomes[J]. IZA, Journal of Labor Policy, 2016, 5(13).

[147]De Moortel, D., Vandenheede, H., & Vanroelen, C. Contemporary Employment Arrangements and Mental Well-being in Men and Women across Europe: a Cross-sectional Study[J]. International Journal for Equity in Health, 2014, 13(1): 90.

[148]Deming, David J. The Growing Importance of Social Skills in the Labor Market[J]. Quarterly Journal of Economics, 2017, 132(4),: 1593-1640.

[149]Devinatz, & Victor, G. Introduction to Part Two of the Symposium on International and Comparative Employment Relations: National Regulation, Global Changes[J]. Employee Responsibilities and Rights Journal, 2017, 29(4): 245-245.

[150]Devinatz, V. G. Introduction to Symposium on International and Comparative Employment Relations: National Regulation, Global Changes[J]. Employee Responsibilities & Rights Journal, 2017, 1-2.

[151]Dirk, R., & Holger, H. Effectiveness of Supported Employment in Non-trial Routine Implementation: Systematic Review and Meta-analysis[J]. Social Psychiatry and Psychiatric Epidemiology, 2018, 54(5): 525-531.

[152]Dust, S. B., Rode, J. C., Arthaud-Day, M. L., Howes, S. S., & Ramaswami, A. Managing the Self-esteem, Employment Gaps, and Employment Quality Process: The Role of Facilitation- and Understanding-based Emotional Intelligence[J]. Journal of Organizational Behavior, 2018, 39(5): 680-693.

[153]Emerson, K., & Nabatchi, T. Evaluating the Productivity of Collaborative Governance Regimes: A Performance Matrix [J]. Public Performance & Management Review, 2015, 38(4): 717-747.

[154]Emmerij, L., &Ghai, D. Employment Problems in Developing Countries: Lessons from the World Employment Programme[J]. 1976.

[155]London: Palgrave Macmillan, In Employment, Income Distribution and Development Strategy: Problems of the Developing Countries. (pp. 56-70).

[156]Farné, S., & Vergara, C. A. Economic Growth, Labour Flexibilization and Employment Quality in Colombia, 2002-11[J]. International Labour Review, 2015, 154(2): 253-269.

[157]Fernandez, A., &Meza, F. Informal Employment and Business Cycles in Emerging Economies: the Case of Mexico[J]. Review of Economic Dynamics, 2015, 18(2): 381-405.

[158]Fitzenberger B, Steffes S, Strittmatter A. Return-to-job during and after Parental Leave[J]. The International Journal of Human Resource Management, 2016, 27: 803-831.

[159]Freeman, J. Collaborative Governance in the Administrative State[J]. UCLA L. Rev. 1997, 45: 1.

[160]Foote C L, Ryan R W. Labor-Market Polarization Over the Business Cycle[J]. NBER Macroeconomics Annual, 2015, 29(1): 371-413.

[161]Ghosh, J. Can Employment Schemes Work? The Case of the Rural Employment Guarantee in India[J]. Contributions to Economic Theory, Policy, Development and Finance, Palgrave Macmillan, London. 2014, 145-171.

[162]Gilmour, J., Huntington, A., Slark, J., &Turner, C. Newly Graduated Nurses and Employment: A Dynamic Landscape[J]. Collegian, 2017, 24(3): 247-253.

[163]González-Romá, V., Gamboa, J. P., &Peiró, J. M. University Graduates' Employability, Employment Status, and Job Quality[J]. Journal of Career Development, 2018, 45(2): 132-149.

[164]Goss, &O, R. The Role of States in Maritime Employment and Safety: A Legal and Economic Study[J]. Maritime Economics &Logistics, 2002, 4(4): 407-407.

[165]Gottschall, K., Kittel, B., Briken, K., Heuer, J. O., Hils, S., &Streb, S., et al. A Comparison of Public Employment Regimes in Germany, France, Sweden, and the United Kingdom[M]. London: Palgrave Macmillan,

Public Sector Employment Regimes, 2015, 107-163.

[166] Grimshaw, D., & Figueiredo, H. Women's Changing Job Structure in Europe: Patterns of Job Concentration, Low Pay and Welfare State Employment[Z]. Transformation of the Employment Structure in the EU and USA, 2012, 1995-2007.

[167] Guerrero, A. M., Bodin, O., McAllister, R. R., & Wilson, K. A. Achieving Social-ecological Fit Through Bottom-up Collaborative Governance: An Empirical Investigation[J]. Ecology and Society, 2015, 20(4).

[168] Hart, K. Informal Income Opportunities and Urban Employment in Ghana[J]. The Journal of Modern African Studies, 1973, 11(1): 61-89.

[169] Heintz, J. Employment, Economic Development, and Poverty Reduction[M]. Developmental Pathways to Poverty Reduction, Palgrave Macmillan, London. 2015, 30-54.

[170] Hensvik, Lena, and Oskar Nordström Skans. Social Networks, Employee Selection, and Labor Market Outcomes[J]. Journal of Labor Economics, 2016, 34 (4): 825-867.

[171] Jackson, D. Skill Mastery and the Formation of Graduate Identity in Bachelor Graduates: Evidence from Australia[J]. Studies in Higher Education, 2016, 41(7): 1313-1332.

[172] Jackson, D., & Michelson, G. Factors Influencing the Employment of Australian PhD Graduates[J]. Studies in Higher Education, 2015, 40(9): 1660-1678.

[173] Janssens, H., Braeckman, L., De Clercq, B., De Bacquer, D., & Clays, E. The Relation between Indicators of Low Employment Quality and Attendance Behavior in Countries of the European Union[J]. Journal of Public Health, 2016, 39(4): e127-e133.

[174] Kalleberg, A. L., Nesheim, T., & Olsen, K. M. Job Quality in Triadic Employment Relations: Work Attitudes of Norwegian Temporary Help Agency Employees[J]. Scandinavian journal of management, 2015, 31(3): 362-374.

[175] Kauhanen, M., & Nätti, J. Involuntary Temporary and Part-time Work, Job Quality and Well-being at Work[J]. Social Indicators Research, 2015, 120(3): 783-799.

[176] Kärkkäinen, R., Saaranen, T., & Räsänen, K. Return - to - work coordinators' practices for workers with burnout[J]. Journal of occupational rehabilitation, 2019, 29(3): 493-502.

[177] Lazaryan, N., & Lubik, T. A. Global Dynamics in a Search and Matching Model of the Labor Market[J]. Economic Theory, 2018, 68(2): 461-497.

[178] Lee, C., & Lee, J. Employment Status, Quality of Matching, and Retirement in Korea: Evidence from Korean Longitudinal Study of Aging[J]. Journal of Population Ageing, 2013, 6(1-2): 59-83.

[179] Los, B., M. P. Timmer, and G. J. Vries. How Important Are Exports for Job Growth in China? A Demand Side Analysis[J]. Journal of Comparative Economics, 2015, 43(1): 19-32.

[180] Lozano, M. & Rentería, E. Work in Transition: Labour Market Life Expectancy and Years Spent in Precarious Employment in Spain 1986-2016[J]. Soc Indic Res, 2019, 145: 185.

[181] Macmillan, L., Tyler, C., & Vignoles, A. Who Gets the Top Jobs? The Role of Family Background and Networks in Recent Graduates' Access to High-status Professions[J]. Journal of Social Policy, 2015, 44(3): 487-515.

[182] McDougall, C., & Banjade, M. R. Social Capital, Conflict, and Adaptive Collaborative Governance: Exploring the Dialectic[J]. Ecology and Society, 2015, 20(1).

[183] Olsthoorn, M. Measuring Precarious Employment: A Proposal for Two Indicators of Precarious Employment Based on Set-theory and Tested with Dutch Labor Market-data[J]. Social Indicators Research, 2014, 119(1): 421-441.

[184] Pandiani, J. A., Simon, M. M., Tracy, B. J., & Banks, S. M. Impact of Multi-agency Employment Services on Employment Rates[J]. Community Mental Health Journal, 2004, 40(4): 333-345.

[185] Peckham, T., Fujishiro, K., Hajat, A., Flaherty, B. P., & Seixas, N. Evaluating Employment Quality as a Determinant of Health in a Changing Labor Market[J]. RSF: The Russell Sage Foundation Journal of the Social Sciences, 2019, 5(4): 258-281.

[186] Piasna, A., & Plagnol, A. Women's Job Quality across Family Life Stages: An Analysis of Female Employees across 27 European Countries[J]. Social Indicators Research, 2017.

[187] Pocock, B., & Charlesworth, S. Multilevel Work-family Interventions: Creating Good-quality Employment over the Life Course[J]. Work and Occupations, 2017, 44(1): 23-46.

[188] Polat, A., Shahbaz, M., Rehman, I. U., & Satti, S. L. Revisiting Linkages between Financial Development, Trade Openness and Economic Growth in South Africa: Fresh Evidence from Combined Cointegration Test[J]. Quality & Quantity, 2015, 49(2): 785-803.

[189] Posada Diana Gutiérrez, Morollón Fernando Rubiera, & Ana, V. Correction to: the Determinants of Local Employment Growth in Spain[J]. Applied Spatial Analysis and Policy, 2018, 11(3): 511-533.

[190] Radin, T. J., & Werhane, P. H. Employment-at-will, Employee Rights, and Future Directions for Employment[J]. Business Ethics Quarterly, 2003, 13(2): 113-130.

[191] Riitta, K., Terhi, S., & Kimmo, R. Return-to-work Coordinators' Practices for Workers with Burnout[J]. Journal of Occupational Rehabilitation, 2018, 29(3): 493-502.

[192] Schnalzenberger, M., Schneeweis, N., Winter-Ebmer, R., & Zweimüller, M. Job Quality and Employment of Older People in Europe[J]. Labour, 2014, 28(2): 141-162.

[193] Schober, P. S., & Spiess, C. K. Local Day Care Quality and Maternal Employment: Evidence from East and West Germany[J]. Journal of Marriage and Family, 2015, 77(3): 712-729.

[194] Shisong, Q. I. N. G., & Jiamei, Z. H. E. N. G. Job Making a Better Life: a Study of the Sense of Well-being from the Perspective of Employment Quality[J]. Finance & Trade Economics, 2016, 4: 134-148.

[195] Simon, A., & Whiting, E. Using the Frs to Examine Employment Trends of Couples[J]. Economic & Labour Market Review, 2007, 1(11): 41-47.

[196] Sliwa, S. A., Must, A., Peréa, Flavia, & Economos, C. D. Maternal Employment, Acculturation, and Time Spent in Food-related Behaviors among Hispanic Mothers in the United States. Evidence from the American Time Use Survey[J]. Appetite, 2015, 87: 10-19.

[197] Torfing, J., & Ansell, C. Strengthening Political Leadership and Policy Innovation through the Expansion of Collaborative Forms of Governance[J]. Public

Management Review, 2017, 19(1): 37-54.

[198]Xue, K., Xu, D., & Liu, S. Social Network Influences on Non-Agricultural Employment Quality for Part-Time Peasants: A Case Study of Sichuan Province, China[J]. Sustainability, 2019, 11(15): 4134.

[199]Yan, X., Liu, S., & Hu, J. Evaluation System on the Quality of Graduate Students' Employment Based on Job Happiness Index. Education and Educational Technology[J]. Springer Berlin Heidelberg, 2011, 287-294.

[200]Yang, Y., & Shao, X. Understanding Industrialization and Employment Quality Changes in China: Development of a Qualitative Measurement[J]. China Economic Review, 2018, 47: 274-281.

[201]Zekic N. Job security or employment security: What's in a name? [J]. European Labour Law Journal, 2016, 7(4): 548-575.

扫描二维码，查阅《高质量就业的动态评价与协同治理》附录

附录 A 劳动力就业状况抽样调查问卷

附录 B 劳动力就业状况调查描述性统计数据

后　记

本书是在我主持的国家社会科学基金项目“产业转型升级背景下大学毕业生就业质量评价及预警研究”(15BGL148)基础上深化研究的最终成果，从项目申报到完成书稿历时五年，其间有付出、有艰辛、有收获，感慨良多。

该成果主要内容由产业转型升级与就业质量、就业质量动态评价与追踪预警、区域就业状况调查研究、高质量就业的协同治理四部分共计九章构成，基于管理学、劳动经济学、社会学、系统科学等多学科的理论、方法与技术，围绕高质量就业的动态评价与协同治理问题，开展了系统性、专题性、前瞻性研究。此项成果得到了专家较高的评价，在国家社会科学基金项目成果结项时被鉴定为“优秀”。

这一成果在研究及章节撰写过程中，济南大学高功敬、孙丽丽、彭伟华、袁朋伟、郭兴磊、刘西国、朱丽敏、张守凤等教师及济南大学商学院刘发、王松等在读研究生，多次参与论证，提出了许多宝贵建议和意见，并在文献梳理、实地访谈、问卷调研、数据处理及书稿校对等方面做了大量烦琐、严谨细致的工作。其中，高功敬在第二章和第六章、孙丽丽在第三章和第九章、彭伟华在第四章、袁朋伟在第五章、郭兴磊在第七章的研究中，克服困难，精益求精，付出了极大的努力。在此，真诚感谢参与研究的师生们！同时，非常感谢国家社科基金的资助！感谢各位评委的厚爱！感谢中国经济出版社的支持！

本书付梓之即，愿这一研究成果所设计的多维主体协同治理的实现路径及对策建议，对高质量就业协同治理研究的深入、政府部门相关政策的制定、和谐劳动关系的构建有所推进。

本书中疏漏和不妥之处，敬请学界同仁和广大读者指正与见谅！

李光红

2020年11月27日

于济南大学